SOUVENIRS

DE L'ANCIENNE

ÉGLISE D'AFRIQUE

OUVRAGE

TRADUIT, EN PARTIE, DE L'ITALIEN

PAR

UN PÈRE DE LA Cie DE JÉSUS

LIBRAIRIE CATHOLIQUE DE PERISSE FRÈRES
IMPRIMEURS DE N. S. P. LE PAPE

PARIS
NOUVELLE MAISON
RÉGIS RUFFET ET Cie, Srs
RUE SAINT-SULPICE, 38

LYON
ANCIENNE MAISON
RUE MERCIÈRE, 49
ET RUE CENTRALE, 34

SOUVENIRS

DE L'ANCIENNE

ÉGLISE D'AFRIQUE

« Non vi si pensa quanto sangue costa
Seminarla nel mondo, e quanto piace
Chi umilmente con essa si accosta. »

   Dante, *Paradiso*, XXIX.

SOUVENIRS

DE L'ANCIENNE

ÉGLISE D'AFRIQUE

OUVRAGE

TRADUIT, EN PARTIE, DE L'ITALIEN

PAR

UN PÈRE DE LA C^{IE} DE JÉSUS

LIBRAIRIE CATHOLIQUE DE PERISSE FRÈRES

PARIS	**LYON**
NOUVELLE MAISON	ANCIENNE MAISON
RÉGIS RUFFET ET Cie, S^{rs}	**RUE MERCIÈRE, 49**
RUE SAINT-SULPICE, 38	ET RUE CENTRALE, 54

Tous droits réservés.

1862

AVANT-PROPOS

Ce livre devrait bien porter sur son titre le nom du savant Monsignor Celestino Cavedoni, dont les travaux sont connus de tous les antiquaires, mais surtout des numismates. L'abrégé de l'*Africa christiana* publié par lui depuis bien des années, est à peu près traduit ici; mais, malgré le plaisir que j'eusse éprouvé à m'abriter d'une telle recommandation devant le public, il faut, ce semble, me borner à la réclamer dans une préface. Annoncer une simple traduction, c'eût été faire porter à l'auteur italien la responsabilité de remaniements que son ouvrage avait subis en passant par ma plume; et peut-être cet homme distingué n'en eût-il été flatté que médiocrement. Je ne dois, ni ne veux, dissimuler que tout ce qu'il y aura de bon ici lui appartient à peu près sans réserve ; et si les gens habiles y trouvent des fautes, ce devra être mon fait à moi.

Cela dit, il importe peu d'expliquer pourquoi je me suis permis quelques modifications. Qu'il suffise d'annoncer que l'on n'en rencontrerait pas un fort grand nombre, sauf les détails de simple forme; et que çà et là, elles sont empruntées à d'autres publications du docte Modénais. Hors trois ou quatre articles qui me sont entièrement imputables, j'ai tout au plus doublé le nombre de ses pages. Le plus souvent mes additions m'ont paru exigées par le désir que je ressentais de faire arriver ce livre jusqu'à des lecteurs moins instruits en certaines choses (antiquités, histoire ecclésiastique, etc.), que ne l'étaient généralement ceux auxquels le compilateur italien adressait sa rédaction primitive, écrite pour une grave *Revue* (les *Memorie di Modena*). Peut-être même aurai-je encore trop ménagé l'amour-propre du public français en le supposant mieux informé sur bien des faits, qu'il ne l'est réellement. D'ailleurs les Italiens, en 1838, avaient généralement conservé pour les têtes couronnées, anciennes et modernes, beaucoup plus de respect que les *principes de* 89 ne nous en ont laissé de ce côté-ci des Alpes. Or, comme les révolutions entendent bien avoir servi à quelque chose, j'ai profité de mon temps pour me permettre de chercher parfois dans l'histoire des personnes royales un peu plus que des repères chronologiques et que l'empreinte officielle des effigies souveraines, ou l'écho des panégyriques. J'avoue, par exemple, que divers empereurs, malgré leur pique ou javelot, et leurs boucles d'oreilles ou leur casque perlé, ne me font pas cet effet auguste et sacré que le style de leurs médailles ou de leurs protocoles a produit sur des antiquaires d'ailleurs fort capables. Je m'en rapporte à des témoins tels qu'était ce grand évêque sarde du quatrième siècle, qui, longtemps avant nos désenchantements modernes, ne se laissait déjà pas éblouir par la toilette byzantine et les airs doctrinaux de Constance, quand il le voyait tourner surtout son autorité impériale au soin de guerroyer Dieu [1].

Ajoutons qu'un peu d'antipathie pour le style académique me pousse aisément à quitter les formes majestueuses de l'histoire, afin d'aborder mon lecteur de plus près. Le goût de la conversation qui nous est inné, à nous descendants des Celtes, doit-il être opprimé par la typographie? A la bonne heure pour ceux qui fréquentent les salons; mais un homme renfermé tout le jour dans sa cellule, sera-t-il réduit à l'austérité magistrale du langage soutenu, pour l'honneur du genre historique? Ce n'est pas mon avis, et j'ai droit d'en avoir un dans cette question. Cependant comme la dignité italienne d'un prélat pourrait être offusquée du danger de se voir attribuer pareille dérogation, je me suis assez largement permis la première personne dans ces sortes d'é-

---

[1] Lucif. calarit., *De non parcendo in Deum delinquentibus*, 45 : « Et nos... debemus tibi lupo parcere; debemus vereri regni tui diadema, inaurem etiam et dextrocheria; debemus insignes, quas esse censes, vestes tuas honorare; et despicere rerum creatorem atque rectorem! »

pisodes; afin de désintéresser au moins par ce signe, le docte collaborateur des *Memorie di Modena*. Ce sera là, l'équivalent de l'astérisque employé par un traducteur scrupuleux pour ne pas engager dans ses additions la responsabilité de l'auteur original.

J'avais d'abord rêvé, dans ma première inexpérience, de joindre à mon petit volume une carte passable de l'ancienne Afrique ecclésiastique. Il ne m'a pas fallu beaucoup de temps pour écarter cette illusion, et pencher à croire que le temps n'était pas encore venu d'exécuter ce travail d'une manière satisfaisante. Avouons tout simplement que sur ce terrain nous marchons toujours un peu à tâtons, malgré bien des reconnaissances faites avec soin dans la partie française. Du moins à l'aide de la synonymie que nous indiquerons souvent, une carte de l'Afrique actuelle pourra, la plupart du temps, diriger à peu près le lecteur. Affecter plus de précision n'aurait conduit qu'à faire mine de connaître ce qu'il faut savoir laisser aux lentes explorations de l'avenir, surtout pour les contrées où la science européenne ne pénètre jusqu'à présent que d'une façon précaire.

Le grand ouvrage du célèbre Père Morcelli sur les annales de l'*Afrique chrétienne*, n'est vraiment destiné qu'aux savants de profession; et encore les savants français semblent-ils le connaître assez peu, tant ils mettent communément de modération dans leur langage quand il leur arrive de faire autre chose que le nommer. Plût au ciel, cependant, que certaines histoires, plus entraînantes à la lecture, eussent été remplacées par un semblable inventaire des matériaux éparpillés dans les chroniques, mémoires et documents officiels! L'on en trouvera ici la substance, réduite à un ordre plus accessible pour ceux qui ont peu de loisir; et d'un intérêt, pour ainsi dire, plus pressé. Il nous fallait bien quelque bref résumé de ces archives, abordable au grand nombre des lecteurs; afin que la France, à qui Dieu a donné de reporter la foi en Afrique, pût connaître sans trop de recherches ce que l'Église avait traversé d'épreuves et pratiqué de vertus éclatantes sur cette terre africaine avant d'y être étouffée pendant près de mille ans. Une ancienne vie du bienheureux Alphonse Rodriguez raconte que comme il priait pour le succès des armes espagnoles (ou portugaises) sur ces mêmes plages où flotte aujourd'hui notre étendard, il lui fut montré une autre armée que celle de Charles-Quint (ou de Sébastien); celle-là, plus heureuse et plus constante, pénétrait dans les terres, et Jésus-Christ, avec sa mère, marchait à la suite des bataillons victorieux. Après plus de deux siècles on dirait que l'accomplissement de cette promesse ait été confié au peuple de saint Louis. Puissent maintenant nos soldats et ceux qui s'établissent sur leurs traces comprendre ce que demandent d'eux, là surtout, la foi de leurs pères et les épreuves de leurs prédécesseurs reculés! Nous avons cru que sous une forme condensée (malgré certaines redites presque nécessaires) et dépouillée de l'appareil scientifique, on en rechercherait plus volontiers les souvenirs. Ceux qui ont vu l'Algérie et ceux qui n'en connaissent que nos travaux militaires aimeront, sans doute, à suivre sur ce même territoire et dans les régions voisines les anciennes œuvres du christianisme. L'intérêt historique viendra s'y joindre à l'édification; car il ne s'agit pas de déguiser le mot, comme pour masquer le principal but qui dirigeait le traducteur aussi bien que l'auteur italien. Cependant ma prétention aurait été que ce livre fût non pas seulement édifiant, mais curieux aussi. Tel qu'il me semble, au moment où je le livre à l'imprimeur, j'espère qu'il ne restera pas trop loin du terme où j'avais voulu le conduire.

La France du drapeau tricolore n'a pas inventé le courage et l'élan qui nous caractérisent dans toute notre histoire; mais puisqu'elle maintient si bien la gloire militaire de la patrie, qu'elle recueille aussi une autre portion de l'héritage national en ne négligeant pas l'esprit qui a fait les croisés. Ainsi ses qualités guerrières deviendront de vraies vertus dignes de plus de récompenses que la terre n'en sait donner, et dont la rémunération soit à l'abri des éventualités humaines; la terre africaine ayant pris, depuis fort longtemps, l'habitude de trahir ses libérateurs. Il ne faut pas, avec tant de labeurs, nourrir une ambition si courte qu'elle s'arrête à la gloire d'ici-bas, qui ne tient même pas toujours compte des intentions ou du mérite.

Ch. CAHIER.

ORDRE DES MATIÈRES

I. Géographie et ~~histoire~~ générale de l'Afrique romaine.
   1. Terrain.
   2. Principaux faits politiques.
   3. Divisions ecclésiastiques.

II. Le christianisme en Afrique.
   1. Propagation de l'Évangile (A. 34-198).
   2. Persécutions païennes (A. 198-312).
   3. Paix officielle entre l'Église et l'État (A. 312-428).
   4. Période vandale (A. 428-533).
   5. Période byzantine (A. 533-675).
   6. Invasion mahométane (647-800).

III. Principaux martyrs africains.
   1. Époque des lois païennes.
   2.   —   des fureurs donatistes.
   3.   —   de la tyrannie vandale.

IV. Aperçus rétrospectifs.
   1. Auteurs ecclésiastiques africains retrouvés de nos jours.
   2. Coutumes chrétiennes de l'Afrique.
   3. Appendice à propos des succès de Bélisaire contre les Vandales.

V. Résumé chronologique.

VI. Sommaire des chapitres.

SOUVENIRS
DE L'ANCIENNE
ÉGLISE D'AFRIQUE

CHAPITRE PREMIER

NOTIONS PRÉLIMINAIRES SUR LA GÉOGRAPHIE ET L'HISTOIRE DE L'AFRIQUE ROMAINE

Le nom d'Afrique ne fut employé qu'assez tard chez les anciens, pour désigner la troisième partie du monde alors connu; on l'appliqua d'abord à la Libye et à la Cyrénaïque, l'Égypte n'étant pas comptée jadis parmi les contrées africaines. Mais comme, durant plusieurs siècles, les intérêts que Rome pouvait avoir au midi de la Méditerranée furent concentrés sur la côte qui faisait face à la Sicile et à la Sardaigne, la langue latine prit l'habitude d'appeler *Afrique* (comme par excellence) la province d'outre-mer où s'étaient portées d'abord les préoccupations des Romains : c'était la sphère d'action immédiate de leur rivale, Carthage. Aussi cette contrée garda-t-elle toujours chez eux le nom d'*Afrique proprement dite* (ou *Afrique propre*). C'est ainsi que nous nous sommes

1.

accoutumés nous-mêmes, durant une trentaine d'années, à ne songer guère qu'à l'Algérie, quand on parle de nos mouvements militaires en Afrique.

Mais, comme il fallut que le langage, à Rome, suivît l'extension de la conquête, le même nom (*Africa*) indiqua ensuite toute la région comprise entre la Cyrénaïque, à l'Est, et le fleuve Ampsaga (aujourd'hui le *Roummel*), à l'Ouest. Le reste du littoral méditerranéen, vers l'Occident, s'appelait Mauritanie. Quant aux Grecs, qui n'avaient presque pas eu affaire aux régions occidentales, ils continuaient à employer le mot *Libye*, dont la signification est souvent difficile à déterminer, parce qu'il avait d'abord indiqué vaguement les déserts à l'ouest de l'Égypte.

ARTICLE PREMIER

Géographie.

Les Romains avaient été conduits sur la plage africaine par leur lutte avec Carthage, la plus puissante, quoique non pas l'aînée des colonies phéniciennes (ou chananéennes) établies généralement près de la côte, pour les facilités du commerce. Les Phéniciens avaient toutefois des établissements dans l'intérieur des terres, afin de communiquer avec la population aborigène; et nommés, pour cela, comptoirs ou villes de marché (*emporia*). On explique parfois ainsi l'existence de la langue chananéenne, qui persistait encore, dans les bourgades numides, cinq siècles après Jésus-Christ; et, pourtant, il n'est pas évident du tout que la présence des négociants chananéens soit une explication suffisante de l'usage d'un idiome syro-arabe, ou sémitique, comme on dit[1] (mot qui demanderait à être éclairci par

---

[1] Les habitants de la Palestine étant généralement considérés par les Israélites comme descendants de Cham (*Chananéens*), on ferait bien de nous expliquer pourquoi le langage chananéen porterait le nom de la famille de Sem. Nous

quelqu'un de ceux qui l'emploient journellement). Les Phéniciens (*Pœnus*, *Punicus*), en Afrique, n'étaient que de nouveaux venus; qui avaient eu à compter avec les habitants primitifs, divisés en peuplades nombreuses, parmi lesquelles deux groupes surtout figurent dans l'histoire. Ce sont les Numides (dont la capitale était *Cirta*, aujourd'hui *Constantine*) et les Maures (depuis l'*Ampsaga* à l'est, jusqu'à l'Océan), qui ont laissé leur nom à la Numidie et à la Mauritanie. Quand Rome eut réduit tout cela sous son obéissance, le sens du mot *Africa* prit encore une plus large extension, surtout dans le langage administratif; et c'est pourquoi Morcelli comprend sous le nom d'*Afrique chrétienne* tout le territoire situé entre la Cyrénaïque et l'Océan; ou, si l'on veut une expression moderne, depuis l'État de Tripoli inclusivement (sauf la province de Barca), jusqu'à l'extrémité occidentale du Maroc.

Il fallut aux Romains plus de deux siècles pour avoir, dans ces régions, des provinces à peu près soumises. Mais n'oublions pas que la république romaine ne se pressait point d'agrandir son territoire par des conquêtes proprement dites. La guerre lui était affaire d'honneur et d'influence, beaucoup plus que de convoitise rapace. Quiconque la heurtait devait être brisé, s'il était possible, ou du moins devait avoir à s'en souvenir. Quant à des annexions, elles ne se faisaient communément qu'avec grande mesure. On découpait dans les terres du vaincu, la base d'un établissement solide; le reste se concédait à des voisins dont on se faisait ainsi des alliés, et qui subissaient bien par là même un certain servage. Toutefois les dehors étaient gardés, et la manie d'envahissement ne s'affichait pas. Les alliés, un jour, se fatiguaient d'une amitié quelque peu lourde, et devenaient ennemis; on s'en prenait au délin-

comprenons sans peine qu'Abraham expatrié, ait parlé la langue du pays où il s'établissait, mais cela ne transforme pas précisément les Chananéens en Sémites. Simple question à l'usage des gens du monde, qui se sont mis récemment à parler des Sémites un peu plus que de raison.

quant, que l'on remplaçait par un autre; et l'on ne mettait guère la main sur le pays avant de se l'être assimilé sans secousses. Que les moyens d'arriver à ce dernier terme fussent toujours d'une loyauté parfaite, ce n'est pas la question; ils n'étaient point hâtés, et de là venait que Rome réussissait à maintenir de magnifiques conquêtes sans grand déploiement de forces, elle que nous avons rêvée comme une puissance toute militaire. M. le comte Franz de Champagny résume fort bien cette marche prudente, dans son bel ouvrage intitulé *les Césars*, et je n'ai pas la prétention de le redire autrement. Disons néanmoins que les Césars n'y égalèrent pas toujours la haute habileté de la république.

Cent quarante-six ans avant Jésus-Christ, Carthage était détruite par Scipion Émilien, qui prenait possession de son territoire au nom de Rome. Mais le sénat voulut que l'on se contentât d'occuper les villes maritimes, avec les postes militaires et commerciaux des Carthaginois, depuis le golfe de Cabès (ou de la petite Syrte) jusqu'au-delà d'Oran (*Quiza*). Tels étaient Tabarca, Bône, Philippeville. Lorsque la guerre contre Jugurtha livra la Numidie aux troupes romaines, on ne fit que démembrer ce royaume : en adjoignant une partie à la province proconsulaire d'Afrique, et partageant le reste entre Hiempsal descendant de Massinissa, dit-on, et Bocchus qui avait livré Jugurtha. Cen ans seulement après la prise de Carthage (quarante-six ans avant Jésus-Christ), la Numidie fut soumise à la république par Jules César, qui allait déjà un peu vite en besogne ; et elle forma une province romaine nouvelle, dont le chef-lieu était Cirta. Puis, quand moururent Bocchus et Bogud, rois de Mauritanie, Auguste incorpora leurs États à l'empire (trente-trois ans avant Jésus-Christ). Cependant, trois ans plus tard, il accordait à Juba II une partie du royaume de Massinissa (la portion occidentale de l'ancienne Numidie); et ce fut alors que Iol, capitale du prince bénéficié, reçut de lui le nom de *Cæsarea* (aujourd'hui Cherchel), pour témoigner de son dévouement à l'empereur. Enfin, l'an 43 de l'ère chrétienne, l'empereur Claude partagea définitivement la Mauritanie en deux provinces distinguées par le nom de leurs chefs-lieux, *Cæsarea* (Cherchel), et *Tingis* (Tanger). Ainsi, toutes les possessions romaines en Afrique (l'Égypte toujours exceptée) se trouvèrent réparties entre cinq gouvernements : Cyrénaïque (ou *Pentapole* africaine), Afrique propre, Numidie, Mauritanie Césarienne et Mauritanie Tingitane [1]. Mais laissant de côté la Cyrénaïque, où dominait la civilisation grecque apportée par les navigateurs de l'Archipel, et que Morcelli n'a pas fait entrer dans son *Afrique chrétienne*, nous n'aurons à parler que des quatre autres provinces. Il ne semble pas que le Fezzan, occupé par les Romains une vingtaine d'années avant Jésus-Christ, ait dû relever de la Cyrénaïque plutôt que des provinces latines (pour ainsi dire) de l'Afrique. Mais c'est un pays dont les historiens parlent à peine; et l'on pourrait croire que les armes de Rome se sont bornées à y paraître pour la répression de quelque hardiesse barbare, si une inscription que l'on vient d'y trouver ne semblait indiquer que l'installation militaire y aura été prolongée jusqu'au troisième siècle, ou renouvelée sous Caracalla.

Quoi qu'il en soit, et pour nous en tenir uniquement à un terrain bien défini dans l'histoire, établissons d'abord, en manière de jalons, la concordance des noms anciens avec les modernes pour plusieurs points importants à la géographie ou à l'histoire.

I. — Afrique propre des premiers temps de l'empire

Sur les côtes (de l'Est à l'Ouest) :

Leptis Magna (L. la Gr.), aujourd'hui	Lebedah (Lebida).
Oëa (plus tard *Tripolis*)......	Tripoli (Taraboulous).
Sabrata.............	Sabart (vieux Tripoli).
Tacape.............	Gabès (Khabès, Gaps, Caps).
Caput Vada (caput Vadorum)....	Kaboudia (cap Vada).

[1] *Journal des savants*, 1857, p. 626.

Thysdrus.	El-Djem.
Leptis Minor (L. la Petite).	Lamba (Lamtah, Lemptah).
Hadrumetum (Adrumetum).	Sousa (Soussa), près du golfe d'Hammamet; ou Herklah?
Curubis.	Gourba (Kurba).
Aspis (Clypea).	Kalibia (Klybeah).
Hermæum promontorium (Pr. Mercurii).	Cap Bon (Ras-Addar).
Tunes.	Tunis.
Carthago.	Ruines non loin de Tunis.
Le fleuve *Bagradas* (Bagrada).	La Medjerda.
Utica.	Bouschater (Abou-Schater), près de Porto-Farina.
Hippo Zarytus (Diarrhytus).	Biserte (Benzert).
La rivière *Tusca*.	La Zéin.

A l'intérieur :

Tritonis lacus.	Sebkha-el-Laudiah (El-Aoudyeh).
Nepte.	Nefta.
Thusurus (Thuzurus).	Tôzer (Touzer), dans le Belad-el-Djerid.
Tiges (Thiges, Tigis Byzacenæ).	Tagious (Tekyous).
Capsa.	Gafsa (Kafsa).
Sufetula.	Sfaïtla (Sbaïtla, Sbitla).
Tuburbum.	Tebourba.
Vacca (Baga, Vaga).	Bedja (Badja, Baïdja).

II. — NUMIDIE PROPREMENT DITE (NUMIDIE ROMAINE).

Sur la côte :

Tabraca, aujourd'hui.	Tabarka.
Tuniza.	La Calle.
Hippo regius (Hippona).	Bône (à deux milles près).
Rusicada.	Philippeville (Ras-Skikda), ou Stora.
Cullu (Collops minor).	Kollo.
Tretum promontorium.	Cap Boujarone (les sept caps).
Le fleuve *Ampsaga*.	Le Roummel (Ouad-el-Kebir).

A l'intérieur :

Le mont *Pappua*.	L'Édough, près de Bône.
Bulla (B. regia).	Bull.
Madaura.	M'daourousch.
Thagaste.	Souk-Arras, ou Tajilt.
Aquæ Tibilitanæ.	Hammam-Meskhoutin.
Sicca (S. Veneria).	Kéff (El-Kef).
Cirta (Constantina).	Constantine (Ksentina).

Calama.	Ghelma.
Tipasa (T. Numidiæ).	Tifesch (Tipesch, Tifasch).
Le mont Aurasius (Audus).	L'Aurès (Aourès), près de Constantine.
Theveste..	Tebeça (Tebessa, Tefscd).
Lambæsa (Lambæsis).	Lamba, ou Tezzout.
Milevis (Mileum)	Milah.

III. — MAURITANIE ORIENTALE, OU CÉSARIENNE.

(Ancienne partie ouest de la Numidie.)

Sur la côte :

Igilgilis, aujourd'hui.	Djidjel (Gigelli, Jigel).
Saldæ..	Bougie (Bugia, Budja).
Rusazus (Rusadium).	Zeffoun ?
Rusucurium (Rusucurræ).	Delhys (Dellis, Tedlès).
Le fleuve Savus.	Ouad-el-Harrach.
Icosium.	Près d'Alger.
Tipasa (T. Mauretaniæ).	Téfeçad (Tefessa).
Cæsarea (Iol)..	Cherchel.
Cartenna.	Ténès.
Quiza (Quidia)..	Oran, ou près de là.
Le fleuve Chinalaph.	Le Chélif.
Portus Magnus	Mostaganem, ou Mers-el-Kebir.
La rivière Siga.	La Tafna.
La rivière Malva (Malua, Molochat, Mulucha)..	La Molouia (M'louia).

A l'intérieur :

Le Mons Ferratus..	Le Jurjura.
Tigisis (Tigis Mauretaniæ).. . . .	Tegzeh, ou ruines près de Taourga.
Malliana (Manliana)..	Milianah
Sitifis..	Sétif.
Auzia (Auzea).	Aumale (Bordj-Hamza).
Tubuna.	Tobna (Tubnah).
Præsidium (Pr. Numidiæ).	Biscara (Biskra) ?

IV. — MAURITANIE OCCIDENTALE, OU TINGITANE.

Sur les côtes :

Rusaddir, aujourd'hui.	Melilla.
Metagonium promontorium.. . . .	Cap Tres-Forcas.
Abyla (Septa).	Ceuta.
Tingis..	Tanger, ou près de là.
Zilis (Zilia).	Arzilla.
Lixus (Lixa).	Larrache (El-Araisch).
Le fleuve Subur (Sebur).	Ouad-Sebou.

Nous répéterons plusieurs de ces données, dans l'occasion, afin de suppléer les indications que devrait donner une bonne carte comparée; et nous tâcherons, au besoin, de les compléter dans les cas particuliers qui se présenteront en dehors de ce renseignement sommaire[1]. Ceci formera du moins un réseau passable, pour se retrouver la plupart du temps.

La première des provinces romaines en Afrique, dans l'ordre du temps comme par son étendue et sa dignité, continua d'être appelée *Afrique* dans le sens le plus restreint. C'était la *Zeugitane* (ou Carthaginoise), correspondant à peu près à l'État de Tunis et à l'ancienne régence de Tripoli. Il n'est pas aisé de bien établir ce qui avait donné lieu à ce nom de Zeugitane : les Romains paraissant avoir préféré d'abord une dénomination quelconque, à tout ce qui pouvait rappeler le souvenir de la rivale phénicienne qui avait eu l'audace de les braver jusque sur le sol latin. Aussi Carthage ne fut-elle relevée que bien plus tard, quand les premières fureurs eurent été un peu calmées par le temps. Marius y voyait encore (un siècle avant l'ère chrétienne) des ruines assez abandonnées pour lui suggérer sa fière et triste réponse à ce licteur qui voulait chasser le vainqueur des Nu-

---

[1] Dans ces synonymies nous prenons pour guide, tant que nous le pouvons, les recherches faites sur les lieux et à l'aide des auteurs anciens par M. Henri Fournel (*Richesse minérale de l'Algérie*, passim); tout en regrettant d'avoir à publier notre opuscule avant que le complément de ses travaux ait vu le jour. Mais notre traduction était faite depuis dix ans, et il nous a semblé qu'elle pouvait absolument paraître sans attendre davantage. Nous éprouvons, toutefois, le besoin de déclarer que nous avons vu çà et là donner pour découvertes, des *identifications* qui avaient été imprimées antérieurement sans fracas par M. Henri Fournel. Ce savant, à la vérité, encourt souvent le reproche (auquel beaucoup d'auteurs ne s'exposent guère) de donner plus qu'il ne promet; d'où il peut être arrivé que bien des gens ignorassent ce qu'il y avait de renseignements historiques à recueillir dans un ouvrage où les sciences géologiques semblaient être seules en cause.

Quant à moi, si j'ai parlé du temps que ma traduction a passé en portefeuille, ce n'est point pour la surfaire en lui prêtant un air de travail très-mûri. Je ne suis pas éloigné de penser, au contraire, que les additions dont elle s'est accrue lui sont arrivées par alluvions intermittentes qui ne valent pas un véritable remaniement immédiat. Je dis ce qu'il m'en semble, et ne demande pas mieux que d'être jugé plus favorablement.

mides, réduit au rôle de proscrit : « Va-t'en dire au préteur que tu as trouvé Marius assis sur les débris de Carthage. »

Ce fut Jules César, ou plutôt définitivement Auguste, qui crut pouvoir mettre en oubli les vieilles rancunes populaires contre la célèbre ennemie de Rome; et peut-être ces deux politiques y attachèrent-ils une idée de mépris pour les passions républicaines qu'ils entendaient bien brider. Les observations récentes semblent montrer que les vainqueurs ne s'étaient pas abandonnés à des colères puériles sur les restes de la puissante cité qui leur avait envoyé Annibal; ils auront fièrement compté sur la solidité de leur victoire et de leur haine, sans se passer la fantaisie de tout pulvériser[1]. On croit retrouver de nos jours sur les lieux la confirmation de ce que disait Tite-Live, attribuant à Carthage cent quatre-vingt-quatre stades (ou environ vingt-trois milles) de circuit. Scipion Émilien, au lieu de s'acharner à une démolition furieuse et brutale, se sera contenté d'incendier et de démanteler la place, assez vigoureusement d'ailleurs, il est permis de le croire; en sorte que la colonie romaine, plus de cent ans après, put y trouver bon nombre d'édifices encore subsistants.

L'élan une fois donné, la vie, interrompue dans une situation si favorable, s'y sera développée avec une activité merveilleuse. Car du temps de Gordien (vers le milieu du second siècle après Jésus-Christ), Carthage ne le cédait en grandeur et en magnificence qu'à Rome seule. Cent cinquante ans plus tard, Ausone nous la montre tenant le premier rang après Rome et Constantinople, où le séjour des empereurs avait accumulé les magnificences; Alexandrie même ne lui faisait déjà plus ombrage comme à l'époque où écrivait Hérodien[2].

---

[1] S'il faut admettre que la colonie conduite en Afrique par Caïus Gracchus, s'était établie sur l'emplacement de Carthage, on peut croire qu'elle y occupait une bien faible place et faisait assez mince figure dans les ruines grandioses de l'opulente cité.

[2] Cf. *Journal des savants*, 1857, p. 647, 752, 755.

La Zeugitane, ou *Afrique ancienne* (Africa vetus) se composait d'abord de l'ancien territoire carthaginois, entre le désert à l'ouest de la Cyrénaïque et la rivière Tusca (la *Zéin*). Elle s'appela sous l'empire, *Afrique proconsulaire;* parce que ses gouverneurs étaient à la nomination du sénat, et décorés du titre de proconsuls. Toutefois on la trouve administrée par des lieutenants de l'empereur depuis Caligula jusqu'à Septime-Sévère, et cette exception peut avoir été prolongée au delà de ce terme. Dans la grande extension qu'avait alors la Zeugitane, des mouvements de barbares limitrophes vers le sud auront probablement exigé l'intervention d'un chef militaire; et en ce cas, c'était l'empereur qui donnait le commandement.

La Numidie, lors de sa réunion à l'empire, fut quelque temps appelée *Africa nova*, parce que c'était la seconde province romaine établie sur le sol africain. Bien qu'il semble étrange de demander à la langue grecque ce que signifiait le nom de sa population, les anciens ont cru que le mot *Numides* désignait la vie nomade des pasteurs promenant leurs troupeaux selon les saisons, à la recherche de pâturages favorisés par une végétation éphémère, ou qui permettaient de remédier à l'épuisement momentané d'herbages mal aménagés. Mais nous savons qu'avant la conquête romaine, déjà les Numides s'étaient adonnés activement à l'agriculture. Quoi qu'il en soit, la Numidie ne comprenait d'abord que la région limitée par les rivières Tusca (*Zéin*) et Ampsaga (le *Roummel*); et sous le règne de Massinissa (150 ans avant Jésus-Christ), elle s'étendait plus à l'ouest dans le territoire qui devint la Mauritanie Césarienne. Sa principale ville était Cirta (*Constantine*), le refuge des princes numides dans les revers. L'assiette sauvage de cette place et ses abords presque inaccessibles en faisaient comme un nid d'aigle dans les rochers, où des guerriers résolus semblaient pouvoir tout braver.

Le reste du pays empruntait son nom aux Maures, ou *Maurusiens*, qui l'habitaient, et dont la réputation n'a que trop grandi au moyen âge. La Mauritanie Césarienne, ainsi désignée à cause de sa capitale Iol[1], qui était devenue *Césarée* (Cherchel) sous le roi Juba II, s'étendait entre les fleuves Ampsaga et Malva (la *Molouia*). Parmi ces villes, outre Cæsarea, il convient de rappeler Siga, située près de la rivière du même nom (la *Tafna*); et qui, ayant été la capitale du roi Syphax, reçut le nom de cité royale (*Siga regia*). A cette province appartient également Icosium, non loin de la ville actuelle d'Alger dont la fondation n'est pas ancienne.

La Mauritanie Tingitane fut aussi désignée d'après le nom de sa métropole Tingis (*Tanger*), que l'on appela ensuite *Colonie de Jules transportée* (Julia traducta) à l'occasion de la population romaine que Claude y installa; pour modifier peu à peu le voisinage en implantant au centre du pays, des intérêts et des pensers européens. Cette province, où Rome ne fit guère d'établissements politiques, s'étendait du fleuve Malva (ou Malua) au détroit des colonnes d'Hercule (détroit de *Gibraltar*). Parmi ses villes, outre Tingis, on vantait Lixa (*Larrache, El-Araisch*), où l'antiquité avait placé les fabuleux jardins des Hespérides : conte, à la bonne heure, mais il ne correspond pas mal aux nombreux vergers qui entourent encore de fleurs et de fruits ce lieu presque oublié par le commerce actuel.

Quelques tâtonnements altérèrent çà et là des circonscriptions que nous donnons comme tranchées et assez durables, afin de ne

---

[1] Gesenius (*Monum. phœnic.*, p. 423) pense que *Iol* est une contraction de *Jubal* (splendeur de Baal), qui pourrait être l'origine du nom de Juba.

Pour ce qui regarde la synonymie géographique de *Julia Cæsarea*, il ne faut pas s'arrêter outre mesure à l'emploi fait de ce nom dans la bulle de Grégoire XVI, en 1838, quand fut érigé le siége épiscopal d'Alger. La chancellerie pontificale n'était assurément pas tenue à plus de précision topographique que les savants français, maîtres d'inspecter les lieux tout à leur aise, et parmi lesquels il n'y a pas encore unanimité sur le véritable point qui répond exactement à l'ancien *Icosium*. Dans cet état de choses, et surtout au moment où fut rédigée cette pièce, on peut croire que le mot *Julia Cæsarea* figure dans la bulle, moins sans doute pour désigner l'ancienne ville de ce nom que pour indiquer un diocèse destiné à renfermer les provinces jadis commandées par cette capitale.

pas mêler des difficultés d'érudition à un aspect général qui suffit pour l'ensemble de notre sujet. Ajoutons que dans les diverses indications de limites données par les géographes et les historiens, selon l'époque où ils écrivent et le point de vue qu'ils adoptent, on peut se méprendre beaucoup si l'on ne distingue pas entre les frontières de races distinctes et les coupes articificielles tracées par les politiques avec plus ou moins d'intelligence de ce que réclamait le sol, la population, ou le gouvernement facile du pays. Ces fluctuations du pouvoir dominant s'expliquent surtout lorsque l'autorité change de mains sans avoir une marche soutenue par des conseils persistants, et que la guerre met aux prises des peuples qui n'ont presque rien de commun pour se comprendre, ou qui sont bien décidés à ne s'entendre pas. On taille, soit par ambition, colère ou fantaisie souveraine, soit par calcul trop hâté, dans les terres du vaincu ; et l'on peut s'apercevoir après coup, que l'œuvre rêvée manquait de bases solides. On cherche parfois à grouper les descendants d'une même race, pour en faire un tout homogène ; puis on les sépare pour en maîtriser les diverses fractions, dans un isolement qui permette de remanier leurs mœurs avec moins de péril.

Ainsi Massinissa et Jugurtha semblent avoir incorporé à la Numidie primitive une portion du territoire maure. Rome brise cette union qui menaçait d'associer deux nations vigoureuses, dont un chef habile eût pu tirer trop grand parti; et prend même à tâche de partager les Maures en plusieurs groupes, capables de se neutraliser réciproquement au besoin. Une certaine hésitation pouvait d'ailleurs avoir sa cause dans la configuration même d'un sol où nul obstacle continu n'offrant de limites décidées, on se trouvait entraîné à tout envahir, comme à se contenter de frontières insignifiantes.

Sur ce mot, avant de passer outre, des lecteurs un peu exigeants voudront se faire quelque idée du territoire où il leur faudra placer les faits et s'expliquer les mouvements principaux. Une carte pourrait absolument y suffire ; mais combien de gens ne savent pas lire une carte! sans compter ceux qui n'en prennent pas la peine, faute de s'être habitués à y trouver autre chose que des noms propres sans lien commun. Tâchons de faire voir qu'il y a mieux.

Cette espèce d'ensemble, si confus qu'il soit, compris sous la dénomination d'Afrique romaine, est un fait causé par la forme du terrain où l'histoire l'a inscrite. Une grande force politique a été constamment nécessaire pour en lier les différentes parties, mais elle a pu absolument y suffire, et n'a jamais prétendu déborder hors des lignes tracées par la main de Dieu. Saisissons par grands traits la physionomie d'une région si caractérisée. De la Sicile à l'Espagne, l'Afrique projette dans la Méditerranée une sorte de grande île entourée par la mer et les sables. Des vaisseaux au nord et à l'ouest, le chameau vers l'est et au sud, peuvent lui ouvrir des communications avec les îles, les oasis, ou les terres continentales éloignées. Mais son état est celui d'un isolement, d'une séquestration très-sensible : soit par la mer d'eau, soit par la mer de sable. L'Égypte et même la Cyrénaïque, pour en être voisines, n'en sont pas moins bien séparées; quoique les Ptolémées aient soumis cette dernière région, et que Carthage ait eu des querelles avec Cyrène.

Si, au lieu de nous perdre dans les détails de l'Atlas, nous nous contentons de le prendre en bloc pour simplifier l'aspect historique, voici ce qu'il présentera. Au sud-ouest de la Sicile (en arrière du cap Bon), de hautes plaines descendent le long des golfes de la grande et de la petite Syrte (de *Sydra* et de *Kabès*), puis s'effilent et se redressent en vraie chaîne de montagnes (*mons Ater* des anciens, *Haroudjé noir* des modernes) au sud de Tripoli. Il doit être bien entendu que les droits de la géologie et de la géographie scientifique sont tout à fait réservés; en ceci nous ne cherchons que le canevas d'un panorama élémentaire. Peu nous importe donc que la mer actuelle de sable ait été une mer réelle jadis, ou que l'Afrique ait été jadis contiguë à l'Europe par plusieurs points; etc., etc.

Dans la région que nous venons de signaler, le désert commence bien près de la mer; c'est autre chose à l'ouest. Trois larges bandes montagneuses courent de l'état actuel de Tunis à l'Océan; on les appelle l'Atlas : Atlas moyen et petit Atlas vers la Méditerranée, grand Atlas vers le désert. Généralement parallèles à la côte septentrionale, ces masses ne forment point des chaînes bien distinctes et uniformément alignées; ce sont plutôt des groupes qui se relient par des rameaux inférieurs, s'étagent en plusieurs plateaux, parfois à peine cultivables, ailleurs fertiles; s'ouvrent en coupures plus ou moins abruptes, où des cours d'eau se frayent passage. Leurs contre-forts qui s'épanouissent sur les côtes de la Méditerranée, y forment ces caps, ces rochers, ces écueils, ces anses perfides qui rendent le rivage périlleux sur une longue étendue. Le grand Atlas, qui se dégrade peu à peu vers le désert, semble d'abord se rendre au détroit de Gibraltar ainsi que les massifs précédents; mais il se précipite au sud-ouest en plaines accidentées qui courent comme à la rencontre des îles Canaries. Partout au midi, il est le rivage de la mer de sable qui protége les Nègres.

Toutes ces lignes tourmentées poussent au-devant l'une de l'autre, des ramifications, des plateaux coupés eux-mêmes par des séries de sommets ou interrompus par des pointes isolées. Sauf le grand Atlas, où quelques sommités exceptionnelles (dans le sud-ouest) demeurent couvertes de frimas, la neige ne dure que de décembre au printemps sur les principales hauteurs; l'été brûle presque toute la végétation dans la plaine, après que les mois de mai ou de juin ont donné les moissons les plus tardives, à moins qu'un heureux aménagement des eaux, ou des plantes vivaces, ne luttent contre la chaleur intense que presque rien ne suspend. Douces collines, rudes montagnes, où le peu de hauteur est souvent racheté par l'escarpement et les déchirures des pentes; passages qui séparent une région de l'autre, plutôt qu'ils ne les unissent; retraites inaccessibles à tout autre qu'au montagnard familiarisé avec ces lieux, vallées sans nombre, plaines majestueuses entre des chaînes brisées par des arrachements sauvages; torrents à chutes répétées sans cours navigable, frais ravins, coupe-gorges écartés, embuscades toutes prêtes, plus de barrières que de communications; contrée enivrante de plaisir et de fureur, de nonchalance paresseuse et d'énergie farouche.

Animez ce théâtre par la présence de races vigoureuses que les accidents du sol fractionnent en groupes divers, et qui ne veulent point se mêler; qui, dès qu'on les aperçoit dans l'histoire, semblent ne communiquer en grand que par la guerre : Numides qui se cantonnent contre les Maures, ou se précipitent sur eux comme un torrent; Maures (à l'ouest de l'Ampsaga) qui ne demeurent pas en reste de vengeance, et savent faire payer les griefs qu'ils croient avoir amassés; Tyriens et Carthaginois retors, que l'âpreté d'un commerce primitif a formés aux embûches et aux trahisons. Le tout plus ou moins Palestinien ou Arabe d'origine [1], avec ces haines tenaces que le sang syro-arabe entretient à perpétuité entre les rejetons d'une même souche. Plus tard, la famille européenne apporte sa politique; et outre sa politique, la fureur même et l'astuce barbare. Puis tout paraît se confondre, sous une invasion asiatique dont les conséquences morales subsistent encore, sans que les vieux éléments aient disparu.

Mais, sauf la persistance du mahométisme et le renversement de la civilisation gréco-romaine, qu'y a-t-il de réellement bien nouveau, et comment retrouver l'ancienne couche? Le Berbère (Kabyle, Schellouk, Touareg, etc.) nous représente-t-il le Numide fier, sobre, industrieux, opiniâtre; à l'esprit ouvert et au cœur hospitalier, mais rancuneux? Le Maure de notre temps serait-il le plus dégénéré des anciens habitants, parce qu'il se serait laissé

---

[1] Strabon trouvait déjà les Maures singulièrement semblables aux Arabes, et les Numides prétendaient avoir chez eux des Chananéens échappés devant l'invasion israélite de la Palestine. D'autres voulaient descendre d'aventuriers perses et mèdes. Là-dessus, du moins, on pourrait parler de *Sémites*.

trop longtemps prendre à la remorque? Ou bien ce qu'il nous plaît d'appeler Arabe en Algérie, ne serait-il pas le vrai Maure primitif, tandis que nos Maures ne correspondraient qu'à une branche abâtardie dans la vie citadine? Car on ne prouverait pas aisément que le flot syrien et arabe de la conquête musulmane, au septième siècle et au huitième, ait déposé sur le sol africain un bien épais limon, si ce n'est d'hommes tués. Ce sont là des recherches que je puis omettre pour revenir au partage définitif établi par la politique romaine, longuement informée, désireuse peut-être aussi de briser des affinités populaires qui la contrecarraient.

En comparant les monuments et les écrivains, Morcelli pense que Dioclétien fut le premier à augmenter le nombre des provinces et des gouverneurs dans l'Afrique [1]. On peut mettre cette distribution nouvelle sur le compte de Maximien-Hercule, qui avait l'Occident pour apanage; et dont le lot spécial fut l'Italie avec l'Afrique, lorsqu'il établit au delà des Alpes le césar Constance-Chlore. Mais Maximien était surtout un homme d'action; et le rôle d'ordonnateur allait tout à fait au goût de Dioclétien qui ne se refusait pas, malgré la divison de l'empire, une certaine primauté d'influence à titre d'organisateur suprême. Quant à l'époque, vraisemblablement c'est alors que, de la vaste province proconsulaire telle qu'elle subsistait d'abord, on a soustrait la Byzacène (*Byzacium*) dont le chef-lieu fut Adrumète (*Hadrumetum, Sousa*); et la *Tripolitaine*, ainsi nommée à cause de ses trois principales villes, — si tant est qu'elle comptât réellement plus de trois villes proprement dites, — savoir : Oëa (*Tripoli*), Sabrata (*Tripoli Vecchio*), et Leptis-la-Grande (*Leptis Magna, Lebdah*).

Côte peu profonde entre les deux Syrtes, la Tripolitaine (*Tripolis*) était surtout un poste militaire permanent contre les peu-

---

[1] Sext. Ruf. *Breviar.* : « Per omnem Africam sex provinciæ : ipsa ubi Carthago est, proconsularis; Numidia, consularis; Byzacium, consularis; Tripolis et duæ Mauretaniæ, hoc est Sitifensis et Cæsariensis, præsidiales. »

plades presque insaisissables des déserts voisins, qui menaçaient la riche Byzacène. Mais elle avait de petits ports et de belles propriétés rurales. Quant au nom du Byzacium, dont une cité (*colonia Byzacia*) ne donne pas suffisamment raison, Gesenius suppose qu'il faut en chercher le motif dans l'expression punique *Byt-Saki* (région arrosée ou douée de sources nombreuses), comme Sitifis s'expliquerait par le mot *Seteph* (inondation); l'eau, dans ces contrées brûlantes, étant la grande condition d'une fécondité merveilleuse et durable. Aussi les troupes de Bélisaire furent-elles transportées de joie, en rencontrant des fontaines jaillissantes dans le sol aride où elles creusaient leurs retranchements, après avoir pris terre en Byzacène; et l'armée grecque de Justinien, dans sa marche vers Carthage, put faire main basse sur les fruits d'une maison de plaisance des rois vandales, sans qu'il y parût guère après le départ des soldats.

Dans l'organisation de Dioclétien, la Mauritanie Césarienne fut coupée en deux parties : l'une conservait l'ancien nom, avec la métropole qui en était l'origine; l'autre, entre les rivières Ampsaga (*Roummel*) et Savus (*Ouad-el-Arrach*), s'appela *Sitifensis* à cause de son chef-lieu Sitifis (*Sétif*). La Tingitane aura sans doute été rattachée au gouvernement (diocèse) d'Espagne, sous la préfecture des Gaules; attribution qui existait incontestablement sous le règne de Valentinien Ier [2].

Si l'on voulait donc une indication qui, sans viser à la précision scientifique, se rapprochât du langage familier à nos oreilles, le Maroc peut être considéré comme répondant à la Mauritanie Tingitane et à une partie de l'ancienne Césarienne; l'Algérie représentera la Mauritanie Césarienne presque entière, et la Numidie; la Tunisie comprend à peu près la Proconsulaire avec la Byzacène; et la régence de Tripoli rappelle tout naturellement la Tripolitaine, pourvu qu'on laisse de côté le pays de Barca et les oasis de la profondeur des déserts.

[2] Sext. Ruf., *l. c.* : « Trans freta etiam, in solo terræ africanæ, provincia Hispaniæ est, quæ Tingitana Mauretania cognominatur. »

Outre le fait de ce nouveau partage administratif, les titres des gouverneurs préposés aux diverses provinces jettent du jour sur l'état du pays au moment où sa distribution fut ainsi fixée. On peut en conclure que la Numidie ainsi que la Byzacène, étaient considérées comme généralement à l'abri d'un coup de main. Mises à la disposition de magistrats civils, elles ne réclamaient donc pas l'entretien de troupes qui s'y tinssent sur le *qui-vive*. Nous ne voyons de province impériale (ou militaire) que les Mauritanies et la Tripolitaine. Au fait, on ne parle communément de menaces de guerre pour les autres, que dans les temps de désordre prolongé.

ARTICLE II

Aperçu de l'histoire politique, à partir du quatrième siècle.

La division établie pour l'Afrique sous Dioclétien, et sa dépendance de l'empire, dura jusqu'à l'arrivée des Vandales, c'est-à-dire plus de deux siècles; sauf les courtes interruptions que causèrent des irruptions momentanées, ou des insurrections suivies de quelque succès, comme on en trouve plusieurs dans l'histoire de ces peuples ardents.

Ainsi, en 308, Alexandre, vicaire (gouverneur général) d'Afrique, fut salué empereur par les troupes chargées de défendre les frontières; et il sut se maintenir durant trois années, faisant sa capitale de Carthage, où il avait pris la pourpre. Le nouveau césar Maxence, dont le lot se trouvait fort entamé par cette rébellion, et qui entendait bien ne pas la tolérer, n'avait au fond que ce qu'il méritait. Fils de Maximien-Hercule, récemment déposé, et dont les Africains ne gardaient pas bon souvenir, il venait de saisir violemment le rôle d'associé à la puissance impériale. Ce qu'il y avait à dire contre lui ne le rendit pas plus endurant : après avoir battu et tué le césar Sévère pour prendre sa place, il ne se souciait nullement de voir sa propre conduite tournée en un précédent qui autorisât les autres à faire de même, ou à laisser démembrer les provinces de sa juridiction. Dès qu'il put se croire au-dessus de ses affaires en Italie, il envoya (311) contre son rival d'Afrique une armée commandée par Rufus Volusianus, qui dès la première rencontre, défit, prit et tua le prétendant.

Rufus (ou Rufius) Volusianus paraît avoir été préfet du prétoire d'Italie. Comme tel, il avait sous sa direction les gouvernements (diocèses) de l'Italie, de l'Illyrie et de l'Afrique, c'est-à-dire une trentaine de provinces autrement grandes que ce que nos mesquines expressions modernes nous ont habitué à parer du même nom. Les *vicaires* étaient ses premiers subordonnés, commandant à des groupes de circonscriptions ; et pour se former une idée de ce que pouvaient être ces subalternes, représentons-nous qu'un seul remplissait le rôle de surintendant général dans l'Afrique romaine. Le préfet du prétoire des Gaules, autre espèce de grand-vizir, ou de césar si l'on veut, commandait à la Gaule, à l'Espagne (avec la Tingitane) et à la Grande-Bretagne ; enfin, depuis Trèves et les basses terres d'Écosse jusqu'aux îles Canaries. Nous ne nous figurons plus aisément les attributions de pareils personnages, pour qui les principaux monarques d'aujourd'hui eussent été des vicaires ayant à prendre leurs ordres. Aussi, lorsque sous Dioclétien l'on se met à calculer les périls de ce formidable mécanisme, on décide que des dignitaires de cette importance ont besoin d'être rattachés au trône par des titres quasi-impériaux qui devront les intéresser à la transmission régulière du pouvoir. Les Césars et Augustes apanagés, que l'on essaye alors, ne sont vraiment qu'une tentative pour amoindrir ou absorber les redoutables préfets du prétoire.

De si grands seigneurs faisaient inévitablement la guerre un peu à leur tête, et l'on payait la peine de les avoir réduits à se déplacer. Les Africains eurent à s'en apercevoir. Une seule journée avait mis fin à leur essai d'indépendance sous Alexandre, mais les conséquences de l'expédition furent longues et dures. Carthage et toute la province proconsulaire furent mises au pillage ; la Numidie eut le même sort, tellement que Cirta, sa capitale, resta presque entièrement détruite. C'est ce qui lui valut plus tard le nom de Constantine, qu'elle a conservé jusqu'à nous. L'usurpateur d'Italie avait été presque en même temps renversé par Constantin, qui tenait à venger l'œuvre de son père (Constance-Chlore) ; et, devenu maître de l'empire, le vainqueur se piqua de réagir contre les ressentiments brutaux de ce Maxence que Julien l'Apostat, lui-même, réunit à Licinius, sous la commune désignation de *tyrans détestés des dieux et des hommes*[1]. Cirta, relevée alors de ses ruines, conserva toujours dans son appellation nouvelle le souvenir du restaurateur.

Sous les fils de Constantin, un Germain romanisé, Magnence, détacha de l'empire pendant quelque temps les provinces occidentales. Mais l'Afrique, qui du reste ne le vit point, ne lui obéit que de 350 à 352. C'était là une de ces crises presque fatales où la force et le droit, séparés l'un de l'autre, cherchent à se joindre pour se compléter réciproquement ; ou, ce qui est à peu près la même chose, c'était le résultat du sentiment latin (romain, si l'on veut) qui rendait les nations occidentales antipathiques au commandement venu de Constantinople. Dioclétien l'avait senti : lorsqu'il portait dans l'Asie grecque la pompe de sa cour, il avait assigné à l'Occident des chefs plus ou moins latins et résidant sur les lieux. Constantin, quoique établi sur le Bosphore, était parti de la Gaule et de l'Italie, centres de la force militaire et de l'autorité ancienne. Il pouvait donc passer, dans sa nouvelle capitale, pour un Romain occupé à surveiller l'Orient ; et puis, malgré ses défauts, ou malgré l'énormité de sa tâche, c'était un grand homme ; ce qui trop souvent fait paraître possibles et durables des entreprises mal mesurées à la stature moyenne, dont il faut toujours tenir compte dans les

---

[1] Julian. *Cæsar*.

calculs de la froide raison. En dépit de son génie, pourtant, le milieu où il s'était placé ne laissa pas de réagir sur lui; l'œuvre qu'il avait en vue, se trouva bientôt traversée par des hésitations, des brutalités et des faiblesses qu'un entourage moins courtisan n'aurait pas autant favorisées. Après lui, l'Orient apparaissait tout de suite en plein. Une succession simplifiée par des assassinats soudoyés probablement, et en tout cas bien accueillis, où l'on n'avait pas même l'excuse de la barbarie native; de grandes prétentions au despotisme, sans tête ni cœur pour le soutenir ou le colorer de quelque prestige; des favoris soufflant au maître les partis qu'il ne sait pas prendre, mais dont il s'empare avec l'infatuation d'un inventeur; des entêtements, à la place de volonté; ce qui rend méprisable, ajouté à ce qui rend odieux. D'ailleurs, avec Constantin-le-Jeune et Constant, l'Occident avait pu compter que Byzance suivrait sa voie quelconque, sans qu'il eût à s'en occuper autrement que comme de nouvelles curieuses. La mort de ces deux princes venait de replacer Rome sous Constantinople; et parce que ce n'était pas assez d'embarras, sans doute, Constance tranchait du souverain pontife, ayant son inspiration sur ce qu'il fallait croire entre Arius et Nicée.

Magnence ne pouvait pas se parer de titres fort entraînants pour la multitude; mais, officier supérieur et acclamé en Gaule, assez barbare encore pour ne pas regarder de bien près au voies légales et pour entraîner facilement les milices étrangères, assez Romain aussi pour figurer sous la pourpre, il répondait au besoin qu'éprouvait le monde latin de ne pas être traité en province byzantine. Sans être fort habile, les griefs de l'Occident contre la tournure asiatique qu'avait prise le pouvoir ne lui échappaient pas. Peut-être pourtant, ne les faisait-il valoir que pour les avoir entendu exprimer par ceux qui le poussaient. Mais quand on en vint aux mains, il ne sut ni vaincre (ni même combattre en personne, peut-être), ni assurer et disputer sa retraite dans les provinces belliqueuses qui l'avaient envoyé à la rencontre des Orientaux. Le monde romain fut donc livré aux caprices de Constance, dont les prétentions n'avaient pas été amoindries par ces succès (353), où il était, du reste, pour peu de chose.

Si peu durables qu'ils eussent été, ces ébranlements avaient de quoi tenter les indigènes africains, en leur apprenant à douter de la cohésion du grand corps qui les comprimait. Un tel soupçon devait bientôt suggérer l'envie de faire appel aux sympathies nationales, pour mettre à l'épreuve ce qu'on entrevoyait de parties faibles dans la constitution du monde romain. L'administration impériale n'avait pas assez prévu ce danger lorsqu'elle confia ce pays au comte Romanus, peu après la répression de Magnence. Habile surtout à ruiner les provinces mises sous sa garde, ce fonctionnaire supérieur exploitait les ravages même des pillards limitrophes. Sous prétexte de réfréner les déprédateurs, il frappait de réquisitions criantes les propriétaires lésés ou menacés; et le secours ne s'en faisait pas moins attendre. Soutenu au palais par ceux qui avaient l'oreille de Valentinien, il était sûr de voir repoussées ignominieusement les réclamations de ses victimes. Bien plus, quand à force de plaintes on fit mine d'instruire la cause sur les lieux, les plaignants n'y gagnèrent que d'être punis de la peine capitale. Cependant le territoire de la Tripolitaine demeurait sans défense, en proie aux dévastations étrangères. Après plusieurs années de ce régime intolérable, éclata l'insurrection de Firmus (ou Thirmus), en 372. C'était un de ces princes maures qui avaient conservé quelque chose de l'ancienne indépendance politique, maintenue sous le déguisement d'une investiture officielle envoyée par la cour romaine. On les appelait alliés (*fœderati*), ce qui alors, veut surtout dire qu'ils ne se donnaient nullement pour sujets. Si l'on s'avisait de les mécontenter ou de leur laisser deviner une brèche praticable, il y avait à parier que le titre d'allié serait d'un poids léger pour leur conscience punique. Que devait-il advenir au cas où ils pourraient se croire indignement lésés, eux pour qui la vengeance était presque une vertu?

Un chef maure puissant, Nubel (Nubal), avait laissé en mourant sept fils, dont plusieurs n'ont fait que trop de bruit : Firmus, Zamma, Gildon, Mascézel, etc. Ces frères, nés de diverses femmes, semblent avoir été voués à des haines qui retentirent dans l'Afrique tout entière à diverses reprises. L'assassinat de Zamma par Firmus fut comme le signal de tant de malheurs, mais il ne faut point oublier que la honteuse faveur du comte Romanus fut pour quelque chose dans ce prélude des calamités. Car le meurtrier semble avoir frappé ce coup pour ôter un ami au gouverneur impérial; et ne leva peut-être l'étendard de la révolte qu'afin de n'avoir pas à rendre compte d'une vengeance où la coutume numide n'eût vu que le droit strict, mais où la cour prévenue pour son agent n'admettait même pas de circonstances atténuantes.

La famille de Firmus, qu'on regardait comme issue des anciens rois maures, avait lieu de compter sur l'affection des peuplades barbares toutes les fois qu'elle voudrait raviver quelque souvenir d'indépendance, ou seulement de révolte et de coups de tête aventureux, qui appelât les tribus aux courses guerrières et aux pillages. Firmus prit donc la pourpre, soit pour tirer parti d'une belle occasion de désordre, soit afin d'ensevelir dans le tumulte général la mémoire d'un méfait antérieur, soit par chevalerie sauvage qui prétendait redresser (à son profit) les torts du comte Romanus. Les troupes, mal payées, l'acclamèrent; les Maures, ses compatriotes, donnèrent de grand cœur un coup de main; et pour sa bienvenue, il autorisa le remboursement de la solde arriérée, sur le pillage de ceux qui n'approuveraient pas sa proclamation. La secte des donatistes, fort répandue dans la Mauritanie et la Numidie, jugea que sa rébellion contre l'Église pourrait se bien trouver d'un affranchissement national, et tendit les bras aux insurgés. Un de leurs évêques livra sa ville, sous la condition que les catholiques éprouveraient seuls les horreurs de la guerre, et que les donatistes auraient une sauvegarde. Aussi ces schismatiques furent-ils appelés *Firmianistes* (Firmiani), du nom de l'usurpateur auquel ils se dévouaient ouvertement.

Les Mauritanies, en pleine insurrection, étaient presque entièrement détachées, et Césarée (*Cherchel*) ruinée complétement, lorsque le comte Théodose fut dépêché par l'empereur avec des troupes mandées en hâte de la Mésie et de la Pannonie. Firmus fit d'abord mine de vouloir parlementer, mais Théodose, peu confiant, demandait avant tout des ôtages; et ne concentrait pas moins ses légions près de Sitifis (*Sétif*). Jugeant bientôt que le Maure cherchait à gagner du temps, il tomba sur les montagnards du Jurjura (*mons Ferratus*), qui appuyaient le rebelle; et le pressa lui-même jusqu'à ce qu'il l'eût réduit à se soumettre, en livrant places, prisonniers, enseignes et dépouilles enlevées aux Romains. Ne s'endormant pas, toutefois, sur ce succès, il apprit que le vaincu se recrutait au loin dans les déserts pour prendre sa revanche. Sans lui laisser le loisir de se renforcer, il défit ses partisans en plusieurs combats poussés jusque vers le grand Atlas; et mêlant les négociations à la vigueur afin d'isoler le chef, il accula Firmus au point de ne lui laisser plus que la ressource de s'étrangler pour ne pas tomber vivant aux mains du vainqueur (373). Mazaca, autre frère de Firmus, fait prisonnier dans l'un des derniers combats, avait déchiré ses blessures afin de ne laisser que son corps à l'ennemi.

Cependant Théodose, aussi clairvoyant que ferme et actif, avait pu se convaincre que le mécontentement général, source première de tout cela, remontait aux intolérables exactions de Romanus, qui fut envoyé à l'empereur pour qu'on instruisît sa cause. Besogne délicate et mêlée à des intérêts bien appuyés, cette perquisition ne pouvait être conduite à terme sans compromettre nombre de gens qui avaient été longtemps les instruments ou les copartageants du concussionnaire principal. De très-hauts personnages devaient ne pas se soucier de voir porter la lumière trop avant dans beaucoup d'affaires accomplies, que l'on avait enterrées avec les paperasses des bureaux administratifs. Tant de curiosité n'était bonne qu'à ramener au jour plus d'une honteuse manœuvre longtemps employée en Italie pour arrêter la vérification des faits; et des correspondances tombées entre les mains du vainqueur, mettaient un peu trop sur la voie d'actes odieux où la cour ne se hâtait pas de voir clair. Il arriva donc que Valentinien Ier mourut sans avoir ouvert les yeux sur cette trame d'iniquités, et que l'on ignore le sort de Romanus.

Nous ne connaissons que trop bien, au contraire, le sort de son accusateur. Le vainqueur de Firmus ne tenait pas assez compte de ses ennemis ailleurs que sous les armes. Sa sévérité s'était montrée redoutable et dure même au milieu des préoccupations militaires, qui auraient pu conseiller des ménagements ou faire ajourner des exécutions. Sans interrompre ses marches, il faisait mourir sous le bâton des cohortes entières trouvées dans les rangs des rebelles. Pénalité militaire, ce n'était pas lui qui l'avait édictée; il l'appliquait : ni le nombre ni le moment n'y changeaient rien. Espagnol de vieille roche, il penchait sans façon à gâter par la roideur, des intentions et des causes excellentes; en surmenant bravement le droit, jusqu'à le fourvoyer très-près de la tyrannie. On voit que son fils, le grand Théodose, avait de qui tenir; et il en hérita quelque chose pour sa part. Bien lui prit, certes, comme aux pauvres peuples, que le noble cœur de saint Ambroise attirât sérieusement l'attention de ce rude prince sur son penchant inné à des rigueurs impitoyables. La puissance souveraine, et le relâchement de tous les liens politiques, menaçaient d'ouvrir à un tel caractère des perspectives que l'on ne sondera pas sans frémir. Ce n'eût été, peut-être, qu'un vieux Romain dépaysé; mais comme il fut chrétien, la belle chance aux historiens sensibles pour en faire un Néron ! Faute de ce thème à amplifications, l'on s'est contenté de trouver un peu cassant le grand saint Ambroise, qui a deviné et refoulé l'orage après le massacre de Thessalonique.

Ces considérations peuvent mener à comprendre comment, après la pacification de l'Afrique, les cabales s'attachèrent à perdre celui qui l'avait sauvée. Un des premiers actes du jeune empereur Gratien, fut de faire décapiter à Carthage le vainqueur de Firmus (376), sans que l'histoire nous en fasse distinguer les causes. On a prétendu que l'ombrageux empereur d'Orient, Valens, n'avait pas nui à cette catastrophe. Esprit sournois qui, n'ayant pas d'héritier de son sang, guettait si quelque personnage considérable ne viserait pas à lui succéder trop tôt. Obsédé de ce rêve désagréable, il voulut, dit-on, savoir par les devins (lui qui avait publié des lois sévères contre la divination, afin de se la réserver apparemment) quel serait son remplaçant sur le trône. La sorcellerie lui fit connaître que le nom du futur empereur commençait par ces lettres : *Théod*. Avec un secret si précieux, il ne s'agissait plus que de faire disparaître tous les *Théodores, Théodoses, Théodotes, Théodules*, etc., pour ajourner bien loin l'ouverture de la succession; et plus d'un paya de sa tête le calcul du prince obstiné à vivre. Ce récit se retrouve ailleurs avec quelque différence, mais sur les conséquences on est assez d'accord. Bref, le comte Théodose aurait été victime de la combinaison diabolique. Seulement son fils confirma le pronostic, auquel on n'avait pas suffisamment paré.

Quant à Gratien, qui, avec de belles qualités personnelles, ne sut généralement pas bien s'entourer, il paraît avoir compris un peu tard l'injustice que des intérêts souterrains avaient obtenue de son inexpérience. Il aura voulu effacer cette tache en élevant, trois ans après, sur le trône (à la mort de Valens) le fils de l'homme éminent qu'il venait d'immoler à des intrigues. Réparation tardive; mais qui, par le couronnement du grand Théodose, place le règne de ce pauvre Gratien entre les belles époques de l'empire.

La mort de l'infortuné comte ne se peut pourtant pas dire absolument malheureuse, quand on voit de quelle manière il la sut accepter. Réduit en une extrémité si funeste, le généreux capitaine ne s'occupa plus que de la foi chrétienne qu'il avait professée. Il demanda instamment le baptême aux catholiques, et passa des fonts baptismaux à une récompense plus grande et plus sûre que celle dont il avait pu se bercer pour ses actions d'éclat. La jalousie et la scélératesse des malveillants n'avaient plus de prise dans cette sphère surhumaine. En le voyant demander le baptême avant de mourir, on aurait tort d'inférer qu'il eût été irrésolu jusque-là sur les affaires éternelles, et comme flottant entre la foi catholique et l'hérésie ou le paganisme. L'habitude de voir conférer le baptême aux adultes, et les épreuves prolongées qui s'imposaient à certains catéchumènes, avaient introduit çà et là l'usage de différer jusqu'aux derniers moments l'entrée définitive dans l'Église. Abus dans les uns, respect exagéré chez d'autres; mais pratique qui n'était pas rare, et qu'on trouve chez quelques saints. Tels furent, par exemple, saint Césaire, frère de saint Grégoire de Nazianze; et saint Satyre, frère de saint Ambroise. Celui-ci se fit baptiser en Afrique (vers 378), à la suite d'un naufrage où il avait failli perdre la vie.

Gildon, frère de l'usurpateur Firmus, avait pris les armes pour l'empire romain contre sa propre maison; jalousie de famille, probablement, et ambition clairvoyante, plutôt que dévouement ou respect de ses promesses. Ce service joint à d'autres, et appuyé par l'influence qu'il pouvait exercer sur ses compatriotes, n'était pas demeuré sans récompense. Il devint commandant en chef dans toute l'Afrique, et sa fille Salvina fut donnée en mariage à Nébridius, neveu de l'impératrice. Dans cette situation élevée se mit-il à calculer que lui, ancien lieutenant du comte Théodose, et de race royale, il pourrait aspirer (du moins parmi les siens) à la dignité suprême dont il avait vu revêtir le fils de son ancien compagnon d'armes? Idolâtre d'ailleurs, et connaissant de près ce qu'il y avait de ressources et de mécontentements dans sa patrie, se sera-t-il dit que tout aiderait à le porter et à le soutenir s'il avait la hardiesse de s'émanciper? Le fait est que dans l'insurrection un peu païenne qui amenait le prétendant Eugène en Italie, le grand Théodose ne put obtenir d'Afrique ni soldats ni flotte. Gildon, qu'il eût dès ce moment ses idées arrêtées pour l'avenir, ou qu'il se fût seulement compromis par défaut de bonne volonté, put voir par les victoires d'Aquilée (388) et du Vypao (394), que l'on savait se passer de son zèle, et que le monde romain avait un maître capable de se faire respecter. Il ne donna donc point sujet de rappeler ses torts tant que vécut Théodose (395), et celui-ci n'eut pas le temps de faire rendre compte à des officiers si éloignés du centre où se débattaient les questions de premier ordre. Lorsque le sceptre ne fut plus qu'entre les mains d'un enfant (Honorius), et qu'un guerrier vandale (Stilicon) se trouva en Occident le véritable chef, Gildon crut le temps venu pour ne plus se résigner à la dépendance. Il prit, en 397, un détour à sa révolte : faisant mine de se donner à l'empereur d'Orient, Arcadius; et interdit l'exportation des vivres, afin d'affamer le peuple de Rome.

Le poëte Claudien ne donne pas à croire que la nouvelle de cette menace ait été prise par les Romains comme frayeur d'alarmistes exagérés[1]; et quoiqu'il fût le grand panégyriste de Stilicon, les plaintes de ses personnages mythologiques n'eussent pas été sauvées du ridicule par la pompe de sa poésie un

---

[1] Bell. Gildon., 52, sqq. Avec ses prosopopées classiques, il fait dire par Rome :

« ... Nunc pabula tantum
Roma precor. . . . .
Tot mihi pro meritis Libyam Nilumque dedere,
Ut dominam plebem bellatoremque senatum
Classibus æstivis alerent, geminoque vicissim
Littore diversi complerent horrea venti.
Stabat certa salus : Memphis si forte negasset,
Pensabam pharium gætulis messibus annum.
. . . .
Hanc quoque nunc Gildon rapuit sub fine cadentis
Autumni; pavido metimur cærula voto
Puppis si qua venit, si quid fortasse potenti
Vel pudor extorsit domino, vel prædo reliquit.
Pascimur arbitrio Mauri, » etc., etc.

peu déclamatoire, si les contemporains n'y avaient reconnu quelques-unes de leurs appréhensions. Rome et l'Italie avaient pris des habitudes de fainéantise qui les mettaient à la merci de l'étranger dès que son gouvernement se trouverait dans un embarras que l'on ne daignait pas prévoir.

On a cru reconnaître dans cet éclat de Gildon une intrigue de l'eunuque Eutrope, alors le grand meneur de la politique byzantine ; et ce ne serait point gâter la réputation d'un tel artisan de désordres, que d'y soupçonner sa main artificieuse. Mais le Maure n'y cherchait sans doute que son propre compte, entre deux suprématies discutées ; s'appuyant, ainsi que Firmus, sur les Donatistes qui l'aidèrent à s'emparer du pouvoir. Comme ces brouillons étaient principalement recrutés dans la plèbe des provinces maures, leur coopération peut faire songer à un plan d'appel qui remuât les populations aborigènes. Le prestige n'aurait eu que plus de chances avantageuses, si Gildon eût réussi à se faire soutenir par son frère Mascézel, homme de guerre exercé. N'ayant pu l'entraîner dans sa défection, il lui tua ses deux fils, et tâcha de l'assassiner pour simplifier les choses. Mis ainsi en demeure de prendre un parti, celui-ci ne se crut à l'abri de la fureur fraternelle qu'en gagnant l'Italie pour s'y mettre à couvert.

Le sénat romain, auquel on coupait les vivres, et que Stilicon voulait réveiller pour tenir en échec les prétentions de Constantinople, déclara Gildon ennemi public. L'année d'après, Honorius (ou plutôt Stilicon, son ministre, pour ne pas dire son tuteur) envoya en Afrique Mascézel (*Maskeldel, Maskelzer, Mascézil*) qui était ouvertement chrétien, enfant du pays, et animé par ses propres injures. Expédié précipitamment avec les premières troupes disponibles, le prince africain n'était pas rassuré sur cette mission hasardeuse où son infériorité lui permettait à peine l'espoir de se jeter en quelque lieu sûr pour attendre des renforts. Tout ce qu'il pouvait mettre en ligne, ne dépassait pas six mille hommes ; et encore faut-il y comprendre des cohortes médiocrement zélées contre le paganisme, qui venaient d'être battues en soutenant l'usurpateur Eugène. Le ministre entendait-il qu'elles regagnassent ainsi, au moyen du petit nombre, leur honneur compromis par la révolte et la défaite? C'était une belle façon de réconcilier des braves gens avec eux-mêmes, en même temps qu'avec le pouvoir régulier. Claudien leur fait dire, pour les animer, par le nouveau chef qui les menait au delà de la mer, que les enfants de la Gaule sont invincibles, pourvu qu'ils soutiennent la bonne cause [1]. Nous pouvons admettre que cela leur donnât du cœur, et résonne encore assez agréablement dans l'oreille des Français d'aujourd'hui; reste à savoir si leur général prenait cette éloquence militaire tout à fait au sérieux. Aussi, sur sa route, sans perdre de temps, il demandait qu'on l'aidât par des prières; et ce fut à cette occasion qu'il amena de Toscane les premiers moines étrangers qu'on eût vus en Afrique, où la vie monastique n'était généralement connue que de réputation. Car l'éclat que donna saint Augustin à cette profession, ne faisait, pour ainsi dire, que poindre dans un coin de la Numidie.

Stilicon, que l'on est bien libre de trouver un peu chiche, dans une telle crise, pouvait craindre de dégarnir les frontières battues par les flots d'une mer de barbares, et menacées par les perfidies byzantines. Puis c'était une fierté assez noble, pourvu qu'elle réussît, de ne pas s'abaisser à commettre le nom impérial avec l'insurrection lointaine. Mascézel, amenant sa poignée d'hommes, avait l'air de ne venger que des griefs personnels dans une querelle privée. La majesté souveraine n'intervenait que pour aider un malheureux. Mais en même temps, on envoyait aux Maures soulevés un Maure fidèle; à l'Afrique romaine effrayée des excès de Gildon, un prince indigène, chrétien sincère, et qui avait autant souffert de la révolte que personne. Calcul ou nécessité, les mesures prises ne furent pas.

---

[1] Claud. : « Gallos causa, non robore vinci. »

condamnées par l'événement ; où, du reste, le vainqueur reconnut la main de Dieu. Nous tenons de sa bouche que saint Ambroise, mort l'année précédente, lui apparut : montrant de son bâton le lieu où le chef de la petite expédition, inquiet et poursuivi durant son sommeil par l'anxiété, devait être victorieux dans trois jours. Il ne refusa donc point le combat, quoiqu'il se vît opposer des troupes dix fois plus nombreuses que les siennes. C'était dans la Numidie, entre Théveste (*Tébéça*) et Ammedera (ou Admedera, aujourd'hui *Haidra*), cinq mois à peine après que la réaction avait levé le masque.

Dès qu'on s'aborda, les premiers rangs de l'armée ennemie, formés par des troupes régulières, passèrent du côté de Mascézel par suite d'une méprise, dit-on. Un porte-enseigne frappé au bras, ayant laissé pencher son étendard, ce mouvement aurait été pris pour un signal de soumission ordonnée par les officiers. Les barbares, ramassés de tous côtés, étaient groupés en arrière pour donner, après l'ébranlement du premier choc ; se croyant trahis par ceux qui les précédaient, ils prirent la fuite tous ensemble en un si grand désordre, que dans cette seule journée fut décidée la ruine de Gildon et le recouvrement de l'Afrique entière. Le rebelle, qui s'était jeté sur un vaisseau pour se dérober aux dernières conséquences de sa défaite, fut repoussé par la mer près de Tabraca (*Tabarca*) ; il servit de jouet au peuple, et se donna la mort dans sa prison.

Cette victoire ne rendit pas tout d'un coup la paix à l'Afrique ; les mesures de rigueur décrétées par la cour, lui donnèrent des suites cruelles. Un fonctionnaire du fisc, sous la dénomination de *comte du patrimoine* (ou *domaine*) *de Gildon*, fut chargé de mettre la main, au nom de l'État, sur tous les biens de l'usurpateur. Les immenses possessions désignées par le nom de *patrimoines*, se montrent çà et là dans l'histoire de l'Afrique romaine, où elles ont l'air d'avoir attiré de temps à autre l'œil des empereurs. Était-ce la propriété indivise de tribus proscrites, ou quelque chose comme ces territoires de clans, que nous voyons, en Écosse, placés sur une seule tête de chef par des lois d'époque et de civilisation postérieures? Nous savons qu'au premier siècle de l'ère chrétienne, toute l'énorme province de la Zeugitane (Afrique propre) était aux mains de six propriétaires. Néron avait profité de ce premier cumul pour se donner le total, au moyen de six morts d'homme. Il en tuait bien d'autres sans tant de raisons. Les Mauritanies pouvaient dès lors offrir le même appât; mais là, les hommes ne se prêtaient pas de si bonne grâce à la confiscation. Il est permis de penser que le fisc n'en tenait pas moins note; et que, le cas échéant, la dévolution des domaines s'opérait peu à peu au profit de l'épargne impériale, comme cela fut exécuté pour les biens de Gildon.

Outre cette adjudication pénale des territoires qu'avait possédés le vaincu, de longues poursuites contre ceux qui l'avaient favorisé ne se terminèrent que par l'envoi de plusieurs d'entre eux à Rome; et l'emprisonnement des autres soit à Carthage, soit en d'autres villes du pays. Avec les coupables, plus d'un innocent eut à souffrir des vexations et des spoliations sans pitié. Sauf les applications malheureuses de la vindicte publique, et ce que l'âpreté du Maure victorieux pût y joindre de passions personnelles, les prétextes ne manquaient pas à la sévérité. On ne pouvait plus ici excuser l'insurrection, par les dénis de justice persévérants qui avaient grossi le parti de Firmus, ni par l'habileté menaçante de ce chef vigoureux. Gildon semble n'avoir eu que des vices, et ses fureurs étaient ignobles; tout autre sort eût été préférable à celui de l'avoir pour maître. D'ailleurs, il y avait là-dessous des manœuvres de la cour d'Orient qu'il fallait décourager dans l'avenir, en frappant d'une façon exemplaire sur ceux qui s'y étaient prêtés. La justice fut donc poussée jusqu'à ressembler largement à de la colère. Stilicon, qui la pressait, ou lui laissait son cours, pouvait bien n'être pas fâché de modérer ainsi l'enthousiasme pour le capitaine trop heureux dont les Africains se seraient aisément épris sans ce correctif.

Mascézel qui avait été exécuteur de ces vengeances, retournait à Milan avec grand appareil, se promettant bien qu'on lui tiendrait compte de ses services, lorsqu'il fut précipité du haut d'un pont et périt dans la rivière. Il est assez d'usage de raconter que cet accident avait été ménagé par l'ordre de Stilicon, qui n'y aurait vu qu'une aventure réjouissante; mais l'on ne fait pas toujours observer que cette explication repose sur le témoignage d'un écrivain grec païen [1], très-disposé à voir tout en noir dans un monde où les empereurs avaient déserté le culte des dieux d'Homère.

A l'heure qu'il est, nul n'a plus les mêmes motifs que Claudien pour tout admirer dans le Vandale qui gouvernait alors sous le nom d'Honorius. Faut-il prendre exactement le contre-pied du poëte? Seulement comme nous rencontrerons encore des chefs militaires assez malmenés par l'histoire du Bas-Empire, c'est peut-être l'occasion de mettre nos propres assertions à couvert sous des considérations qui s'appliquent à plusieurs d'entre eux. Il est des temps, — et c'est bien le cas pour les pâles empereurs qui se succèdent après le grand Théodose, — où Dieu cache si profondément ses plus prochaines dispositions, que beaucoup de gens sont fort tentés de se mettre à sa place et d'interpréter son silence; ou de l'oublier entièrement, et de ne voir plus que les acteurs. Comme les caractères s'effacent dans l'incertitude de l'avenir, la foule sans énergie et sans confiance, est abandonnée au plus hardi qui promettra sécurité à défaut de l'affection ou du respect dont on ne s'occupe plus hors du chez-soi. Par suite, le grand nombre se met aisément à taxer de pusillanimité celui qui n'a pas brusqué les circonstances à son profit; ou de machinations ténébreuses, celui qui en est sorti à son avantage. Si donc pour les personnages placés à portée d'une haute fortune, il y a tentation plus vive alors de la saisir sans scrupule; le spectateur aussi, et l'appréciateur, sera bien plus

---

[1] Zosim., V, 11.

enclin à ne voir qu'ambition dévergondée dans une vie couronnée par le succès. Ainsi la faiblesse générale des cœurs pousse à la fois vers les hasards plus ou moins nobles, et vers le dénigrement. Grande affaire en pareille circonstance, pour les hommes d'action, que de se maintenir dans une voie honorable; et pour l'historien ou le témoin silencieux, que de ne pas enlaidir à son gré les ressorts secrets qui font mouvoir un citoyen haut placé

Vers la période qui nous occupe, où les dangers d'un immense empire menacé de toutes parts s'aggravaient encore par l'incapacité héréditaire des souverains, le rôle des gens de guerre devenait singulièrement important et singulièrement sujet à caution. La cour ne pouvait ni s'en passer, ni les souffrir; tant elle en avait besoin, et sentait la menace de leur grand pouvoir! Aussi, dans l'incertitude d'une faveur précaire, les grands capitaines étaient trop facilement entraînés à jalouser tout émule qui les rendait moins indispensables. Peuples et écrivains, comprenant la séduction de cette amorce, l'ont commentée selon leurs goûts et selon les mœurs de la société. Conséquence d'ailleurs commode et expéditive, on a conclu brièvement de l'intérêt à l'intention. Si en cela on forçait la portée des esprits et l'énergie des caractères, ou si l'on exagérait la noirceur des âmes, ce n'était pas de quoi paralyser la main du peintre; les vifs reflets et les sombres couleurs étant assez propres à faire la fortune d'un tableau. De grands artistes, comme Tacite, se sont laissés prendre à l'enivrement de ce procédé qui relève des sujets rebutants par eux-mêmes. De là des accusations dont il ne nous est pas facile de vérifier le fondement réel, et qui n'ont que trop d'apparence si l'on se borne à consulter en général les pires mobiles de l'humanité. Mais, coloris à part, il faut être vrai.

Desservi (ou exposé journellement à l'être) par des concurrents ou par de simples parasites auprès d'un maître qui ne voyait jamais la guerre de ses propres yeux, un général éloigné songeait aisément à se rendre nécessaire dans son emploi, ou à se ménager un abri dans la force. Tout entraînait, d'une part, à la méfiance, et à la félonie de l'autre ; sans parler des défaillances d'honneur ou des vertiges que certaines élévations amènent presque inévitablement, et du dégoût que certaines faveurs inspirent aux cœurs fiers. Quiconque n'avait pas porté dans ces hautes situations l'âme un peu basse de Bélisaire, toujours prêt à se courber devant des fantaisies de femmes pour ressaisir plus tard les bonnes grâces du pouvoir par le même moyen, risquait de se lasser à voir sans cesse son destin entre les mains de courtisans désœuvrés et maussades.

Qu'on se représente aussi ce qu'offrait de déboire non-seulement la disgrâce éclatante et amère, née de caprices niais ou enfantins, mais la simple vie d'un particulier oisif après l'exercice des gigantesques commandements militaires qui couronnaient la carrière d'un officier en ces temps-là.

On s'expliquera mieux peut-être à l'aide de tout ceci, tant de griefs accueillis par les contemporains ou les censeurs posthumes contre Stilicon, Aspar, Ricimer, Boniface, Aétius, Narsès, etc. A Bélisaire, on n'a prêté que de grandes infortunes, sachant qu'il n'était pas homme à se piquer ; c'était dire surabondamment le parti qui restait aux autres. Que dans ces luttes de l'intérêt avec la conscience beaucoup aient failli, je le soupçonne ; mais que nul n'ait tenu bon, j'aime à conserver là-dessus au moins quelque doute jusqu'à renseignements péremptoires. Accusation n'est pas preuve, et toute preuve ne mène pas au point d'autoriser un jugement. Nous n'avons nullement l'intention de conclure que les *maîtres des milices* n'aient jamais forfait au devoir ou à la confiance des chefs de l'empire ; on a dû s'apercevoir que nous ne déguisions pas les pièges de leur position. Nous dirons uniquement que ni les uns ni les autres n'étaient à couvert de toute prévarication, et que condamner l'un ou l'autre des inculpés sans témoignage recevable, c'est trancher, non pas juger la cause ; des conjectures, même graves, ne devant pas être transformées en faits indubitables.

L'Afrique eut encore d'autres désastres à déplorer sous le

règne d'Honorius. En 413, le comte Flavius Héraclianus, homme de confiance du timide empereur, commandait à l'Afrique. Il s'y était distingué surtout en fermant ses provinces aux prétentions d'Attale, dont Alaric avait fait un Auguste. Mais quatre ans après, il s'arrogea l'autorité souveraine. Ayant pris son temps pour garnir ses coffres aux dépens de ceux qu'il gouvernait, il s'en servit à équiper une flotte et solder une armée; débarqua en Italie, et déclara la guerre au souverain. A peine arrivé, il était taillé en pièces par le comte Marinus, et s'estimait fort heureux de regagner l'Afrique avec un seul vaisseau. Mais là il reçut bientôt la mort; après quoi sa mémoire fut notée d'infamie, son nom effacé des fastes consulaires, ses actes cassés, ses biens adjugés au fisc ; enfin on se vengea avec emportement, de la courte peur qu'il avait faite. Ce fut là encore la source de bien des afflictions pour le pays et pour l'Église. Le comte Marinus faillit devenir un grand homme pour avoir terrassé ce Titan ; il fut chargé d'aller punir les rebelles, et on lui laissa entendre qu'il n'en pourrait jamais trop faire dans l'œuvre si importante de rendre le sommeil à la cour.

Le faible et incapable Honorius, qui ne se débarrassait d'une tutelle que pour retomber sous une autre, dut être jeté dans un affreux émoi en voyant son autorité méconnue par cet Héraclianus, dont la main lui avait servi à tuer Stilicon, dont les soins avaient barré la voie d'agrandissement à l'empereur postiche Attale; dont il venait de faire un consul, dont il avait laissé passer bien des actes équivoques. N'y avait-il donc plus moyen de vivre tranquille? La colère des cœurs mous étant sans mesure, la mission de Marinus, dans les provinces insurgées, fut stimulée par un édit furibond où l'indolence poussée à bout se démasque sans vergogne [1]. On ne pouvait guère mieux afficher

---

[1] « Hanc omnibus privatis atque militantibus licentiam damus ut omnes prodendi in medium habeant liberam facultatem; nec invidiam metuat qui ad publicum deduxerit criminosum : quum illud specialiter caveamus ne ullus aliquem eorum aut subtrahendum judicet aut celandum, neve ex eorum facultatibus vel deposita deneget, vel accepta non prodat. »

qu'il fallait surtout de la vengeance, abstraction faite de la justice; et cet appel s'adressait à des Africains, surexcités par les haines religieuses. De plus, l'exécution était confiée au vainqueur, personnage peu intègre, dit-on, qui devait compléter le succès de ses armes par une campagne judiciaire.

Les donatistes, assez malmenés d'abord par les lois, et qui se l'étaient bien attiré, mais ensuite ménagés lorsque l'Afrique avait semblé un boulevard contre Attale, mirent à profit l'occasion de faire du zèle. Ils dénoncèrent comme coupables ou grièvement suspects, quantité de catholiques innocents qui furent contraints à s'exiler pour sauver au moins leur vie, ou cherchèrent en vain un asile dans les églises. Le tribunal était expéditif, ses pourvoyeurs obéissaient à une double bonne volonté; l'argent, au besoin, sollicitait la sentence; tout était bon pour les accusateurs et les juges. Marcellin, détaché naguère par l'empereur pour tâcher de mettre fin aux longs troubles causés par le donatisme en Afrique, avait toute sorte de titres à la haine des sectaires. Nous verrons dans la suite[1], qu'il la méritait très-spécialement pour leur avoir ôté les prétextes de plainte en les dévoilant avec un calme imperturbable. Lui et son frère aîné, le proconsul Apringius, devinrent le point de mire des faussaires envenimés. Les coups qu'on leur préparait devaient avoir l'avantage de frapper l'épiscopat catholique au cœur. Les évêques ne s'y méprirent pas; l'iniquité de la prévention et le calcul qui animait les délateurs, furent regardés comme affaire assez grave pour qu'un des pasteurs de l'Église d'Afrique passât la mer afin d'attirer l'attention d'Honorius sur des faits si déplorables. Celui-ci, qui n'était rien moins que méchant au fond, trouva qu'on allait beaucoup trop loin; et que l'enquête déférée à son appréciation n'avait aucun motif. Il voulait donc qu'on arrêtât la procédure. L'auguste réponse vint à Carthage assez à temps pour faire voir, comme dit saint Augustin, que le comte Marinus

---

[1] Chap. II, art. 3; et chap. III, art. 2.

n'avait eu aucune raison de se hâter si fort, en attribuant à des ordres supérieurs ce que l'on refusait d'excuser en haut lieu. Les deux illustres accusés avaient été décapités avec une affectation si cruelle, que l'on choisit brusquement la fête de saint Cyprien pour le jour de leur exécution; soit afin de faire bien comprendre aux catholiques qu'on avait l'intention de les narguer, soit pour couper court à toute intervention qui eût pu traverser le projet s'il n'avait été accompli à l'improviste. Les témoins crurent y voir des rancunes personnelles qui s'assouvissaient avec recherche, et pensèrent que l'amour de l'or était venu aiguiser cette enquête fougueuse[1].

Saint Augustin, navré de cette indignité notoire, ne put soutenir le séjour de la ville où s'étaient consommés des assassinats juridiques aussi criants. Son émotion généreuse lui faisait trouver intolérable le rôle de l'évêque de Carthage, réduit à intercéder pour quoi que ce fût auprès de magistrats souillés à ce point. L'Église d'Afrique, au lieu d'en faire un deuil, considéra Marcellin comme une victime immolée à la foi, et l'honora parmi ses martyrs.

Tant de calamités n'étaient rien auprès des malheurs qu'amena la domination des Vandales durant plus d'un siècle. Que ce fût pure avidité de ravageurs, ou politique renseignée sur les perspectives de réussite qu'ouvrait un pays si divisé, les Goths d'Italie et ceux d'Espagne avaient déjà tenté dans ce siècle, chacun de leur côté, une descente en Afrique. La mer seule, par ses tempêtes, défendit alors la côte menacée de ces débarquements redoutables. Enfin, ce que le Ciel avait protégé, les hommes le perdirent; des intrigues de cour furent plus efficaces pour le mal, que deux grandes flottes d'Alaric et de Vallia. Le comte Boniface, dont le mérite et la valeur avaient été remarqués par l'impératrice Placidie (régente pour son fils Valen-

---

[1] Morcelli (A. 413) a réuni plusieurs témoignages qui indiquent ce qu'il y eut de circonstances noires dans la précipitation des juges préposés à cette odieuse besogne.

tinien III), gouvernait l'Afrique lorsqu'il se vit inopinément rappelé. Il venait d'épouser une princesse arienne, probablement fille de l'un des rois vandales qui régnaient au midi de l'Espagne; et ce fut, avec d'autres prétextes, une occasion à ses envieux pour le rendre suspect. Un faux ami, Aétius, lui persuada, dit-on, de désobéir à Placidie. Le comte d'Afrique ne se hâta donc pas de résigner son autorité, et les soupçons de la cour s'en accrurent d'autant; il fut bientôt proclamé ennemi de l'État, et des troupes partirent pour l'Afrique commandées par un Goth qui avait commission de le réduire. Boniface, à la vue de ces préparatifs sinistres, prit le parti désespéré de s'allier au roi des Vandales, et de régler avec lui qu'ils partageraient à eux deux le territoire africain. Le peuple barbare qui avait saccagé la Bétique (Andalousie), s'accommoda fort bien d'un nouvel espoir de courses et de rapines. Aussi Carthage était à peine occupée par Sigisvult (Sigiswold), venu de la part de l'impératrice avec une armée de Goths, que Genséric et les siens (Vandales, Alains, etc.) passaient le détroit (428); amenant outre les maux d'une conquête barbare, la plaie de l'arianisme jusque-là presque inconnue à ces provinces.

Qu'était-ce au fond que Boniface, et quels vrais ressorts le faisaient agir? D'abord, n'oublions pas que son mariage récent pouvait s'interpréter par un espèce de défi jeté au visage d'Aétius; qui avait épousé une princesse barbare, comme pour mettre sa destinée sous la protection des nations seules demeurées guerrières. Boniface n'aura-t-il pas voulu (ou semblé vouloir, c'est tout un en politique) disputer cette ressource de fortune à son rival? Mais, cela mis à part, le trop fameux comte a tout l'air d'un homme à déterminations subites, où les impressions du moment prenaient plus d'empire que la calme et ferme raison. Généralement estimé pour sa bravoure, ses talents militaires et son intégrité (du côté de l'argent, qualité très-remarquée alors), il semble avoir eu le caractère porté aux partis extrêmes. Après la mort de sa première femme, il avait laissé voir la résolution de renoncer au monde; et saint Augustin trouvait ce projet bien précipité, puisqu'il crut devoir lui faire observer que le tracas des emplois publics et le tumulte de la guerre ne sont pas des empêchements insurmontables au service de Dieu. Le pieux coup de tête, arrêté par un grand saint, eût-il fait un bon moine du général si subitement désabusé? Je n'ai nulles lumières au sujet de cette question curieuse; et l'évêque d'Hippone lui-même n'était pas tenu de lire dans l'avenir, mais seulement d'arrêter une ferveur indiscrète. Là dessus était venu l'envoi de Boniface en Espagne (422), précisément contre ces Vandales qui devaient bientôt ternir si cruellement sa renommée. Boniface ne commandait pas en chef sur ce terrain, et s'effaça très-rapidement à l'instant de la rencontre, où les Goths et les Romains réunis restèrent fort maltraités.

Quelle avait été la vraie cause de ce brusque départ au moment d'une grande bataille? Rien n'empêchait d'en imaginer plusieurs, comme par exemple l'impéritie et la hauteur de Castinus auquel le comte d'Afrique se trouvait adjoint sans autorité suffisante sur les troupes. Mais Boniface donna lieu de n'admettre qu'un motif dominant : les beaux yeux d'une princesse vandale, qui pouvaient bien avoir apporté un nouveau poids aux anciens conseils de saint Augustin l'engageant à savoir être chrétien dans le monde. Le grand capitaine était si complétement sous le joug de l'étrangère, qu'il croyait devoir couvrir sa réputation en protestant de ne pas vouloir épouser sa fiancée (426) avant qu'elle fût devenue catholique. Dans la réalité, cette déclaration eut si peu de suites, qu'il paraît avoir laissé baptiser par les ariens la fille née de son union nouvelle; et souffrit même que l'on rebaptisât plusieurs femmes de sa maison, pour les affilier à l'arianisme; etc., etc. Saint Augustin en dit davantage.

Voilà qui peut être compatible avec une certaine impétuosité généreuse de cœur ou d'esprit, avec maintes belles qualités que l'on voudra départir à cet homme infortuné; sauf pourtant avec la solidité d'âme, et ce qui fait un homme maître de lui-même, un véritable grand homme. On conviendra donc que si Boniface fut calomnié, il avait du moins été bien dévisagé par Aétius, lorsque celui-ci le jugeait capable de se jeter dans un piége par emportement.

Quant aux Vandales, on n'attend pas de moi que j'en fasse l'histoire avant leur passage en Afrique. D'où partaient-ils quand ils se précipitèrent à travers l'empire? Devons-nous adopter le vieux style de la chancellerie danoise rangeant la royauté des Vandales parmi les titres de la couronne du Danemark? ou la Prusse a-t-elle plus de droits à s'adjuger les survivants de cette vilaine engeance? Il semble bien que ce peuple, ou l'une de ses tribus, ait occupé durant un certain temps les rives méridionales de la Baltique; mais quand l'histoire se met à jeter quelques lueurs sur la géographie et les habitants de l'Allemagne, elle le mentionne près du bas-Danube, puis vers les sources de ce même fleuve. L'invasion les emporte avec d'autres comme une sorte de tourbillon, où l'on ne sait trop dire si c'est l'enthousiasme ou l'effroi qui les pousse à l'Occident. Leur course est tellement éperdue qu'après avoir franchi le Rhin en 406, et les Pyrénées vers 409, ils ne passent que vingt ans en Espagne où leur État change deux fois de place (le temps de s'acclimater progressivement), et ne prennent domicile définitif qu'en Afrique. Si bien que les escadrons de cette armée sous les murs d'Hippone, devaient compter encore force vieux pillards (et même pas si vieux!) qui avaient chevauché dans leur jeunesse à travers les plaines et les rivières de la Germanie. Les plus novices étaient nés, ou avaient grandi, au milieu de massacres et de ravages promenés joyeusement sous quinze ou vingt degrés de latitude. Cela promettait, comme on voit, et les pronostics ne furent effectivement pas faussés.

Leur christianisme hérétique, si l'arianisme peut être pris pour autre chose que pour un théisme antichrétien revêtu de formes théologiques et liturgiques dérobées au christianisme, accuse une origine sur laquelle on pourrait disputer à perte de vue si l'on aime les problèmes sans issue certaine. Pour qui accorde un certain poids aux conjectures du bon sens dans l'absence de textes formels, la persévérance de l'entente cordiale entre cette nation et les Goths indiquerait presque à elle seule où doit remonter leur communauté de religion. Cet accord a tout l'air d'appartenir à la même source que l'arianisme des Burgundes, autre espèce de satellite des nations gothiques. C'est en effet par celles-ci que vint se reverser sur le monde latin ce poison d'Arius dont les avait abreuvées la misérable cour de Constantinople, lorsqu'elle faisait sa grande affaire de guerroyer la foi d'Athanase. Elle se trouva donc avoir réussi bien au delà de ses prévisions quand la Gaule, l'Espagne, l'Italie et l'Afrique obéirent en grande partie à des maîtres ariens. Mais avant qu'une si grande joie eut été donnée à Byzance, ses prosélytes la lui firent payer cher; et plût à Dieu que le châtiment se fût borné à la rétribution qui termina par leurs mains dans les flammes la vie de l'empereur Valens, auteur de cette formidable infection!

Saint Isidore de Séville, forçant un peu les expressions du contemporain Idace, qualifie d'apostat le roi Genséric qui fit passer la mer aux Vandales. Il pourrait par là donner à croire que ce prince entraîna subitement sa nation dans l'arianisme. Au lieu d'une conjecture si violente, bâtie sur quelques mots d'une chronique de seconde main, tout se simplifie moyennant ce que nous savons de la naissance du conquérant. Genséric était un enfant illégitime. On peut donc se contenter de supposer comme fait très-naturel que, non destiné au trône, il aura été laissé pour son éducation aux soins de sa mère, captive recueillie dans les courses des Vandales. La tache de son origine pouvait le frapper d'une grave déconsidération chez un peuple qui nous est représenté comme généralement sévère dans ses mœurs[1]; que ne pouvait-il en arriver si cette bâtar-

---

[1] Cf. Salvian., *de Gubernat. Dei*, VII, 20, sqq.

dise se trouvait affichée, ou rappelée avec surcroît d'antipathie, par la profession ou le simple soupçon de religion étrangère? Ce danger aura déterminé, peut-être, la pire direction de la politique vandale envers les Africains. Héritier fort contestable de la couronne aux dépens de ses neveux, il importait grandement à Genséric de caresser les passions nationales du côté de l'hérésie. Là était le caractère le plus tranché du nouveau peuple vis-à-vis des Romains. Tout autre roi eut été plus à l'aise pour peser s'il atténuerait la différence entre vainqueurs et vaincus (comme firent les Francs), où s'il se bornerait à implanter sa croyance dans le sol conquis (comme les Goths). Les antécédents de celui-ci excluaient le choix; il se sera cru obligé, par la *raison d'Etat*, à devenir persécuteur et tyran. Ni Suèves, ni Goths, ni Burgundes n'ayant adopté la même marche, on est conduit à en rechercher la cause particulière pour l'Afrique. Celle que nous indiquons paraît au moins plausible.

Genséric était-il non-seulement un usurpateur (pour avoir mis de côté ses neveux), mais le meurtrier de son frère? ainsi que Procope a l'air de le croire. Saint Isidore, après Idace, n'en dit pas un mot. Il donne au contraire comme fait avéré, que Gonderic était mort frappé visiblement de Dieu au seuil d'une basilique de Séville sur laquelle il avait porté une main sacrilége. On comprendrait que les Vandales, déguisant volontiers une aventure si funeste, aient varié dans l'explication qu'ils donnaient à la mort de leur prince. Ainsi s'explique la diversité des récits faits par eux à Procope sur cette fin, en tout cas violente. Car que ce fût du fait des démons[1], ou de son frère naturel, ou de l'ennemi (soit dans une mêlée, soit par le gibet après une défaite), tous s'accordent en ceci qu'il avait péri d'une manière tragique. Cependant les catholiques d'Espagne n'avaient nulle raison pour dissimuler un fratricide dans cette race de persécuteurs, et nous ne voyons pas qu'ils

---

[1] Isidor. Hisp. : « Dei judicio a dæmone correptus. »

en aient rien su. Où donc prendrait-on le droit de l'affirmer?

Procope qui ne se porte pas du tout champion de Genséric, tient pour constant que le bâtard avait partagé le commandement des Vandales avec son frère. Son usurpation aurait donc consisté surtout dans le sort qu'il fit à ses neveux, prisonniers d'abord, puis sacrifiés comme obstacle aux projets du despote. Il se peut qu'il ait eu l'intention de se réhabiliter après coup, lorsque la voie lui fut aplanie : en réglant que dans son État l'autorité suprême passerait à l'aîné de toute la famille royale, sans distinction entre les lignes de descendance. S'il l'avait fait à son profit, antérieurement, ce n'était que dans l'intérêt commun bien entendu.

Des événements, dont l'importance a été malheureusement si grande pour l'Afrique, méritaient bien ces détails préliminaires que l'on qualifiera, si l'on veut, de digression. Ils ne sauraient être totalement inutiles à l'intelligence de ce que nous pourrons raconter maintenant sans être forcés à faire des pas en arrière.

Les envahisseurs, mêlés de Goths et d'Alains, s'étaient jetés sur la Tingitane au nombre d'environ quatre-vingt mille, à ce qu'ils disaient. A la vérité, le chiffre peut bien avoir été amplifié pour l'épouvante de ceux qui auraient voulu s'aviser de résistance, et il est bon de se rappeler que ce n'était pas une pure expédition militaire : on avait là une migration de peuple entier, où femmes et enfants faisaient nombre. S'ils exagéraient leur multitude, ce qui est probable, ils n'en avaient que plus d'occasion pour ne pas se déclarer aisément repus; non contents du lot convenu d'avance, ils menaçaient la Mauritanie Césarienne et les autres provinces, dont les malheureux habitants cherchaient le salut dans la fuite.

L'impératrice avait soupçonné enfin que Boniface, noirci par des envieux, s'était trouvé poussé à bout en voyant méconnaître ses vraies intentions. Elle s'efforça de le ramener à son ancienne loyauté, en lui adressant le comte Darius que la correspondance de saint Augustin fait connaître[1]. Cet officier devait persuader au gouverneur déjà si engagé, de sacrifier ses ressentiments à l'intérêt public et de pousser Genséric à ramener son peuple en Espagne. Boniface, par l'entremise de saint Augustin et d'autres évêques qui étaient en Italie, fit sa paix avec la régente dont il avait été le serviteur dévoué en des conjonctures pénibles. Il se résolut donc à réparer de son mieux ce qui se trouvait si mal acheminé par sa faute. Prendre cette résolution était plus facile que la conduire à bien. Quelques conditions qu'il offrît aux Vandales, il ne put les déterminer à lâcher les riches provinces où ils se sentaient en force. Genséric eût-il été plus modéré que l'histoire ne nous le montre, sa situation était incompatible avec des conseils pacifiques. Lui, simple bâtard de Godegisile (*Godegisel, Godegiscle*) qui avait fait traverser le Rhin à sa nation, lui qui traînait étroitement gardés à sa suite la veuve et les fils de son frère légitime Gonderic (*Guntheric*), le moyen qu'il hasardât une impopularité tout particulièrement dangereuse à son usurpation récente! C'eût été un beau prétexte aux partisans de ses neveux, que de le voir ramener en arrière pour la première fois des hordes qui avaient franchi plus de six cents lieues sans jamais rebrousser chemin! Et puis il y avait là les Maures lâchés dans cette grande débâcle, et au fait du pays. Les nouveaux venus ne leur enviaient ni leurs troupeaux, ni leurs montagnes; mais ouvraient une perspective indéfinie de dévastations et d'aventures, en gaies caravanes de compte à demi avec ces hôtes chercheurs d'or.

Boniface se flattait donc de l'impossible s'il attendait un pa-

---

[1] Les lettres du grand évêque d'Hippone n'annoncent guère que ses relations avec Darius fussent antérieures à l'arrivée de ce haut fonctionnaire en Afrique. Dans l'état des affaires il était inévitable que saint Augustin donnât son avis, et qu'un pacificateur s'en mît en peine. Ce sont des communications respectueuses qui témoignent estime réciproque plutôt qu'amitié. La liaison devait avoir été plus grande entre Augustin et Boniface, sur lequel les lettres du saint jettent quelque jour. Ç'a été la source de nos renseignements pour le portrait que nous en avons crayonné.

reil résultat de son habileté diplomatique sur de tels alliés. Aussi, brisant bientôt avec eux, il leur fit la guerre. Ceux-ci tinrent la gageure, en profitèrent même pour passer en Numidie; et refoulant l'armée romaine, la réduisirent à s'enfermer dans Hippone (*près de Bône*). Pendant ce temps-là, les barbares, maîtres de plusieurs villes numides, dévastaient à leur aise ces malheureuses régions. Au mois de mai 430, onze ou douze mois après leur traversée du détroit, les Vandales vinrent bloquer Hippone que l'on avait fortifiée et approvisionnée de façon à pouvoir résister durant un an. Tandis que le comte Boniface s'y comportait en capitaine habile, valeureux et désespéré, saint Augustin, avec plusieurs autres évêques réfugiés dans cet asile, recommandait son Église à Dieu; s'efforçant d'apaiser le ciel par des larmes et des prières. Il avait soixante-seize ans, et était la lumière du monde depuis quarante années.

Mais le saint évêque ne vit pas la fin du blocus. Le Maître souverain qu'il avait si bien servi, lui épargna la vue des calamités qui allaient fondre sur l'empire et sur l'Église; voulant peut-être écarter une intercession qu'il avait résolu de ne pas écouter[1]. Après quatorze mois, les barbares se lassèrent d'un genre de guerre qu'ils n'entendaient point, et levèrent le siège d'Hippone. Boniface, renforcé par des troupes d'Italie et par une armée qu'Aspar lui amena de l'Orient, marcha contre Genséric. Mais cet Aspar, Alain (ou Goth) et arien lui-même, était-il un auxiliaire bien sûr contre des ariens Alains et Vandales? lesquels, d'ailleurs, ne faisant qu'affaiblir l'empire d'Occident, avançaient d'autant la prépondérance de Constantinople et de ceux qui pourraient y avoir la haute main sur le prince. La ruine de ces conquérants, que nous le voyons chargé de

---

[1] Vers le même temps mouraient en Italie Alypius, évêque de Tagaste et primat de Numidie, puis saint Paulin de Nole. C'étaient deux amis de saint Augustin, et ils semblent lui avoir survécu à peine une année. On pense qu'Alypius avait passé la mer pour renseigner la cour sur le véritable état des affaires en Afrique.

combattre, ne sembla pas lui tenir fort à cœur, plus tard, lorsqu'il devint le ministre dirigeant de la cour byzantine. On a donc lieu de penser qu'il ne mit pas grand zèle à l'accomplissement de la mission que lui confiait Théodose-le-Jeune, pour dégager Boniface et les catholiques. Marcien qui, dans la suite, fut élevé à l'empire par sainte Pulchérie, se trouvait parmi les officiers de l'armée orientale en Afrique ; et ce n'est sûrement pas lui qui aura trahi la cause de l'honneur et de la foi. Du reste il fut au nombre des prisonniers, et n'avait pas de commandement supérieur.

Ce qu'il y a de certain, c'est que les troupes impériales plièrent dans le choc qui fut décisif (432); un grand nombre de combattants, faits prisonniers, furent réduits en esclavage, d'autres prirent la fuite ; et les généraux eux-mêmes, perdant tout espoir, regagnèrent, l'un l'Italie, l'autre l'Orient. Boniface, qui n'eût vraiment pas été mal avisé de se faire tuer en Afrique, l'épée à la main, par les Vandales, eut tout l'air de ne s'être réservé que pour vider sa querelle personnelle avec Aétius. Cette consolation lui fut accordée en effet, quelques mois plus tard, d'écraser son rival en bataille rangée sous les yeux de la cour de Ravenne (432). Là, pourtant, la fatalité le poursuivit encore. Blessé mortellement par Aétius lui-même dans cette rencontre, il ne survécut guère à sa vengeance.

Pour Aétius, alors revêtu de la dignité consulaire, et que ses récentes victoires sur les Francs avaient poussé à venir si outrageusement sommer l'empereur de passer par ses volontés, il se réfugia chez les barbares en attendant qu'on éprouvât le besoin de lui rendre la suprématie. Rentré alors en grâce jusqu'à ce que son faible maître trouva bon de le faire assassiner, il fut plus mêlé qu'il ne l'avait prévu, aux suites de l'invasion vandale. On le chargea de défendre la Gaule contre Attila (451), qui paraît avoir été appelé par Genséric ; car les deux empires (de Valentinien III et de Théodose II) s'étant donné la main contre le maître de l'Afrique, les Huns vinrent tout à point (en

Thrace, dans les Gaules et sur les bords de l'Adriatique) apporter de l'occupation d'un autre côté. Après la mort d'Aétius, son fils Gaudentius fut du nombre des captifs que Genséric emmena d'Italie pour les faire valoir à l'occasion.

Cependant les Vandales, désormais sans ennemi qui pût leur tenir tête en rase campagne, demeurèrent à peu près maîtres du pays; aussi se livrèrent-ils sans crainte à toutes les fantaisies de l'avarice et de la cruauté. Ils n'avaient pas attendu ce dernier succès pour montrer leurs goûts rapaces et farouches; mais, lorsque deux villes seulement, Constantine et Carthage, purent tenir leurs portes fermées, le vainqueur se mit à l'aise. Les habitants d'Hippone, ne se fiant plus à leurs murailles, depuis la retraite des troupes, abandonnèrent une cité qui s'était attiré la haine du Vandale par sa résistance. L'ennemi la trouva vide et la livra aux flammes; mais dans ce désastre trop bien prévu, la bibliothèque et les écrits du grand Augustin furent sauvés pour la postérité, parce qu'on avait eu soin de les mettre à l'abri. Du reste, il faut qu'Hippone ait été rétablie peu après, puisque ce fut là que l'on signa la paix en 435, entre Valentinien III et Genséric[1]. Aspar doit avoir mis la main dans cette transaction; car, consul l'année précédente, il était revenu à Carthage, apparemment pour s'aboucher avec le roi, et désintéresser la cour byzantine qui ne prévoyait pas encore la force maritime des nouveaux venus. Il put bien livrer aussi au barbare les secrets de la faiblesse des Occidentaux, les misères de l'Italie étant généralement chose précieuse pour les gens de Constantinople.

Les conditions du traité furent que les Vandales garderaient à peu près tout ce qu'ils avaient envahi dans les provinces orientales de l'Afrique romaine : c'est-à-dire une bonne partie

---

[1] Peut-être cette nouvelle Hippone, comme la Bône actuelle, occupait-elle déjà un emplacement distinct de celui ou s'était élevée l'ancienne. Après la première explosion d'une vengeance de barbare, Genséric aura compris bientôt que ce n'était pas là un poste qu'on pût laisser inoccupé.

de la proconsulaire, de la Byzacène et de la Numidie; qu'ils payeraient un tribut, et livreraient pour otage à l'empereur Valentinien, Hunéric fils de Genséric. Les habiles de Ravenne se promettaient sans doute de lier le père, en même temps qu'ils manipuleraient l'héritier présomptif; et il ne devait pas déplaire au rusé conquérant d'avoir dans le palais impérial un espion sûr, qui sondât le fort et le faible de la vieille civilisation romaine. L'empereur gardait, ou recouvrait, les Mauritanies, la Tripolitaine, Carthage dans la proconsulaire, et Cirta dans la Numidie. Cet arrangement, si étrange qu'il soit, est indiqué par les historiens sans que nous réussissions à nous rendre compte des intérêts qui l'avaient déterminé. Les Vandales trouvaient-ils les Mauritanies assez dévastées par leur premier passage, et trop propres à éparpiller les forces du vainqueur au moment d'asseoir la conquête? Ou bien les Romains eurent-ils seulement dans les Mauritanies plusieurs places fortes près des côtes? tandis que les Maures passaient peut-être à l'état de simples alliés, ou vassaux titulaires des conquérants, pour être plus tard attirés par celui des contractants que l'avenir favoriserait le mieux. Problème plus facile à poser qu'à résoudre. Ce qu'il y a de moins obscur si l'on considère la suite, c'est que Genséric, avec une astuce qui ne se démentit jamais, faisait ordinairement les traités à sa convenance, sans que l'empire pût dicter les conditions. Ainsi une nouvelle paix, ou trêve, conclue en 442, pourrait bien n'avoir été inspirée que par des embarras intérieurs dont le roi voulait se défaire au plutôt afin de retrouver ensuite toute la liberté de ses mouvements. Du moins le voit-on alors frapper les Vandales eux-mêmes avec une dureté impitoyable.

Quoi qu'il en soit, la première paix dura peu : Genséric se montra si particulièrement occupé de ses affaires pour ainsi dire domestiques, et la cour de Ravenne était si heureuse de pouvoir concentrer ses inquiétudes sur les provinces européennes, qu'elle jugea bon de faire des avances à son nouvel ami d'Afrique. On lui renvoya donc son fils, en manière de procédé courtois qui devait le gagner ; et comme si le barbare n'eût attendu que d'être ainsi dégagé, il se mit à lever le masque au point de s'introduire dans Carthage en 439. Là il incendia les édifices, pilla les biens des habitants, des nobles surtout, des religieux et des églises; et chassa le saint évêque Quodvultdeus avec une grande partie de son clergé, les embarquant, dépouillés de tout, sur de vieux navires.

En 455, apprenant que Valentinien venait de mourir, il se jeta sur tout ce qui obéissait encore à l'empire romain dans le voisinage des Vandales, et commanda dès lors à l'Afrique romaine tout entière ainsi qu'aux principales îles de la Méditerranée. La même année il mettait Rome au pillage; et depuis ce moment jusqu'à Justinien Ier, les malheureux Africains réclamèrent à peu près inutilement l'aide des empereurs ; il leur fallut courber la tête sous le lourd despotisme des Vandales, qui prétendaient mettre la main sur les consciences comme sur les propriétés. Quant à Genséric, qui régna quarante-neuf ans sur sa conquête, il fut presque sans cesse en guerre avec l'empire jusqu'en 475; époque où une paix conclue avec Zénon, empereur d'Orient, mit enfin un terme aux hostilités. Dès lors les Vandales se tiennent en dehors de toute affaire extérieure jusqu'au règne de Justinien, et cette fois ce fut l'empire qui prit l'initiative.

Après quatre règnes plus ou moins pesants aux catholiques, ceux-ci avaient enfin dans Hildéric un maître qui les protégeait, lorsqu'une révolution (en 530) lui substitua Gélimer, soutenu par les ariens. Gélimer, comme Gunthamond et Trasamond prédécesseurs d'Hildéric, descendait de Genzo (*Genton*) second fils du conquérant; mais Hildéric, qui appartenait à la branche aînée quelque temps écartée du trône, avait pris le pouvoir sans obstacles dont l'histoire fasse mention. On voit plusieurs fois parmi les dynasties germaniques de ces époques, la puissance souveraine se transmettre dans une même famille, mais d'une façon assez irrégulière quant aux degrés de parenté. On a voulu y montrer l'hérédité combinée avec l'élection ; je ne m'y oppose pas, sans y souscrire. Genséric, qui tenait à tout prévoir, soit par despotisme, soit par défiance des siens, avait établi comme définitif un ordre de succession déterminé d'après l'âge. Quelqu'un a prétendu que cette mesure devint le fléau de sa famille ; sans éprouver l'envie de passer pour apologiste aveugle de Genséric, je déclare que cet aperçu ne me frappe point du tout. Ce que montre l'histoire des Francs, par exemple, ne condamne pas la politique vandale qui sauvegardait ainsi la vie des princes mineurs ; et n'entraîna point un grand nombre d'assassinats dans la dynastie établie à Carthage.

Cette fois Gélimer, neveu de deux rois, s'était vu trop près du trône pour ne pas éprouver quelque regret de s'en trouver repoussé. Le parti arien ne manqua pas de fomenter les mécontentements de ce cœur inquiet, et de rabaisser le prince régnant qui manquait aux traditions de sa race en favorisant la religion des vaincus. Quelques succès des Maures servirent à répandre la persuasion qu'une autre main aiderait mieux à maintenir la puissance vandale, déjà fort compromise avec ses voisins ; et Hildéric fut renversé pour ramener, disait-on, la gloire des anciens jours avec leur vigueur. Ainsi jugeaient les politiques, ou les complaisants, de la nouvelle cour. On soupçonne aussi que les Ostrogoths poussèrent à ce renversement pour venger Amalafrède, veuve de Trasamond, emprisonnée, et peut-être mise à mort par Hildéric. Du moins Amalasunthe, reine d'Italie, tenait pour probable cette triste fin d'une princesse qui la touchait de près.

Hildéric détrôné, fut jeté en prison avec ses deux fils Amer (Oamer) et Evagène (Euagis), dont le premier fut aveuglé par ordre de l'usurpateur. Jusque-là ce n'était pas beaucoup plus de barbarie que n'en montra Constantinople de temps en temps, et Gélimer ne se tint pas à tant de modération quand il se vit menacé davantage. Le malheureux roi s'était adressé à

Justinien lorsqu'il avait vu la conspiration sur le point d'éclater; mais l'empereur fut obligé de dissimuler durant quatre ans, à cause de la guerre qu'il avait sur les bras du côté de la Perse. En 533 (cent six ans après l'invasion des Vandales, et quatre-vingt-quatorze années après la prise de Carthage), la paix faite avec les Perses laissa Justinien libre de songer à l'Afrique. Comme on rassemblait des troupes et que l'on préparait la flotte, la nouvelle arriva à Constantinople que les villes de la Tripolitaine et toute la côte de cette province s'étaient soustraites au pouvoir des barbares; Pudentius, auteur de cette insurrection, écrivait à l'empereur qu'avec du secours il répondait de délivrer tout ce pays. A quelque temps de là un Goth, qui gouvernait la Sardaigne pour Gélimer, et qui se nommait Godas, faisait avertir Justinien que les cruautés du tyran rendraient facile le recouvrement de l'île entière au nom d'Hildéric, si l'on y débarquait des troupes. Encouragé par ces avis, l'empereur confia le commandement en chef de la guerre à Bélisaire, que des actions éclatantes avaient déjà rendu célèbre; en même temps il chargeait d'autres généraux d'aller en hâte occuper la Tripolitaine et la Sardaigne.

Le principal corps d'armée embarqué sur cinq cents vaisseaux, fut béni par le patriarche Épiphane, à la demande de l'empereur; et parties de Constantinople au mois de juin, les troupes arrivèrent en Sicile après une traversée où les difficultés de divers genres avaient mis à l'épreuve la capacité du général. Là Bélisaire recueillit des informations sur l'état des Vandales, qui ne se doutaient à peu près de rien; et au mois de septembre sa petite armée prenait terre en Afrique, à Caputvada (ou *Caput vadorum*). Dans ce lieu (*Kaboudia*, à cinq jours de marche de Carthage) s'éleva plus tard une église avec une ville, en mémoire de l'heureux débarquement effectué par l'armée romaine si près d'un ennemi frappé de sommeil; et pour remercier Dieu du secours qu'avait reçu le corps expéditionnaire lorsqu'en creusant les fossés dans ce sol aride pour y établir le campement, on vit jaillir une source inespérée. Les eaux ainsi obtenues ne suffirent pas seulement à sauver l'armée des extrémités de la soif, mais à rendre cultivable la campagne environnante [1].

Bélisaire, tout en prenant soin de se retrancher, ne perdait rien de vue. Il détacha Moraïda, l'un de ses officiers, pour aller sonder les habitants de Sullectum (ou *Silleptum*, aujourd'hui *Salecto*), cité voisine; leur faisant annoncer qu'on venait les délivrer de leurs oppresseurs, et que le chef de l'expédition visait à la gloire d'un affranchissement, non pas d'une conquête. En même temps il inculquait sévèrement aux soldats les mêmes principes, qu'il voulait faire reconnaître par leur conduite. Assuré que les Silleptains étaient pour lui, il conduisit son armée dans leur ville qui lui ouvrait le chemin de la capitale; et la flotte, ne conservant de soldats que ce qu'il fallait absolument pour en protéger la manœuvre, eut ordre de longer le rivage voisin, du plus près qu'il lui serait possible. Les troupes de terre s'avançaient en bataille, et Bélisaire se tenait à l'arrière-garde. Il voulait pouvoir faire face de ce côté, et attaquer le premier, s'il eût été suivi par Gélimer que l'on savait être à Hermiane, dans la Byzacène.

Ces sages précautions n'étaient pas même nécessaires; tant les Vandales aveuglés d'abord, demeurèrent étourdis par la nouvelle qui les atteignait d'une façon si foudroyante. La marche se poursuivait ininterrompue, comme sur un terrain de manœuvres, et se résolvait à peu près en une grande promenade militaire. On franchissait vingt milles (de quatre à cinq lieues) par jour, sous les armes; Leptis la Petite (Leptis minor, *Lamba*) et Adrumète (Hadrumetum, *Sousa*?) étaient dépassées par étapes régulières, et l'armée se refaisait un instant dans le

---

[1] Le débarquement des Grecs au sud de Carthage, ferait supposer dans le général l'intention de se ménager une retraite en cas de revers. Il pouvait de là se replier vers la Tripolitaine, qui s'était déclarée pour l'empereur et avait reçu des secours de Constantinople.

beau domaine royal de Grasse, à quarante-trois milles (onze lieues à peu près) de Carthage, où elle pouvait apprécier les merveilleuses richesses d'un automne africain au milieu des vergers plantureux de Gélimer. Cependant le long du trajet, grâce à la fermeté du chef qui maintenait la plus exacte discipline, les habitants venaient offrir avec joie le logement et les subsistances.

Durant ce temps, Gélimer, pour éviter avant tout que le peuple ou l'ennemi lui suscitât un rival, ne trouvait rien de plus pressé que de se défaire d'Hildéric encore prisonnier. Il envoyait donc à son frère Ammatas, qui se trouvait à Carthage, l'ordre de faire tuer sans délai le roi détrôné, et de se porter ensuite avec tout ce qu'il pourrait assembler de forces vers Décimum, afin d'y arrêter l'armée grecque. Ce lieu, à dix milles de la capitale, permettait l'espoir de surprendre l'ennemi à la faveur d'un passage difficile où l'on pourrait en avoir bon marché. Dans son plan de résistance assez habilement combiné, il comptait attaquer lui-même les impériaux par derrière, et leur opposait Ammatas en front; tandis que Gibamond, son neveu, devait les assaillir par la gauche. Le roi, d'ailleurs, vers le rivage, se proposait de couper la retraite, comme d'empêcher les communications avec la flotte; et ce projet bien conçu avait toute chance de réussite, puisque les vaisseaux grecs étaient obligés par les bourrasques de prendre le large.

Dieu permit que les forces d'Ammatas et de Gibamond fussent dispersées par le lieutenant de Bélisaire, avant que le roi eût abordé l'arrière-garde. Gélimer, voyant les siens en déroute, se réfugia en Numidie; la capitale demeura ouverte à l'armée d'invasion; et sur la fin du jour les troupes de Bélisaire, aussi bien que la flotte, étaient en vue de Carthage. Le général en chef y entra le lendemain, fête du saint martyr Cyprien, le plus illustre évêque de cette ville; et se rendant au palais, il alla s'asseoir, comme représentant de Justinien, sur le trône de Gélimer. Maître de ce point important, Bélisaire partagea sa petite armée en diverses garnisons et fit annoncer à l'empereur le succès de son entreprise. En même temps il s'empressait de relever les murs de la capitale et d'y creuser des fossés, pour se ménager un appui solide. Il s'abouchait aussi avec de nombreux chefs maures, qui avaient flairé la chute de la nation vandale et voulaient tirer parti de son renversement. Ils laissaient espérer que leur aide ne manquerait pas aux Grecs si on leur donnait, au nom de l'empereur, les anciens insignes par lesquels la cour romaine avait jadis reconnu leurs dignités.

On peut bien croire que les princes maures mettaient ainsi en avant, des souvenirs qui ne les regardaient pas tous; car le nombre des indépendants avait dû devenir bien plus considérable durant la domination de la dynastie vandale, qu'il ne l'était à l'expulsion du comte Boniface. Mais le général byzantin ne se montra pas difficile pour le moment, achetant ainsi au moins la neutralité de ces hommes rusés autant que belliqueux; lesquels, dans le fait, ne lui donnèrent pas autre chose.

Gélimer qui avait paru s'abandonner d'abord, ne négligeait plus rien de son côté pour faire face au malheur. Il faisait des levées en Numidie; et près de là occupait la plaine de Bulla (*Bull*, *Boul*), où son frère Tzazon vint le rallier avec les troupes qui avaient triomphé de l'insurrection en Sardaigne. Les Goths d'Espagne qu'il avait fait solliciter de lui tendre la main, s'étaient tenus en repos; ayant appris l'occupation de Carthage avant de recevoir la députation vandale. A défaut de ce secours, des Maures de bonne volonté (mais assez peu dévoués, probablement, et n'oubliant sûrement pas de regarder d'où soufflait le vent), avaient grossi ses forces. Cependant il songeait en même temps au moyen d'inquiéter l'ennemi dans Carthage : des auxiliaires barbares, transportés avec l'armée romaine en Afrique contre leur gré, s'engageaient à lui donner un coup de main quand on en viendrait aux armes; et ses émissaires ourdissaient avec plusieurs citoyens un complot qui devait lui rouvrir les portes de sa capitale. Le parti arien des habitants, lui faisait espérer son concours, et songeait à débaucher ceux de ses coreligionnaires qui servaient dans l'armée impériale. Dans cet espoir, le roi se disposait à quitter ses quartiers vers le milieu du mois de décembre, pour marcher contre les vainqueurs dont il n'était séparé que par quatre journées de marche. Mais avant qu'il abandonnât la plaine de Bulla, déjà Bélisaire tenait en main le fil des complots ; il faisait pendre Laurus, citoyen de Carthage, auteur ou principal agent de ces menées, regagnait passablement l'affection des auxiliaires ébranlés, et se mettait enfin en devoir d'aller rencontrer l'ennemi établi à huit lieues de la ville. En cet endroit, nommé Tricamara (*Tricameron* ou *Tricamarum*), l'on en vint aux mains d'abord en manière d'escarmouche. Les Vandales furent défaits dans un simple combat de cavalerie, avant que l'infanterie romaine pût rejoindre. Si peu que ce fût, Tzazon restait parmi les morts; et cette perte avait consterné les siens, qui se réfugièrent dans leur camp. Gélimer, perdant l'esprit, se déroba par une fuite précipitée avec une faible escorte, et sans même laisser d'ordres. Il allait, éperdu, chercher un refuge près d'Hippone, sur les sommets presque inaccessibles du mont Pappua (l'*Edough*). Bélisaire qui le faisait serrer de près, eut soin qu'on l'y tînt bloqué, après avoir emporté le camp qui fit à peine quelque défense. Or, comme c'était à peu près la dernière ressource de cette puissance si longtemps maîtresse de l'Afrique, les femmes, les enfants, les richesses se trouvaient là jetées aux pieds du soldat victorieux qui n'avait qu'à tuer et à prendre. Aussi l'armée y recueillit-elle en une seule nuit des sommes énormes. Le général mit en outre la main sur un autre trésor du roi, dans le port d'Hippone, et ramena dans Carthage ses troupes à peine amoindries. Tout cela ne lui avait pris que trois mois, à partir de sa première rencontre avec l'ennemi sur le champ de bataille de Decimum. Puis il soumit la Sardaigne, la Corse, et les Baléares ; força Césarée (Cherchel), la principale place de Mauritanie, et envoya du secours aux Tripolitains que les Maures inquiétaient. Pour Géli-

mer, pressé par la famine, il se rendit après trois mois de
blocus; se faisant promettre par Bélisaire, avec serment, qu'on
lui accorderait non-seulement la vie sauve, mais de quoi subsister honorablement dans l'empire. Après avoir prématurément désespéré, il ne lui restait plus à choisir qu'entre les
Romains et les Maures. Son choix ne balança pas. L'État vandale avait fait son temps, et le roi n'avait pas laissé de contribuer à sa dislocation dernière. Maintenant, sans avoir beaucoup
pratiqué les nouveaux venus, il avait sans doute assez appris à
connaître ses voisins pour leur préférer les autres. L'hospitalité antique pouvait couvrir çà et là l'existence d'un proscrit
chez la population primitive; mais avec bien de l'incertitude
parmi des peuplades toujours si divisées, et avec l'assurance de
privations bien amères pour un prince qui n'était plus jeune et
dont l'ambition n'avait pas été séparée de la perspective d'une
vie de luxe facile. Un de nos contemporains dit à cette occasion,
en savant familiarisé avec les lieux par une observation attentive : « Il résulte du récit de Procope que Bélisaire n'avait placé
qu'un corps de troupes peu nombreux sous les ordres de l'officier chargé de bloquer le roi vandale. Or, pour celui qui a
parcouru en tout sens le massif de l'Édough, qui connaît son
étendue, les jolies vallées par lesquelles il est accidenté, les
nombreuses anses qui forment autant de petits ports au pied de
son versant septentrional, la vaste plaine qui l'enveloppe au
sud-ouest, et par suite toutes les facilités qu'il offre à une évasion et à un commode approvisionnement; il y a nécessité de se
demander quelle put être la cause de l'immobilité de Gélimer,
et de la vie misérable qu'il mena dans ces montagnes pendant
trois mois (Procop., II, 7); vie si misérable qu'il prit le parti
désespéré de se livrer à ses ennemis plutôt que d'en supporter
davantage les angoisses... Évidemment Gélimer se trouvait dans
l'Édough à l'extrême limite des possessions réelles des Vandales;
évidemment il ne pouvait faire un pas vers l'ouest sans se
trouver au milieu des tribus hostiles, et il n'avait que le choix

4.

des ennemis auxquels il se livrerait. Il eut plus de confiance dans la générosité romaine que dans celle des Berbères; telle est à mes yeux l'explication des données que nous a fournies Procope, et qui me paraissaient incompréhensibles il y a quelques années, lorsque j'ai touché en décrivant l'Édough, quelques-uns des faits rapportés par l'historien byzantin [1]. »

Ce sont là des appréciations importantes, mais qui ne disent pas absolument tout. Qu'étaient donc devenues ces chaudes aspirations de patriotisme et ces dévouements personnels qui auraient porté Gélimer au pouvoir, soi-disant pour rendre à la nation sa grandeur et sa gloire ancienne? Comment aucun partisan de cette révolution, toute fraîche encore, ne vint-il tenter un effort généreux pour l'usurpateur tombé dans la mauvaise fortune? C'est que bien des coups de main politiques annoncent plutôt la faiblesse des peuples que leur énergie; la désunion ou l'indifférence des multitudes et la convoitise de quelques meneurs, plutôt que des vœux populaires et des affections chaleureuses. Ce qui n'avait été acclamé que par intérêt de plusieurs, et lassitude de presque tous, est abandonné pour les mêmes motifs avec le même empressement; il n'y a pas alors proprement désertion des personnes, mais continuité des principes. Les Vandales en étaient venus à ce point de démoralisation au bout de quatre-vingt-quinze ans; aussi quoi qu'on dise des gros bataillons, quatre-vingt mille hommes sur leur propre terrain ne tinrent pas contre quinze mille étrangers adossés à la mer, et qui ne furent même jamais mis en ligne tous ensemble.

L'année suivante (534), Bélisaire, desservi auprès de la cour et devenu la fable de l'armée pour la conduite de sa femme, trouva bon de se dérober aux moqueries des siens et d'aller déjouer ses envieux. Il laissa donc l'Afrique à Salomon maître de la milice, pour faire bien voir aux courtisans qu'il n'avait pas

---

[1] H. Fournel, *Étude sur la conquête de l'Afrique par les Arabes*, 1ʳᵉ partie, p. 4 et suiv. Cf. *Richesse minérale de l'Algérie*, t. 1, p. 51.

rêvé de se faire un royaume dans sa conquête. Reconduisant la flotte, de Carthage à Constantinople, il amenait avec Gélimer les richesses des Vandales et les dépouilles de Rome elle-même enlevées par Genséric. La vue de ces glorieux trophées et le retour si prompt du vainqueur calmèrent les soupçons du cauteleux Justinien, qui ne voyait pas un tel succès sans un peu de défiance. L'empereur combla donc d'honneurs et d'éloges le vainqueur empressé de montrer que l'on pouvait compter sur lui ; un peu de platitude ne gâtant rien, au contraire, quand elle s'associe à la capacité. En conséquence, le général reçut les anciens honneurs du triomphe romain, à peu près tombés en désuétude (pour les simples particuliers) depuis des siècles. On alla chercher Bélisaire dans sa maison, d'où il fut conduit au cirque qu'il traversa tout entier pour être admis à la faveur de se prosterner la face contre terre devant le trône où siégeait l'empereur. Gélimer se fit un peu prier pour accomplir la même cérémonie, qui ne lui allait pas. Mais en somme, et moyennant cela, il ne fut pas mal accueilli. L'on n'avait plus le goût du sang autant qu'à l'époque de Rome ancienne, c'était toujours un progrès, comme on dit. En conséquence le roi vaincu reçut des terres en Galatie, pour y vivre à l'abri du besoin avec les siens. On lui offrait en sus, s'il voulait abjurer l'arianisme, le titre de patrice, alors considéré comme un honneur insigne. Mais il trouva que c'était assez d'humiliations, et voulut au moins garder quelque chose de ce qu'il avait été en Afrique. Tard vaut mieux, dit-on, que jamais ; cependant, puisqu'il tenait à montrer du caractère, il n'eût pas mal fait d'en donner d'autres preuves.

Au commencement de l'an 535, Bélisaire fut désigné pour être consul tout seul. C'était, à première vue, par distinction spéciale; quoique Justinien, qui récidiva pour de bien moindres personnages, et qui bientôt laissa tomber cette vieille dignité parmi les souvenirs curieux, se proposât peut-être ici une bravade. Il était devenu comme d'étiquette que l'un des consuls appartînt aux familles demeurées en Occident, ou du moins aux personnages qui pouvaient passer pour représenter l'ancienne Rome. La nouvelle cour, mise en possession de l'Afrique latine, n'était probablement pas fâchée de faire voir qu'elle ne trouvait plus d'hommes en Italie pour continuer les traditions romaines. On devait compléter cette théorie prochainement, puisqu'on se trouvait avoir sous la main des généraux qui ne faisaient pas peur au palais; et la pauvre Italie passerait à l'état de province byzantine purement et simplement. D'ailleurs, une haute convenance établie contre les familles opulentes, afin de leur faire rendre gorge, exigeait que les consuls désignés se ruinassent, s'il était possible, en largesses faites au peuple pour leur avénement. Eh bien! le vainqueur de l'Afrique payerait pour deux; et deviendrait d'autant moins capable de faire ombrage à son maître, après avoir été amené honorablement à distribuer sa part des dépouilles vandales.

On raconte que le roi Gélimer, en rentrant prisonnier à Carthage, s'était montré saisi d'un accès de fou rire comme par mépris pour les grandeurs dont il venait d'éprouver l'incertitude; et que dans l'hippodrome de Constantinople, où il se voyait donné en spectacle, il proféra cette exclamation de l'Écriture : « Vanité des vanités! et tout est vanité! » Les yeux les plus distraits pouvaient en effet apercevoir le vide des convoitises humaines et les leçons de la Providence dans la marche triomphale, où étaient traînées avec ostentation des richesses incalculables amassées en Afrique par le pillage de tout le monde romain. Rome, avec ses armées et ses proconsuls, ne s'était donc enrichie aux dépens de tout l'univers connu, que pour mieux enorgueillir des forbans; et la rivale de Rome recueillait, de troisième main, ces fruits de pillages séculaires! On y voyait, entre curiosités plus ou moins augustes, figurer les dépouilles du temple de Jérusalem, emportées par Titus et tombées aux mains de Genséric. Justinien craignit de paraître exercer le droit de conquête sur un dépôt si sacré; il ordonna donc que ces monuments de la religion juive fussent rendus sur les lieux même à Celui qui avait consommé l'Ancienne Loi, et consacrés au service des églises près du tombeau de Jésus-Christ.

L'empereur, dès que lui arrivèrent les premières nouvelles de la conquête, s'empressa de la faire connaître au monde et de l'accepter dans toute son extension imaginable. Après avoir fait rendre publiquement grâces à Dieu de ce bienfait, il promulgua la constitution un peu emphatique, mais néanmoins mémorable, qui réorganise les provinces rattachées au monde romain par ses armes[1]. L'Afrique, antérieurement, avait été soumise au préfet du prétoire d'Italie, sauf durant assez peu de temps qu'elle eut un préfet propre. Justinien lui rendait son prétoire, et son préfet qui devait siéger constamment à Carthage. Sept provinces ressortissaient à cette haute juridiction[2], et cet ordre fut observé pendant près d'un siècle et demi.

Justinien aimait trop à formuler des actes publics, pour se refuser le plaisir de compléter son ordonnance par des recommandations détaillées qui étaient censées devoir épargner à ses nouveaux sujets toute exaction, rapacité, concussion, etc., dont pourraient être tentés par hasard les officiers publics. C'était habilement pressentir les dangers du régime que les provinces africaines allaient avoir à endurer; mais ce n'était pas y apporter remède. Le fisc impérial, détesté partout ailleurs, ne faillit pas en Afrique à sa tâche accoutumée. L'histoire est loin de peindre le règne de Justinien comme un adoucissement aux misères des pauvres contribuables; où ses collecteurs, comme ca-

---

[1] Cod. I, 27.

[2] « ... Quarum *Tingi*, et quæ proconsularis ante vocabatur *Carthago*, et *Byzacium*, ac *Tripolis*, rectores habeant consulares; reliquæ vero, id est *Numidia* et *Mauretania*, et *Sardinia*, a præsidibus cum Dei auxilio gubernentur. »

Malgré la mention de Tingis comme d'un point d'occupation peu menacé, il ne paraît pas que la Numidie même (avec la Mauritanie qui semblait devoir la couvrir) fût considérée comme suffisamment sûre pour avoir de simples dignitaires civils. On s'aperçut même bientôt que les provinces de l'est (ou ce qu'on y avait récupéré) avaient besoin d'être abritées sous une protection plus imposante que la majesté ou le faste d'administrateurs sans épée.

ractérisés par la modération et la probité. Aussi le successeur immédiat de Bélisaire eut-il à réprimer plus d'une fois les mécontentements d'hommes qui se trouvaient beaucoup plus pressurés que défendus, et divers officiers supérieurs de l'armée grecque perdirent la vie dans ces luttes.

Voilà l'état du pays qu'on pouvait appeler soumis ; et, comme on peut bien le penser, il ne facilitait pas l'extension de la conquête qui avait dû surtout consister d'abord à remplacer l'autorité vandale, un peu acculée avec le temps par ses voisins. D'autre part, les Maures, sachant que Justinien s'annonçait comme voulant recouvrer tout ce que Rome avait jamais possédé en Afrique[1], se mirent fréquemment en campagne pour conserver ou même étendre leurs frontières. Salomon fut tué en cherchant à les refouler ; et puis les lieutenants impériaux travaillèrent à se supplanter les uns les autres, ou à se rendre indépendants. Aussi les trente-deux premières années de la domination byzantine ne furent pas précisément une ère de bonheur. Procope assure, au contraire, qu'il ne reconnaissait plus, dans ses vieux jours, cette Afrique si florissante au temps de Bélisaire ; et que le règne de Justinien lui avait coûté des millions d'hommes. A l'en croire, on pouvait, sur les dernières années de ce prince, faire plus d'une journée de chemin par les campagnes sans presque rencontrer d'habitants.

Après cette période funeste, le silence des historiens conduirait fréquemment à supposer que le pays fut généralement paisible. Mais n'oublions pas que l'histoire s'affaisse comme bien d'autres choses dans l'empire, et que les documents afri-

---

[1] Ces formules étaient, au fond, moins dangereuses que prétentieuses. Cependant un prince si praticien employait, à tout événement, des termes qui pussent valoir autant que de raison pour les cas opportuns. De là son *Roma quæ est caput orbis terrarum*, ses sollicitudes *quæ ad ipsos Oceani recessus extenduntur*, ses commandements qu'il rend obligatoires *in omni terra ubicumque christianorum nomen colitur* (Bel encouragement pour les Perses et les Arabes, à persécuter le christianisme !), etc.

Des voisins, sans être trop pointilleux, avaient bien de quoi trouver peu rassurant ce style de chancellerie appuyé par plusieurs succès inattendus.

cains nous manquent presque entièrement pour ces époques. Le calme des écrivains étrangers nous annonce simplement que l'Afrique ne dut pas être le théâtre de catastrophes assez éclatantes pour émouvoir l'univers; ou de faits si graves pour la cour, que Byzance en ait pris de l'effroi. Dans cette disette de renseignements, nous n'assombrirons sûrement pas le tableau plus que de raison en conjecturant que l'abaissement du pouvoir central et les révolutions du palais de Constantinople se firent inévitablement sentir dans les provinces africaines, et que la vie se retira probablement peu à peu de ces lointaines extrémités. On en verra quelques preuves dans le résumé chronologique qui termine ce volume, et où nous signalons certains faits bons à connaître, mais qui ne réclamaient pas impérieusement une place ici.

Bientôt ce ne furent plus seulement les furieuses boutades des Maures que l'on eut à redouter, avec leurs incursions plus ou moins périodiques. L'ouragan du mahométisme se formait à l'horizon; et tandis que le patrice Grégoire, préfet (exarque) d'Afrique proclamait son indépendance en 646, les Sarrasins, maîtres dans la Syrie, adjoignaient la Cyrénaïque à leur province d'Égypte. L'année suivante, ils poussaient jusqu'en Byzacène, et tuaient ce malheureux Grégoire qui avait bien pris son temps pour rompre avec l'empire! A cet instant, l'obscurité commence à s'étendre sur ces régions abandonnées. Toutefois une partie de l'Afrique romaine doit avoir été, non plus seulement dévastée, mais occupée en partie par les Arabes dès avant 658, sous le califat de Moaviah; puisque les écrivains grecs mentionnent alors une trêve obtenue ou imposée par l'empereur, pour y fixer les limites respectives des deux États. Vers 666, c'est un pas de plus et qui annonce l'intention de pousser plus loin : les envahisseurs songent décidément à autre chose qu'à enrichir leur armée dans ces provinces; leur plan est d'y établir un lieu sûr, qui puisse abriter leur butin et les appuyer pour permettre de passer outre. C'est dans cette vue qu'ils bâtissent la ville de Kaïrouan, à trente-six milles de la mer, l'entourant de murailles et y établissant une garnison.

A trois ans de là, Constantin Pogonat quittait à peine la Sicile, que les Sarrasins (venus peut-être de Chypre et de Rhodes) s'y précipitèrent à l'improviste et passèrent de là en Afrique où les appelait une autre armée musulmane. Il est douteux que jamais invasion ait été plus désastreuse; nous n'avons pas d'historiens latins qui en aient fait le récit; mais ce qu'en disent des écrivains étrangers au pays, montre que ce fut une dévastation impitoyable pour les provinces et les églises de cette malheureuse contrée. Dès la première furie, on raconte que quatre-vingt mille hommes avaient été emmenés en esclavage, sans parler des massacres et des pilleries. Vers 691 (ou 697) Hasan (*Hassan, Hacen, Hasen*), général des Sarrasins qui s'établirent en Occident, détruisit Carthage; et tout ce qu'il restait de Grecs en Afrique fut massacré, sauf quelques fuyards qui s'échappèrent en Crète. Ainsi, à la fin du septième siècle, l'Afrique n'avait plus de ville qui ne fût au pouvoir des musulmans[1]; il restait pourtant quelques églises, ayant leurs évêques, comme on le verra dans la suite. Divers indices même donneraient à penser que, jusqu'au quatorzième siècle, certaines tribus de l'Afrique conservèrent à peu près la foi chrétienne, malgré les vexations que la conquête musulmane faisait peser sur elles. Mais l'isolement et le défaut de secours spirituels finit par l'emporter sur ces longues résistances, comme il est arrivé en Suisse (par exemple), à plusieurs villages catholiques entourés par le gouvernement protestant de Berne. De guerre lasse, les uns comme les autres se seront laissé absorber dans la religion du vainqueur qui leur fermait toute communication au dehors.

[1] Nous reviendrons avec plus de détail sur cette conquête de l'Afrique romaine par les Arabes, à la fin du chapitre II (Additions à l'article 5e).

Tous ces faits où les chrétiens, peuple et pasteurs, se trouvèrent mêlés de plus d'une manière, nous aideront à mieux comprendre, par la suite, l'histoire du christianisme dans les provinces romaines; et nous familiariseront avec la forme ou les fluctuations du gouvernement qui les régissait. Mais avant d'aborder ce qui intéresse directement l'Église dans ces contrées, jetons rapidement un coup d'œil sur ce qu'il y avait de rapport entre les provinces politiques et les divisions ecclésiastiques de l'ancienne Afrique chrétienne. Ainsi les partages divers du territoire nous seront connus d'avance, sans qu'il soit besoin de revenir sur nos pas au sujet de ces préliminaires.

Dans l'origine, une seule province (ecclésiastique) comprenait toutes ces chrétientés, qui n'avaient qu'un métropolitain (*primat*), l'évêque de Carthage. Dès le temps de saint Cyprien, cependant, comme il nous l'apprend lui-même, le *diocèse d'Afrique* était partagé en trois provinces : la Proconsulaire, la Numidie et la Mauritanie; ayant chacune son *primat* (métropolitain ecclésiastique), et toutes également dépendantes de l'évêque de Carthage, qui était à la fois *primat* de la Proconsulaire et *exarque* (premier dignitaire) *des trois provinces*. Au commencement du quatrième siècle, on trouve mentionnées la Byzacène et la Tripolitaine; mais non pas la *Sitifensis*, dont les évêques dépendaient en partie du primat de Numidie, et en partie de celui de Mauritanie. Cependant la *Sitifensis* est citée à quelque cent ans de là comme province distincte; en sorte que l'Église d'Afrique eut alors six provinces, la Tingitane faisant partie de la Mauritanie césarienne. Le partage ecclésiastique avait donc suivi de près les divisions impériales, mais sans les calquer strictement. Les évêques, dans chacune de ces six provinces, étaient soumis à un primat; et ce titre n'était point fixé au siége épiscopal de la métropole (ou chef-lieu), mais appartenait à l'*évêque doyen*, c'est-à-dire à celui qui était le plus ancien dans l'épiscopat; d'où il arrivait que dans des villes peu importantes, et même dans des bourgades, il pouvait se rencontrer un évêque avec le titre et les droits de *primat*. La seule province proconsulaire avait constamment pour primat, non pas l'évêque le plus ancien, mais l'évêque de Carthage; lequel était en même temps supérieur aux évêques de toutes les autres provinces. Il ne faut pas en chercher la raison uniquement dans la dignité de cette métropole de toute l'Afrique, mais dans l'origine même de l'Église africaine, comme nous le montrerons bientôt[1]. On ne s'étonnera pas de voir les siéges d'Afrique groupés en six provinces, si l'on fait attention qu'au quatrième siècle, ceux dont nous connaissons les noms montaient au nombre de sept cent quinze; pour ne rien dire des chaires épiscopales qui existaient sans doute dans des villes négligées par les anciens géographes, et qui ne se retrouvent plus parmi les monuments de l'Église africaine venus jusqu'à nous.

[1] Saint Léon IX, au onzième siècle, consulté par les évêques d'Afrique sur les droits du siége de Carthage, leur répond : « Solus episcopus Carthaginiensis, in Africa, *pallium* ab apostolica sede habere solet. »

CHAPITRE II

ORIGINE, ACCROISSEMENT ET VICISSITUDES DU CHRISTIANISME EN AFRIQUE

Partageons l'histoire ecclésiastique de l'Afrique en cinq époques ou périodes :

I. Depuis la promulgation secrète de l'Évangile dans ces contrées, jusqu'aux premières persécutions des empereurs contre l'Église africaine (de l'année 54 à l'année 198); et nous l'appellerons *période de la propagation du christianisme*.

II. Depuis le commencement de ces persécutions, jusqu'à l'avénement de Constantin (de 198 à 312); et ce sera la *période des persécutions païennes*.

III. Depuis la paix donnée à l'Église par Constantin, jusqu'à l'invasion des Vandales (de 312 à 428); *période du donatisme*.

IV. Invasion et domination des Vandales (de 429 à 533); *période vandale*.

V. Depuis le recouvrement de l'Afrique par Bélisaire, jusqu'à l'établissement de la domination musulmane (de 533 à 670 environ); nommons-la *période byzantine*.

ARTICLE PREMIER

Période de la propagation du christianisme (34-198).

Pour mieux apprécier la puissance et les grands résultats de l'enseignement chrétien, il est bon de savoir d'abord en quel état se trouvaient ces contrées, et les mœurs des Africains, lorsque la religion de Jésus-Christ se répandit rapidement parmi eux après une prédication presque inaperçue. L'Afrique avait alors comme deux peuples, singulièrement éloignés l'un et l'autre de la sainteté que demandait l'Évangile. Dans l'intérieur des terres, sous un ciel ardent, c'était la vie farouche et barbare : ces Maures et ces Numides, qui, sous le règne de Tibère encore, soulevés par Tacfarinas, fatiguaient les armes et la valeur de plusieurs proconsuls. Privés de tout ce qui nous paraît faire le charme de la civilisation, ils habitaient des huttes ou des chaumières, rarement de véritables maisons ; s'ils obéissaient aux Romains ou portaient le titre d'alliés, c'était plutôt par prudence, après avoir expérimenté la vigueur des légionnaires, que par alliance véritable. Toujours disposés à chercher le profit ou le plaisir d'une échauffourée tumultueuse dans le pillage, tout chef énergique les trouvait prêts à prendre les armes.

Les habitants des cités maritimes et de la région qui longe les côtes, étaient généralement romains ou l'étaient devenus par les mœurs. Toutes les aises d'une société avancée avaient pénétré chez eux ; et la littérature, l'éloquence surtout avec l'étude du droit, ces grands moyens d'avancement dans l'ancienne Rome, et de distinction dans l'empire, y étaient en honneur. Aussi l'exubérance du génie africain trouva-t-elle à se signaler principalement lorsque le goût baissa : tantôt on le voit relever dans l'expression des vérités chrétiennes un langage qui s'affadit ailleurs presque partout; tantôt, au service des pensées païennes, il précipite la décadence littéraire par des tours de force d'imagination plus alambiquée qu'en nulle autre contrée latine. Le genre pédantesque de Fulgentius Planciades et de Martianus Capella est comme la dernière expression de cette recherche, après les coquetteries d'Apulée.

Carthage, comme une seconde Rome par sa grandeur, ses richesses, ses officiers civils et militaires, ses écoles littéraires et philosophiques, réunissait tout ce qui pousse au luxe, aux plaisirs sensuels et aux vices : bains publics, théâtres, spectacles, jouissances matérielles plus ou moins raffinées ; rien n'y manquait de ce qui peut enivrer ou amollir l'homme. De la capitale, cet exemple descendait aux villes inférieures; et si l'Afrique ne l'emportait pas sur d'autres pays par l'ambition et l'oisiveté, il semble que la licence et la luxure y fussent à leur comble. Salvien en parle au cinquième siècle comme d'un fait constant qui ne rencontrait d'exception que dans les cœurs où régnait le christianisme [1], et ces désordres étaient alimentés par des superstitions singulièrement fatales aux mœurs. Outre les faux dieux communs à tout le paganisme gréco-latin, les Africains honoraient d'une manière spéciale leur *Déesse céleste;* dont le culte, originairement phénicien sans doute, paraît avoir mêlé les attributs mythologiques de Junon, de Vénus et de la Lune. Les fêtes de cette divinité asiatique avaient un caractère d'obscénité sans mesure qui semble la confondre avec l'*Astarté* chananéenne, dont le culte ne passa chez les autres populations occidentales qu'avec des adoucissements qui le voilaient au moins un peu en public. Mais les vestiges de race et de civilisation orientale devaient avoir conservé à ces rites primitifs, avec leur antique brutalité, une sorte d'engouement

---

[1] Salvian., *de Provident.* vii : « Quis non omnes omnino Afros impudicos generaliter sciat, nisi forte ad Deum conversos, id est fide ac religione mutatos? » Salvien en dit bien d'autres; mais tenons-nous-en à cette phrase, parce qu'il passe pour avoir été très-dur envers les Africains.

populaire[1]. Car l'entraînement persistait encore, au moins par quelque endroit, vers le milieu du cinquième siècle. Il fallut alors à Carthage renverser l'ancien temple de cette impure déesse, qui avait été converti en église chrétienne depuis longtemps; des restes de superstitions vivaces s'y rattachaient encore, et ne paraissaient pas pouvoir être déracinés sans l'entière destruction du monument qui les avait entretenues.

Pour le culte de *Baal-Chaman* (ou le Soleil), répandu surtout dans la Numidie, c'était pis encore; si toutefois la cruauté doit être plus mal notée que la luxure publique. Au temps des grandes calamités, on croyait ne pouvoir apaiser cette horrible idole que par l'immolation d'innocentes victimes humaines; et jusqu'au règne d'Adrien, les princes numides sacrifièrent plus d'une fois leurs petits enfants à ce rite sanguinaire. Une superstition si farouche, que l'Écriture sainte indique assez clairement et pendant des siècles chez des Chananéens[2], aura suivi les colonies phéniciennes dans leurs établissements au loin. L'Étrurie même semble ne pas en avoir été exempte. Quant à la Numidie, plusieurs inscriptions prouvent que ce culte homicide y subsistait encore au second siècle de l'ère chrétienne[3]. Il semble que les enfants étaient d'abord égorgés, puis brûlés en l'honneur de Baal-Chaman (ou Hamman); et cela sous les yeux de leurs mères, qui devaient supporter d'un regard ferme cette barbarie, pour que l'immolation eût toute sa valeur. Quelques-uns veulent que la victime ait dû être consumée toute en vie.

C'est au milieu de tels désordres et de pratiques enracinées par la transmission héréditaire, que des hommes apostoliques eurent à courber les peuples sous le joug de Jésus-Christ: joug d'affranchissement, à la bonne heure, mais d'affranchissement des passions; et Tertullien, à la fin du second siècle, proclame

---

[1] Augustin., *de Civil. Dei*, II, 26 : « ... cuncta obscœnitatis implebantur officia. »

[2] Deuteron. XII, 31; XVIII, 10. — IV Reg. XVI, 3; XXI, 6. — Jerem. VII, 31; XIX, 51. — Ezech. XXVI, 21; XXIII, 37. — Psalm. CV, 38. — Sapient. XII, 5, sq.

[3] Gesen., *Scripturæ... phœnic. monum.*, p. 446, sqq.

déjà le christianisme comme assis partout dans le monde romain. Il parle surtout de l'Afrique, où il peut se donner pour témoin oculaire; et l'assurance qu'il y met, annonce bien qu'il n'y avait pas lieu à le démentir [1]. Si l'on pensait à se rejeter sur ce que l'emphase aggressive de cet écrivain se sera permis une énumération un peu vague dans son étendue ou sa distribution oratoire, on le trouvera plus précis lorsqu'il avance que *dans chaque ville*, le christianisme a droit de prétendre au moins à l'égalité du nombre avec les païens [2]; et quand il dit que *sur les vaisseaux, sous les armes, à la campagne*, la société idolâtre ne peut éviter le contact des chrétiens [3]. Il déclare même que le paganisme se plaint d'être débordé [4]. A quelque temps de là, saint Cyprien compte *des milliers d'hérétiques* dans les provinces africaines [5], et pourtant nous le voyons bien éloigné de croire que la vraie foi ait été submergée par les nombreuses défections qu'il déplore. Ajoutons que vers l'an 215 un concile de Carthage réunissait jusqu'à soixante-dix évêques, venus uniquement de la Proconsulaire et de la Numidie.

D'où sera partie l'impulsion qui avait donné ce branle? On pourrait supposer à son aise que la prédication primitive de l'Évangile dans les contrées africaines remonte absolument jusqu'au temps des apôtres; parce que nous trouvons des Africains (dans le sens grec, *des Libyens*) parmi les Juifs ou prosélytes qui demandèrent le baptême aux apôtres aussitôt après la descente du Saint-Esprit [6], et qui durent rapporter la foi dans leurs familles en revenant de Jérusalem. A regarder de près,

---

[1] *Apologet.*, 37 : « Hesterni sumus, et vestra omnia implevimus : urbes, insulas, castella, municipia, conciliabula, castra ipsa, tribus, decurias, palatium, senatum, forum. Sola vobis relinquimus templa. »

[2] *Apologet.*, 2.

[3] *Ibid.*, 42.

[4] *Ibid.*, 1 : « Obsessam vociferantur civitatem; in agris, in castellis, in insulis christianos. »

[5] Cyprian. *Epist.* LXXIII.

[6] Act. apost. II, 10 : « .... et partes Libyæ quæ est circa Cyrenen. »

ces indices se réduisent à rien pour l'Afrique romaine (ou latino-punique); ils n'auraient de valeur que pour la Marmarique et la Cyrénaïque dont nous n'avons pas à nous occuper, et qui appartenaient à une civilisation gréco-égyptienne bien distincte. Tout au plus prétendrait-on avec quelque droit, que certaines relations de voisinage n'auront pas été sans influence pour la propagation de la loi nouvelle, ainsi implantée dès les premiers jours à la proximité du golfe de la Grande-Syrte (et Dieu seul sait en quelle quantité). Or, cette région confinait, il est vrai, à la Tripolitaine, tellement quellement; mais la Tripolitaine elle-même semble avoir été médiocrement hospitalière au christianisme, puisque sur la fin du quatrième siècle on n'y comptait encore guère plus de cinq évêques.

Aucune base historique un peu solide ne prête à supposer que les pays compris dans l'espace dont nous traitons, aient vu s'établir une Église proprement dite, c'est-à-dire un épiscopat fixe, avant le second siècle. Tout concourt plutôt à prouver que, dans leurs instants de prétentions les plus hautes, ils n'ont jamais songé à se chercher des droits de résistance en faisant valoir des traces quelconques d'origine précisément apostolique. Ce que des sectaires étroits et ignares mirent plus tard en avant, lorsqu'ils se réclamaient de Simon le Cyrénéen [1], pour faire attribuer à l'Afrique une part toute spéciale dans la Rédemption, ne mérite pas d'être traitée autrement que comme une mauvaise plaisanterie dont saint Augustin fait la justice qu'elle mérite [2]. C'est de Carthage, que la prédication doit avoir rayonné dans l'Afrique romaine; et la Carthage d'alors était bien plus en rapport avec l'Italie qu'avec l'Orient. Saint Augustin, discutant avec ceux des donatistes qui n'étaient pas tout à fait déraisonnables, se contente de rappeler que leur patrie avait été très en retard à recevoir la foi chrétienne; et les anciens Pères témoignent que l'Église africaine rattachait sa naissance

---

[1] Luc. xxiii, 26-28.
[2] Augustin. *Serm.* xlvi (*in Ezechiel.* xxxiv), 41.

et son autorité au siége de Rome. De là, sans doute, soit à raison du voisinage d'un si grand foyer, soit par suite des facilités du trajet, durent être envoyés en Afrique les premiers évêques. C'est ce que saint Grégoire le Grand donnait comme fait reconnu des deux côtés, quand il écrivait à un évêque de Carthage : « Sachant fort bien où l'épiscopat de vos Églises a pris son point de départ, vous avez raison de chérir notre chaire apostolique, d'y recourir comme à la source de votre ministère, et de vous y tenir constamment unis par une affection bien justifiée [1]. » Langage qui répond tout à fait aux précédents donnés par l'histoire, et par les traditions concordantes de l'Afrique elle-même, aussi bien que de Rome. Ainsi Tertullien[2] rapporte à Rome l'honneur de la doctrine sans tache qu'avait maintenue l'Église africaine; et le pape saint Innocent Ier, au commencement du cinquième siècle, affirme sans nulle hésitation que les évêchés d'Afrique, tout comme ceux d'Italie et de Sicile, ont été fondés par saint Pierre ou par ses successeurs[3].

La première persécution qui assaillit le christianisme, à Jérusalem, devint aux mains de la Providence un moyen pour étendre la prédication de l'Évangile dans les provinces de la Judée. De même les cruautés de Néron contre les fidèles, paraissent avoir donné le jour à une Église nouvelle de l'autre côté de la mer qui baigne l'Italie. Morcelli conjecture que des chrétiens alarmés par la persécution romaine, se seront dérobés aux recherches à la faveur des vaisseaux qui partaient alors d'Ostie pour l'Afrique, presque sans interruption. Les relations con-

---

[1] Gregor. M. *Epist.* viii, 33.

[2] Tert., *de Præscript.* 36.

[3] *Epist. ad Decentium* : « In omnem Italiam, Hispanias, Africam atque Siciliam, insulasque interjacentes, nullum instituisse Ecclesias nisi eos quos venerabilis apostolus Petrus, aut ejus successores, constituerint sacerdotes. »

Pour ce qui est de l'Afrique, saint Augustin ne parlait guère autrement, lorsqu'il dit de l'évêque de Carthage (*Epist.* xliii, 7) : « ... Quum se videret et Romanæ Ecclesiæ in qua semper apostolicæ cathedræ viguit principatus, et cæteris terris unde Evangelium ad ipsam Africam venit, per communicatorias litteras esse conjunctum. »

stantes entretenues entre Rome et Carthage par cette voie, soit pour l'approvisionnement du peuple-roi, soit pour les autres affaires commerciales, soit pour les riches propriétés que de grandes familles italiennes possédaient sur le sol carthaginois ou numide, devaient faciliter les évasions. La religion nouvelle était alors trop méprisée ou trop mal connue, pour que le pouvoir se piquât de la relancer loin des yeux du souverain, si quelque haine personnelle n'excitait pas les gouverneurs. A distance de la cour on peut, pour l'honneur de l'humanité, penser qu'il se conservait parmi les personnages consulaires, des âmes romaines qui ne se précipitaient pas outre mesure dans la complaisance servile envers la tyrannie; et qui ne voyaient pas avec trop d'effroi un peu de liberté domestique végéter inoffensivement sous leurs faisceaux.

Réfugiés dans ces provinces où l'autorité savait bien que tout n'avait pas une empreinte absolument romaine, les chrétiens volontairement exilés auront porté leur zèle avec leur foi, et n'auront pas manqué de faire luire autour d'eux le flambeau de la vérité. Tertullien atteste que, de son temps, parmi les peuples où la foi s'était fait jour, il fallait compter les tribus dispersées des Gétules (c'est-à-dire, probablement, les habitants des oasis de l'ouest), et les nombreuses peuplades maures. Au fond, tout ce qu'il semble en résulter, c'est que des fidèles vivaient, clairsemés peut-être, parmi ces nations. Mais il nous apprend aussi que l'Afrique n'avait pas vu répandre le sang chrétien avant le règne d'Alexandre Sévère, bien qu'ailleurs les disciples de Jésus-Christ eussent été souvent poursuivis et maltraités par les magistrats [1]. Comme si le ciel eût voulu conserver ce long calme à l'Évangile en ces contrées pour que l'Église y poussât à loisir des racines profondes, dans un sol qui devait être plus tard bien agité.

Que dès lors, à l'aide d'une paix prolongée, l'Évangile eût fait de nombreuses conquêtes dans ces provinces; on peut le re-

---

[1] Tertullian., *Ad Scapul.*, 5.

connaître à ce seul trait rapporté par saint Augustin [1], qu'Agrippinus, évêque de Carthage, réunit un concile de soixante-dix évêques sur la fin du deuxième siècle. Or il fallait vraiment, pour arriver à l'établissement de tant d'Églises, que le nombre des prédicateurs et leur zèle eût été bien grand et bien béni de Dieu durant un peu plus d'un siècle.

Si l'on peut juger de l'état du peuple par celui du clergé, il faut remarquer saint Victor qui, venu d'Afrique à Rome, fut élevé sur le siége de saint Pierre l'an 185, et termina par le martyre ses dix ans de pontificat. Les papes, saint Melchiade et saint Gélase étaient Africains aussi; et les persécutions qui éprouvèrent l'Afrique, nous feront voir que la foi, la piété, un généreux mépris de la mort et une vive espérance du bonheur à venir y avaient été profondément établis dans le cœur des fidèles.

ARTICLE II

Persécutions païennes (198-312).

Au commencement du troisième siècle, Tertullien menaçait le proconsul Scapula de se voir effrayé par le nombre et la qualité des victimes que le christianisme allait jeter devant son tribunal [2]. Il lui annonce même des personnages du premier rang; et de fait les monuments contemporains ont conservé le

---

[1] Augustin., *de Uno baptism.*, 13.
[2] Tertullian., *Ad Scapul.*, 4 : « Quid facies de tantis millibus hominum, tot viris ac feminis; omnis sexus, omnis dignitatis, offerentibus se tibi? Quantis ignibus, quantis gladiis opus erit? Quid ipsa Carthago passura est, decimanda a te; quum propinquos, quum contubernales suos unusquisque cognoverit? Quum viderit illic fortasse et ordinis tui viros ac matronas, et principales quasque personas, et amicorum tuorum vel propinquos vel amicos? »
Ailleurs, avec cette verve de sarcasme qui lui est si familière, mais qui ne pouvait manquer d'avoir son fondement dans les faits, il trouve en défaut l'ingénieuse rapacité du fisc qui n'a pas su mettre la main sur une belle branche de revenus en imposant les consciences chrétiennes (*de Fuga persecut.* 12) : « Tanta quotidie ærario augendo prospiciuntur remedia censuum, vectigalium, collationum, stipendiorum; nec unquam usque adhuc ex christianis tale aliquid prospectum est sub aliquam redemptionem capitis et sectæ redigendis; quum tantæ multitudinis, nemini ignotæ, fructus ingens meti possit. »

souvenir d'une matrone que son nom *Quodvultdeus* fait reconnaître, comme à coup sûr, pour Africaine et pour chrétienne. Morte vers 227, elle avait épousé C. Quintilius Marcellus, proconsul d'Afrique. Son mari lui fit élever, dans les environs de Tunis, un tombeau dont l'inscription dit qu'elle eut trois fils et deux filles, morts dans leur première enfance [1]; et l'on peut croire que par les soins de leur mère ils avaient reçu le baptême, bien que nous ignorions la religion du père.

Les grands succès de la prédication chrétienne en Afrique dans ces premiers temps, se voient aussi par la multitude et l'admirable constance des martyrs ou des confesseurs dont il est fait mention au troisième siècle, et dont nous aurons à parler dans la suite. Le nombre de ceux qui souffrirent pour Jésus-Christ fut si grand, que les calendriers africains rappellent quelqu'un d'eux presque tous les trois jours; et parfois se sont des centaines et des milliers ensemble, dont il est fait mémoire. Mais le temps nous a envié bien des *actes*, et presque tous les monuments de cet âge; sans quoi nous connaîtrions un plus grand nombre de ces généreux fidèles, et la gloire de ceux que nous connaissons ne serait pas souvent réduite à un simple souvenir. Quelques-uns d'eux versèrent leur sang pour la foi tandis qu'ils étaient occupés à la propager au loin. Le martyrologe d'Adon mentionne, le 21 mai, des saints Timothée, Polius et Eutychius, diacres; qui annonçaient la parole de Dieu dans la Mauritanie Césarienne, lorsqu'ils y furent martyrisés.

Tandis que l'Église d'Afrique s'encourageait et se consolait par la gloire et l'exemple de tant de héros chrétiens, elle eut aussi à déplorer la chute d'un bon nombre de ses enfants. Les uns effrayés par les tortures, ou mal préparés à soutenir le nom de chrétien dans une lutte si rude, sacrifièrent aux idoles; d'autres pour se soustraire aux vexations, se firent donner par les magistrats des attestations (*libelli*) d'apostasie, bien qu'en réalité

---

[1] Maffei, *Mus. Veron.*, p. 464, n° 6 : « Pescennia Quodvultdeus, honestæ memoriæ femina, bonis natalibus nata, matronaliter nupta, uxor casta, mater pia. »

ils n'eussent point sacrifié aux faux dieux. Ces derniers reçurent la honteuse dénomination de *libellatici* (comme qui dirait *brevetés*). Ceux même qui, pour avoir confessé la foi, étaient dans les fers pendant la persécution de Dèce, causèrent bien des embarras à l'Église de Carthage et à son saint évêque Cyprien, par leur prétention de faire réconcilier trop aisément les chrétiens tombés durant les dernières épreuves. Humiliés de leur faiblesse et désireux de rentrer en grâce avec l'Église, les déserteurs accouraient en grand nombre près des confesseurs de la foi, pour se faire recommander par eux auprès de leurs évêques. Or, plusieurs de ces confesseurs étaient si débonnaires que d'accorder sans retard leur communion au premier venu de ces suppliants. On leur donnait acte de cette concession, et l'on priait l'évêque de les faire rentrer dans l'Église comme si les coupables se fussent présentés à ses pieds. Le principal de ces intercesseurs indiscrets était un certain Lucien, homme d'une vertu exemplaire et d'une fermeté généreuse dans les persécutions, mais peu au fait des prescriptions de l'Église et des enseignements de l'Évangile. Non content de donner en son propre nom, ou de la part des autres, le certificat demandé, il offrait le pardon et la paix à ceux mêmes qui se trouvaient au loin. Ses lettres aux Églises prenaient même un ton d'assurance assez déplacé [1].

Saint Cyprien, voyant traiter avec si peu de ménagement l'autorité de l'Église par ceux mêmes qui l'aimaient et la vénéraient, en éprouva une amère douleur : mais il ne jugea pas que pareilles entreprises dussent être dissimulées davantage. Il en écrivit donc des lettres pleines de gravité et de prudence au clergé, aux confesseurs et aux chrétiens tombés ; pour intimer à chacun son devoir, et ne pas laisser prendre racine à

---

[1] Lucien écrivait à saint Cyprien en ces termes inconvenants : « Universi confessores Cypriano papæ salutem. Scias nos universis, de quibus apud te ratio constiterit quid post commissum egerint, dedisse pacem; et hanc formam per te et aliis episcopis innotescere voluimus. Optamus te cum sanctis martyribus pacem habere. Præsente de clero et exorcista et lectore, Lucianus scripsi. »

des indiscrétions si hardies. Au clergé il dit : « Que n'avons-nous pas à craindre pour l'honneur de Dieu, lorsque nous voyons quelques prêtres oubliant l'Évangile, et méconnaissant leur rang, ne faisant même nul compte du jugement à venir de Jésus-Christ, et de l'évêque qui a été mis au-dessus d'eux; s'attribuant un pouvoir qu'on n'a jamais vu par le passé, et qui ne va à rien de moins qu'au mépris de leur chef! Nous savons que pour des péchés de moindre conséquence, il y a pourtant pénitence d'une certaine durée, après laquelle seulement, l'imposition des mains de l'évêque et du clergé donne le droit de communiquer avec l'Église; or, voici qu'en des temps difficiles, lorsque la persécution dure encore, avant que l'Église elle-même ait recouvré la paix, on admet les pécheurs à communiquer avec nous ; et sans qu'ils aient fait de pénitence, sans confession de leur faute, sans imposition des mains de l'évêque et du clergé, on leur donne l'Eucharistie [1]. »

Aux martyrs et aux confesseurs, il donne ces avis : « La sollicitude de notre charge et la crainte de Dieu nous oblige, généreux et bienheureux frères, de vous avertir par ces lettres, de ne pas entamer la loi et la discipline du Seigneur; vous qui si courageusement, et avec tant de sacrifices, avez gardé sa foi. Accorder ce qui doit perdre, c'est tromper; et l'on ne relève pas ainsi celui qui est tombé, mais on le pousse davantage à sa perte par l'offense de Dieu [2]. »

---

[1] Cyprian., *Epist.* IX : « Quod enim non periculum metuere debemus de offensa Domini, quando aliqui de presbyteris nec Evangelii, nec loci sui memores, sed neque futurum Domini judicium, neque nunc sibi præpositum episcopum cogitantes, quod nunquam omnino sub antecessoribus factum est, cum contumelia et contemptu Præpositi totum sibi vindicent! Nam quum in minoribus peccatis agant peccatores pœnitentiam justo tempore, et secundum disciplinæ ordinem ad exomologesim veniant, et per manus impositionem episcopi et cleri jus communicationis accipiant; nunc crudo tempore, persecutione adhuc perseverante, nondum restituta Ecclesiæ ipsius pace, ad communicationem admittuntur; et offertur nomen eorum, et nondum pœnitentia acta, nondum exomologesi facta, nondum manu eis ab episcopo et clero imposita, Eucharistia eis datur. »

[2] *Id., Epist.* X : « Sollicitudo loci nostri, et timor Domini compellit, fortissimi

Dans une troisième lettre il réprimande ainsi, d'abord la présomption et la hardiesse des faillis (ou tombés, *lapsi*) : « J'admire que quelques-uns osent prendre la liberté de m'écrire comme s'ils le faisaient au nom de l'Église; tandis que l'Église est dans l'évêque, le clergé et tous ceux qui sont debout (par opposition aux *faillis*). Certes, Dieu veuille dans sa miséricorde et sa force toute-puissante, ne pas permettre qu'on appelle Église le nombre quelconque de ceux qui sont tombés ! »

Il les exhorte ensuite à se tenir dans la modestie et la confusion, par le souvenir de leur faiblesse; comme ceux de leurs compagnons qui se recommandaient par la douceur, la honte et le sentiment du devoir. Et pour ne pas oublier ceux qui avant la fin de leur pénitence se trouveraient en danger de mort, il dit au clergé : « Sans attendre notre présence, que tout prêtre qui se trouvera là, ou s'il ne se trouve point de prêtre et que la mort semble approcher, qu'un diacre même reçoive l'aveu de leur faute, et leur impose les mains pour la réconciliation; afin qu'ils puissent aller à Dieu avec la paix que les martyrs nous ont demandée pour eux. »

Saint Cyprien communiqua ensuite à son clergé la lettre que lui écrivaient les prêtres de Rome qui gouvernaient l'Église, *le siége vacant*, et qui observaient la même discipline que lui. Les autres évêques d'Afrique avaient agité la même question, et communiqué leurs décisions à saint Corneille, récemment élevé sur la chaire de saint Pierre. Voici quelles étaient leurs conclusions : « Que l'on n'ôtât pas aux chrétiens tombés tout espoir de communion et de réconciliation, de peur que le désespoir ne les poussât à une défection entière; et que, se voyant fermer l'Église, ils se missent à vivre en païens. Que cependant on ne renonçât pas à toute la sévérité de l'Évangile, en leur

ac beatissimi fratres, admonere vos litteris nostris ut a quibus tam devote ac fortiter servatur fides Domini, ab iisdem lex quoque ac disciplina Domini reservetur. Ea enim concedere quæ in perniciem vertant, decipere est; nec erigitur sic lapsus, sed per Dei offensam magis impellitur ad ruinam. Vel ex vobis itaque discant quod docere debuerant, » etc.

faisant franchir brusquement tout retard; mais que l'on laissât suivre son cours à la pénitence, qu'avec une bonté paternelle on exigeât toutefois des sollicitations; que l'on pesât pour chacun les causes de son péché, sa culpabilité, et son besoin. Que les *libellatici* pussent entrer dans l'Église, et qu'il pût y avoir réconciliation à la mort pour ceux qui avaient sacrifié aux idoles. » Ces décisions rapportées au pape saint Corneille, lui firent réunir plusieurs évêques; et, dit saint Cyprien, « il a jugé que notre avis réunissait la maturité à la modération. » Eusèbe nous apprend [1] que le monde catholique se conforma au décret de Rome.

Une autre question singulièrement importante se débattait alors entre les Églises d'Afrique. Les évêques de Numidie écrivirent à saint Cyprien, pour savoir si l'on devait rebaptiser ceux qui viennent à l'Église après avoir reçu le baptême de la main des hérétiques ou des schismatiques. Agrippinus est le premier évêque de Carthage qui paraisse avoir tenu pour invalide le baptême donné par des hérétiques, tandis que les autres Églises ne rebaptisaient point les hérétiques ou les schismatiques convertis. Saint Cyprien, suivant l'avis de ses prédécesseurs, ne semble pas avoir fait grand cas de la pratique observée hors de Carthage; aussi dans un concile provincial, il entraîna par son autorité les autres évêques à embrasser son avis. Voici donc ce qu'il écrivit aux évêques de Numidie : « Nous vous envoyons notre jugement qui n'est point nouveau, mais a été sanctionné par nos prédécesseurs, et observé par nous; nous le joignons au vôtre, pensant et tenant pour certain que nul ne peut être baptisé hors de l'Église, n'y ayant dans la sainte Église qu'un seul baptême. » Avant la fin de cette année (254), il fallut réunir un autre concile, qui confirma la décision du précédent; bien que sans prétendre donner cette conclusion pour un dogme, ni considérer comme hétérodoxes ceux qui embras-

---

[1] *Hist. eccl.*, VI, 43.

seraient une opinion contraire. Saint Cyprien et les autres pères du concile envoyèrent leurs décrets au pape saint Étienne Iᵉʳ, pour consulter, disent-ils, sa sagesse et sa maturité. Le saint pape, avec ses prêtres et les évêques qui se trouvaient à Rome, délibéra sur la manière de répondre et de ramener à un autre avis le concile africain. L'Église romaine attestait que chez elle, de tout temps, si un hérétique se convertissait, on lui imposait les mains pour la pénitence; mais sans lui renouveler le baptême. De la lettre du pape saint Étienne, nous n'avons plus que ce fragment rapporté par saint Cyprien [1] : « ... Si donc quelqu'un quitte l'hérésie pour venir à vous, qu'on s'en tienne à la coutume sans innovation, et qu'on lui impose seulement les mains pour la pénitence; puisque les hérétiques eux-mêmes, pour ceux qui passent à leur parti, ne donnent point le baptême, mais seulement la communion ».

S'il fallait véritablement admettre comme écrite par saint Cyprien, la lettre adressée à Pompéius, évêque de Sabrata (la *Vieille Tripoli*), il n'aurait pas seulement repoussé la décision du pape Étienne, mais excité les autres à la résistance; en accusant ce pape d'erreur, d'ignorance et d'obstination. Morcelli [2] ne peut croire à de pareils excès de la part d'un personnage qui, avant et après cette époque, se distingua par une vie sainte, par son amour de la concorde, la gravité de son caractère, et sa grandeur d'âme dans une suite de situations difficiles et de souffrances. Qu'en recevant une lettre de la *chaire de Pierre, de l'Église principale d'où part l'unité du sacerdoce* (ce sont ses paroles [3]), il fût assez piqué de voir sa doctrine contredite, pour démentir ce qu'il avait déclaré publiquement, *de ne vouloir faire violence à aucun de ses collègues, de ne prétendre imposer la loi à personne*, et de con-

---

[1] Cyprian., *Epist.* LXXIV.
[2] A. 255, n° 2.
[3] Cyprian., *Epist.* CLV : « A Petri cathedra, atque ab Ecclesia principali unde unitas sacerdotalis exorta est. »

server la charité du cœur, l'honneur de l'épiscopat, la concorde du sacerdoce, etc. ; je ne puis, dit Morcelli, venir à bout de le croire. Déjà saint Augustin avait témoigné plus d'une fois tenir cette lettre pour suspecte ; et d'autres ont soupçonné qu'elle pourrait bien avoir été fabriquée par les donatistes, qui prétendaient rabaisser l'autorité du souverain pontife, pour se soustraire au jugement du saint-siége. Ce qui est sûr, c'est que saint Cyprien, tenant le rescrit d'Étienne pour l'expression d'opinion particulière plutôt que comme loi définitive, consulta une troisième fois les évêques d'Afrique sur cette question du baptême. Quatre-vingt-sept évêques de diverses provinces, tous de son avis, vinrent à son concile ; sans que ceux du parti opposé fissent cas de sa convocation. On comprend que saint Cyprien ait eu pour lui l'unanimité dans une telle réunion, mais qu'en arriva-t-il par la suite? Nous l'ignorons absolument. Le pape saint Sixte II, successeur immédiat d'Étienne, confirma définitivement le décret de son prédécesseur et trancha toute controverse. Ce jugement dut être généralement reçu et observé en Afrique, puisque saint Cyprien garda désormais le silence sur cette question.

Le diacre Pontius parle de saint Sixte comme d'un pacificateur, et saint Jérôme dit au sujet de saint Cyprien, que les évêques *rebaptisants* revinrent sur leur première décision pour se ranger à la coutume générale [1].

A peu près vers la même époque, saint Cyprien eut à montrer son zèle pastoral dans la répression d'un schisme qui troubla son Église et s'étendit ensuite bien au delà. Félicissime, riche chrétien de Carthage, mais d'assez mauvaise vie, en voulait à l'homme de Dieu, qui ne trouvait sans doute pas qu'une conduite irrégulière fût suffisamment couverte par l'éclat de la fortune. Celui-ci que la persécution forçait à quitter

---

[1] Hieronym., *de Script. eccles.* : « Denique illi episcopi qui rebaptizandos hæreticos cum eo statuerant, ad antiquam consuetudinem revoluti, novum emisere decretum. »

sa ville épiscopale, y envoyait (en 251) deux évêques avec deux de ses prêtres pour porter des secours aux fidèles qui étaient dans le besoin. Mais comme on se mettait en devoir de distribuer l'argent, le malheureux Félicissime trouva bon de traverser cette sainte œuvre. Ses grands biens et l'absence du pasteur lui promettaient un bon moyen d'influence qu'il entendait ne pas laisser échapper en souffrant une intervention dont il s'était cru débarrassé par le départ du prélat. En conséquence, accompagné d'un cortége de gens déterminés, il vint déclarer à ceux qui accouraient pour recevoir l'aumône, qu'il ne communiquerait point sur la montagne avec ceux qui prétendraient obéir à Cyprien. On pense que cette expression (*in monte*) désigne une maison de campagne sur les collines hors de Carthage, où cet homme recevait les chrétiens pour la célébration des saints mystères loin de la surveillance des magistrats païens. Là sans doute avec quelque prêtre mécontent qui se sentait volontiers hors des regards de son évêque, il songeait à former un parti sous ombre de protection pour les fidèles abandonnés. Car, saint Cyprien ayant été porté par l'élection sur le trône épiscopal, peu de temps après son baptême, des prétendants avaient voulu l'écarter comme trop novice dans la foi. Lui-même ne demandait pas mieux que de récuser, comme néophyte, un fardeau qui l'effrayait ; mais le peuple lui avait fait une sorte de violence pour l'empêcher de se dérober à la consécration. Ni cette humilité, ni la protection dont il avait couvert ses compétiteurs contre l'animadversion populaire, ne lui avaient ramené ces ambitieux aigris par son élévation à leurs dépens ; les jaloux voulaient donc se défaire à la longue de celui qui leur avait barré le chemin. La persécution païenne loin de les décourager, devenait pour eux un moyen de pêcher, comme on dit, en eau trouble.

Mais s'il avait voulu éviter les honneurs, quand il croyait pouvoir s'y soustraire, il n'était pas homme à en rejeter la charge maintenant qu'il s'en trouvait revêtu. Sur la nouvelle de ce qui se passait, il écrivit à ces mêmes évêques et prêtres, chargés par lui de visiter Carthage ; et, dans des termes sévères, excommunia Félicissime avec quiconque se rangerait de son côté. Quand l'excommunication fut promulguée, cinq prêtres carthaginois, qui s'étaient efforcés d'empêcher que Cyprien ne devînt évêque, prirent parti pour Félicissime, en firent un diacre ; et afin de grossir le nombre de leurs adhérents, ils garantirent le pardon à ceux qui étaient tombés. Saint Cyprien, écrivant à son peuple pour le maintenir dans le devoir, lui disait : « Ils offrent la paix, eux qui ne l'ont pas ; ils promettent de faire rentrer les pécheurs dans l'Église, ces gens qui ont quitté l'Église [1]. »

Toutefois le mal put faire des progrès, parce que saint Cyprien ne revit son Église qu'après quatorze mois d'absence. Alors, dans une assemblée d'évêques, réunis pour déterminer une bonne fois la conduite qu'il fallait tenir avec les *tombés*, on condamna tout d'une voix Félicissime, les prêtres de sa faction ; et très-particulièrement Novatus, brouillon insigne. Ces schismatiques se rendirent à Rome, s'y lièrent avec Novatien, prêtre intrigant ; et ce fut la source de troubles bien plus funestes lorsque Novatien se fit antipape, et poursuivit de ses calomnies le saint pontife Corneille, au point d'attirer dans son parti quelques confesseurs de la foi. On le sut bientôt en Afrique : les schismatiques répandaient leurs mensonges contre le pape, qui de son côté écrivait des lettres pleines de modération. Saint Cyprien convoqua donc un grand nombre d'évêques, envoya en Italie Caldonius et Fortunat dont les informations, jointes au témoignage des deux évêques Étienne et Pompée, qui avaient tout vu à Rome, firent connaître la vérité. Ainsi, toute l'Afrique reconnut Corneille pour pape légitime.

Cependant les envoyés de Novatien parcouraient les églises africaines pour y recruter des partisans, à quoi ils ne réussirent pas ; si bien que repoussés par tous les évêques, et mal

[1] Cyprian., *Epist.* XL.

vus de tous les honnêtes gens, ils abandonnèrent le pays. Quant à Félicissime, quoiqu'à Rome le pape saint Corneille ne lui eût point fait accueil, il se donnait du mouvement pour avancer les affaires de Fortunat, évêque schismatique de Carthage; et semait des calomnies contre saint Cyprien, afin d'ébranler le pape. Il y a lieu de croire que, mis au courant par les lettres de Cyprien [1], saint Corneille réprima les tentatives de ces brouillons; ce qui est certain, c'est que n'osant plus se montrer à Carthage, ils se contentaient de remuer dans la province; et bon nombre d'hommes qu'ils avaient séduits abandonnaient le schisme pour entrer dans l'Église. Saint Cyprien reçut avec bonté ces cœurs égarés mais repentants, contenant à grand'peine l'animosité du peuple, qui n'était pas endurant pour être fidèle; et qui frémissait d'indignation, surtout contre les plus remuants des meneurs.

Le plus compromis entre les partisans de Félicissime était un riche citoyen de Carthage, nommé Florentius Pupianus, qui continuait à charger sans cesse de calomnies et d'injures le saint évêque; le faisant auteur de tous les maux qui affligeaient l'Église, pour lui ôter l'affection des âmes droites. Après une longue patience, et à la suite de lettres insolentes que lui avait adressées Pupianus, Cyprien crut devoir enfin répondre par un écrit plein de fermeté, où il défend ses droits et retranche de l'Église ce soutien du schisme. « Vous devez savoir, lui écrit-il, que l'évêque est dans l'Église, et l'Église dans l'évêque; et que si quelqu'un n'est pas avec l'évêque, il n'est pas dans l'Église. » Puis il termine ainsi : « Vous avez ma lettre, j'ai la vôtre; au jour du Jugement, l'une et l'autre sera lue devant le tribunal de Jésus-Christ [2]. »

L'Afrique avait défendu l'unité de l'Église, en triomphant du

---

[1] La lettre de saint Cyprien fait voir que ses ennemis ne paraissaient vouloir reculer devant aucun moyen violent : « Convicia eorum... non timemus; fustes et lapides, et gladios quos verbis parricidalibus jactitant, non perhorrescimus. »

[2] Cyprian., *Epist.* LXIX.

schisme; elle eut aussi l'honneur de vaincre diverses hérésies qui, durant le troisième siècle, avaient mis en péril la foi des fidèles de ces provinces. Tandis que l'Église avait à lutter contre les ennemis du dehors, les hérétiques lui préparaient au dedans un danger bien plus grave. Le gnosticisme, entre autres, venu de l'Orient, s'introduisit en Afrique à la fin du second siècle; et c'est lui que désignent ces véhémentes paroles de Tertullien [1] : « Lorsque la foi est assaillie par la tourmente, que l'Église est en feu à la manière du buisson ardent, voici venir les gnostiques, voici les valentiniens qui se glissent en traîtres; voici pulluler toutes sortes d'ennemis du martyre, désireux de nuire, de percer, de donner la mort. » Il écrivit contre eux son livre intitulé *Scorpiaque*, comme qui dirait *antidote du scorpion;* et l'ouvrage si célèbre où il oppose à l'hétérodoxie une fin de non-recevoir, comme question préjudicielle [2] qui domine toute controverse. Praxéas, esprit inquiet et qui se donnait des airs de martyr pour avoir quelque temps été dans les fers, avait porté d'Orient à Rome, puis de là en Afrique, vers le commencement du troisième siècle, son invention hérétique d'attribuer l'incarnation au Père éternel. Cette ivraie se multiplia, grâce à l'assoupissement de plusieurs qui ne faisaient pas assez de cas de la science, ainsi que parle Tertullien dans son Traité contre Praxéas [3]. Mais nous y voyons aussi que ce dogmatiseur ne fit guère école, et qu'il signa d'ailleurs une rétractation que conservaient les catholiques. On a quelque motif de croire que Praxéas déplaisait surtout à Tertullien pour avoir attiré l'attention de l'Église romaine sur les doctrines rigides de Montan.

Un autre ouvrage de Tertullien contre la doctrine semi-manichéenne de Marcion, fut rédigé, comme le précédent, lorsque déjà le grand écrivain avait quitté l'Église; âme ardente

---

[1] Tertullian. *Scorpiac.*, 1.
[2] Tertullian., *de Præscriptione hæreticorum*.
[3] *Dormientibus multis in simplicitate doctrinæ.*

qui, après avoir dévié, conservait encore ses haines vigoureuses contre les hérésies autres que la sienne; ou caractère altier qui voulait peut-être, par ses censures contre certaines erreurs, se confirmer lui-même dans le droit de dogmatiser à sa fantaisie.

Malgré ses travers, ce rude jouteur et saint Cyprien, qui l'appelait *le maître*, font naître des réflexions qui méritent de fixer un instant la pensée. C'est que le christianisme latin se montre dès l'origine marqué d'une empreinte romaine singulièrement saillante. Il apparaît avec un caractère de force silencieuse et de simplicité solennelle, que l'étude des vieux Romains dévoile seule à l'observateur attentif. Disons mieux : il n'apparaît presque pas, et n'agit que plus puissamment. En sorte que, quand on l'aperçoit, ce n'est pas qu'il se montre, c'est qu'il domine la scène et commence à effacer tout le reste. Il n'écrit pas un mot, il ne fait pas entendre une seule parole vraiment authentique jusqu'au moment où Tertullien se lève; et quel langage alors! Étonnante attitude d'une doctrine qui en est à son premier organe dans le monde romain, et qui déclare tout d'abord étrange que l'on prétende lui disputer l'univers! L'humanité lui est due, elle la réclame; mais non, le monde lui appartient aussi bien de fait que de droit : et ce qui reste de dissidents, c'est-à-dire les Césars, le sénat, les lois et toute la force publique, elle les somme de se rendre en reconnaissant le fait accompli. Étrange conscience de la victoire après cette guerre de deux cents ans qui avait quasi échappé à l'œil des plus habiles, et bien faite pour épouvanter la plus formidable opposition! Aussi les persécutions ne sont plus guère que des accès de fureur; c'est le désespoir qui se venge, plutôt que la résistance qui dispute le terrain. Si certaines violences revêtent encore une apparence de calme, c'est de la part de quelques grands rêveurs qui se retranchent dans la philosophie pour ignorer majestueusement ce qui se passe autour d'eux dans le monde moral; ou bien elles sont l'œuvre d'une âme plus ulcérée encore que les autres par le spectacle de la force qui se dérobe. De guerre lasse, ces boudeurs gourmés cherchent à leur exaspération le masque d'une morgue impassible.

Toutefois le christianisme de l'Occident ne s'enveloppe point de son manteau pour laisser faire ses assaillants, à la manière du stoïcisme. Il ne retourne à son silence qu'après avoir muni les fidèles contre les périls divers de la lutte où la foi l'engage. Mais cela fait, il rentre dans la vie privée pour bien des années encore. La tâche de la parole est accomplie, elle n'a fait ni moins ni plus que ne requérait la circonstance. Ce n'est point un système de taciturnité, ni même l'amour du silence proprement dit; c'est l'activité grave qui ne se dépense pas hors de la sphère des plus hauts intérêts.

La Grèce, au contraire, et l'Asie hellénisée, parlent pour et contre l'Évangile (entre chrétiens, ou gens se disant tels) dès les temps apostoliques. Elle a de faux docteurs aussi bien que des apologistes; des défenseurs malavisés, en même temps que des exégètes extraordinaires. Que si vous voulez, au terme de cette activité, considérer ce qui domine de part et d'autre; vous verrez que l'Église latine se trouve avoir à peu près la plus haute philosophie pour elle (saint Augustin), malgré l'apparente tendance de l'esprit grec vers la théorie. Mais la maturité grave et réfléchie, la force lentement disciplinée, ne sauraient manquer de prévaloir sur l'élan inquiet des esprits subtils et brillants. Voyez aussi l'austérité calme et clairvoyante de Rome chrétienne, où les hérétiques les plus couverts ne viennent jamais sans être démasqués avant peu; tandis que les éclatantes et curieuses écoles d'Alexandrie, d'Antioche, de Nisibe, d'Édesse, ne reconnaissent guère l'ennemi dans leurs murs qu'après de fatals délais.

Si l'on développait ce parallèle, l'Afrique y aurait une assez belle part pour qu'on ne s'étonne pas de le voir indiqué à l'occasion du silence qu'elle rompt la première dans la chrétienté occidentale. Mais revenons à l'homme extraordinaire qui nous suggérait ces remarques.

Tertullien, né dans le paganisme et formé par de solides études, s'était fait chrétien en arrivant à l'âge mûr. Ce devait être avant la fin du second siècle, puisqu'il était à Rome vers l'an 203; ayant déjà peut-être élevé la voix en faveur de l'Église. Marié d'abord, il avait été ordonné prêtre du vivant de sa femme, et embrassait ardemment les intérêts de la foi. Mais à un génie hautain, extrême et entier, il eût fallu le contre-poids de vertus profondes pour balancer les excès de son caractère. Saint Jérôme pense qu'il fut d'abord aigri, puis dévoyé, par des procédés offensants de la part de quelques membres du clergé romain [1]. Un génie si hautain jugea-t-il qu'on ne l'appréciait pas à sa valeur, ou que l'on suspectait trop gratuitement ses ardeurs impétueuses, ses principes rigides et ses doctrines un peu recherchées? L'avait-on pressenti à temps, ou froissé mal à propos? Ce fut, dit-on, la cause ou la première impulsion qui écarta de l'Église ce cœur sombre et impérieux. Aussi, revenu à Carthage au moment où l'on donnait un successeur à l'évêque Optat, piqué peut-être de ne se voir pas désigné dans l'élection, il se déclara ouvertement pour les montanistes; et se prit à désigner les catholiques par la dénomination de *psychiques*, c'est-à-dire d'*hommes animaux* (vivant sous l'empire de la Nature.)

Pour lui qui, dans ses écrits catholiques, laissait échapper çà et là des accents pleins d'âme malgré la véhémence bilieuse de sa verve; il s'abandonne dès lors à l'amertume par-dessus tout, ne paraissant plus satisfait que quand il foule aux pieds ses adversaires. Depuis sa rupture, il tenait comme indignes d'un chrétien les secondes noces; refusait à l'Église le pouvoir de remettre les fautes graves commises après le baptême, et condamnait quiconque fuyait la persécution; taxant cette précaution non pas seulement de faiblesse, mais de crime plus grand que le renoncement à la foi, dans les tortures. Ce que l'Évangile et l'enseignement chrétien laissent à l'état de conseil sous

[1] Hieronym., *de Viris illustribus*, 53.

l'inspiration de la grâce, il le transformait en loi expresse, en obligation universelle et presque constante; prescrivant des veilles, des abstinences et des jeûnes nouveaux. Ces belles choses, il se vantait de les devoir aux inspirations de Montan qui, avec ses compagnes Priscilla et Maximilla, avait reçu toute science pour porter le christianisme à la dernière perfection. Non content de faire voir tout cela dans la prophétie de Joël, il en avait une autre à lui, qu'il égalait à celles d'Ezéchiel et de saint Jean. Il importait extrêmement que l'Église de Carthage réprimât ces hardiesses, auxquelles la réputation et la mine sévère de Tertullien pouvaient prêter une grande autorité parmi le peuple; aussi furent-elles anathématisées en 206 par Cyrus, évêque de Carthage.

Ce grand esprit de Tertullien, qui s'était placé bien haut parmi les montanistes en invectivant contre l'Église, n'avait pas honte d'avouer pour son maître une femmelette instruite, disait-il, par les anges, souvent même par Dieu, dans des entretiens d'où elle rapportait les enseignements de la secte. Les prophétesses montanistes ne semblent pas même avoir cherché à se donner les dehors de femmes graves, s'il faut en croire Apollonius évêque d'Éphèse, qui écrivit contre cette hérésie[1]. Maximilla, l'une des deux principales du parti, se pendit en 219, comme déjà l'avait fait Montan lui-même. Elle avait annoncé que sa mort serait suivie de grandes guerres, et justement on jouit de la paix durant près de quatorze années. Ce fut l'occasion d'une forte dépréciation pour ses prophéties, et Tertullien lui-même se mit à ne plus admirer si fort la doctrine de Montan. Alors, sans doute, bien des catholiques crurent pouvoir compter qu'un homme élevé parmi eux, et

---

[1] Apud Hieronym.; *de Vir. ill.*, 40 : « Si negant eas accepisse munera, confiteantur non esse prophetas qui accipiunt : et mille hoc testibus approbabo. Sed et ex aliis fructibus probantur prophetæ. Dic mihi; crinem fucat prophetes? Stibio oculos linit? Prophetæ vestibus et gemmis ornantur? Prophetes tabula ludit et tesseris? Propheta fœnus accipit? Respondeant utrum hoc fieri liceat, an non : meum est approbare quod fecerint? »

membre même du clergé de Carthage, tournerait les pensées de sa vieillesse vers le jugement de Dieu; mais on eut bientôt lieu de voir ce qu'il y a de fonds à faire sur ceux qui ont méprisé longtemps les avis de l'Église, en s'habituant à mettre leur autorité personnelle au-dessus de la sienne. Tertullien quitta les montanistes, sans cesser de tenir des conventicules; devenant ainsi l'auteur d'une secte de tertullianistes, qui dura jusqu'au temps de saint Augustin, et s'éteignit par les soins de ce grand docteur[1].

Tertullien donc, catholique jusque vers l'âge de quarante ans, puis montaniste et enfin hérésiarque, mourut vers l'année 245; et sans s'être reconnu, à ce qu'il semble, puisque ses écrits n'offrent aucune trace de repentir, et que sa secte lui survécut. Exemple de l'endurcissement où mène un esprit rogue qui s'est laissé aller jusqu'à mépriser l'Église, et plût à Dieu que cet exemple eût été le dernier!

Quelque temps avant sa mort, une autre hérésie avait donné du souci aux évêques. Privat, probablement évêque de Lambèse en Numidie (aujourd'hui *Lemba*, ou *Tezzout*), avait mis toute cette province en désordre par des doctrines que nous ne connaissons pas bien; mais qui occasionnèrent un concile de quatre-vingt-dix évêques, où il fut unanimement condamné[2]. Soit que Privat ne se fût point soumis, soit qu'il eût récidivé après une rétractation; on le revoit brouillant plus tard et soutenant un schisme contre saint Cyprien, qui en informa les prêtres et les diacres de l'Église romaine.

Le maintien de la foi et de la discipline en Afrique fut sans doute beaucoup aidé par les conciles qui ranimaient fréquemment la vigilance de ses pasteurs, même en temps de persécution. Saint Cyprien, à lui tout seul, bien qu'il lui fallût se tenir caché loin de son siége durant quatorze mois, rassembla au moins sept conciles durant les dix années de son épiscopat,

---

[1] Augustin., *Ad Quodvultd.*, Hæres., 86.
[2] Cyprian., *Epist.* LV.

pour faire face aux besoins des Églises d'Afrique; ou même pour aider celles d'Espagne, qui le consultaient. C'est ce que nous apprennent ses Œuvres; et si nous possédions les écrits d'autres évêques africains du troisième siècle, nous y verrions probablement que les conciles étaient chose commune à cette époque et au commencement du siècle suivant.

C'était aussi un beau moyen de soutenir et de défendre l'Église poursuivie par les païens et combattue par les hérétiques, que l'exercice des vertus, de la charité surtout si fort recommandée par Notre-Seigneur à ses disciples. Une grande occasion se présenta de faire reconnaître ce caractère du christianisme lorsque, en 253, le fléau de la peste éclata dans Carthage, emportant rapidement une multitude d'hommes de tous les rangs[1]. L'horreur de la contagion faisant oublier les sentiments d'affection les plus naturels, les uns abandonnaient leurs malades, d'autres les jetaient même hors de la maison pour se soustraire aux influences du mal. En sorte que les moribonds mêlés aux cadavres sur les places publiques, formaient un spectacle où la commisération luttait avec l'horreur. Dans cette grande ville, parmi tant de misères et de deuil, pas un païen ne se mettait en peine de ses proches, et bien moins encore des malheureux abandonnés. Mais Cyprien voulut que les chrétiens se distinguassent des gentils dans une désolation si affreuse[2]; en les excitant par ses paroles, il sut inspirer à

---

[1] Saint Cyprien (*de Mortalitate*) indique certains caractères de cette contagion, qu'il peut être utile de signaler. « Hoc quod nunc corporis vires solutus in fluxum venter eviscerat, quod in faucium vulnera conceptus medullitus ignis exæstuat, quod assiduo vomitu intestina quatiuntur, quod oculi vi sanguinis inardescunt, quod quorumdam vel pedes vel aliquæ membrorum partes contagio morbidæ putredinis amputantur; quod per jacturas et damna corporum prorumpente languore vel debilitatur incessus, vel auditus obstruitur, vel cæcatur adspectus, ad documentum proficit fidei. Contra tot impetus vastitatis et mortis inconcussi animi virtutibus congredi, quanta pectoris magnitudo est! Quanta sublimitas inter ruinas generis humani stare erectum; nec cum eis quibus spes in Deum nulla est, jacere prostratum! »

[2] Pontius, *Vita Cypriani*, 9 : « Non esse mirabile si nostros tantum debito caritatis obsequio foveremus; eum perfectum posse fieri qui plus aliquid publicano vel ethnico fecerit; qui malum bono vincens, et divinæ clementiæ instar exer-

tous une admirable émulation de dévouement. On se distribua la tâche selon le rang et la qualité des personnes; et plusieurs, que la modicité de leur fortune ne mettait pas en mesure d'offrir de l'argent, s'offrirent eux-mêmes de grand cœur à cette œuvre de générosité. Toutefois comme il ne manquait pas de cœurs qui, pliant sous le faix de l'adversité, ne savaient point acquiescer aux desseins de Dieu; saint Cyprien s'occupant aussi de ceux-là, écrivit pour eux son livre *de la Mortalité*. Il y exhorte les chrétiens à savoir quitter les dangers de cette vie, pour l'échanger contre la vie éternelle; à juger mieux que les païens ce que l'on appelle des maux et des souffrances, à mépriser même la mort dans la pensée du bonheur à venir. Ces exhortations solides et éloquentes furent utiles à un grand nombre, car le fléau s'étendit au loin; et avec diverses alternatives de recrudescence et de relâche, il parcourut toutes les provinces de l'Afrique.

Cette même année (253) la Numidie eut à souffrir d'un autre désastre : les barbares, dans une incursion furieuse, y dévastèrent les campagnes; et emmenèrent en esclavage quantité d'habitants, parmi lesquels plusieurs vierges consacrées à Dieu. Les évêques du pays désolé recoururent à saint Cyprien pour subvenir aux besoins de leurs peuples; lui demandant, ainsi qu'à son Église, des secours d'argent qui permissent de racheter les captifs. Nous possédons encore la réponse de saint Cyprien, où respirent cette charité antique et ces effusions de tendresse mutuelle qui distingue d'une manière si touchante les chrétiens des premiers siècles. Lorsque le peuple et le clergé de Carthage entendirent la lettre des évêques de Numidie, ce furent des larmes et des gémissements dans toute l'assemblée; et leur générosité répondit bientôt à ces marques d'attendrissement[1]. Saint Cyprien désira que les évêques de Numidie

---

cens, inimicos quoque dilexerit; qui pro persequentium salute, sicuti Dominus monet et hortatur, orarit. »

[1] Cf. Cyprian., *Epist.* LX. La somme recueillie montait à cent mille sesterces qui répondent à quelque chose comme vingt mille francs.

connussent les noms des fidèles qui les secouraient[1]; ce qui montre que les Églises affligées de quelque malheur, recouraient assez habituellement à l'affection des autres Églises. N'oublions pas non plus deux traits remarquables dans la lettre de saint Cyprien : il se considère comme redevable aux évêques de Numidie pour la confiance qu'ils ont mise en lui, et les avertit de ne jamais tarder à lui demander secours toutes les fois qu'ils en auraient besoin.

Les occasions s'en présentèrent bien souvent. Ainsi, en 257, dans la même province, des évêques, des prêtres, des diacres traînés devant les tribunaux païens, déclarèrent sans détour qu'ils étaient chrétiens; et condamnés à travailler aux minières[2] de Numidie, ils y étaient enchaînés, souffrant la faim, la soif, le froid et toutes sortes de malaises. Saint Cyprien, prisonnier lui-même, ne se contentait pas de les consoler et de les encourager par une lettre affectueuse; il leur expédiait des secours, et en recevait de tendres remercîments[3].

Au commencement du quatrième siècle, dans la cruelle persécution de Dioclétien, un édit de l'empereur prescrivit aux magistrats de faire brûler les livres sacrés des chrétiens; et de dépouiller, de détruire même toutes leurs églises. Alors cette florissante chrétienté d'Afrique changea bien d'aspect : les saints édifices dévastés, les assemblées des chrétiens dispersées, la célébration des saints mystères interrompue, tout était deuil et désolation. C'était pis encore dans la Numidie, et sur-

---

[1] Cyprian., *Epist.* LX : « Ut fratres nostros ac sorores, qui ad hoc opus tam necessarium prompte ac libenter operati sunt, ut semper operantur, in mente habeatis in orationibus vestris; et eis vicem boni operis in sacrificiis et precibus repraesentetis. »

[2] Quelques auteurs ont pensé que les chrétiens étaient employés à l'extraction du *marbre numidique*, fort recherché pour l'ornement des constructions romaines; mais M. Henri Fournel (*Richesse minérale de l'Algérie*, t. I, p. 269, svv.) croit pouvoir établir, d'après l'inspection des lieux et l'examen des textes, que ces *metalla* étaient bien réellement des mines.

[3] *Epist.* LXXVIII inter Cyprian. « Agunt tibi nobiscum damnati maximas apud Deum gratias, Cypriane dilectissime, quod litteris tuis laborantia pectora recreasti, » etc.

tout à Cirta (*Constantine*), sa métropole, malheureuse Église que trahissaient ceux-là mêmes qui eussent dû la garder et la défendre. Il ne manqua pourtant pas d'évêques dévoués et de martyrs courageux, qui maintinrent l'honneur de l'Église africaine; car durant ce siècle, et surtout vers la fin, elle fut illustrée par nombre de saints et savants pasteurs.

ARTICLE III

Période de la paix générale dans l'Église (312-428).

L'Église africaine qui avait déjà donné un pape à l'Église, vit encore un membre de son clergé porté sur la chaire de saint Pierre en 311 : ce fut saint Melchiade, qui gouverna l'Église jusqu'au commencement de l'année 314. L'Afrique réclamait sa sollicitude : Donat et les partisans de son schisme chargeaient d'accusations Cécilien, évêque de Carthage. Le pape, pour juger cette affaire, réunit au palais de Latran un concile où se trouvèrent trois évêques des Gaules et d'Italie. On y proclama l'innocence de Cécilien, et Donat fut condamné d'un avis unanime comme auteur de tous les troubles[1]. De ses complices, il n'en fut pas fait mention, pour faciliter leur retour.

Constantin le Grand, après que, le premier entre les empereurs, il eut embrassé ouvertement le christianisme et donné la paix à l'Église, s'intéressa particulièrement aux souffrances des chrétiens d'Afrique. Quelques-unes de leurs provinces avaient été maltraitées sous Maxence, on l'a vu plus haut (p. 28); aussi, en 313, sur le point d'envoyer à Carthage le proconsul Anulinus, et Patricius vicaire du préfet du prétoire, le pieux souverain leur enjoignit de ne point laisser impunie l'audace de quiconque tenterait d'altérer la foi du peuple catholique. Ces

---

[1] Augustin., *Epist.* XLIII, 16. Nous aurons plus tard à développer ces indications sommaires, en revenant sur l'histoire particulière du donatisme (p. 115).

magistrats étaient arrivés en Afrique, lorsqu'on lui fit savoir que les décurions¹ de plusieurs villes avaient mis la main sur une partie des biens possédés anciennement par l'Église; là-dessus il donna des ordres à Anulinus pour que les jardins, édifices, ou quoi que ce fût qui appartînt à ces Églises, leur fussent restitués sans retard. Nous avons en outre une lettre de Constantin au même proconsul, où il ordonne que tous les hommes consacrés au service divin soient exempts des charges publiques pour que rien ne les détourne de leurs fonctions ². Bien plus, afin que le clergé pût se consacrer plus entièrement à ses devoirs, il voulut subvenir par ses largesses à l'indigence de plusieurs ministres des autels. Sur l'avis d'Hosius, évêque de Cordoue, dont il prenait volontiers les conseils, il écrivit à Cécilien qu'Ursus, payeur ou trésorier (*rationalis*) d'Afrique, avait ordre de lui compter trois mille *folles*³ pour être distribués entre certains ministres de la religion catholique dans les provinces d'Afrique, de Numidie et des deux Mauritanies. Il ajoute que si une autre somme est nécessaire, Héraclide procureur des terres impériales, a déjà reçu ordre de la livrer.

Sous ce régime, le clergé d'Afrique s'accrut au point que, lors de la conférence de Carthage (en 411) entre les donatistes et les catholiques, ces derniers comptaient quatre cent cinquante sièges épiscopaux; et les autres, qui pourraient bien avoir menti dans l'intention de surpasser leurs adversaires, prétendaient avoir environ trois cents évêques de leur côté. Les trois conciles généraux convoqués à Carthage par le saint évêque Aurèle, en 398, 418 et 419, réunirent plus de deux cents évêques catholiques, dont plusieurs étaient remarquables pour

---

¹ On sait que les décurions étaient les premiers magistrats municipaux.
² Euseb., *Hist. eccl.*, X, 7.
³ Le *follis* était un sac contenant une somme convenue de numéraire, comme on dit une *bourse* en Orient. S'il s'agit du *follis* de cuivre, il correspondait à la deux cent quatre-vingt-huitième partie d'un *solidus* d'or; en sorte que ce ne serait pas même le *réal* d'Espagne. Prise dans cette dernière acception, la libéralité impériale aurait quelque chose de quasi mesquin.

leur science et leur vertu. Saint Aurèle, au concile de 397, proposa de s'en tenir à l'ancien usage qui n'exigeait que trois évêques pour la consécration d'un nouvel élu; parce qu'il lui fallait ordonner des évêques presque tous les dimanches.

Quant à faire apprécier les mérites et la sainteté de l'épiscopat africain dans ces temps-là, il peut suffire de citer, outre saint Aurèle évêque de Carthage (392-429), les noms de saint Augustin d'Hippone (395-430), et de ses amis ou disciples saint Possidius (397-431) de Calame (*Ghelma*), saint Alypius de Tagaste (314-431 environ), Fortunat évêque de Cirta vers le même temps. Tous ces pasteurs, et d'autres encore, distingués par leurs connaissances aussi bien que par leurs vertus, s'employaient avec zèle à former les mœurs et la piété de leurs ouailles; à maintenir et à développer dans le clergé tout ce qui pouvait lui mériter la considération, et à combattre l'erreur dès sa naissance.

Il arriva de là que cette Église trouva dans son sein des hommes assez généreux pour voler même au secours des contrées étrangères où la foi était en péril, ou qui ne l'avaient pas reçue encore. Vers 357, trois hommes d'une rare vertu passèrent dans les Gaules : c'étaient Marcellin qui devint ensuite évêque d'Embrun, Domninus qui fut placé sur le siége épiscopal de Digne, et Vincent qui paraît avoir succédé à Domninus lui-même. Ce fut à leurs travaux apostoliques que les peuples des Alpes cottiennes furent redevables de la foi, et que les catholiques du voisinage durent d'être mis en garde contre l'arianisme.

L'amour des études ecclésiastiques et l'esprit de piété étaient stimulés par les conciles qui se tenaient à Carthage et ailleurs presque tous les ans, ou même plus fréquemment encore. Saint Augustin[1] contribua, dit-il, à cette fréquence des conciles; persuadé qu'on obtiendrait ainsi l'amélioration des mœurs dans le

---

[1] Augustin., *Ad Aurel.*, epist. xxii.

peuple, et la régularité dans le clergé. C'est que les évêques ainsi réunis s'excitaient réciproquement aux œuvres de grande portée, aux vertus éclatantes et au zèle pour la conversion des chrétiens dévoyés. On distingue surtout, en ce genre, les cinq conciles généraux d'Afrique célébrés à Carthage sur la fin du quatrième siècle; aussi leurs décrets furent-ils reçus en grande partie dans l'Église universelle, comme faisant loi, et plusieurs sont observés encore dans l'univers catholique. Au concile de 419, le saint évêque Aurèle fit rédiger, ou du moins achever le corps des règlements arrêtés par l'Église africaine; et un exemplaire de cette compilation, souscrit par les légats du pape, fut porté à Rome par les légats eux-mêmes qui le présentèrent au souverain pontife Boniface Ier. Ce recueil, adopté par l'Occident, fut même traduit en grec et accueilli par l'Église orientale.

Plus d'une fois les évêques africains se firent remarquer dans les conciles convoqués outre-mer, et en rapportèrent des décrets qu'ils faisaient observer dans leurs églises. Au premier concile général, Cécilien de Carthage siégeait parmi les pères qui condamnèrent à Nicée l'hérésie d'Arius; et il obtint de saint Athanase, qui était bon juge, ce témoignage que rien dans ses écrits ne s'écartait de la droiture apostolique. Après avoir souscrit les décisions de cette grande assemblée, il fut chargé de les promulguer dans l'Afrique à son retour. C'est pourquoi revenu à Carthage, il invita tous les évêques à venir prendre connaissance des conclusions prises par les pères de Nicée pour l'Église universelle [1].

Leur tâche devint plus pénible lorsque le grand Constantin eut fermé les yeux. Malgré ses généreuses pensées, le premier empereur qui ait arboré la croix dans le monde n'avait pas laissé de céder à l'ivresse du souverain pouvoir exercé sur un

---

[1] C'est ce que rappellent les pères du sixième concile de Carthage convoqué par saint Aurèle (ap. Harduin., t. I, 866) : « Exemplaria fidei et statuta Nicenæ synodi quæ ad nostrum concilium per beatæ recordationis olim prædecessorem tuæ sanctitatis, qui interfuit, Cæcilianum episcopum adlata sunt. »

immense empire. La servilité de plusieurs prélats courtisans avait salué dans la conversion du maître, bien moins la liberté de l'Église que la faveur et l'influence pour eux-mêmes; ce fut bien autre chose quand la faible tête de Constance ceignit le diadème impérial. D'autant plus infatué de l'autorité suprême, qu'il était moins capable d'en comprendre et d'en exercer les devoirs, il fut hautain et despote de la pire façon; ne sachant pas y mettre un peu de noblesse. C'est une timidité orgueilleuse, qui cherche des biais pour éviter ou écarter la contradiction : jaloux et paresseux, il a son thème tout fait par quelques évêques de cour, et veut que tout le monde s'y plie. A défaut de docilité, il se contenterait de complaisance, parce que les extrémités répugnent à sa faiblesse; mais s'il rencontre des esprits et des caractères inflexibles qui ne se prêtent point à ses finesses ou à ses prétentions, il trouvera des détours pour conserver un air de modération à ses violences. Ennemi caressant, comme l'appelle saint Hilaire, on peut dire qu'il traçait la voie pour Julien, quoique avec un autre but.

C'est sans doute par antipathie contre ces théologiens de palais qui fleurissaient à Constantinople, que l'évêque de Carthage, Gratus, voulut empêcher les voyages de prélats à la capitale de l'empire. Il assistait avec plusieurs Africains au concile de Sardique (347), et ce fut lui qui fit porter un décret pour qu'un évêque ne se rendît pas près du prince s'il n'était appelé ou du moins invité par une lettre.

A Rimini (359) où Constance voulait venir à bout des Églises occidentales, en usant la patience des évêques fidèles à la foi de Nicée, on distinguait surtout Restitutus de Carthage et Musonius de Byzacia, en qui l'autorité était accrue par son âge et ses cheveux blancs. Quand il devint clair aux yeux les moins prévenus, que l'empereur ne s'accommodait point des conclusions du concile, et voulait lui faire adopter sa volonté souveraine; Restitutus fut le premier des dix évêques envoyés à Constance pour obtenir de lui que les Pères, assemblés d'après son désir, pussent enfin retourner dans leurs diocèses. Mais cédant aux ruses des ariens et aux menaces des courtisans ou du prince, il se laissa entraîner à souscrire la formule insidieuse de foi rédigée à Sirmium en Illyrie (vers 357).

Dans l'assemblée tenue en cette ville, par où l'on voulait ouvrir l'Occident à l'arianisme, il s'agissait, pour prêter aux erreurs ariennes légèrement modifiées, sans trop effaroucher les catholiques latins, de déclarer que Notre-Seigneur Jésus-Christ est *Homœousios* (semblable) à son père. On évitait par là de dire, ou plutôt on était censé nier, qu'il lui fût *Homousios* (égal); et ainsi l'on désertait la foi fixée par le grand concile de Nicée. L'expression *homousios* équivalente à *consubstantiel*, qui avait été le mot de ralliement des catholiques contre l'arianisme, on disait aux esprits trop avisés qu'il fallait la sacrifier comme rappelant des débats aigris par une longue querelle. Ce point gagné, les Grecs ariens comptaient sur le temps et sur les syllogismes appuyés du pouvoir impérial, pour faire entendre aux catholiques d'Occident qu'il n'y avait point à troubler la bonne intelligence en revenant sur une doctrine convenue. Pendant qu'on se serait endormi sur un fait si insignifiant en apparence, la négation implicite du dogme défendu par saint Athanase, n'en eût pas moins porté ses fruits; et le monde se fût trouvé arien par surprise. Cette petite affaire d'une seule lettre dans un mot de passe, la secte eut toujours sur le cœur de ne pas y avoir réussi; et sa haine s'en augmenta contre le *consubstantiel*, cher aux vrais enfants de l'Église. La ruse en était plus tard appréciée encore par les Vandales qu'on voudrait nous donner pour de bons Allemands sans malice. Hunéric, ne se souciant pas d'accorder aux vieux chrétiens leur nom de *catholiques* dont la forme grecque avait fini par être bien comprise comme indication d'une foi universelle (prêchée en tous lieux), aimait à désigner les évêques fidèles par le mot *Homousiani*. Il lui semblait apparemment que cette qualification avait l'air d'indiquer des entêtés qui s'aheurtaient à un enseignement de secte. Finesse de barbares assez naturellement retors, quoi qu'on dise, et que l'hérésie perfectionnait un peu vite dans le sens de leurs pires défauts.

Si à l'origine de ces arguties, qui dépaysaient l'esprit grave des Latins ou surprenaient leur droiture, Restitutus s'y laissa prendre, il ne doit pas avoir tardé à revenir sur sa déception et à communiquer avec ceux qui étaient exilés pour avoir encouru le déplaisir impérial. Car nous le trouvons mis au nombre des saints après sa mort, par l'Église de Carthage; et Possidius, biographe de saint Augustin, nous apprend que le docteur d'Hippone avait prêché sa fête anniversaire[1].

En somme l'on sait que, grâce à la vigilance des pasteurs, les hérésies ne pénétrèrent point dans les provinces africaines; ou si elles y parurent, elles furent réprimées dès leurs premières tentatives. L'arianisme, qui n'eut que trop de succès dans le reste du monde, ne prit guère pied en Afrique qu'à l'arrivée des Vandales. En 358, les semi-ariens ayant fait signer à quatre évêques africains la formule insidieuse de Sirmium, se vantaient d'avoir toute cette contrée dans leur parti; et pour que cela devînt au moins vrai avec le temps, ils écrivaient aux autres prélats du pays afin de les enrôler[2]. Mais on eut soin d'éclairer les esprits par des envoyés sûrs, et l'on fit retirer de la circulation les exemplaires de la formule hérétique. Lorsque Eunomius, l'un des chefs les plus actifs et les plus tenaces de l'hérésie arienne, se trouva mêlé dans une affaire politique qui le fit condamner à l'exil en Mauritanie, il obtint de l'empereur Valens que la sentence fût révoquée; et ce ne fut pas l'Afrique qui s'en plaignit. Cependant la vigilance de saint Athanase s'était alarmée pour ses voisins, en les croyant exposés aux tentatives d'un dogmatiseur si dangereux. Ce fut sans doute ce qui lui dicta la lettre écrite en 368 au nom des

---

[1] *De depositione Restituti, episcopi Carthaginiensis.*
[2] Cf. Hilar., *Contra Constant.*, 26.

quatre-vingt-dix évêques d'Égypte et de Libye rassemblés dans son synode. Recommandant à toutes les églises africaines la doctrine du grand concile de Nicée, comme une colonne inébranlable de la foi, comme un trophée où étaient clouées les dépouilles de l'hérésie, il les mettait en garde contre les défections obtenues à Rimini et dans d'autres conciliabules.

Vers 411, Pélage et Célestius chassés de Rome, se rendaient en Afrique après avoir répandu leurs erreurs dans la Sicile. Ils s'arrêtèrent peu à Hippone, et se rendirent à Carthage où saint Augustin était probablement venu pour la conférence. Pélage se conduisait en homme discret et réservé, tandis que Célestius, plein d'audace, semblait effacer son maître; si bien que les évêques rassemblés pour les affaires des donatistes eurent vent de cette doctrine nouvelle, qui bientôt fut condamnée par eux tous avec indignation. Pour se dérober à cet éclat, Pélage s'était enfui en Orient; mais Célestius tint bon pendant plusieurs mois, et tout en prêchant les erreurs pélagiennes sans déguisement, il se donnait un air de vertu pour réussir à se faire ordonner prêtre. Malgré sa ruse, avant que cette année fût révolue, comme nous l'apprend saint Augustin, l'autorité épiscopale fut saisie de ces disputes contre la grâce de Jésus-Christ, par la fidélité vigilante de plusieurs. Le premier à signaler le dangereux enseignement de Célestius fut le diacre Paulin, qui a écrit la vie de saint Ambroise, et qui se trouvait alors en Afrique.

A cette occasion, tous les évêques qui étaient restés à Carthage après la fin de la conférence, furent convoqués en concile par le saint évêque Aurèle, et l'on y fit comparaître Célestius avec Paulin. Un écrit avait été rédigé, qui indiquait les fausses doctrines enseignées et répandues par Célestius; et pendant qu'on en faisait la lecture, on l'obligeait à déclarer ses sentiments sur chacun des articles allégués. Les Pères discutèrent au long avec lui, pour l'amener à une rétractation; mais s'opiniâtrant, quoi qu'on pût lui dire, il fut excommunié par sentence du concile. Il en appela au saint-siége; et puis, se souciant fort peu de son appel, il quitta l'Afrique pour passer à Éphèse. Cette fuite ne tranquillisa pas saint Aurèle sur les dangers de son Église; saint Augustin, qu'il appela pour effacer la trace de ces mauvaises doctrines, les réfuta dans plusieurs discours; en quoi il fut singulièrement utile aux catholiques, mais surtout aux nouveaux convertis qui venaient de quitter le schisme et les erreurs de Donat. A cinq ans de là, saint Aurèle réunit soixante-huit évêques de la province proconsulaire, pour anathématiser définitivement l'erreur pélagienne qui commençait à gagner du terrain. Après avoir lu d'abord les actes du concile tenu précédemment à Carthage, pour constater l'ancienne réprobation de ces doctrines; on en reprit la discussion tout de nouveau, et l'on établit quels étaient le sentiment et la tradition de l'Église à ce sujet. D'un commun accord, il fut décidé que si les auteurs de ces opinions perverses ne les condamnaient pas, ils seraient excommuniés sans aucun égard; afin que les victimes de leurs séductions ouvrissent les yeux, et que les simples fussent garantis de l'erreur. Enfin l'on arrêta unanimement qu'il serait fait un rapport de toute l'affaire au pape Innocent Ier, avec demande d'une confirmation qui sanctionnât les décrets du concile par l'autorité apostolique [1]. En même temps, dans un concile de soixante évêques où se trouvaient saint Augustin, saint Alypius et saint Possidius, Silvain primat de Numidie, condamna également les assertions pélagiennes, et ces pères demandèrent aussi tous d'une voix au pape Innocent la confirmation de leur sentence [2].

---

[1] Augustin., *Epist.* CLXXV, 2 : « Hoc itaque gestum, domine frater, sanctæ caritati tuæ intimandum duximus, ut statutis nostræ mediocritatis etiam apostolicæ sedis adhibeatur auctoritas pro tuenda salute multorum, et quorumdam perversitate etiam corrigenda. »
[2] Augustin., *Epist.* CLXXVI, 5 : « Arbitramur, adjuvante misericordia Domini Dei nostri, qui te et regere consulentem, et orantem exaudire dignatur, auctoritati sanctitatis tuæ de sanctarum Scripturarum auctoritate depromptæ, facilius eos qui tam perversa et perniciosa sentiunt esse cessuros, etc. »

Saint Innocent, heureux de voir ce zèle pour la bonne doctrine et ce respect pour l'Église romaine, répondit aux deux conciles en louant les évêques africains de leur sollicitude; et tout en montrant qu'il faisait grand cas de leur science, il ajoutait de nouvelles preuves aux leurs. « Peut-on rêver, dit-il, rien de plus intolérable pour l'honneur du souverain maître que prétendre laisser l'homme sans aide du Ciel, et faire cesser le motif de la prière qui est un devoir de chaque jour. C'est dire : Qu'ai-je besoin de Dieu! Ce sont bien là ceux dont parlait le psalmiste (Ps. LI, 9) : *Voilà des gens qui n'ont pas mis en Dieu leur recours*... Ils veulent que l'homme se puisse suffire sans la grâce divine, le livrant ainsi à tous les piéges de Satan, pendant qu'ils le flattent d'accomplir tous les commandements par la seule énergie de sa liberté... Qu'entendait donc David en adressant ce cri de détresse (Ps. CXXVI, 9) : *Seigneur, vous êtes mon aide; ne m'abandonnez point, ô Dieu mon Sauveur!* Quand nous voyons à toutes les pages des saints livres que la libre volonté n'est rien sans le secours divin, où Pélage et Célestius prennent-ils cette assurance de se reposer sur la liberté humaine toute seule [1]? »

Avec bien d'autres inventions, la secte manichéenne apportait de l'Orient une doctrine toute contraire; voulant placer l'homme sous la toute-puissante influence d'un principe suprême du mal. Les enseignements de cette école pernicieuse durèrent en Afrique plus longtemps que le pélagianisme; cependant on ne voit pas qu'ils s'y soient répandus beaucoup, réprimés qu'ils furent avec énergie par les édits impériaux et la surveillance du clergé. Une loi de Gratien, en 372, soumettait à la

---

[1] Innocent. *Rescript. ad Milevit. concil.* : « Diligenter et congrue apostolici consulitis honoris arcana; honoris, inquam, illius quem... sollicitudo manet omnium ecclesiarum... antiquæ scilicet regulæ formam secuti quam toto semper orbe mecum nostis esse servatam... scientes quod per omnes provincias de apostolico fonte petentibus responsa semper emanent... Quid acerbius in Dominum fingere potuerunt, quam quum adjutoria divina cassarent, causamque quotidianæ precationis auferrent! » etc.

confiscation toute maison qui aurait abrité les réunions des manichéens; mais cela ne put couper court à leur prosélytisme, puisque deux ans après ils attiraient à leur parti le jeune Augustin gagné par leur semblant de vertu et leur air d'approfondir les plus hautes questions. Augustin demeura neuf ans livré aux influences de cette secte, mais sans avancer beaucoup dans les odieux secrets de l'enseignement réservé; n'ayant jamais été qu'*auditeur*, premier degré après lequel venaient ceux des anciens et des élus, seuls bien initiés aux mystères du manichéisme. Dieu avait pourtant destiné cet esprit égaré à devenir le plus vigoureux adversaire de ceux qui l'avaient séduit d'abord; et plus tard il réfuta leurs faux principes, soit par écrit, soit de vive voix, ramenant au sein de l'Église plusieurs d'entre eux. Ce fut ainsi que Félix, venu à Hippone pour y recruter des adeptes, fit abjuration après une discussion publique dans la cathédrale, et révéla plusieurs de ses complices cachés dans le pays. En 421, quelques manichéens trouvés à Carthage furent conduits devant les évêques; une enquête faite à cette occasion mit au jour les infamies de leurs conventicules, et donna lieu de réprimer leurs attentats. Durant la même année, un vieux diacre venu de Mauritanie à Hippone pour répandre le manichéisme, fut découvert par saint Augustin, qui ne voulut point se fier aux belles promesses de cet homme. Aussi, malgré les semblants de repentir que prenait le dogmatiseur, Augustin le fit chasser de la ville; et recommanda aux autres évêques de ne point accepter les protestations d'un homme si dangereux, sans lui avoir fait dénoncer les complices qu'il connaîtrait dans toute la province.

Mais la grande préoccupation des évêques catholiques d'Afrique, au commencement du cinquième siècle, ce fut de défendre leurs Églises contre le funeste schisme des donatistes, et de ramener ceux qu'il avait égarés. A peine l'Église africaine fut-elle débarrassée des ennemis extérieurs, que cette guerre éclata dans son sein pour plus d'un siècle. L'auteur de tant de maux fut un évêque de Numidie, Donat des Cases-noires (*casarum nigrensium*, ou *casennigrensis episcopus*). Avec plusieurs autres Numides, il était venu ameuter le peuple de Carthage contre l'évêque Mensurius et son diacre Cécilien; accusant Mensurius d'avoir livré aux païens les saintes Écritures, et de s'être montré dur envers les martyrs. C'est que, fidèle à une disposition prudente déjà prise avant lui, et suivant en cela l'exemple de saint Cyprien, l'évêque de Carthage avait empêché les chrétiens de fréquenter indistinctement les prisons des confesseurs de la foi. Il s'agissait d'éviter à l'Église les dangers que des indiscrets pouvaient lui faire courir; pour cela, le soin de visiter et de secourir les prisonniers chrétiens avait été réservé aux seuls diacres. Les brouillons numides envenimant ces actes de sage précaution, en firent un brandon de discorde; ils persuadaient au peuple que c'était jalousie furieuse et abominable cruauté. Dès les commencements, le mécontentement fit si bien son chemin, que plusieurs se séparèrent de Mensurius et de son clergé. Accueillis par Donat, ils formèrent le noyau du parti qui grossit bientôt autour de ce chef à l'aide de plusieurs évêques de Numidie.

L'animosité des évêques numides contre Mensurius ne s'explique pas bien. Mais pour que toutes les accusations élevées contre lui ne portassent point à faux avec trop d'évidence, il fallait au moins qu'on lui connût un caractère ferme; et si cela était, la situation éminente d'un évêque de Carthage dans l'épiscopat de toutes les provinces africaines avait de quoi inquiéter ceux qui ne se sentaient pas la conscience tranquille. Morcelli soupçonne que plusieurs évêques de Numidie ayant livré aux païens les saintes Écritures pendant la persécution, craignaient que Mensurius, après la paix rendue à l'Église, ne rassemblât un concile où il les ferait déposer pour ce crime. Voulant donc lui ôter l'envie d'examiner leur conduite, ils auraient imaginé de le décréditer, en lui attribuant la faute qu'ils avaient commise eux-mêmes. Puis, se doutant bien qu'une accusation trop peu fondée n'aurait pas grande suite; ils crurent avancer mieux le droit de le récuser au besoin s'ils le rendaient odieux aux siens même, comme un homme hautain et sans entrailles.

Telle fut la première origine du schisme des donatistes, qui leva surtout la tête à Carthage lorsque Mensurius eut pour successeur Cécilien; et s'étendit ensuite par toute l'Afrique avec les plus tristes conséquences. Mais, comme on le voit, c'était au fond l'œuvre des Numides désireux de créer assez d'embarras à celui qui occupait ce premier siége; pour qu'il eût autre chose à faire que de porter ses regards par delà son diocèse. Jaloux de trouver des auxiliaires dans la ville même, ils guettaient l'opportunité pour s'y gagner des adhérents; et ne furent que trop bien servis par l'occasion, à laquelle on peut croire qu'ils aidèrent volontiers.

Mensurius, s'embarquant pour Rome en 311, avait confié l'or et l'argent de son église à quelques hommes dont la considération lui était une garantie. Il mourut comme il revenait à Carthage; et Cécilien, élu à sa place, réclama le dépôt. Les détenteurs se l'étaient approprié, ils trouvèrent donc plus simple de renoncer à la communion du nouvel évêque que de lui restituer le trésor confié à leur bonne foi par son prédécesseur. A ces dépositaires infidèles, se joignirent tout naturellement les ambitieux qui avaient prétendu à la chaire épiscopale; et qui, voyant un bon commencement de mésintelligence, espéraient faire casser l'élection. Ce qu'il y eut de troubles ne fut cependant pas à leur profit, à cause de l'intervention d'un nouveau personnage. Lucilla, femme riche et remuante, en voulait personnellement à Cécilien qui avait eu occasion de la réprimander pour quelque pratique superstitieuse, ce semble, lorsqu'il n'était encore que diacre de Mensurius[1]. Piquée de se voir sou-

---

[1] Optat. Milevit., *de Schismate Donatist.*, I, 16 : « Hoc apud Carthaginem post ordinationem Cæciliani factum esse, nemo est qui nesciat; per Lucillam scilicet nescio quam feminam factiosam, quæ ante concussam persecutionis turbinibus pacem, dum adhuc in tranquillo esset Ecclesia, quum correptionem archidia-

mise à celui qui l'avait humiliée, elle voulut avoir sa revanche en venant jeter dans la mêlée sa rancune et son active influence, à l'aide de quoi les opposants se grossirent de factieux en bon nombre[1]. On se donna bien du mouvement pour empêcher l'intronisation du nouvel élu. Il avait, disait-on, été ordonné par un *traditeur* [2], et l'était lui-même; mais il s'en justifia sans peine en présence du peuple accouru dans la basilique.

Alors ces traditeurs véritables qui, dans un concile de Numidie, s'étaient avoué réciproquement leur faute en s'absolvant les uns les autres, ne reculèrent plus devant les moyens extrêmes. Le primat de Numidie, Secundus de Tigisis, s'arrogea le droit de juger Cécilien; qui, refusant d'accepter la sommation, fut tenu pour contumace. De là un concile (quelque peu apocryphe) où soixante-dix évêques réunis à Carthage, auraient cassé l'élection. A Cécilien l'on substitua Majorinus, dont les services ecclésiastiques devaient être minces et de fraîche date puisqu'il avait été lecteur sous celui auquel on l'opposait audacieusement. Son titre le plus net fut d'avoir appartenu à la domesticité de la fougueuse Lucilla, qui acheta par une grosse somme d'argent le bonheur de voir conférer à son favori la dignité épiscopale avec le titre du premier siége d'Afrique.

Ce Majorinus ne dut pas jouir longtemps de son élévation; mais les partisans de la scission lui donnèrent un successeur nommé Donat, et que ses adhérents surnommèrent *le grand Donat*, sans doute pour l'opiniâtreté qu'il déploya au service du schisme. Est-ce celui-ci, ou avant lui déjà l'évêque numide

---

coni Cæciliani ferre non posset.... Quæ ante spiritalem cibum et potum, os nescio cujus martyris libare dicebatur; et quum præponeret calici salutari os nescio cujus hominis mortui, etsi martyris, sed necdum vindicati, correpta; cum confusione discessit irata. Irascenti et dolenti, ne disciplinæ succumberet, occurrit subito persecutionis enata tempestas. »

[1] Optat. Milevit., *de Schism. Donat.*, I, 19 : « Sic tribus convenientibus causis et personis, factum est ut malignitas haberet effectum. Schisma ergo illo tempore confusæ mulieris ira peperit, ambitus nutrivit, avaritia roboravit. »

[2] *Traditeur* (traditor), qui correspond aussi à notre mot *traître*, est le nom que l'on donnait à ceux qui avaient lâchement remis les livres saints entre les mains des persécuteurs.

des Cases-noires, premier boute-feu du désordre, qui fit qualifier de *donatiste* le parti ainsi formé? La gloire n'en serait pas grande, et la postérité ne sait auquel des deux l'adjuger.

Dès que les prélats payés par Lucilla eurent consommé leur prévarication, ils se mirent en devoir de faire durer cette œuvre d'iniquité en lui cherchant des appuis. Désireux de grossir leur faction, ils envoyèrent par toute l'Afrique des lettres où le mensonge n'était pas épargné pour attirer les esprits sans défiance. La simple notification d'un acte où trempaient tant de personnes considérables, avait de quoi surprendre l'assentiment de ceux qui n'étaient point au fait du complot. On se dit toutefois qu'il ne fallait pas s'arrêter en chemin. Dans une réunion générale, les meneurs rédigèrent deux écrits contre le pasteur légitime : l'un chargeait Cécilien d'impudentes calomnies, l'autre était une supplique à l'empereur Constantin, pour qu'il désignât dans les Gaules des juges qui décidassent entre les compétiteurs. Vainqueur de Maxence tout récemment, le prince avait à cœur de montrer une bienveillance particulière aux provinces d'Afrique maltraitées par son rival; et les Gaules ayant à peu près évité la persécution sous Constance Chlore, des évêques venus de là devaient être particulièrement émus quand on leur représenterait Cécilien comme *traditeur* et sacré par un homme noirci du même crime. Étrangers d'ailleurs, ils arriveraient très-neufs sur les ressorts des manigances mises en jeu, et seraient aisément circonvenus par une faction puissante où l'on se donnerait la main à qui mieux mieux pour les endoctriner.

Constantin n'était pas tellement néophyte qu'il n'aperçût là une contestation où l'évêque des évêques avait son mot à dire. Pour laisser suivre à la cause une marche régulière et témoigner à la fois son bon vouloir aux demandeurs, il nomma commissaires trois illustres évêques gaulois. C'étaient Marin d'Arles, saint Rhétice d'Autun et saint Materne de Cologne; qui devaient se rendre à Rome pour y examiner l'affaire avec les évêques d'Italie devant le pape Melchiade, auquel il écrivait une lettre respectueuse, le priant de mettre fin à ces troubles[1]. Ainsi qu'on l'a vu précédemment (p. 103), le saint pape, dans une assemblée de dix-neuf évêques, décida que Cécilien était innocent; mais Donat seul fut condamné pour laisser aux autres évêques le temps d'ouvrir les yeux, et conserver ainsi l'honneur de l'épiscopat, en frayant le retour aux autres agitateurs.

L'indulgence du souverain pontife n'eut pas les suites qu'il prétendait; les factieux imaginèrent de faire aussi du pape un *traditeur*, et taxèrent d'illégitimité le concile romain. Précisément parce qu'on avait pris soin de n'entrer dans aucune enquête qui pût envenimer les passions en soulevant des questions personnelles, les sectaires prétendirent qu'on avait écarté le vrai point du débat, et que tout demeurait à refaire. A la vérité, le pape s'était borné à déclarer nulles des imputations que les accusateurs ne prouvaient pas; et l'équité suffisait pour dicter cette décision. Mais la modération de sa sentence

---

[1] Saint Optat de Milève (*de Schism. Donatist.*, I, 22) prête à Constantin un de ces mots historiques qui expriment plutôt la pensée commune, peut-être, que le dire authentique d'un personnage : « Vous venez me chercher hors de l'Église pour terminer vos querelles, moi qui sais que Jésus-Christ est mon juge! » Voilà qui est beau, généreux, fougueux même et impatient comme il convient au caractère connu du premier empereur chrétien; mais nous verrons tout à l'heure ce qu'il y avait de complexe dans ce grand homme dont on peignait, peut-être, un portrait de fantaisie chez les fidèles de race, mal initiés aux perplexités de l'auguste néophyte.

Le même écrivain rend mieux encore (*ibid.*, 25) le trouble presque furieux qui s'empare du prosélyte impérial, lorsque le pauvre Constantin s'aperçoit un peu tard qu'il s'est laissé emmêler dans une besogne qui ne le regardait point et dont il ne se tirera pas à son honneur. Or, essayons de nous figurer un empereur romain amené, ne fût-ce que sans témoins, à la question de savoir si quelque chose dans le monde ne le regarde pas! Aussi l'exclamation amère de Constantin, sous le coup de cette surprise, est curieuse comme mélange de l'indignation d'un chrétien scandalisé, et du dépit d'un prince heurté dans les habitudes de son omnipotence dont il se prend à soupçonner les bornes pour la première fois. « O entêtement et insolence enragés! » s'écrie le malencontreux pacificateur à bout de voies, « ils interjettent appel, comme on le fait dans nos plaidoiries païennes! »

pouvait avoir encore un autre motif que le désir de laisser calmer les animosités africaines, en parlant uniquement de celui qui poursuivait la déposition de Cécilien devant le concile de Rome. Saint Melchiade devait voir, et tous les pères du concile avec lui, quelle triste manie c'était à des évêques de solliciter l'ingérence impériale dans des querelles entre eux. Qu'ils eussent des querelles, c'était déjà bien assez de scandale, sans qu'ils y réclamassent l'intervention d'un pouvoir laïque qui ne venait que d'échapper à l'infidélité.

Si ce n'eût été le besoin d'étouffer sans retard ce déplorable éclat causé par des brouillons, il est permis de penser que la décision romaine ne se fût pas renfermée dans des termes si étroits, et qu'elle aurait eu au moins quelques mots de blâme pour les intrigues tumultueuses des premiers meneurs. Tant de mansuétude et de sagesse ne fut que peine perdue avec des caractères emportés qui se mettaient fort peu en peine des bienséances de leur dignité ou de l'honneur du christianisme, pourvu que leur colère se fît jour sans contrainte. Constantin, lui, ne demandait pas mieux que de protéger : avec cette confiance naïve d'un jeune souverain vainqueur qui croit bonnement à l'utilité (mais surtout à l'efficacité) de son intervention n'importe en quoi, il saisit d'emblée la belle occasion de montrer son zèle pour la religion chrétienne, d'étendre le pouvoir impérial à des attributions qui ne lui avaient guère été ouvertes jusque-là, et d'apparaître au monde avec une auréole semi-paternelle que les Césars ne connaissaient point avant lui. Illusion honnête que conserva toute sa vie ce grand homme, jeté dans une situation inouïe au monde; mais dont il ne faut pas méconnaître les embarras, quand on veut juger les fautes où son cœur fut engagé par l'inexpérience. D'autres ne pourront alléguer qu'une partie de ses excuses, et se tireront beaucoup plus mal des difficultés où tout le précipitait.

Élevé en apparence sur les marches du trône, mais séparé de son père et réduit à peu de chose par le second mariage imposé à Constance Chlore, il s'était vu relégué dans la cour de Nicomédie au rang d'otage plus que suspect. Échappé de là comme un aventurier, puis salué d'une franche affection par les troupes et les peuples de la Gaule, c'était un parvenu aimé qui succédait à une position équivoque où la popularité faisait son grand titre; popularité de famille qu'il avait accrue par ses qualités personnelles, ses premiers succès, et le retentissement de sa rupture presque hardie avec le paganisme impérial souillé par les férocités des derniers règnes. Cela le conduisait à voir sa force, comme son bonheur, dans une sorte de camaraderie avec les soldats et avec les populations chrétiennes [1], camaraderie majestueuse, naturellement, où il n'encourageait pas l'abus, y prenant surtout son profit; en assez bon prince, mais en vrai prince. Car il n'éprouvait pas moins qu'un autre l'éblouissement de la haute fortune qui couronnait sa jeunesse, en lui laissant l'agréable pensée qu'il en était le principal artisan. Il y ajoutait même la fière satisfaction de ce titre d'hérédité dont la pourpre avait perdu l'habitude, et qu'il se promettait de lui rendre. A peine maître de l'Occident, et dût son allié Licinius le prendre en mal, il se reconnaît maître du monde par la grâce de Dieu; et responsable, comme tel, de tout ce qu'il aurait pu empêcher [2]. Fort beau zèle dans l'intention, et matière à bien des faux pas dans la pratique. La rude bonhomie d'un soldat

---

[1] Constantin se montre souvent dans ses actes, désireux de faire ressortir cette fraternité de croyance qui l'unit à ses sujets; et embarrassé, comme un empereur romain qu'il est, de ce qu'il peut en sortir d'égalité personnelle où il se trouverait englobé. Il se dit volontiers quelque chose comme fidèle, mais voudrait bien être quelque chose comme évêque; *évêque du dehors*, si le terme peut passer, il le glisse comme par tâtonnement. Être pape, lui conviendrait beaucoup mieux, mais il évite de rappeler bien formellement (soit aux autres, soit à lui-même) qu'il y ait un pape. Pour qui veut y regarder de près, ses gaucheries ont un côté touchant, quoique fort dangereux.

[2] Epist. ad Ablavium, A, 514 : « ... Forsitan commoveri possit summa divinitas... in me ipsum cujus curæ, nutu suo cœlesti, terrena omnia moderanda commisit. »

Lorsque Licinius sera renversé, il dira : « Je me présente enfin à l'Asie. » On voit qu'il comptait sur ce résultat, seulement il l'avait ajourné pour raisons à lui connues.

qui se fait juge de paix universel, et qui n'a garde d'oublier son droit de succession à des volontés exorbitantes, lui persuade que l'humanité est trop heureuse du précieux assemblage combiné en sa personne et qu'on n'en saurait trop profiter.

Pour peu qu'on s'avise d'être juste, on s'apercevra que ce n'était pas saint Melchiade qui poussait aux prélats de cour, en saluant par aucune obséquiosité cette bonne volonté maladroite. Il se renferme presque jalousement dans le plus strict prononcé sur le fond urgent de l'affaire africaine. Le pape s'arrange de la paix, à la bonne heure, comme moyen de liberté; quant à la faveur, évidemment, il n'y tient pas. Liberté pour liberté, il connaît celle des catacombes ou de la simple tolérance, et se défie de l'autre ; on dirait qu'il se demande s'il ne va pas falloir opter entre les franchises de la prison ou de l'échafaud, et la servitude des palais. Alors, autant vaut garder ce que l'on avait; comme l'écrira bientôt, en toutes lettres, saint Hilaire, quand les piéges seront démasqués sous un prince moins droit de cœur.

Il en résulta que la rudesse impétueuse du jeune vainqueur estima médiocrement une décision qui ne tranchait pas dans le vif; et qui laissait quelque chose à dire, comme le montrait la conduite des donatistes appelants. Ses ordres à lui n'avaient pas l'habitude d'être remis en question; on n'avait donc pas su comment s'y prendre. Il ignorait, dans sa simplicité d'Auguste, de général et de païen, que *gouverner les âmes est l'art des arts*, comme le dit plus tard un grand pape qui en savait quelque chose pour être un saint[1]. On l'eût sans doute beaucoup étonné en lui disant que saint Melchiade avait doublement grâce pour apprécier ce qu'il fallait aux circonstances et au génie de l'Afrique. N'importe; avec l'impérieux de sa nature et de son acquit, il se sera dit que les gens d'Église enten-

---

[1] Greg. M. : « Ars artium regimen animarum. »

daient bien peu le commandement, et qu'il était fâcheux d'avoir à se reposer de l'apaisement public sur des hommes si neufs; mais qu'il trouverait bien, cependant, parmi eux quelque esprit de ressource.

Donc enquête nouvelle à Carthage d'abord, devant les magistrats, pour savoir si vraiment l'évêque Félix d'Aptunge consécrateur de Cécilien, avait livré aux officiers publics les saintes Écritures pendant la persécution; ce qui ne conduisait à rien, si ce n'est à chauffer les passions populaires en prolongeant les délais. Ensuite nouveau concile dans la ville d'Arles (en 314), où quelques-uns des opposants reconnurent leur faute; mais le plus grand nombre persista malgré la sentence des Pères, et réappela du concile à l'empereur. Celui-ci voulut bien les écouter à Milan, s'excusant de son mieux sur l'espoir ingénu de mettre fin à tout prétexte; et naturellement, il n'aboutit point du tout. Des hommes qui avaient bravé un deuxième concile après celui du souverain pontife, ne furent pas embarrassés d'une sentence impériale dès qu'elle ne leur donnait pas raison. Ils dirent que l'arrêt de Constantin avait été dicté par une partialité aveugle; et pendant toutes ces sentences, les dissidents gagnaient de plus en plus en Afrique, au point de se rendre redoutables à tout ce qui n'était pas pour leur schisme.

La vie de Constantin ne nous présentera plus guère de circonstance importante à l'histoire ecclésiastique des provinces africaines; mais l'affaire du donatisme le peint tout entier dans ses rapports avec l'Église, quoiqu'il gardât cet échec sur le cœur. On y reconnaît habituellement le bon vouloir gauche d'un prince ardent et fier; qui, épris d'un terrible amour de l'ordre, en voit surtout la réalisation dans le triomphe de son autorité. Plus vigoureux de caractère que fin d'esprit, il ne prévoit ni facilement, ni volontiers les obstacles qui tiennent au cœur humain; et s'en irrite bientôt quand il les rencontre. Toutefois quand les affaires intérieures du christianisme se présentent, sa jalousie de pouvoir et sa politique hautaine bronchent devant la conscience un peu confuse de ce qui lui manque pour intervenir avec avantage. Neuf dans cet ordre d'idées, et n'y pouvant rien de haute lutte; ayant surtout pour ambition de faire régner le calme, son zèle devient aisément incertitude et recherche de compromis. Il s'alarme en posant le pied sur un terrain où il ne se sent plus maître comme partout ailleurs. Ses premières expériences lui ont appris que ce monde-là ne s'arrange pas comme celui des armées, qu'il y a prêté à rire et qu'il faut s'en tirer le plus promptement possible. Les plus grands évêques ne se sont pas précipités dans ses bonnes grâces, et n'encouragent pas plus qu'il ne faut les empressements de sa faveur. Sait-il si c'est défiance de ses intentions, ou pensée de contester l'à-propos de son entremise? Ni l'un ni l'autre n'est propre à lui plaire; et en même temps il ne demande pas mieux que d'être chrétien, pourvu que ce soit sans se dessaisir d'une seule des attributions impériales comme il les entend. Le monde a besoin de lui, il ne le met pas en doute; et, pour garder tous ses avantages, il n'a nulle hâte de recevoir le baptême. Entre les deux camps, il sera bien plus arbitre : menaçant à l'idolâtrie, et caressant (mais par condescendance) aux disciples de l'Évangile; bref, maître partout. Néanmoins, comme ses intentions sont droites au fond, et la pratique très-neuve, il ne saurait éviter dans la seconde partie de sa tâche, des airs inexpérimentés qui l'impatientent. Aussi, habitué pour le reste à des allures souveraines, il est là timide et indécis : prenant tant qu'il le peut des voies mitoyennes, où l'on soupçonnerait à tort de la fausseté. Ce n'est que mélange de brusquerie autocratique et de respect mal informé [1].

En somme il faisait, et le monde avec lui, l'apprentissage

---

[1] N'ayant à expliquer que deux ou trois actes de Constantin à son début, je ne veux pourtant pas manquer l'occasion d'indiquer l'étude si parfaitement consciencieuse (*L'Église et l'Empire au quatrième siècle*), où M. le prince Albert de Broglie suit pas à pas tout le règne de ce grand empereur.

laborieux d'un métier qui avait été déclaré impossible : celui d'empereur chrétien. N'en déplaise à ses admirateurs, car je suis du nombre; dans ses fautes et ses airs empruntés, il ne me représente pas mal un sauvage tout récemment baptisé qui cherche, avec plus de bonne volonté que de bonne grâce, à faire oublier son origine. Quand il n'y réussit pas, qui est-ce qui aurait le cœur de lui reprocher ses antécédents; ou d'en signaler malicieusement la trace, dont il a si grande envie de se dégager? Que sera-ce donc s'il est mal servi par ceux auprès desquels il se renseigne, et si d'autres sauvages sont encore là autour de lui pour le ramener en arrière?

Moins mélangé, supposé que ce fût humainement possible dans les conjonctures qui l'environnaient, Constantin eût fait dire aux politiques que l'Église lui devait tout; et que le triomphe quelconque du christianisme sous son règne, était le résultat naturel d'un heureux concours de circonstances. Privés de cette ressource dans leur *philosophie de l'histoire*, les critiques aigres qui cherchent à rapetisser cet homme grand, mais incomplet, travaillent à l'honneur de Dieu plus qu'ils ne pensent. Celui qui arbora le Labarum et fonda la Rome orientale, fit pour l'exhaussement et la transformation de la Rome ancienne ce qu'il n'avait sûrement pas prévu. Il y fallait encore des siècles; et quand l'œuvre se dégagera, il sera aisé de voir qu'elle appartient à la Providence : qui dispose, tandis que l'homme propose. *Exaltabitur autem Dominus solus in die illa.* (Is. II, 11.)

Mais renfermons-nous dans l'Afrique. L'empereur, excédé de toutes ces résistances, avait fini par ordonner qu'on dépossédât les donatistes des basiliques qu'ils occupaient. Ils s'en bâtirent d'autres; quelques-uns même gardant les anciennes, s'y défendirent les armes à la main. Ce fut l'origine des *circoncellions*, satellites farouches que les donatistes recrutèrent dans la plus grossière lie du peuple. Leur nom indique les courses de ces sauvages sectaires par les hameaux (*circum cellas*) pour intimider ou vexer les catholiques. On les appelait aussi à cause de cela vagabonds, ou rôdeurs (*circuitores*). Pour eux, d'après un souvenir du cirque qui allait bien à leurs passions furieuses, ils se donnaient le nom de combattants (*agonistici*) ou de lutteurs; sous prétexte de la lutte qu'ils avaient acceptée contre le démon, disaient-ils. On ne peut s'empêcher de convenir qu'ils justifièrent trop bien ce titre de *batailleurs*. Car avec cette tourbe de rudes vauriens prête à tout entreprendre, et qui rêvait aussi bien un affranchissement civil que des réformes religieuses, les donatistes firent impunément tout ce qui leur plut dans les différentes parties de l'Afrique; jusqu'à ce qu'enfin on leur envoyât des troupes qui ne les dispersèrent pas sans peine.

Libre à qui parle du cœur humain sans avoir étudié son propre cœur, de rejeter ces excès si précoces sur le christianisme dont ils se réclamaient comme d'un drapeau destiné à tout couvrir. Quiconque sait ce qu'il y a de différence entre prétexte et cause, n'y verrait que déclamations vides de sens. Saint Jean disait déjà aux premiers chrétiens, qu'on ne quitte l'Église qu'après avoir cessé de lui appartenir[1]; et peut-on ignorer qu'à chaque époque, il est des partis qui servent de bannière momentanée à des passions de tous les temps? Le prétexte se résout en un beau semblant, que la passion jette à la conscience pour l'enrôler; parce que celle-ci demande des conditions honorables qui puissent couvrir les lâchetés de sa capitulation, tandis que la cause gît bien souvent dans des instincts de bête féroce ou vile. Tel persécute au nom d'une doctrine, non pas vraiment qu'il soit enthousiaste; mais parce que, violent et despotique, il est persécuteur de son métier. Tel donatiste numide ou maure, sous ombre de christianisme ardent, poursuivait les catholiques comme ennemis de l'Évan-

---

[1] I Joann., II, 19 : « Ex nobis prodierunt, sed non erant ex nobis; nam si fuissent ex nobis, permansissent utique nobiscum. »

gile, qui cent ans plus tôt eût mis en pièces les chrétiens comme contempteurs d'Astarté ou de Baal-Chaman; et quatre siècles plus tard, comme indociles aux enseignements de Mahomet. Tuer, piller, dominer, est la grande affaire : on n'y cherche qu'une occasion qui soit de mise pour le moment.

L'effronterie, l'injustice, la cruauté même des sectaires ne connut plus de bornes lorsque force évêques du parti se mirent à lever ces bandes de *circoncellions*, et à s'en entourer comme de leurs plus précieux disciples. Par la crainte des coups, de l'incendie et de la mort qu'on leur faisait voir de près, les catholiques étaient forcés à lacérer les actes qui auraient constaté leurs droits sur des esclaves rebelles; il fallait rendre aux débiteurs leurs obligations; et, si l'on était regardé, même à tort, comme ayant offensé ces bandits, on pouvait s'attendre à voir sa maison renversée ou réduite en cendres. Des pères de famille bien nés et élevés au milieu des égards, ne survivaient aux coups que pour être attachés à la meule et contraints à la tourner sous le fouet, en manière de viles bêtes de somme [1]. Par une singulière façon de témoigner leur mépris envers les catholiques qu'ils accusaient d'avoir honteusement livré les saintes Écritures et sacrifié aux idoles, ces troupes furibondes de donatistes se mirent à chercher la gloire du martyre dans une mort violente. On en voyait, dit saint Augustin [2], accoster les voyageurs armés pour se faire tuer par eux; les menaçant de leur faire un mauvais parti s'ils ne s'y prêtaient pas. D'autres, rencontrant des magistrats, exigeaient qu'on les livrât aux bourreaux pour être mis à mort. Et cette frénésie amena parfois des scènes comiques, parce qu'on les liait comme gens destinés au supplice; après quoi, sûr d'éviter ainsi leur rage, on les laissait en vie sans crainte pour soi-même. Par une voie moins recherchée, chaque jour quelques-

---

[1] Augustin., *Epist.* CLXXXV, 15.
[2] *Id., ibid.*, 12.

uns atteignaient le but de leur prétendu héroïsme, en se précipitant du haut des pentes abruptes des montagnes, ou dans les eaux, ou dans les flammes ; le diable leur ayant suggéré ces façons d'en finir avec la vie par le feu, les précipices, ou les torrent, quand il ne se trouvait personne qu'ils pussent réduire par l'épouvante à les frapper. Tant de fureurs montèrent au point de ne plus être supportables, même pour les chefs du parti ; et ce furent les évêques donatistes, qui en 346, prièrent le comte Taurinus d'y mettre ordre par la force des armes. Sur leur demande, celui-ci détacha des soldats vers les marchés et les rendez-vous publics où les *circoncellions* avaient coutume de donner carrière à leur étrange zèle ; et dans l'endroit nommé *Octavum*, en Numidie, il en fut massacré un grand nombre dont les os blanchis signalaient encore le lieu du carnage au temps de saint Optat[1].

Tandis qu'ils désavouaient enfin les excès d'une populace sauvage, les chefs des donatistes n'en poursuivaient pas moins assidûment leur plan de séduction et de faussetés. Comme ils s'étaient piqués de donner à Jésus-Christ une Église sans tache et qu'ils n'ignoraient point du tout la prérogative accordée par Notre-Seigneur à ce centre de Rome d'où relevait tout spécialement l'Église africaine, ils jugèrent bon de placer sur le siége romain un évêque de leur secte. Déjà quelques-uns des leurs habitaient Rome, et ils y envoyèrent Victor de Garbe (évêché de Numidie) pour prendre le commandement de cette Église romaine des schismatiques, qui ne pouvaient pas même s'y pourvoir d'un édifice où se fît leur assemblée avec quelque apparence de *decorum* ; aussi étaient-ils connus sous le nom de *montagnards*, à cause du lieu de leurs réunions[2]. Ils ne fai-

---

[1] Optat. Milev., *de Schism. Donat.*, III, 4.

[2] Un mot punique les avait fait appeler *Cutzupites*, etc., parce qu'ils fermaient de grilles (*cratibus*, comme parlent les manuscrits, et non pas *gradibus*) la grotte qui était leur rendez-vous. *Ketzeb* signifie treillis, et *katzub* ou *kutzub* correspondrait à peu près à *grille, treillage*. Cf. Gesen. *Mon. phœnic.* p. 405, sq.

saient pas moins sonner bien haut leur Église romaine ; c'est ce qui faisait dire à saint Optat de Milève : « Si l'on demandait à Victor où il a siégé, il n'y saurait montrer nul autre avant lui, ni d'autre chaire que celle *de pestilence*. » Mais les donatistes continuèrent apparemment à fournir d'évêques leur Église romaine durant tout le quatrième siècle, puisqu'à la conférence de Carthage, Félix, l'un d'eux, s'intitulait évêque de Rome. Prétention qui a du moins l'utilité d'apporter une preuve de plus à la vérité catholique, sur la suprématie de la chaire principale ; puisqu'il eût été d'un mince intérêt pour ces sectaires d'avoir quelque chose comme une église à Rome, si les chrétiens d'Afrique n'eussent cru à la primauté de l'Église romaine [1].

Quoi qu'il en soit, la fraude et la violence agrandirent si bien le parti donatiste, qu'environ vingt-cinq ans après sa naissance il parvenait (en 528) à réunir deux cent soixante-dix évêques dans un concile de la secte tenu à Carthage ; et jusqu'au milieu du quatrième siècle ces factieux continuèrent à troubler en Afrique l'État aussi bien que l'Église. Mais en 348, l'empereur Constant prenant en pitié ces provinces malheureuses, pressé aussi, à ce que l'on croit, par saint Gratus évêque de Carthage, se résolut à chercher des remèdes efficaces. Afin d'apaiser d'abord les esprits en gagnant les cœurs,

---

[1] Saint Optat ne manque pas de le rappeler comme un fait mis unanimement hors de contestation (I, 10) : « ... Non enim Cæcilianus exivit a Majorino..., sed Majorinus a Cæciliano ; nec Cæcilianus recessit a cathedra Petri vel Cypriani, sed Majorinus cujus tu cathedram sedes, quæ ante ipsum Majorinum originem non habebat. »

Ibid. II, 2 : « ... Cathedra est prima, ubi nisi sederit episcopus, conjungi altera dos non potest quæ est angelus (*annulus?*). Videndum est quis et ubi prior cathedram sederit... Negare non potes scire te in urbe Roma Petro primo cathedram episcopalem esse collatam, in qua sederit omnium apostolorum caput Petrus... ; in qua una cathedra unitas ab omnibus servaretur, » etc.

Id., ibid., 3, 4 : « Vestræ cathedræ vos originem reddite, qui vobis vultis sanctam Ecclesiam vindicare... Quid est hoc quod pars vestra in urbe Roma episcopum habere non potuit ? » etc.

Ibid., 6 : « ... Cathedra est prima quam probavimus per Petrum nostram esse... »

ou d'enlever à la rébellion les auxiliaires qu'elle pouvait trouver dans l'indigence et la faim, il commença par des libéralités envers les malheureux. Paul et Macaire, hommes d'une droiture et d'une foi non suspectes, reçurent ordre de se rendre en Afrique pour y répandre les largesses impériales sur ceux que le besoin rendrait dignes de pitié; et ils devaient s'annoncer comme pacificateurs, en gagnant le cœur du pauvre peuple par des procédés affectueux. Dès leur arrivée, ils distribuèrent des secours en argent aux pauvres de Carthage, visitèrent quantité de maisons, et se rendirent auprès de Donat lui-même auquel ils firent part de leur mission. Cet homme emporté, comme s'il n'en eût pas appelé lui-même précédemment à Constantin, répondit en s'écriant avec sa colère accoutumée : « Qu'a l'empereur à faire avec l'Église ! » à quoi il ajouta encore des malédictions et des imprécations furieuses; protestant qu'il allait écrire partout pour qu'on ne souffrît point les distributions destinées aux indigents. Paul et Macaire, sans se laisser aller aux menaces, poursuivirent l'exécution de leur mandat; parcourant la province proconsulaire et la Numidie et répandant avec des secours pour les malheureux, des exhortations à l'unité catholique. Leur condescendance et leurs bienfaits n'empêchèrent pas qu'en se rendant à la ville de Bagaï (*Bedja*), l'un des grands points d'appui du schisme, ils ne rencontrassent une opposition sérieuse. Donat, évêque du lieu, avait convoqué en ville, par l'entremise de divers agents expédiés sur les marchés et dans les carrefours, tout ce qui se pouvait ramasser de circoncellions *batailleurs*, comme il les appelait (*agonistici*), reste de ceux que lui-même et les autres évêques donatistes avaient fait tailler en pièces par le comte Taurinus deux ans auparavant [1]. Ces enragés ac-

---

[1] N'allons pas rêver que la violence native des passions africaines se calmât toujours chez des prélats portés souvent aux dignités par l'espoir même que leur fougue donnait à des électeurs turbulents. Dès l'origine du donatisme on a de quoi mesurer la fureur, qui prenait le nom de zèle chez plusieurs de ces âmes inflammables. Cécilien, sommé par les schismatiques de venir se remettre

coururent à Bagaï tellement en force, que pour leur fournir des subsistances, les donatistes convertirent en grenier leur basilique. Les envoyés de l'empereur n'étaient pas encore entrés dans la ville, mais ceux qui les avaient précédés pour préparer leurs logements furent mis à la porte; et d'autres qui s'étaient présentés avec une escorte de cavalerie, revinrent maltraités et battus, avertir que tout prenait un aspect hostile.

Paul et Macaire, qui n'avaient point voulu des moyens de rigueur, furent d'avis qu'il ne fallait pourtant pas supporter les violences de Donat, et demandèrent main-forte au comte Silvestre. Les soldats reçurent ordre de marcher sur la ville; le souvenir des anciens désordres causés par cette populace turbulente et de l'affront récent que venaient d'essuyer leurs camarades, les animaient à se comporter vigoureusement; on culbuta cette troupe de circoncellions, dont plusieurs restèrent morts sur la place; d'autres furent saisis et envoyés au loin, et l'on eut la paix pour travailler à la concorde. Là-dessus Donat évêque de Bagaï, et Marculus autre évêque de Numidie, jugeant leur cause perdue, ne trouvèrent rien de mieux que de se tuer : l'un en se précipitant du haut d'une roche, l'autre en se jetant dans un puits; ce qui en fit des martyrs pour leurs partisans. Lorsque Paul et Macaire eurent achevé leur visite des provinces et calmé les cœurs par des

à leur jugement, s'était renfermé dans l'ironie calme d'un homme bien élevé qui se sent en possession légitime. Un des évêques opposants dit alors, comme aurait pu le faire un sauvage : « Eh bien! qu'il se présente à nous afin de se faire imposer les mains pour l'épiscopat. Nous les lui imposerons, mais pour la pénitence; et ce sera en lui brisant la tête. » Saint Optat (de Schism., I, 19) ajoute que ce cri farouche répondait aux habitudes du personnage, connu pour avoir tué ses neveux. « Tunc Purpurius solita malitia fretus, quasi et Cæcilianus filius sororis ejus esset, sic ait : Exeat huc, quasi imponatur illi manus in episcopatu! et quassetur illi caput de pœnitentia. »

Précédemment, le même saint avait levé (ibid., 13) ce qui pourrait nous rester de doutes sur le complément de ce portrait : « ... Homicida Purpurius Limatensis, qui interrogatus de filiis sororis suæ quod eos in carcere Milei necasse diceretur, confessus est dicens : Et occidi et occido, non eos solos; sed et quicumque contra me fecerit. » Cf. Morcelli, I, v. Limatensis.

bienfaits, ils appelèrent à Carthage tous les donatistes pour mettre enfin un terme au schisme par un accord. C'était une entreprise dont la réussite ne semblait pas probable, et la merveille fut que leurs peines ne restèrent pas entièrement inutiles. Des évêques schismatiques, qui retenaient le peuple hors de l'unité, les uns rentrèrent dans le devoir, les autres prirent la fuite ou furent éloignés; en sorte qu'avec peu de rigueurs qui répandirent une crainte salutaire, l'Église africaine se vit comme renouvelée. Après des discordes si longues et si acharnées, on en croyait à peine ses yeux au spectacle de familles entières, d'ecclésiastiques en corps et de populations même [1] qui faisaient leur soumission à l'Église. Paul et Macaire purent donc retourner auprès de l'empereur Constant avec la consolation d'avoir établi le calme dans une Église si longtemps agitée. Toutefois de si rudes secousses, bien qu'apaisées, laissaient après elles un malaise qui réclamait les soins attentifs de l'épiscopat; il y avait là de quoi occuper les conciles provinciaux et le concile général réuni à Carthage. Dans celui-ci du moins, tenu par l'évêque Gratus, on reconnut que le bras séculier avait singulièrement avancé la paix; et les éclatants services des deux envoyés impériaux furent mentionnés solennellement [2].

Mais après quatorze années d'exil et de dispersion dans l'Europe, les soutiens opiniâtres du schisme saluèrent avec joie le jour où mourut Constance, qui avait maintenu l'œuvre de son frère. L'avénement de Julien leur rendait l'espoir d'une re-

---

[1] Saint Augustin le dit de plusieurs villes, et particulièrement de Tagaste sa patrie (*Epist.* xcIII, 5, n. 17): « Quæ quum tota esset in parte Donati, ad unitatem catholicam timore legum imperialium conversa est. »

[2] Ap. Harduin. *Concil.* t. 1, p. 685 : « Gratias Deo omnipotenti et Christo Jesus qui dedit malis schismatibus finem, et respexit Ecclesiam suam ut in ejus gremium erigeret universa membra dispersa; qui imperavit religiosissimo Constanti, Imperatori ut votum gereret unitatis, et mitteret ministros sancti operis famulos Dei Paullum et Macarium. Dei ergo nutu congregati ad unitatem, ut per diversas provincias concilia celebraremus; et universæ provinciæ Africæ hodierna die, concilii gratia, ad Carthaginem venirent... »

vanche, un apostat ne pouvant voir de mauvais œil leur retour en Afrique. En conséquence ils députèrent quelques-uns des leurs à la cour en 362, et ne furent point trompés dans leur confiance. Julien, heureux de les satisfaire, tint pour excellente arme contre le christianisme qu'il détestait, cette occasion de lui susciter des embarras intérieurs, tout en se donnant des airs de tolérance. Il aimait à espérer, dit saint Augustin que son mauvais vouloir ferait disparaître le nom chrétien : persuadé qu'il lui suffisait de montrer sa haine envers la grande unité qu'il reniait, et de laisser ensuite le champ libre aux dissensions nées dans l'Église.

Ce que nous savons du retour de ces exilés, montre qu'ils rentrèrent bien soutenus par l'autorité du nouveau César; et fort en mesure de renouveler leurs anciens excès, dont ils ne se firent point faute [1]. Les catholiques représentèrent en vain à l'Apostat, qu'il n'y avait plus ni sûreté ni paix en Afrique depuis la rentrée de ces gens-là. Jovien même, dont le règne ne dura pas huit mois, ne put y porter aucun remède. Il ne se passait quasi point de jour que les donatistes ne s'appropriassent violemment des basiliques, ne forçassent les convertis à se rengager dans la secte; ou ne pervertissent des villages entiers, en accompagnant tout cela de pillages et de meurtres contre lesquels il n'y avait point de recours. Tel fut le parti qu'ils tirèrent de l'impunité, jusqu'à ce qu'une

---

[1] Optat., *de Schism.*, II, 16, 17 : « Secutus est alius imperator, vobiscum vota sinistra concipiens, ex famulo Dei factus est minister inimici, apostatam se edictis suis testatus est; quem precibus rogastis ut reverti possetis. Quas preces si vos negastis misisse, nos legimus. Nec difficultatem præbuit quem rogastis; ire præcepit, pro voto suo, quos intellexerat ad disturbandam pacem cum furore esse venturos... Eisdem pene momentis vester furor in Africam revertitur, quibus diabolus de suis carceribus relaxatur. Et non erubescitis qui uno tempore cum inimico communia gaudia possidetis! Venistis rabidi, venistis irati, membra laniantes Ecclesiæ; subtiles in seductionibus, in cædibus immanes, filios pacis ad bella provocantes. De sedibus suis multos fecistis extorres; cum conducta manu venientes, basilicas invasistis. Multi ex numero vestro, per loca plurima quæ sub nominibus dicere longum est, cruentas operati sunt cædes; et tam atroces ut de talibus factis ab illius temporis judicibus relatio mitteretur. »

loi de Valentinien, adressée au proconsul d'Afrique en 368, cassa le rescrit de Julien, et déclara de nulle valeur tous les actes des schismatiques contre l'Église. Dix ans après, les donatistes, pour s'être compromis dans la rébellion de Firmus, s'attirèrent des édits plus sévères encore, et furent châtiés par Gratien.

Dès lors, du reste, ce parti baissait déjà beaucoup par l'effet des divisions qui l'armaient contre lui-même; châtiment bien approprié à la faute, leur disait saint Augustin[1] : une faction qui avait sacrifié la paix de l'Église à l'assouvissement de son orgueil, s'en allait partagée en menus débris. Deux cabales surtout, celle des *maximianistes* et celle des *primianistes*, y envenimaient la division. Primianus évêque donatiste de Carthage, avait condamné le diacre Maximianus qui eut pour lui bien des adhérents : et, entre autres, une femme assez semblable à cette Lucilla dont les menées avaient grossi la secte dès l'origine. Les partisans de Maximianus, convoquant en 393 un conciliabule de trois cents évêques à Cabarsussi (ou Cebarsussum) dans la Byzacène, déclarèrent la déchéance de Primianus; et ce fut Maximianus qu'ils lui substituèrent. Primianus se rabattit sur la Numidie, où ses amis étaient en force; et réunit à Bagaï trois cent dix évêques donatistes, qui condamnèrent son compétiteur avec ses adhérents. De là, terribles animosités dont les maximianistes eurent fort à souffrir; car les primianistes prirent le dessus de beaucoup. Gildon, qui se révolta en 397 contre l'empereur, avait déjà soutenu chaudement le nouveau parti, aussi bien contre les maximianistes que contre les catholiques. Il eut longtemps, en manière de satellite, un Optat, évêque donatiste de Thamugadis (près d'*Enchir-Timegad*), qui pour cela fut surnommé *Gildonien*. C'était un homme injuste, avare, violent, qui fit

---

[1] Augustin., *Contra epist. Parmen.*, libr. I, c. IV, n° 9 : « Sic, sic necesse est ut minutatim secti concisique dispereant qui tumorem animositatis suæ catholicæ pacis sanctissimo vinculo prætulerunt. »

gémir toute l'Afrique durant dix années. Sous la protection de Gildon, qui commandait les troupes de ces provinces, Optat dépouillait impunément, vexait, faisait même disparaître à sa fantaisie qui il voulait. Mais ce scélérat, s'étant mis à la tête des circoncellions, fut, l'année d'après, jeté dans les fers; et subit enfin le dernier supplice avec d'autres sacriléges, qui avaient exercé la même tyrannie contre le clergé catholique [1].

Le saint évêque Aurèle, dans un concile général d'Afrique tenu à Carthage en 401, traita de l'admission des clercs donatistes convertis, et de la conduite à tenir avec les autres pour faciliter leur retour. L'intérêt de l'Église demandait que l'on fît quelques concessions; et après une discussion assez longue, les pères se rangèrent à l'avis de saint Augustin, qui conseillait la douceur [2]. La même année beaucoup de donatistes furent ramenés à l'Église par saint Pammachius, illustre sénateur romain et de famille consulaire. Il avait de grands biens en Afrique et particulièrement dans la Numidie, qui était le vrai champ de bataille des donatistes. Comme il se trouvait sur ses terres un grand nombre de schismatiques, il leur exprima dans ses lettres combien il était triste pour un maître d'avoir des serviteurs éloignés de lui par la religion; il leur témoignait donc un ardent désir de les voir avec lui dans le sein de l'Église qui ne peut errer. L'autorité d'un homme si bien connu pour ses sentiments chrétiens, fut d'un grand poids sur les esprits dévoyés ; et presque tous ses gens abjurèrent l'erreur.

Au concile de Carthage, en 403, on résolut que chacun des évêques catholiques présenterait aux magistrats les lettres du proconsul ou du vicaire d'Afrique, qui ordonnaient aux dona-

---

[1] Cf. Augustin., *In Petil.*, II, 209. — Cod. Theodos., l. XVI, tit. II, l. 54.

[2] Canon. LXVI : « Annuente atque admonente Spiritu Dei, elegimus cum memoratis hominibus, quamvis de dominici corporis unitate præcisis, leniter et pacifice agere. »

tistes d'écouter au moins la parole des légitimes pasteurs. Le concile voulait aussi que, pour mettre un terme à de si longues discordes, les sectaires fissent choix de l'un d'entre eux qui se présentât en temps et lieu désigné, pour discuter avec les catholiques; et le magistrat devait en dresser un acte public. Cette mesure pacificatrice ne fut point du goût des évêques donatistes, qui la repoussèrent avec amertume et colère. Cependant, à force de démarches, on obtint qu'une grande partie des schismatiques se montrât disposée à l'accord. Le principal obstacle était dans les menaces et les voies de fait des circoncellions, particulièrement hostiles à ceux qui désertaient la secte. Cela fit que les pères du concile, convoqués à Carthage en 404, se résolurent à envoyer à l'empereur pour obtenir de lui des lois sévères et l'emploi des armes contre toutes ces violences. Question qui divisa fortement les avis : plusieurs, et saint Augustin avec eux, jugeaient que le recours aux moyens de rigueur risquait de faire des catholiques simulés; d'autres prétendaient qu'à défaut de ressource plus sûre, il pouvait être utile d'employer la force. Ils citaient ce qui était arrivé au temps de Macaire, où des villes entières avaient été ramenées par la crainte; et l'on n'avait pas vu, disaient-ils, que ces conversions eussent été accompagnées de mauvaise foi. Ce dernier avis prévalut, et saint Augustin lui-même s'y rangea, sur le témoignage des faits précédents. Néanmoins les envoyés du concile ne devaient demander à l'empereur que la confirmation des lois portées avant lui contre les hérétiques et les schismatiques. Ils portaient des lettres non-seulement pour la cour impériale, mais pour le pape saint Innocent Ier et les principaux magistrats d'Italie. C'était saint Augustin qui les avait rédigées au nom du concile.

Arrivés à Ravenne en 405, ils trouvèrent Honorius très-disposé à s'employer pour assurer la tranquillité de l'Afrique; et le proconsul Diotime reçut des ordres formels à ce sujet [1].

---

[1] Cod. Theod., libr. XVI, tit. II, l. 2 : « Edictum, quod de unitate per Afri-

Le résultat des mesures prises par le Prince, fut de ramener à l'unité ceux que la terreur avait retenus dans le schisme; saint Augustin lui-même convient des bons effets d'une mesure qu'il avait d'abord repoussée[1]. A Carthage surtout, l'Église catholique réconcilia non plus seulement quelques donatistes venus en cachette, mais des foules entières, dont la conversion donna lieu à des fêtes publiques et à des cérémonies solennelles qui rendirent mémorable l'année 405[2]. Il en arriva autant partout où les fureurs des chefs de la faction n'y mirent point obstacle; aussi, de jour en jour, le nombre des catholiques s'accroissait, et ils recouvraient quantité de basiliques que l'on appela pour cette raison *basiliques restituées*. On vit même se convertir bien des circoncellions; gens terribles, dont le retour amené par les lois impériales, semblait à saint Augustin quelque chose comme la guérison d'un fou qu'il faut lier pour le faire rentrer dans son bon sens[3]. Le saint docteur, d'une âme si affectueuse, tout en admirant les grands résultats des édits, recommandait néanmoins la douceur chrétienne aux gouverneurs; afin que la rigueur des ordres fût tempérée dans l'application[4]. Mais tandis que l'Église recueillait les fruits d'une sévérité opportune, les

---

canas regiones clementia nostra direxit, per diversa proponi volumus; ut omnibus innotescat Dei omnipotentis unam et veram fidem catholicam, quam recta credulitas confitetur, esse retinendam. »

[1] Augustin., *Ad Bonifac.*, epist. CLXXXV, 29 : « Quum ipsæ leges venissent in Africam, præcipue illi qui quærebant occasionem, aut sævitiam furentium metuebant, aut suos verecundabantur offendere, ad Ecclesiam continuo transierunt. »

[2] C'est pour cela qu'Idace, en nommant les consuls de cette année, ajoute « His consulibus, inter catholicos et donatistas unitas facta. »

[3] Augustin.., *Epist.* XCIII, n. 2 : « O si possem tibi ostendere ex ipsis circumcellionibus quam multos jam catholicos manifestos habeamus, damnantes suam pristinam vitam et miserabilem errorem quo se arbitrabantur pro Ecclesia Dei facere quidquid inquieta temeritate faciebant! Qui tamen ad hanc sanitatem non perducerentur nisi legum istarum quæ tibi displicent vinculis, tamquam phrenetici, ligarentur. »

Il parle ainsi à Vincent, évêque donatiste de Cartenna (*Tenez*).

[4] Il écrivait au proconsul Donat (*Epist.* C, 1) : « Sic igitur eorum peccata compesce, ut sint quos pœniteat peccasse. »

conseillers d'Honorius lui faisaient rendre (en 409) une loi qui débarrassait les donatistes, et autres dissidents, de tous les décrets impériaux publiés contre eux jusqu'alors. Ce ne fut pas pour longtemps; car un concile général, réuni précisément à ce dessein, obtint de l'empereur qu'après un an de ce régime, les anciens édits reprissent force de loi.

Les députés du même concile demandèrent aussi et obtinrent une autre disposition impériale qui importait singulièrement à l'Église d'Afrique. C'était que les donatistes fussent contraints d'accepter une discussion publique. Un concile précédent (de l'année 403) avait déjà réglé ce point; mais les schismatiques, tout en protestant de ne pas refuser cette épreuve, avaient trouvé moyen de s'y soustraire. Honorius voulut que cette conférence eût lieu; et pour la présider, il désigna un personnage d'une sagesse et d'une équité rares. Ce fut Flavius Marcellin, tribun et notaire, titre qui désignait alors des envoyés impériaux pris dans le conseil d'État. Le 14 octobre de l'an 410, Marcellin fut nommé avec autorité souveraine pour faire tenir une assemblée des évêques délégués par l'un et l'autre parti; afin que l'erreur fût ouvertement confondue par la vérité. En conséquence, le proconsul et le vicaire d'Afrique reçurent ordre d'y prêter la main par tous les moyens qui pourraient être utiles.

Marcellin se rendit en Afrique au commencement de 411; et sur la fin de janvier il promulgua par toutes les provinces l'édit qui convoquait à Carthage les évêques, soit catholiques soit donatistes[1]. Pour que les donatistes s'y rendissent avec plus d'empressement, il ordonnait que ceux qui garantiraient leur venue fussent remis en possession des basiliques qui leur

---

[1] Cunctos per Africam, tam catholicæ quam donatianæ partis episcopos hujus edicti tenore commoneo; ut intra tempus lege præscriptum, id est intra quatuor menses, qui dies intra diem kalendarum Juniarum sine dubio concludetur, ad civitatem splendidam Carthaginem concilii faciendi caussa convenire non differant; ne eam partem de merito propriæ fidei appareat judicasse, quam defuisse constiterit.

auraient appartenu précédemment. Il protestait en outre, que s'il leur plaisait d'avoir un autre juge que lui dans la conférence, il était prêt à recevoir d'eux ce collègue, fût-il son égal ou son supérieur; et que, soit seul, soit en compagnie de cet assesseur, il mettrait dans sa sentence une droiture uniquement réglée sur les termes de la discussion. Il ajoutait avec serment l'assurance qu'il ne leur serait fait aucun mauvais traitement, et qu'ils pourraient retourner librement à leurs Églises. Il suspendait même l'action des officiers publics qui avaient eu charge de procéder contre les donatistes, et autorisait les schismatiques à se faire rendre raison des conclusions qui auraient été prises contre leurs intérêts. Des conditions si modérées amenèrent un grand nombre de donatistes : en quoi il se peut bien qu'ils eussent prétendu surtout faire montre de leur multitude; car ils eurent soin d'entrer tous ensemble à Carthage, et avec une solennité qui fit de leur défilé un spectacle pour cette cité populeuse.

Quand les évêques de l'un et de l'autre parti furent réunis dans la ville, Marcellin détermina par un ordre public la procédure qui serait observée dans cette conférence. Il annonçait que sept évêques seulement, choisis de chaque côté par les leurs, prendraient part à la discussion. Sept autres évêques encore devaient être désignés de part et d'autre, pour servir de conseil aux premiers. Pour lieu de la réunion il désigna les *thermes de Gargilius*, le plus magnifique édifice de cette capitale; les seuls évêques choisis devaient s'y rendre, et il était enjoint au peuple d'éviter près de là tout attroupement, tout bruit même d'aucune sorte. Avant le congrès, les autres évêques, soit donatistes soit catholiques, devaient assurer par écrit qu'ils adoptaient dès lors toute conclusion des évêques élus qui serait bien constatée. Pour que l'autorité des actes de la conférence fût à l'abri de toute suspicion, ce que chacun aurait dit devait être recueilli par des tachygraphes (**notarii**); cette rédaction serait revue et souscrite par l'orateur; les tachygraphes auraient quatre suppléants pris de chaque côté pour les assister successivement, sans compter les officiers publics; et en outre, il y aurait quatre évêques également pris de chaque côté pour surveiller à tour de rôle les signatures. Marcellin voulait aussi qu'après le premier jour de la conférence, les évêques s'assemblassent encore le lendemain; pour assister à la rédaction des actes qui seraient ensuite scellés de son sceau à lui, et de huit autres; et que les sujets de discussion qui demeureraient alors à traiter, fussent renvoyés à une autre journée. Il demandait aux primats des provinces qu'ils se fissent autoriser par leurs suffragants à lui envoyer des lettres déclarant, au nom de tous, que chacun d'eux consentait à l'édit sur la conférence; lesquelles lettres seraient souscrites par les primats eux-mêmes. Quant aux lettres destinées à élire les sept orateurs choisis de part et d'autre, tous les évêques, sans exception, devaient les signer de leur propre main. Ceux qui n'adhéreraient point à tout cela, montreraient assez par là même leurs mauvaises intentions; d'ailleurs le peuple de Carthage, qui était en mesure d'attester la droiture et la maturité de toutes les dispositions prises, pourrait voir de ses yeux de quel côté seraient les contumaces ou les amis de l'ordre.

Les donatistes, sans s'émouvoir de ces dernières paroles, protestèrent contre l'édit, criant qu'on les avait arrachés de leurs siéges sans nul motif, si tous ne devaient pas être admis à l'assemblée. Ils envoyèrent donc des réclamations pleines de doléances à Marcellin, comme si son second édit eût renversé le premier. Quant aux catholiques, ils approuvaient ce qu'avait réglé Marcellin tant pour le lieu et l'époque de la conférence que pour le nombre de ceux qui devaient y intervenir; ils se déclaraient disposés à procurer de tout leur pouvoir la réussite de cette discussion, afin de faire bien comprendre aux donatistes que tout leur désir était de mettre un terme aux discordes. Quoi qu'il en soit, les donatistes, le jour même de leurs doléances, c'est-à-dire le 25 mai, s'accordèrent à nommer pour leurs représentants Primianus, Pétilianus, Emeritus, Protasius, Montanus, Gaudentius et Adéodat. Cinq jours après, les catholiques donnèrent leur mandat à Aurèle, Alypius, Augustin, Vincent, Fortunat, Fortunatien et Possidius; noms qui, presque tous, ont passé jusqu'à nous avec la double auréole de la science et de la sainteté.

Aux calendes de juin, les thermes de Gargilius furent mis à la disposition de cette importante assemblée : c'était un édifice placé au milieu de la ville, éclairé, spacieux et frais. Marcellin s'y trouvait avec tous les insignes du pouvoir suprême, et entouré de soldats, de secrétaires et d'officiers civils mis à sa disposition par le proconsul et le vicaire d'Afrique; puis de deux *notaires* (tachygraphes) catholiques et de deux autres pris parmi les donatistes. Tout ce qu'il y avait d'évêques donatistes, au nombre d'environ deux cent soixante-dix, pénétrèrent dans la salle (*secretarium*); mais du côté des catholiques, conformément à l'édit, il n'y entra que les sept évêques mandataires avec autant d'évêques leurs conseillers, et quatre autres comme gardiens des actes. On commença par donner lecture du rescrit impérial, des édits de Marcellin; et des lettres adressées par les deux partis à Marcellin, comme président de la discussion. Les donatistes débutèrent par des faux-fuyants, s'informant, entre autres choses, du nombre des évêques catholiques qui étaient censés avoir souscrit le mandat : ils comptaient se donner ainsi l'avantage du plus grand nombre. Marcellin, par amour de la paix, fit appeler tous les évêques catholiques; qui, à la lecture de leurs noms, se présentaient pour répondre à l'appel; et les donatistes qui étaient leurs rivaux dans chaque ville, déclaraient les reconnaître. Il fut constaté alors, que les évêques catholiques venus à Carthage étaient au nombre de deux cent quatre-vingt-six; plus nombreux par conséquent que les donatistes. Alypius fit observer que cent vingt autres étaient absents, et Fortunatien ajouta qu'il fallait tenir compte en outre de soixante siéges vacants : ce qui montre que l'Afrique catholique avait alors quatre cent soixante-dix chaires épiscopales. Les donatistes, mortifiés de voir constater la supériorité numérique de leurs adversaires, recoururent à la fourberie et au mensonge pour exhaler leur humeur tracassière, poussant même les mauvaises raisons jusqu'à dire de l'un d'eux qui avait souscrit le mandat, et manquait à l'appel, qu'il était mort en route; ce qui revenait à lui faire signer le mandat après sa mort. Du moins gagnèrent-ils par leurs chicanes, d'employer toute cette journée en pareils préliminaires sans qu'il y eût un pas de fait au delà ; car ils allèrent jusqu'à ne vouloir pas même s'asseoir, invoquant cette parole du psaume : « Je ne m'asseoirai pas avec les impies[1] » Quoi qu'il en soit, la seconde séance fut différée jusqu'au troisième jour.

Au jour dit, Marcellin prit place de nouveau dans la salle des thermes, et fit introduire les évêques délégués de part et d'autre. Comme il les invitait à s'asseoir, le donatiste Pétilien répondit au nom de son parti, que la loi divine leur défendait de s'asseoir en une même assemblée avec leurs adversaires. Marcellin, déclarant qu'il ne l'empêcherait point d'écouter ses scrupules, fit écarter le siége ; et les catholiques se levèrent également, pour ne point affecter de mortifier les schismatiques. Tous donc, debout, entendirent la lecture de la lettre écrite la veille à Marcellin par les donatistes qui demandaient qu'on leur donnât un exemplaire de la délégation présentée par les catholiques. Quand ils l'eurent, ils demandèrent aussi une copie des actes du premier jour de la conférence. C'était retarder d'autant la discussion, parce que les actes ayant été écrits en *notes* (écriture sténographique du temps), on n'avait

---

[1] Ps. xxv, 4 : « Cum impiis non sedebo. » Les catholiques en prirent occasion de dire qu'avec pareils scrupules, des gens si pointilleux n'auraient pas même dû accepter cette assemblée commune, puisque le psaume ajoute : « Et cum iniqua gerentibus non introibo. »

pas eu le temps de les transcrire. Marcellin déclara reconnaître bien là le désir de traîner en longueur, et que tout aussi bien eût-on pu demander cette communication dans la séance précédente. Mais les catholiques, devinant que l'on n'avancerait rien par des altercations, prièrent le président d'accorder un délai de six jours qui permît d'achever la transcription des actes.

Le 8 juin, on se rassembla pour la troisième fois, et les donatistes y apportèrent toujours leur esprit de chicane acariâtre. Ainsi, les catholiques ayant proposé l'affaire principale, qui était que les donatistes voulussent bien donner enfin la preuve des crimes dont ils chargeaient l'Église catholique, ceux-ci agitèrent la question de savoir lequel des deux partis devait faire les instances. Puis ils incidentèrent sur le droit qu'avait l'un ou l'autre de s'appeler catholique. Ils ne manquèrent pas d'y joindre d'autres contestations captieuses qui, à suivre la lenteur des formes juridiques, eussent employé le jour entier en pures taquineries. Après que les sectaires eurent biaisé tant qu'ils pouvaient, le calme des catholiques réussit à faire aborder l'affaire importante. On lut la lettre des donatistes qui, cherchant des réponses aux mandats des catholiques, n'avaient trouvé que des défaites mensongères et ridicules. Ils passaient sous silence la plupart des raisons présentées par leurs adversaires, torturaient des textes de l'Écriture, et ne se tiraient point des exemples qu'on leur opposait. Ils s'en apercevaient bien eux-mêmes : en sorte que, pour parer les réponses des catholiques, ils les interrompaient par d'infatigables contradictions. Les autres leur montraient, par des témoignages et les comparaisons de l'Écriture sainte, que quelques coupables ne pouvaient faire perdre le titre de sainte à la véritable Église de Jésus-Christ; dont les enfants sont saints par la pureté de la foi, la vertu des sacrements, la sainteté des commandements, et les mœurs irréprochables de plusieurs fidèles. Les schismatiques, faute de bonne réponse, s'en tenaient constamment à des redites; ce qui donna lieu au procureur d'annoncer que ce point étant suffisamment éclairci, il restait uniquement à rechercher la première cause des dissensions.

Les catholiques, reprenant les faits dès leur origine, exposèrent la sédition de Donat et les jugements rendus contre lui. Les donatistes, qui réclamaient contre ce récit, furent autorisés à produire leurs documents. La suite de l'exposition faite par les catholiques était si forte et si bien appuyée, qu'invités par le procureur à présenter ce qu'ils croiraient devoir alléguer, les donatistes reprirent tout simplement leurs premiers discours. Marcellin, trouvant que c'en était assez, finit par leur dire : « Si vous n'avez plus rien à produire contre ces faits, daignez vous retirer pour qu'on puisse rédiger un prononcé définitif. » Après leur sortie, il dicta une sentence pleine de netteté qui résumait tous les longs débats de ces trois jours, et fit ensuite introduire de nouveau les partis pour leur en donner lecture. Il s'y montrait d'abord juge condescendant, qui ne veut pas mettre la vérité en lumière, sans ouvrir en même temps une voie de retour à l'erreur. Puis il résumait les raisons et les autorités des catholiques contre les calomnies des donatistes. Il intimait à qui que ce fût, et notamment aux propriétaires, d'empêcher les réunions des donatistes; et obligeait les sectaires à restituer toutes les basiliques occupées par eux, sauf pourtant le cas où ils embrasseraient l'unité catholique. Les évêques donatistes étaient avertis qu'ils pouvaient s'en retourner à leurs siéges sans nulle appréhension, mais que là ils auraient à se conformer aux lois; et que s'ils se rangeaient de bonne volonté à l'Église, ils seraient accueillis sans aucun préjudice de leur dignité. Pour conclusion, la sentence de confiscation était prononcée contre les terres où seraient tolérés les circoncellions. Enfin l'édit devait être affiché, et les actes de la conférence publiés; pour faire voir à tout le peuple la véritable origine du schisme, l'innocence de Cécilien et celle des autres personnages noircis par les donatistes.

Tout le monde, après ce jugement, vit bien que les donatistes avaient le dessous; ils ne pouvaient eux-mêmes se le dissimuler, mais en convenir était une humiliation difficile à boire. Aussi, comme plusieurs fois ils l'avaient fait entendre, ils se donnèrent le mot pour repousser la décision de ce juge patient et équitable, et en appelèrent à l'empereur Ils couvraient cette démarche par des plaintes répandues dans le peuple : la sentence, selon eux, avait été vendue; et c'était la violence, non pas les autorités ou la raison, qui l'avait emporté. Tout cela n'empêcha pas la vérité de se faire jour; quantité de gens du peuple abandonnèrent la secte à Carthage, surtout grâce à saint Augustin qui vint y prêcher plusieurs fois sur l'invitation de saint Aurèle. Les évêques catholiques, prenant copie de l'édit et des actes de la conférence, allèrent porter l'heureuse nouvelle dans leurs diocèses, et mirent leurs peuples au courant de ce qui s'était passé. Le zèle des pasteurs et les nouvelles lois impériales firent rentrer dans l'Église bien des évêques donatistes, qui ramenèrent leur peuple et leur clergé : autre motif d'animosité pour ceux qui s'opiniâtraient dans l'erreur et poursuivaient d'une implacable haine les nouveaux convertis. Toutefois, trois ans suffirent pour diminuer considérablement le nombre des schismatiques, principalement dans la province proconsulaire; et Primianus, à sa mort, n'eut plus de successeur au siége donatiste de Carthage. Vers 424, la réunion doit avoir été consommée à peu près, si l'on en juge par quelques paroles de saint Augustin [1]. Il reparait néanmoins plus tard des traces de la secte, puisqu'elle cherchait à remuer du temps de saint Grégoire le Grand, et qu'on ne la perd de vue tout à fait qu'à l'arrivée des Sarrasins.

Des dissensions si funestes et poussées avec tant d'acharnement dans les provinces qui touchaient la frontière de l'empire, n'étaient pas faites pour aider l'Église à dépasser le territoire romain. Aussi saint Augustin déclare-t-il que bien des

---

[1] Augustin., *Epist.* CCXI, 4: « ... Quum de donatistis in unitate gaudeamus. »

peuplades africaines ignoraient encore la venue de Jésus-Christ, et la loi qu'il était venu apporter aux nations[1]. Arnobe, deux siècles auparavant, parlait de Gétules et de Mauritaniens nomades qui avaient appris à connaître l'Évangile[2]; mais il semble que ce fussent là des conquêtes faites par l'Église ou en deçà des frontières romaines, ou peu au delà. La venue des Vandales dut ralentir bien autrement encore l'expansion de la foi vers les contrées de l'intérieur. On ne doit donc pas être surpris de voir dans les écrits de Procope, que les vieilles superstitions païennes comptaient encore beaucoup de disciples dans la Mauritanie au sixième siècle[3].

L'Église d'Afrique, à l'époque qui vient de nous occuper, et particulièrement sur la fin du quatrième siècle, comptait dans son sein beaucoup de fidèles qui professaient tout de bon la perfection évangélique. Les moines s'établirent dans ses provinces plus tard que dans bien d'autres; et ce fut peut-être ce qui fit traverser la mer à divers Africains, hommes et femmes, pour aller chercher au loin l'asile de la vie religieuse. Vers 319, quelques-uns, conduits en Égypte et en Palestine par le désir d'y vivre en solitaires, passèrent de longues années parmi les anachorètes; et s'y distinguèrent par leur sainteté entre tant de grands modèles. Tel fut cet Étienne connu de saint Antoine, et qui fut admiré pour son ferme et tranquille courage dans la souffrance[4]. L'historien des religieux orientaux nous le peint, subissant une opération chirurgicale pen-

---

[1] *Id. Epist.* LXXX : « Sunt apud nos barbaræ innumerabiles gentes in quibus nondum esse prædicatum Evangelium ex iis qui ducuntur inde captivi, et Romanorum servitiis jam miscentur, quotidie nobis addiscere in promptu est. Pauci tamen anni sunt ex quo quidam eorum rarissimi atque paucissimi, qui pacati Romanorum finibus adhærent, ita ut non habeant reges suos, sed super eos præfecti a Romano constituantur imperio, et illi ipsi eorum præfecti christiani esse cœperunt. Interiores autem, qui sub nulla sunt potestate romana, prorsus nec religione christiana in suorum aliquibus detinentur. »
[2] Arnob. *Adv. Gentes*, I, 10.
[3] Procop. *De bello vandal.*, II, 6.
[4] Pallad., *Hist. laus.*, 30.

dant laquelle il s'entretenait avec ceux qui étaient venus le visiter; et occupait ses mains du travail accoutumé, comme si le patient eût été un autre que lui. On peut encore citer ce Moïse, célèbre par sa mansuétude merveilleuse [1]; et ce Draconaire qui, survivant à une bataille meurtrière contre les Maures, passa dans la Terre sainte, où il habita plus de trente-cinq ans une caverne. Draconarius serait-il le nom de ce soldat chrétien, ou n'est-ce pas plutôt l'indication du grade (porte-guidon) qu'il avait occupé dans la milice [2]? Sous l'empire s'était répandu l'usage de porter au sommet d'une pique la figure d'un dragon, comme enseigne des cohortes.

Sur l'attribution de ces solitaires à l'Afrique romaine, on pourrait être tenté d'objecter qu'ils sont qualifiés de *Libyens* dans le récit grec qui les mentionne. Libye, pour les Grecs, était en effet une dénomination vague pour n'importe quelle contrée de ce que nous appelons Afrique aujourd'hui; quoique parfois elle désignât plus spécialement les côtes méditerranéennes de notre Afrique orientale, et une extension indéfinie vers le sud ou le sud-ouest. Toutefois Procope n'est certainement pas le seul qui emploie cette indication pour l'Afrique romaine. L'assertion du savant Morcelli, qui n'y voyait pas un sujet de balancer sur les témoignages de Pallade, nous a empêché d'hésiter après lui. Mais nous ne saurions nous défendre de penser que le soldat romain devenu moine, n'était pas nécessairement né en Afrique pour y avoir fait la guerre. Après tout, les preuves ne manquent point pour faire voir que les vertus des grands anachorètes égyptiens étaient bien connues dans l'Afrique romaine. Saint Athanase raconte dans la vie de saint Antoine, qu'une jeune fille malade vint de la Tripolitaine pour demander la santé à cet homme de Dieu, et obtint sa

---

[1] Pallad., *Hist. laus.*, 78.

[2] J. Mosch., *Prat. spirit.*; ap. Cotelier, *Eccl. græc. monum.*, t. II, 345. L'éditeur ne balance pas à traduire : *Draconarius, seu signifer;* mais le texte grec n'est pas si explicite.

guérison avant d'être arrivée jusqu'à lui. D'entendre vanter ces illustres exemples, à concevoir le désir de les imiter, la distance n'était pas grande. Il y avait lieu de compter que ces premiers germes viendraient promptement à éclore dès qu'ils ne rencontreraient plus pour obstacle les langues et la civilisation de l'Orient, trop différentes de celles qui régnaient ici. C'est ce qui se réalise aussitôt que l'Italie ouvre une voie plus praticable. Des vierges africaines quittaient, vers 376, les dernières limites de la Mauritanie pour aller à Milan recevoir de saint Ambroise le voile des filles consacrées à Dieu et professer une virginité perpétuelle [1]. Ce qu'en dit le docteur de Milan n'est pas sans quelques obscurités que nous n'avons pas à dissiper par un commentaire; ses paroles suffisent à montrer combien la civilisation romaine unissait étroitement au pays de la capitale, les provinces de l'Occident. Se transporter du Maroc actuel en Lombardie n'était pas alors un voyage qui donnât beaucoup à réfléchir.

Saint Augustin, revenu d'Italie en 388, se retira en compagnie de plusieurs amis, dans une terre qu'il céda ensuite à l'Église de Tagaste. Là, se consacrant tout à Dieu, ils vivaient dans le jeûne, la prière et les bonnes œuvres. Leur grande affaire était de creuser jour et nuit les saintes Écritures, et de communiquer aux autres les lumières qu'ils avaient puisées dans la méditation. Trois ans après, devenu prêtre, il reprit à Hippone ce genre de vie, sans autre diversion que l'étude et la parole de Dieu prêchée au peuple. Ainsi débuta en Afrique une profession que beaucoup embrassèrent en suivant cet exemple. Augustin apportait à sa patrie cette institution des communautés religieuses imitée de Milan et de Rome, où elle lui avait

---

[1] Ambros., *de Virgin'b.*, I, 10 : « Ex ultimis infra ultraque Mauretaniæ partibus deductæ virgines hic sacrari gestiunt; et quum sint omnes familiæ in vinculis, pudicitia tamen nescit esse captiva. Profitetur regnum æternitatis quæ mœret injuriam servitutis. »

Je n'oserais pas assurer que les allusions à l'état particulier de l'Afrique peut-être, indiquent ici les rébellions qui venaient d'ensanglanter ce pays.

fait envie dès sa conversion[1], et peut ainsi être considéré comme le père des moines africains. On pourrait même dire que sa règle est la plus ancienne de celles qui ont persisté en Occident. Sa ville natale, Tagaste (*Souk-er-Ras*), qui eut pour évêque le saint et docte Alypius, compta bien des religieux formés et dirigés par cet habile maître, intime ami de saint Augustin. Sous cette impulsion, les monastères avaient déjà commencé à se multiplier dans l'Afrique; lorsque, en 397, Mascézel, vainqueur de Gildon, amena quelques moines de l'île Capraria (*Capraja*), située en face de Pise. C'était à leur abbé Eudoxe que saint Augustin écrivait une de ses lettres, où l'on voit qu'il l'estime comme un grand serviteur de Dieu[2]. L'an 400, saint Augustin, pressé par saint Aurèle évêque de Carthage, écrivit son livre *Sur le travail des moines* à l'occasion

---

[1] Augustin., *de Morib. Eccles. cathol.*, 33 : « Vidi ego diversorium sanctorum Mediolani, non paucorum hominum, quibus unus presbyter præerat vir optimus et doctissimus. Romæ etiam plura cognovi in quibus singuli gravitate atque prudentia et divina scientia præpollentes, ceteris secum habitantibus præsunt... Neque hoc in viris tan'um, sed etiam fœminis, etc. »

[2] Augustin., *Epist.* xlviii, 4 : « Et ante jam fama, et nunc fratres qui venerunt a vobis, Eustasius et Andreas, bonum Christi odorem de vestra sancta conversatione ad nos attulerunt. »

Voilà de quoi contre-balancer très-suffisamment les colères déclamatoires de Rutilius Numatianus, s'écriant, dans son *itinéraire* contemporain, à la vue de ces mêmes hommes :

« Processu pelagi jam se Capraria tollit,
Squallet lucifugis insula plena viris.
Ipsi se monachos graio cognomine dicunt
Quod soli nullo vivere teste volunt;
Munera fortunæ metuunt dum damna verentur. » Etc.

Il est vrai que cet ancêtre gaulois des modernes *Impressions de voyage*, avait eu sa bile allumée en trouvant près de là un jeune compatriote séparé de ses biens et de sa femme :

« Assurgit ponti medio circumflua Gorgon.
Perditus hic vivo funere civis erat.
Noster enim nuper juvenis, majoribus amplis,
Nec censu inferior conjugiove minor,
Impulsus furiis homines divosque reliquit
Et turpem latebram credulus exul agit. » Etc.

Il eût pu dans le même voyage trouver aussi un autre compatriote, saint Paulin, sur sa route; mais des gens si divers ne se rencontrent pas.

des dissentiments qui partageaient les moines de Carthage; les uns vivant de ce qu'offraient les fidèles, et les autres du travail de leurs mains. La fameuse controverse agitée entre les moines d'Adrumète, en 427, à propos des écrits de saint Augustin contre les Pélagiens, fait bien voir que les sciences ecclésiastiques n'étaient pas oubliées dans les occupations des monastères. En même temps, des couvents de vierges consacrées à Dieu existaient dans ces provinces. Lorsque, en 411, les plus illustres familles de Rome fuyaient devant les barbares, Albine et Mélanie la Jeune s'étaient retirées à Tagaste, près d'Alypius. Ces femmes, illustres par leur piété aussi bien que par leur naissance, ne se contentèrent pas d'enrichir les églises en ornements précieux ou même en terres; elles bâtirent aussi dans cette ville deux magnifiques monastères, l'un pour quatre-vingts moines, et l'autre pour cent trente vierges. Deux ans plus tard, Démétriade, qui, au dire de saint Jérôme, était le premier parti du monde romain, venait de passer en Afrique avec sa mère Julienne et son aïeule Proba; lorsqu'à l'approche du jour marqué pour ses noces, elle déposa toute parure et se consacra solennellement à Jésus-Christ en prenant le voile à Carthage des mains du saint évêque Aurèle. Saint Augustin eut à calmer, en 424, une discorde qui s'était élevée dans un couvent de femmes; et la lettre pleine de sagesse, où il leur traçait brièvement ce qu'elles avaient à faire, est demeurée comme une excellente règle dont les siècles suivants ont tiré grand fruit. L'Afrique avait aussi, comme d'autres contrées chrétiennes, des vierges qui se consacraient à Dieu sans quitter le toit paternel; on en trouve l'indice dans une lettre de saint Augustin écrite vers 409 [1].

L'Église africaine, où florissait dès les premiers temps l'exercice de l'hospitalité chrétienne [2], fonda sûrement, durant

---

[1] Augustin., *Epist.* CXI : « De sitifensi, ante paucos annos, Severi episcopi neptis sanctimonialis a barbaris ducta est; et per mirabilem Dei misericordiam, cum honore magno suis parentibus restituta est. »
[2] Tertull., *Ad uxorem*, II, 4.

le quatrième siècle, des hospices publics; mais la perte des documents ne permet que d'en indiquer deux : l'un dans la ville d'Hippone, fondé par Leporius à la prière de saint Augustin, et l'autre à Calama (*Ghelma*), signalé par une inscription chrétienne récemment découverte [1].

ARTICLE IV

Période Vandale (de 428 à 533).

Bien que les terribles jugements de Dieu soient impénétrables lorsqu'il châtie les hommes, les cités et les contrées entières, il est permis de regarder la funeste invasion des Vandales comme une punition envoyée aux crimes de l'Afrique; et particulièrement à la licence des mœurs qui s'y était répandue vers cette époque. En 432, quoique une grande partie de ces provinces gémît sous l'oppression vandale, le saint évêque de Carthage Capreolus n'était pas si consolé, en voyant l'amendement de ceux qui pleuraient leurs fautes, qu'il ne fût réduit à déplorer l'insouciance de plusieurs auxquels la fureur des plaisirs faisaient oublier un tel péril [2].

Dans les bains publics on voyait encore les impudiques statues de Vénus et d'autres divinités païennes. Les conquérants barbares eurent à faire disparaître les nombreuses femmes de mauvaise vie, qu'ils obligèrent à se marier; et réprimèrent la luxure par des sanctions énergiques [3]. Cependant à peine quelques villes ou provinces se croyaient-elles échappées au danger de l'esclavage, qu'elles s'abandonnaient de nouveau à la mollesse et aux voluptés. Plusieurs trouvèrent le salut dans le

---

[1] « Locum... ad peregrinorum (?) hospitalitatem... reformavit, » etc.

[2] Inter tantas angustias, et in ipso fine rerum posita est provincia, et quotidie frequentantur spectacula; sanguis hominum quotidie funditur in mundo, et insanientium voces crepitant in circo.

[3] Salvian., *de Provid. Dei*, VII : « Errantes ita emendaverunt ut factum eorum medicina esset, pœna non esset. »

malheur : Théodoret vante surtout entre les exilés, Célestiacus sénateur de Carthage, jadis au premier rang pour les honneurs dont il avait été revêtu aussi bien que pour ses richesses; et qui, dépouillé de ses grands biens, errant avec sa femme, ses enfants et ses serviteurs, supportait patiemment cette détresse; et s'était donné à la piété, qui n'avait guère eu de place dans les jours de son bonheur.

Entre les divers avertissements et les visions qui, au dire de Victor, annoncèrent la prochaine persécution d'Hunéric contre l'Église, celle-ci mérite d'être distinguée. Un prêtre crut voir une aire où le grain n'avait pas encore été vanné; et comme il considérait ce monceau de blé, un ouragan subit, accompagné de grand bruit, emporta la paille pour ne laisser plus que le blé. Il vint ensuite un personnage d'une haute stature, au visage éclatant; qui se mit à trier les grains en écartant le rebut, et qui continua ce travail jusqu'à ce que le grand monceau de froment fut réduit à un petit tas. C'était une indication assez claire de la terrible tourmente que Dieu allait envoyer dans la prochaine persécution pour séparer les justes des pécheurs, et les vrais catholiques des faux.

En 446, malgré la frayeur et les désastres causés dix-huit années auparavant par l'invasion barbare, les fidèles et le clergé même de la Mauritanie Césarienne étaient si fort déchus, que des députés de ce pays vinrent conjurer saint Léon le Grand d'apporter remède à de tels maux. Potentius, envoyé sur les lieux par ce saint pape, put constater que bien des évêques parfaitement indignes de ce rang devaient leur élévation ou à l'émeute, ou à la brigue; quelques-uns d'eux étaient *bigames* (c'est-à-dire avaient été mariés deux fois, etc.); il s'en trouvait qui, après un divorce, avaient épousé une nouvelle femme du vivant de la première; on en accusait même d'avoir eu deux femmes à la fois.

Divers lecteurs peuvent avoir besoin d'apprendre que l'Église n'admet pas à l'ordination celui qui aurait épousé successivement deux femmes, ou dont la femme aurait été mariée précédemment. C'est ce que l'on appelle *bigamie successive*. Pareille union est considérée comme dérogeant à la sainteté du sacrement de mariage et prêtant à soupçonner quelque défaut d'empire sur son cœur. Les chrétiens d'Orient ont émis au sujet des secondes noces, et surtout des troisièmes, certaines assertions excessivement dures auxquelles la discipline ecclésiastique ne souscrit pas. Elle se borne à maintenir, pour l'admission des ministres de l'autel, un idéal plus élevé. Cela remonte à l'enseignement apostolique, et sert à proclamer que le mariage a son type dans l'union indissoluble de Jésus-Christ avec l'Église. Saint Paul veut même qu'on étende cette exigence jusqu'aux veuves qui seront admises à exercer parmi les laïques certains offices de considération.

Les causes d'exclusion qui ferment l'accès aux ordres ecclésiastiques ou à leur exercice, s'appellent *irrégularités*; mais, comme on le voit, plusieurs évêques de Mauritanie, en ces temps malheureux, avaient enfreint des règles bien autrement graves que celle dont nous parlions tout à l'heure. Avec de tels prélats il ne fallait pas s'étonner si chaque jour davantage croissait la déconsidération de la dignité épiscopale, le mépris des lois disciplinaires et la perversion des mœurs. Saint Léon sut allier la mansuétude à la sévérité dans le traitement d'un mal si profond. L'évêque David, son légat, portait aux évêques de la Mauritanie Césarienne une lettre conçue en termes pleins de force; et avait charge de visiter ces Églises pour y faire observer les prescriptions du saint-siége en guérissant ces honteuses plaies.

Ce n'est pas qu'en ces malheureux temps l'Église africaine ne comptât bien des pasteurs vraiment saints, et de pieux fidèles; aussi voyait-on des preuves de zèle et de vertu. Dès que les hostilités se déclarèrent entre les Romains et les Vandales, ces derniers s'étaient montrés bien autrement cruels et âpres que par le passé. « Combien d'illustres évêques, dit Victor de

Vite, combien de prêtres généreux furent tués dans divers genres de tortures par où l'on prétendait obtenir, avec leur or et leur argent, les trésors des églises! Si quelqu'un d'eux livrait ce qu'il se trouvait avoir, les ravisseurs se remettaient à le presser par des tourments plus inhumains, disant qu'on n'avait pas tout donné; et plus on donnait, plus ils croyaient qu'on gardait encore. Aux uns on ouvrait la bouche avec des pieux pour leur faire avaler une boue infecte, aux autres on serrait le front et les jambes avec des cordes que l'on tordait au point de faire crier et rompre les liens par la force de la tension. Au plus grand nombre on versait dans la bouche, avec des entonnoirs, de l'eau de mer, du vinaigre, du marc d'huile et autres breuvages repoussants. Ni la délicatesse du sexe, ni l'éclat de la naissance, ni la dignité sacerdotale ne pouvaient inspirer quelque mesure à ces hommes farouches qui plutôt trouvaient dans ces titres un aiguillon à leur rage [1]. »

Ce fut là le commencement des maux que les catholiques eurent à souffrir sous les persécuteurs ariens; et fort heureux alors qui pouvait chercher un refuge dans les lieux déserts ou peu fréquentés. Au milieu de ces tristes conjonctures, quelques évêques de Numidie, doutant si leur ministère permettait la fuite, consultèrent à ce sujet saint Augustin. Celui-ci les exhortait à rester en se recommandant au Seigneur si le peuple catholique avait besoin d'eux, et ne les autorisait à quitter leurs chaires que s'ils devaient être remplacés par quelqu'un qui remplît leurs fonctions [2]. Pour lui, bientôt atteint par la mort, il n'eut pas le temps de recevoir les lettres qui l'invitaient à venir siéger au concile d'Éphèse; et l'on ne saurait être

---

[1] Vict. Vit. I : « ... Cujus quum diu ac sæpius tibias torquendo tinnientibus constringerent chordis; et frontem, in qua Christus vexillum suæ fixerat crucis, rugatam magis quam aratam discindentes atque mugientes ostenderent nervi. . crepabant. »

[2] Augustin., *Epist.* ccxxviii, 14 : « Quicumque isto modo fugit ut Ecclesiæ necessarium ministerium illo fugiente non desit, facit quod Dominus præcepit, sive permisit. Qui autem sic fugit ut gregi Christi ea quibus spiritualiter vivit alimenta subtrahantur, mercenarius ille est : qui *videt lupum venientem et fugit, quia non est ei cura de ovibus.* »

surpris de voir dans les actes de cette grande assemblée l'épiscopat d'Afrique représenté uniquement par une réponse où Capreolus, évêque de Carthage, expose la désolation de ces provinces. De même, à Chalcédoine (451), il ne se trouva d'Africains que trois évêques exilés.

En 437, Genséric n'ayant plus d'inquiétude sur sa domination en Afrique, s'occupa de propager l'hérésie arienne au moyen de la persécution. Il s'en prit surtout aux évêques, et aux gens de son entourage dont il croyait avoir à redouter quelque obstacle dans l'accomplissement de ses desseins. Les basiliques furent enlevées à Possidius, Novatus et Sévérien, évêques distingués entre tous les autres. Arcadius, Probus, Paschase et Eutychianus, qui avaient occupé un rang élevé à la cour, furent rappelés de l'exil qu'on s'était contenté de leur infliger en punition de leur foi; et, comme ils persistaient à professer la croyance catholique, on leur fit endurer d'affreux supplices.

Le roi, en ordonnant ces cruautés, ensanglanta pour la première fois son palais aux dépens des fidèles; et cela semble l'avoir mis en goût de barbaries même contre les siens. Aura-t-il remarqué que tant de zèle au profit de la secte nationale ne lui gagnait pas encore assez de popularité pour frayer un chemin entièrement libre à ses plans de suprématie sans partage? On calcule que c'est à peu près l'époque où il prit ses précautions : en faisant noyer dans l'Ampsaga la veuve de son frère, et donner la mort à ses neveux sans tant de bruit. A quelque temps de là, comme sa nation lui trouvait des manières un peu despotiques, il faisait sentir aux mécontents la portée de ses vues par la pesanteur de son bras. Telle fut sa dureté dans cette répression, que le sang vandale y coula au delà de ce que les conquérants eussent pu en dépenser à une guerre désastreuse[1].

---

[1] Prosp., *Chronic.* : « Tam multis regis suspicio exitio fuit, ut hac sui cura plus virium perderet quam si bello superaretur. »

Ni les préoccupations intérieures de la politique, ni les destructions qu'il promenait au dehors, ne détournèrent ses yeux de l'Église. Il voulut, en 438, que l'on expulsât de tout le territoire, dépouillés et sans nulle ressource, les évêques et les laïques nobles; ordonnant que ceux qui tarderaient le moins du monde à vider le sol vandale, fussent réduits en esclavage à perpétuité. Cette parole fut si bien tenue, que la servitude devint le partage d'un grand nombre de prélats et de fidèles illustres par leur condition ou leur fortune[1]. Ceux mêmes qui, afin de conserver la liberté, étaient réduits à s'embarquer pour l'Italie ou les côtes voisines, n'arrivaient le plus souvent qu'à différer leur sort. Lorsqu'ils se croyaient à l'abri par cette fuite dont on leur avait donné le choix, ils retrouvaient à l'étranger les longs bras du barbare, et tombaient souvent entre les mains des pirates vandales, qui les ramenaient esclaves dans leur patrie. Car les flottes de Genséric étaient alors pour les riverains de la Méditerranée bien autrement funestes que ne le furent les corsaires turcs et barbaresques durant ces derniers siècles. Ceux-ci comptaient principalement sur la surprise, et tâchaient d'accomplir lestement leurs coups de main pour se dérober au châtiment. Les Vandales, connaissant bien le monde romain qu'ils avaient affronté dans toute sa force, sûrs d'ailleurs de bonnes retraites dans leurs îles, pouvaient prendre leurs aises dans la dévastation du littoral. Victor de Vite le donne bien à entendre[2]; quelle meilleure preuve en imaginerait-on, pourtant, que la remise d'impôts arriérés faite alors par Valentinien III aux provinces et aux îles italiennes[3]. Il est assez dans les usages du fisc, sous les meilleurs princes, de n'anéantir que les créances irrecouvrables; c'est ce qui a

---

[1] Victor Vit., *Persecut. Vandal.*, I, 4.

[2] Vict., *ibid.*, I : « Quæ vero in Hispania, in Italia, Dalmatia, Campania, Calabria, Apulia, Sicilia, Sardinia, Bruttis, Lucania, Epiro veteri vel Hellada gesserit (*Geisericus*), melius ipsi qui passi sunt miserabiliter lugenda narrabunt. »

[3] Morcelli, A. 438.

fait dire aux pauvres gens, avec plus de malice que de bonhomie : « Où il n'y a pas de quoi, le roi perd son droit. »

Ce fut pis encore l'an 439, quand Genséric, pénétrant par ruse à Carthage, dépouilla les églises, en chassa les prêtres et en fit des habitations profanes. Il avait conclu la paix avec l'empereur Valentinien vers 435. Carthage, qui prétendait ne le céder qu'à Rome, demeurait romaine, et les Vandales s'engageaient à payer un tribut aux empereurs. La cour de Milan avait bien cru opportun d'assurer l'effet de ces promesses en gardant Hunéric comme otage ; mais le roi barbare se montra si bon ami des Romains, à ce qu'il paraît (je ne saurais dire exactement en quoi), que son fils lui fut rendu après trois ans. Genséric, qui était bon père, n'attendait que cela pour lever entièrement le masque. Il se précipita sur la capitale qui manquait à ses États ; de secrètes menées y avaient préparé d'avance le succès de son plan, et il compléta de vive force les effets de la trahison qui lui en avait ouvert les portes.

Là, malgré le soin qu'il prenait de faire main basse sur tout trésor sacré ou profane, il fut en particulier si farouche contre la religion, qu'il semblait avoir déclaré la guerre encore plus à Dieu qu'aux hommes [1]. Alors le saint évêque Quodvultdeus [2], pontife chéri de tous, fut dépouillé des ressources les plus nécessaires à la vie ; et une multitude de clercs partagea le même sort. Cette troupe de confesseurs, jetée sur de vieux navires qu'on ne jugeait pas propres à tenir la mer, eut au moins la consolation d'être poussée vers Naples, où la protection cé-

---

[1] Prosper., *Chronic.* : « ... In universum captivi populi ordinem sævus, sed præcipue nobilitati et religioni infensus ; ut non discerneretur, hominibus magis, an Deo, bellum intulisset. »

[2] Ce beau nom, si convenable au principal évêque de l'Afrique en ces temps d'affliction, paraît avoir été, dans l'origine, la traduction latine d'un nom punique. L'on en peut dire autant de quelques autres tout à fait analogues, tels que *Deogratias*, *Donadeus*, *Deusdedit*, *Cumquodeus*, *Habeldeus*, etc. Ce nom même de *Donatus*, si fréquent en Afrique, semblerait être la version du mot punique ou hébraïque *Nathan*, qui pourrait bien avoir été l'équivalent de Jonathan (*Deusdedit*).

leste les fit aborder. Les catholiques demeurés à Carthage, voyant toutes les basiliques de la ville au pouvoir de la secte arienne, s'étaient retirés dans les faubourgs, où il leur restait deux basiliques dédiées à saint Cyprien. Cette dernière consolation leur fut enviée par le tyran; il les leur enleva, priva les morts des honneurs funèbres, et chassa tout ce qui lui avait d'abord échappé du clergé orthodoxe.

Ces nouvelles victimes de la persécution, jointes à d'autres bannis, se groupaient sur la plage afin de saisir la première occasion de s'embarquer pour l'étranger, où tout leur espoir était dans la charité des chrétiens qu'apitoierait leur détresse. Or il arriva que près de l'isthme du promontoire de Mercure (*cap Bon, Ras Addar*), où Genséric parcourait volontiers le rivage dans ses promenades, bon nombre d'évêques se trouvaient réunis sur une bande étroite de terre appelée la *languette* (au sud-ouest de la goulette de Tunis), lorsqu'on apprit que le roi était proche de là. Dans l'état de dénûment et de malpropreté pitoyable où se trouvaient réduits les confesseurs de la foi, ils jugèrent qu'il ne fallait pas laisser échapper l'occasion de tenter un dernier effort pour fléchir le cœur du despote. Ils allèrent au-devant de lui, le suppliant de leur accorder un coin de terre en Afrique où ils pussent s'abriter; pour, de là, prêter secours à leurs ouailles. Maître sans contestation désormais, — l'Empire n'avait plus que les Mauritanies, la Tripolitaine, et Constantine avec sa banlieue peut-être; — sa politique ne pouvait suspecter de menace dans une concession si mince. Genséric, avec des regards qui complétaient au besoin son langage, repartit que son dessein bien arrêté était de ne supporter qui que ce fût de leur espèce; il n'y avait pas mis tant de mystère qu'on ne dût le deviner, et s'émerveillait en conséquence qu'on osât lui adresser pareille demande. Pour mieux témoigner le vrai fond de ses intentions, il allait même les faire tous jeter à l'eau sur l'heure, sans l'entremise de plusieurs des siens qui l'en détournèrent.

Ne pouvant se résoudre à délaisser les fidèles dont ils avaient charge, les pasteurs furent réduits à chercher des cachettes où ils pussent célébrer secrètement les saints mystères ; encore fallait-il changer souvent d'asile pour n'être pas surpris et traités avec la dernière rigueur. A ceux-là même qui habitaient les pays simplement tributaires des Vandales, s'il arrivait dans leurs exhortations au peuple de nommer Pharaon, Nabuchodonosor, Holoferne ou quelque autre ennemi des Israélites, on ne manquait pas d'en faire un crime d'attaque personnelle contre le roi ; car il se trouvait toujours quelque espion qui leur attirait immédiatement un arrêt d'exil. Les seuls endroits où l'Empire avait su maintenir son autorité jouissaient encore de l'ancienne splendeur de la religion ; et les évêques y signalaient leur zèle en défendant la doctrine orthodoxe, soit de vive voix, soit même par écrit, pour empêcher que l'hérésie arienne ne gagnât du terrain chez eux.

Cependant le pieux Quodvultdeus et les autres ecclésiastiques que l'on avait chassés avec lui et livrés aux hasards des vents, avaient abordé à la côte d'Italie ; où ils respiraient enfin après tant de souffrances, accueillis avec charité par les fidèles. Le plus grand nombre demeura à Naples, où leur sainteté les rendit de plus en plus vénérables ; surtout l'évêque de Carthage, et Gaudiosus évêque d'Abitina (dans la province proconsulaire), qui fonda dans la ville de Naples un monastère conservé jusqu'à nos jours ; il fut après sa mort compté parmi les saints. D'autres, par leurs écrits, défendaient la doctrine catholique contre l'arianisme, et consolaient leurs frères demeurés à la merci des Vandales ; mais tous répandaient devant le Seigneur d'ardentes prières pour que tant de peuples ne fussent pas laissés sous la main cruelle des ariens. Le nombre des exilés africains était trop grand pour que l'Italie pût leur suffire : il en passa dans les Gaules, dans la Grèce et dans l'Asie. Domnolus, cité par Sidoine Apollinaire comme ayant été questeur, et d'un esprit singulièrement cultivé, vivait dans les

Gaules où il recherchait volontiers la retraite des monastères, comme pour préluder à la vie céleste [1]. Théodoret, évêque de Cyr, fait connaître quelques évêques africains retirés en Palestine, et qu'il recommande aux évêques d'Orient. Une jeune Africaine, nommée Marie, fille d'Eudémon, homme *clarissime* [2], avait été vendue comme esclave et conduite en Orient avec sa servante, qui continuait à l'entourer de son dévouement; des gens de guerre, touchés de compassion, payèrent son rachat, et Théodoret, après l'avoir nourrie durant dix mois aux dépens de son Église, put la renvoyer libre à son père qui avait obtenu une magistrature dans l'Occident.

Trois évêques d'Afrique exilés assistèrent, en 451, au concile général de Chalcédoine. C'était encore un exilé d'Afrique, dit-on, que saint Séverin, qui mérita dans ces temps le nom d'apôtre (on pourrait dire gouverneur, ou si l'on veut, *juge*) du Norique. Ne pouvant exercer son zèle dans sa patrie, il avait passé d'abord en Orient; mais un avis du Ciel lui fit prendre le parti d'aller habiter le *Noricum Ripense* (à droite du Danube), voisin de la Pannonie supérieure, et parcouru sans cesse par les incursions des barbares. Là il menait une vie qui le faisait respecter même des envahisseurs, alliant l'austérité d'un solitaire à la vie apostolique [3]. Quatre confesseurs de la

---

[1] Sidon. Apollinar., *Epist.* IV, 25.

[2] Tout le monde ne sait pas au juste quelle était l'espèce de hiérarchie établie dans l'empire romain à cette époque entre les personnages publics, par les titres officiels. Il y avait les *illustres* (viri illustres), degré le plus élevé de l'échelle sociale après le souverain et les princes de sa famille. Puis venaient les *spectabiles* (comme qui dirait *considérables, respectables*), second ordre des offices de la cour; et les *clarissimes* (clarissimi) ou *gens très-distingués*, désignation attribuée aux simples sénateurs. C'étaient ensuite les *très-parfaits* (perfectissimi), et enfin les *egregii*, qui nous conduisent à peu près aux *notables* ou aux *honorables* de notre temps, plus byzantin qu'il ne le pense. Chacun de ces rangs (*ordres*), — car tout cela était très-séparé par des lignes de démarcation officielle, — avait ses prérogatives que fixait une étiquette sévère fondée sur des lois *ad hoc*.

[3] La vie de saint Séverin du Norique, et son rôle d'intermédiaire accepté par tous entre la barbarie déjà triomphante et la civilisation romaine qui s'affaisse chaque jour, ont été retracés par M. Ozanam (*La Civilisation chrétienne*

foi, qui avaient été soumis à d'horribles tortures, furent envoyés comme esclaves par Genséric, en manière de cadeau, à un prince maure appelé Capsur, qui habitait dans un canton des déserts connus sous le nom de *Caprapicta*. Arrivés à leur destination, ils prirent en pitié la superstition des païens et enseignèrent les vérités de l'Évangile aux peuples de ces pays. Dieu bénit leur fatigue : bon nombre de barbares voulurent devenir chrétiens ; et comme ils n'avaient point de prêtre pour les diriger et leur administrer les sacrements, ils envoyèrent au loin dans une ville catholique demander à l'évêque un prêtre pour le besoin de cette Église naissante. Quantité de ces pauvres gens reçurent le baptême ; ils bâtirent un temple au vrai Dieu, et cette chrétienté nouvelle s'accrut de jour en jour. Les saints confesseurs qui l'avaient fondée eurent le bonheur de recevoir vers 459 la couronne du martyre ; et ce fut encore la main de Genséric qui les poursuivit jusque dans cette retraite. Apprenant l'emploi qu'ils avaient fait de leur exil, il voulut fixer lui-même le genre de leur mort. Des païens ne lui faisaient point ombrage, mais des catholiques zélés ne le laissaient pas en repos. L'exécution de ses ordres par le prince maure indique, en passant, que sous le règne de l'envahisseur la puissance ou l'influence vandale s'étendait fort loin dans les terres. Sphère d'action malfaisante qui paraît (grâce à Dieu !) s'être sensiblement restreinte après sa mort.

On a un autre exemple de sa fureur aveugle contre la foi de son enfance dans ce qui arriva au comte Sébastien, gendre du comte Boniface. Après avoir commandé les armées romaines, cet officier avait cherché près de Genséric un refuge contre les jalousies ou les préventions de la cour impériale. Le roi savait qu'il était homme de tête et d'expérience, mais ne crut pas l'avoir tout de bon à son service s'il n'en faisait un arien. Il le somma donc de donner ce gage, et avait rassemblé plusieurs

chez les Francs) et M. Amédée Thierry (*Récits de l'histoire romaine au cinquième siècle*).

de ses évêques pour lui en faire publiquement la proposition. Sébastien, en se brouillant avec l'Empire, n'avait pas entendu briser avec sa conscience; et comme il était au courant des discussions religieuses, il produisit son refus sous une forme empruntée au traité de controverse (*Breviarium adversus Arianos*) rédigé tout récemment en Italie par les Africains exilés. C'en fut assez pour le faire mourir, lui réfugié qu'on avait fait mine d'abriter dans sa disgrâce, et dont on pouvait se promettre d'importants services.

L'Église de Carthage, opprimée durant quinze ans, et sans pasteur depuis que son évêque Quodvultdeus avait été chassé en 439 [1], réussit à obtenir de Genséric sur la fin de 454, l'autorisation de se donner enfin un évêque. Grâce que leur avait value l'entremise de Valentinien, mais dont ils furent peut-être redevables principalement à la mort de Thorismond roi des Visigoths, et à celle d'Attila; qui rendaient le Vandale plus accommodant, en lui enlevant deux alliés capables de détourner l'armée impériale. Le Ciel couronna cette faveur en faisant trouver aux Carthaginois un saint digne de siéger sur leur chaire dans des temps si funestes [2]. Ils recouvrèrent même quelques basiliques, et célébrèrent leur première réunion tolérée, dans la basilique de Fauste; où le nouvel élu, nommé Deogratias, fut sacré par les évêques voisins.

Deux ans plus tard, ce nouveau pontife avait une belle occasion de montrer son zèle et sa charité; la flotte de Genséric, qui rentrait à Carthage (456) après le pillage de Rome, exposa sur la rive les dépouilles et les esclaves que les barbares avaient à partager pour se les approprier ou les vendre : marché cruel, où l'on arrachait les femmes à leurs époux et les enfants à leurs

---

[1] Il mourut en 441.
[2] Vict. Vitens., *Pers. Vand.*, I, 8 : « Factum est, supplicante Valentiniano Augusto, Carthaginiensi Ecclesiæ post longum silentium desolationis episcopum ordinari nomine Deogratias; cujus si nitatur quisquam quas virtutes per illum Dominus fecerit paulatim exeutere, ante incipient verba deficere quam ille aliquid explicare. »

pères. Les catholiques africains s'associaient à l'amère affliction de leurs frères de Rome. Le saint pasteur Deogratias signala entre tous sa charité, par les ressources que lui fit trouver son cœur d'évêque. L'homme de Dieu, c'est Victor de Vite qui nous l'apprend, vendit en hâte les vases sacrés d'or et d'argent pour ravir ces infortunés à la servitude; et faire que les époux ne fussent point séparés, ou les enfants éloignés de leurs parents. Il n'y avait point de logement qui pût recevoir toute cette multitude, mais il y consacra deux grandes basiliques qu'il fit garnir de lits et de paille; et prit soin que la subsistance quotidienne de chacun ne fût pas trop disproportionnée à sa condition. Bien plus, une quantité de ces prisonniers étant malades par suite des privations de la traversée ou des mauvais traitements qu'ils avaient subis; le saint évêque, à la manière d'une tendre nourrice, faisait sa ronde toutes les heures, accompagné de médecins et suivi de gens qui portaient de la nourriture, afin de s'assurer que tous étaient pourvus des remèdes et des soulagements convenables. La nuit même il ne suspendait pas cette pieuse œuvre, s'arrêtant près des lits et questionnant chacun sur l'état où il se trouvait, tandis que lui-même oubliait sa propre fatigue et son grand âge.

L'Afrique vit aussi dans ce temps-là un admirable exemple de charité dans le saint évêque de Nole, Paulin. Les Vandales, dans leurs courses en Campanie avaient enlevé un jeune homme de Nole, fils d'une veuve; et quand la pauvre mère vint raconter ce malheur à l'évêque, celui-ci avait épuisé ses dernières ressources à sauver de l'esclavage tous ceux qu'il avait pu racheter. Véritable pasteur, il ne se crut pas dégagé tant qu'il s'offrait à lui un moyen de délivrer ses ouailles; et le moyen qu'il imagina fut de se faire échanger contre l'enfant. Saint Paulin fut donc employé comme esclave à cultiver le jardin d'un prince vandale. Mais lorsque le barbare vint à savoir ce qu'était son serviteur et comment il en était venu là, il ne crut pas faire assez en le renvoyant libre, et voulut qu'il emmenât tout ce qu'il y avait de citoyens de Nole parmi les prisonniers.

Ceux qui sont familiarisés avec l'histoire ecclésiastique me pardonneront sans doute si, pour de moins entendus, je fais observer que ce charitable évêque de Nole ne doit pas être confondu avec le poëte chrétien du même nom qui mourut un an après saint Augustin.

La haine des ariens contre tous les évêques catholiques ne manqua pas de s'attacher très-particulièrement au saint évêque de Carthage, dont les charitables largesses et la tendre compassion attiraient tous les regards. Ils recoururent plus d'une fois à la ruse pour lui ôter la vie, mais Dieu le protégeait pour le conserver aux pauvres Romains dont il procurait la liberté ou adoucissait l'esclavage. Ce vénérable vieillard ne poussa pas cependant sa carrière pastorale au delà de trois ans et deux mois. Sa mort consterna toute cette Église comme la perte d'un père, et laissa de profonds regrets dans le cœur des malheureux étrangers qu'il avait soustraits à la servitude ou à une mort imminente.

Genséric, à l'instigation des ariens, se remit à persécuter les catholiques. En 457 il exila six évêques des plus zélés et des principaux dans tous les provinces. C'étaient Crescens, évêque d'*Aquæ*, primat de la Mauritanie Césarienne; Vincens de Sabrata (**Sabart** ou *Tripoli Vecchio*) et Cresconius d'Oëa (*Tripoli*) dans la Tripolitaine, Eustrasius de Sufes (**Sbibah**, **Esbyba**) dans la Byzacène, Urbain de Girba (*Djerba*) et Habetdeus de Theudale dans la Proconsulaire. L'année d'après, tandis que Carthage et d'autres villes songeaient à élire de nouveaux évêques, un édit violent vint défendre non-seulement aux Carthaginois, mais à tous les autres catholiques de la Zeugitane et de la Proconsulaire le remplacement des évêques morts. Les ariens s'en encouragèrent si fort qu'après avoir fréquemment tendu des piéges à un évêque catholique nommé Thomas, vieillard vénérable qui était venu à Carthage, ils l'assaillirent publiquement et le frappèrent sur le visage avec des verges[1]; de quoi le serviteur de Dieu se réjouissait, tenant cette ignominie pour une vraie gloire. Des cent soixante évêques de la Proconsulaire qui vivaient encore à cette époque, on n'en comptait plus que trois l'année (487) où Victor de Vite écrivait son histoire de la persécution. C'étaient Vincent de Gigga, Paul de Sinna (ou *Sinuara*, dans la province proconsulaire) et Quintianus d'Urcita (ou *Urci*, dans la Proconsulaire). Tous, du reste, moururent loin de leurs Églises. Les autres provinces doivent avoir été serrées de moins près par le tyran, beaucoup plus attentif peut-être aux cités voisines de sa résidence. Car à la même époque, dans chacune d'elles, le nombre des évêques était double de celui que comptait encore la Proconsulaire. L'Église épiscopale de Carthage, qui demeura sans pasteur jusqu'après la mort de Genséric (exactement jusqu'en 479), fut fermée dès 464; et vit son clergé dispersé au loin par ordre du sagace persécuteur. Voulant établir partout autour de lui les doctrines ariennes, cet homme clairvoyant et tenace entendait que, principalement dans sa capitale, tout vestige de la foi catholique allât s'effaçant. C'était peu pour ce dessein de voir ceux qu'il avait chassés errer dans un dénûment à fendre le cœur ; à partir de 459 il jugea que du sang pourrait faire plus exemple, si bien que pendant plusieurs années sa main pesante rappela les temps de Dioclétien et de Galère[2]. Malheureusement nous n'en avons plus que des traits généraux : les actions, les noms même de ceux qui donnèrent alors leur vie à la cause du Fils de Dieu, ne nous ont pas été transmis; sauf quel-

[1] *Catomi*, instrument de supplice ignominieux, parce qu'on l'employait pour donner le fouet aux faillis et aux enfants. Le saint évêque Thomas, pour plus d'opprobre encore, en fut frappé sur le visage. L'expression grecque κάτωμος donnerait à penser qu'on ne s'en servait que pour frapper les épaules, mais cette interprétation serait trop restreinte; on en faisait un usage plus infamant, et ce nom pouvait être une sorte d'expression euphémique.
[2] Vict. Vit., *Persecut. vandal.*, 1, 10 : « Etiam tum martyres quam plurimi fuisse probantur, confessorum autem ingens et plurima multitudo. »

ques-uns, conservés par Victor, et que nous rappellerons ailleurs.

Il y avait eu déjà des pourparlers entre les cours de Carthage et de Constantinople ou de Rome, pour essayer de mettre fin à quelques-unes des calamités apportées par ce règne funeste. Mais Genséric n'avait montré nulle envie de rien conclure depuis qu'il avait compris le défaut de forces, de probité ou d'entente qui paralysait les entreprises de la cour impériale [1]. Par une sorte de facétie ou de sarcasme, il mettait en avant et prétendait faire valoir des prétentions quasi divertissantes à force d'être imprévues et absurdes. C'est ainsi qu'il justifiait comme honnêtes et légitimes représailles ses dévastations autour de la Méditerranée, à raison du tort que lui faisaient les empereurs et le sénat romain, en n'admettant pas ses revendications sur l'héritage d'Aétius dont il avait emmené le fils en Afrique; et s'était donné la peine, disait-il, de soigner l'éducation de ce jeune homme. Il réclamait aussi, et beaucoup plus haut, le patrimoine privé de Valentinien III comme revenant de plein droit à sa prisonnière Eudoxie la Jeune (Eudocie) dont il avait fait sa bru [2]. Qu'avait-on vraiment à lui reprocher? Tuteur officieux et beau-père, il faisait suivre en remboursement les créances des siens. Intérêts confiés à sa sollicitude qu'il gérait en bon père de famille!

[1] Genséric n'avait pas toujours rencontré des gens qui tremblassent devant lui, mais maintes fois il s'était aperçu que l'ensemble, la confiance et le sens moral manquaient par quelque endroit dans les plus menaçantes apparences. L'un, suspect de droiture inflexible ou de talents qui pouvaient lui livrer l'avenir, était sacrifié par les meneurs jaloux; d'autres faisaient bon marché de l'honneur et du devoir, si l'intérêt couvrait la compensation; argent ou calculs d'influence balançaient toute considération de bien public. Aspar, en Orient, ne se souciait pas de voir écraser l'arianisme qui serait toujours un peu abrité dans l'empire par la crainte d'une puissance bien établie au dehors; Basilisque, beau-frère de l'empereur Léon, était aussi cupide que sot; Ricimer ne voulait pas plus être effacé que démasqué; etc. L'esprit pénétrant de Genséric calculait toutes ces bonnes chances, et jouait hardiment sur ces données qu'il cultivait d'ailleurs par l'adjonction de complications étrangères.

[2] On admet assez communément qu'Hunéric avait épousé Eudocie (Eudoxie la Jeune). Certaines difficultés ont fait soupçonner à quelques historiens qu'elle avait été donnée à un autre fils de Genséric.

Or il arriva un jour (462) qu'un navire chargé de trésors entra dans le port de Carthage pour verser au palais ce qu'on avait pu réaliser de l'héritage réclamé depuis environ sept ans par ce terrible demandeur. C'était le résultat des diligences faites par Olybrius, qui avait été fiancé à Placidie, la plus jeune fille d'Eudoxie la veuve, et qui désirait pouvoir épouser la princesse. On les relâcha donc toutes les deux contre livraison des richesses expédiées, et cela pouvait absolument être qualifié de rançon pour ces captives, plutôt que de dot à celle qui demeurait. Mais, sans autre chicane, c'était en tout cas matière à prétention nouvelle pour le roi. Désormais, si le gendre de Valentinien III (Olybrius) n'était pas couronné empereur, ce ne pouvait être que par mauvais procédé bien gratuit contre son beau-frère, l'héritier de la couronne vandale; et la cour de Carthage se devait de ne pas tolérer pareil affront. On se trouvait donc beaucoup moins raccommodés qu'avant; et c'était toujours Genséric qui, se portant pour offensé, se chargeait du rôle de vengeur en continuant ses pilleries de plus en plus lorsqu'on pensait lui en avoir enlevé le prétexte[1].

Avec ce joyeux entrain de corsaire doublé d'esprit procédurier, il y a presque à s'étonner qu'il n'ait pas requis des dommages-intérêts à payer par le sénat, pour avoir laissé saccager Rome par Alaric moins d'un demi-siècle avant que la nouvelle Carthage y vînt faire ses recouvrements. C'était évidemment une soustraction à l'actif du débiteur, dans la liquidation d'un vieux compte pendant depuis les Scipions tout au moins. En tout cas, à la mort de l'empereur Léon, qui avait montré l'envie de le mettre à la raison, il venait de rompre la paix pour re-

---

[1] Cette belle candidature d'un jeune homme insignifiant, mais noblement apparenté dans le monde latin, fut saisie par Ricimer contre l'empereur Anthème, expédié de Constantinople en Occident avec quelque dépit du sénat romain. Cela valut à la pauvre Rome un troisième pillage (472), exécuté cette fois par une armée impériale et comme au nom d'un empereur. Anthème y perdit la vie, Ricimer mourait dans la même année, et le triste Olybrius donnait un instant son nom à ce reste d'empire agonisant.

commencer ses rondes de ravages. Zénon, qui se voyait assez d'ennemis sur les bras sans cela (et qui les devait peut-être à celui-ci), voulut obtenir la tranquillité du côté de la mer. Les Sarrasins se jetaient sur la Mésopotamie; les Huns, avec une escouade de peuples subalternes, s'entretenaient la main en dévastant la Thrace; les Ostrogoths d'Illyrie ne formaient pas un voisinage rassurant; les provinces avaient plus d'un motif de désaffection. Zénon n'avait pas ses goûts à la guerre. L'ambassade vers Genséric fut confiée au sénateur Sévère, personnage digne de représenter un meilleur souverain que Zénon; et pour mieux accréditer ce négociateur, on lui conféra le titre de patrice (475).

Le rusé Vandale, habituellement bien informé, savait d'avance qu'on allait venir le prier de se tenir en repos. Tandis que l'envoyé impérial s'arrêtait en Sicile, une flotte tenue toute prête sous la main du roi apareillait lestement pour saccager l'Épire où elle s'acquitta vaillamment de sa tâche. C'était rendre la paix plus urgente pour la partie adverse, et se tailler à soi-même une meilleure part dans le prochain *uti possidetis* du traité. De retour à Carthage après cette espièglerie barbaresque, Genséric fit mine de recevoir comme un hôte inattendu l'ambassadeur, qui exposa les doléances de la cour impériale sans oublier l'expédition de la veille, où une ville (Nicopolis) avait été mise à feu et à sang. « Mais, repartit le jovial pirate, n'étions-nous pas en guerre! Si maintenant vous avez à me parler d'arrangements, me voici prêt à vous entendre. » C'était là, sans doute, ce que l'on appelle s'aborder le cœur sur la main. Comment imaginer un adversaire de meilleure composition! J'ignore si le diplomate de Zénon admira cette charmante bonhomie. Au fond, les cœurs loyaux trouvent parfois des pièges dans leur probité; parfois aussi, en échange, ils y puisent de merveilleuses ressources.

Peut-être le vieux matois barbare se trouvait-il avoir à peu près achevé de piller tout ce qui promettait une proie rémunératrice à ses armements; peut-être que son âge avancé lui faisait éprouver le besoin d'une vie plus calme, peut-être encore n'était-il pas préparé par son expérience des hommes à la lutte qui s'engagea entre lui et le négociateur romain. Sévère, aussi droit que prudent, prenait sa mission plus comme affaire de religion que comme œuvre d'habileté; tandis que Genséric, à la façon de ses pareils, partait sans doute de ce point fondamental en machiavélisme, que mépriser les hommes c'est leur rendre justice, et qu'il suffit de ne pas trop l'afficher. Lorsque les grands connaisseurs formés à cette école trouvent par hasard en leur chemin quelque caractère solidement honnête, ils en ressentent une vive surprise qui les met facilement hors de garde, et qui peut tourner soit à la haine, soit à l'estime, selon les circonstances (ou selon qu'il plaît à Dieu). Celui-ci gagna l'admiration et la bienveillance du roi par son désintéressement et sa générosité. Quand on voulut lui faire accepter les présents qu'un ambassadeur n'avait pas coutume de refuser, il déclara que l'unique faveur dont il pût être touché vivement, serait d'obtenir la vie et la délivrance de tous ses concitoyens réduits à l'esclavage dans le pays. Cela devait être assez nouveau de la part d'un homme d'État byzantin, puisque Genséric, ravi d'une telle grandeur d'âme, se laissa piquer d'honneur; il promit de lui donner sans rançon tout captif romain qui serait la propriété du roi ou de ses enfants, l'autorisant d'ailleurs à racheter n'importe quels autres dont les maîtres voudraient se dessaisir. Afin d'utiliser ce moment de bon vouloir, Sévère vendit ce qu'il possédait en mobilier d'or et d'argent ou en vêtements précieux (richesse alors très-recherchée); en sorte qu'une foule de malheureux lui durent l'affranchissement. Quant à lui, qui ne croyait pas y mettre de la finesse, il conquit le cœur très-peu sentimental pourtant du prince arien.

Que ce fût un projet bien cher à Zénon de faire profiter cette ambassade à la foi, ou que la vertu simple et noble de Sévère eût assez frappé Genséric pour le déterminer à relâcher de sa haine contre les catholiques; le fait est qu'à cette occasion les fidèles d'Afrique obtinrent la réouverture de leurs églises dans Carthage, avec le droit pour le clergé d'y rentrer enfin. Nous manquons de détails sur le traité qui fut alors conclu; on y aperçoit seulement que dans les instants de plus grande condescendance, Genséric n'abandonnait pas ses principales visées sur l'avenir. Ainsi il ne fut pas question d'épiscopat pour ceux qu'on avait l'air d'émanciper après une si dure oppression. Malgré les réserves, la réussite de ces demandes causa une fête générale : on croyait voir revivre cette Église, couronnement de toute la hiérarchie africaine, dont l'ancienne splendeur avait été retracée aux hommes d'alors par leurs pères.

Hunéric fils aîné du conquérant, fut son successeur en 477, sans hériter des qualités brillantes et solides que le redoutable Genséric avait montrées durant un règne d'au moins quarante-neuf ans. Si cruel et rapace qu'ait été l'envahisseur de Carthage, on ne peut lui refuser une trempe d'esprit très-remarquable comme chef politique et fondateur d'État. Le cœur n'était assurément pas son beau côté, peut-être même est-ce pour en avoir eu très-peu qu'il n'en connut point les faiblesses; car ce ne devait pas être la conscience qui le retenait. Mais, opiniâtre et perspicace, il sut très-bien deviner où pouvait être placé le levier de sa domination. Attaques foudroyantes contre ses ennemis, aventures brillantes et lucratives pour l'inquiétude tumultueuse de ses sujets, relations éloignées liées avec mystère contre ceux qui pouvaient l'entraver dans sa marche; c'était l'œuvre continue de cette intelligence vigilante, active et singulièrement avisée. Les revers, au lieu de l'abattre, lui servaient de leçon pour mieux combiner ses entreprises; il tâchait de ne jouer qu'à jeu sûr, et son regard savait sonder l'horizon à des distances profondes pour y trouver des hommes ou des intérêts qui s'associassent à ses plans. Les historiens anciens donnent lieu de croire qu'il ne fut pas plus étranger à l'irruption des Huns qu'à diverses expéditions des Goths. Il aurait averti Attila des éventualités favorables que l'empire ouvrait aux barbares malgré son prestige superficiel d'organisation et de grandeur. Lui-même et les siens en savaient certes quelque chose, pour avoir tâté et percé d'abord la moitié des frontières, puis pésé sur place la valeur de certains noms illustres. Ajoutez que les grands et subits déplacements des populations germaniques procuraient aux conquérants des liaisons et des connaissances pratiques du terrain et des mœurs, qui nous semblent incalculables au premier coup d'œil. Quels courriers, quels entremetteurs d'intelligences lointaines, quels espions hardis et infatigables devaient sortir de bandes sauvages dont les chevaux avaient traversé le Mein ou le Danube, le Rhin, la Garonne, les Pyrénées, le Tage, le Guadalquivir, l'Atlas, etc.! Et sur leur route en allant et venant ils rencontraient des compatriotes, des amis, des mécontents plus ou moins envenimés : dans les villes et les campagnes, dans les garnisons même, aussi bien que dans les réservoirs de la barbarie. Genséric tenait tous ces fils dans sa main; et (Dieu merci!) nul de ses successeurs ne l'égala dans l'ensemble de parties qui concouraient à former ce talent terrible. Mais aussi cet homme dangereux avait eu un demi-siècle d'autorité pour connaître et manier ses instruments de domination.

L'apprentissage de ces grands ouvriers est pour beaucoup dans leur savoir-faire; et ils ne le communiquent point avec le résultat, quand même ils transmettraient tout leur talent. Le monde ne doit pas s'en plaindre, s'il pèse ce que lui coûtent les princes à réputations éclatantes; mais, pour le cas actuel, pendant que l'Europe pouvait assister assez joyeusement aux funérailles de Genséric, l'Afrique n'eut pas à s'en applaudir longtemps. Dès lors commence à devenir plus claire une parole de Salvien, qui donnait comme opinion reçue que les Vandales étaient les moins guerriers de tous les barbares. Il avait donc fallu et le sang mêlé d'un bâtard qui avait saisi violemment la direction de ces bandes dévastatrices, et l'élan d'une invasion enivrante, et les finesses perfides du premier chef de la conquête, et sans doute l'englobement de la population maure dans ces courses rapides sans cesse renouvelées; pour déguiser ce défaut capital, qu'une postérité de cabinet a taxé à son aise de calomnie malveillante. Encore remarque-t-on dès l'âge héroïque de ces grands vainqueurs, des cruautés lâches dont certains modernes se débarrassent en ne les croyant pas. Manière commode d'écrire l'histoire [1].

Somme toute, Genséric mort, son peuple ne montre plus qu'un assez mauvais aloi. L'énergie baisse, la perfidie demeure; on persécute beaucoup sans guère organiser autre chose que la haine, tandis qu'ailleurs des nations barbares font du moins de beaux efforts pour s'amalgamer avec la race soumise. Nul des peuples ariens n'en vint à bout en conservant son arianisme; mais nul ne fit plus que les Vandales pour éterniser la division et préparer sa ruine, quoique nul ne fût peut-être mieux placé pour asseoir une puissance durable. Le fondateur sentait probablement le fort et le faible de son État, quand sur la fin de sa vie, il cédait la Sicile à Odoacre sans faire le délicat sur les conditions, et ne s'y réservant qu'une sorte de pied-à-terre. Il lui fallait des frontières peu contestées, et point de guerre hors de chez lui avec des gens énergiques. L'on voit en divers cas que les Goths s'étaient engagés envers les Vandales à ne jamais embrasser contre eux la querelle d'autrui. Restait à écarter les

---

[1] Je ne tiens pas à réclamer le droit d'inventeur sur ces observations. Salvien n'est pas le seul contemporain qui nous y conduise. Voici comment Sidoine Apollinaire, dans son panégyrique de Majorien, parle d'une descente des Vandales en Italie :

« . . . Campanam flantibus austris
Ingrediens terram, securum *milite Mauro*
Agricolam aggreditur. *Pinguis per transtra sedebat*
Vandalus, opperiens prædam quam jusserat illuc
Captivo capiente trahi. »

Et pourtant les projets connus de Majorien, aussi bien que ses premiers succès contre Genséric, semblaient plutôt demander au poëte qu'il évitât, s'il était possible, de peindre les Vandales comme un ennemi méprisable. Évidemment la gloire du vainqueur ne pouvait qu'en souffrir.

sujets de rupture entre une nation gothique et la nouvelle monarchie africaine, c'est ce dont les Vandales eurent généralement grand'soin. Leur avant-dernier roi (Hildéric) crut pouvoir n'y pas regarder de si près; et quoiqu'il n'eût offensé que les Ostrogoths d'Italie, alors dans l'embarras, on ne se tromperait guère, peut-être, en cherchant là une des causes qui rendirent si froids les Visigoths d'Espagne au moment où débarqua Bélisaire. Quant aux Goths de Ravenne, ils ne firent pas difficulté de fournir des vivres et des chevaux pour l'expédition grecque en Afrique.

Hunéric se mit tout d'abord en devoir de se ménager un règne sans soucis. Se bornant, et pour cause, au titre de roi des Vandales et des Alains; on ne le voit guère comme le conquérant, parler de Gétulie ou même de Mauritanie, quoiqu'il mentionne en bloc *toute l'Afrique* en écrivant aux évêques. Il se désiste de toute revendication envers l'Empire : soit pour la dot d'Eudocie (qui, du reste, s'était échappée), soit pour les marchands africains lésés durant les hostilités précédentes; litiges que Genséric avait laissés en suspens pour les raviver à l'occasion, ou renvoyés à des stipulations futures. Zénon n'était pas moins désireux d'une bonne paix que le nouveau roi, et les deux cours échangèrent des députés pour régler les conditions d'un accord durable. Pendant ce temps, Hunéric avait intérêt à laisser les catholiques tranquilles. Les Manichéens, qu'aucun prince ne patronnait, l'occupèrent en attendant. Il les poursuivit d'une haine implacable : faisant brûler vifs bon nombre de ces sectaires, en exilant outre-mer une quantité plus grande encore. Du reste, il importe de remarquer que l'hérésie manichéenne s'était surtout attiré l'animadversion royale pour avoir entamé le clergé arien. De bonnes gens s'y trompaient, ne voyant pas que le zèle pour l'arianisme était le grand moteur.

Vers 479, un ambassadeur de Constantinople vint demander, au nom de l'empereur et de la veuve d'Olybrius, qu'après vingt-quatre ans de veuvage, l'Église de Carthage pût enfin s'élire un évêque. L'édit publié par le roi pour l'accorder n'était pas sans quelque indice de persécution prochaine, mais on profita pour le moment de la faculté précaire dont se pouvaient prévaloir les fidèles jusqu'à nouvel ordre. Eugène, homme de Dieu, fut élu et sacré à la grande consolation de tous, mais particulièrement de la jeunesse, qui voyait pour la première fois un pontife siéger dans la chaire de saint Cyprien. C'était bien, d'ailleurs, le personnage qu'il fallait pour traverser des temps calamiteux où la foi devait courir un grave danger; si bien que le pape saint Gélase crut devoir offrir au monde comme un exemple de constance épiscopale, la belle conduite d'Eugène et des évêques d'Afrique qui l'imitèrent [1].

Ce qu'il y avait de menaçant dans la façon dont cette concession était octroyée au peuple catholique, c'est que le prince déclarait la subordonner à la parité qu'il attendait pour les ariens dans l'Empire; sinon, disait-il, ce ne serait pas uniquement l'Église de Carthage qui porterait la peine du refus, il s'en prendrait à toutes les Églises de ses États. Des caractères timides ou ardents préféraient repousser une faveur si dangereuse, afin de pouvoir en éluder les conséquences. Mais on jugea bon de mettre d'abord à profit ce que l'on retrouvait de liberté. Saint Eugène soupçonnait que celui qui posait de telles conditions trouverait aisément des prétextes, ou ne prendrait pas la peine d'en chercher, pour suivre les pires traces de son père; il jugeait donc urgent de saisir sans retard ce que le roi donnait de facilités quelconques. Bientôt Hunéric s'annonça plus à découvert.

Il avait passé trois ans sur le trône sans montrer de son caractère que la soif d'argent, par des spoliations et des aggravations d'impôts. Cela seul prêtait à prendre la mesure d'un

---

[1] Ap. Harduin., *Concil.*, t. II, p. 914 : « Ecce nuper Hunerico regi Vandalicæ nationis, vir magnus et egregius sacerdos Eugenius carthaginiensis episcopus, multique cum eo catholici sacerdotes constanter restiterunt sævienti; cunctaque extrema tolerantes, hodieque persecutoribus resistere non omittunt. »

maître pour qui tout moyen était bon. Prétextes à confiscation le gênaient si peu, que le peuple en avait fait ce proverbe : « Près de roi besoigneux accusateurs ne manquent. » Arrivé à la quatrième année de son règne, il démasqua tout de bon ses mœurs cruelles. L'exil de plusieurs, et de nombreuses vexations ne lui suffisaient plus; il eut recours au massacre. Son début en ce genre fut de tuer ou de pourchasser ses frères avec leurs familles, et les grands du royaume; mais tout particulièrement ceux de la cour qui lui avaient été recommandés par son père.

Pour ne pas prendre le change sur le caractère d'Hunéric, il importe de ne pas expliquer ses haines domestiques par une folie enragée, mais par fureur d'ambition combinée avec l'affection paternelle. Il visait à ne laisser personne après lui, s'il se pouvait, entre le trône et son fils. Mais Genséric ayant établi pour sa dynastie un ordre de succession fondé sur l'âge et non sur la primogéniture dans une même ligne, les frères du nouveau roi avec leurs enfants, barraient la route à l'innovation projetée. De là également les cruautés d'Hunéric contre les conseillers et les amis de son père, qui naturellement appuyaient les institutions du fondateur. Cela n'absout pas le tyran, mais le montre dans son vrai jour d'homme décidé, qui ne fait plier ses desseins devant aucune barbarie s'il la croit utile au plan une fois choisi. En quoi j'ai peur d'avoir flatté son portrait. Car si l'on comprend qu'avec cette ténacité acharnée, il ait envoyé mourir son frère Théodoric dans la pénurie de l'exil, on ne voit pas quel intérêt pouvait le pousser à chasser des princesses et des enfants, avec des opprobres par surcroît; ou à leur refuser même un serviteur dans cette expulsion impitoyable. Quand, avec le principal évêque de sa secte, il fait mourir dans les flammes ou sous la dent des bêtes farouches, d'autres membres du clergé arien et de vieux compagnons du conquérant; leurs femmes ensuite, afin de mieux étouffer le mécontentement; lavez-le, si vous voulez, de l'imputation de férocité gratuite; convenez seulement que sa colère était sans bornes quand elle avait pris feu. Et ici je ne vois pas comment on s'opiniâtrerait à méconnaître la lâcheté vandale dans l'attitude de la nation devant ces fureurs. Entre les peuples établis sur les ruines de l'empire romain en Occident, l'on n'en trouverait pas un autre qui eût toléré de pareils coups adressés à ses principales familles. Tous ils étaient plus ou moins violents, perfides même; mais tous avaient, sauf celui-là, plus ou moins d'honneur.

Au milieu de la consternation générale, les catholiques comprenaient qu'un tel maître ne leur présageait rien de bon. Ils étaient soutenus, en attendant, par leur saint évêque Eugène; qui mettait ses conseils, ses exhortations, ses largesses même, à la disposition de tous; quoique les Vandales n'eussent eu garde de lui rendre les propriétés de son église. Mais la vénération que lui valaient ses vertus le rendait comme tout-puissant. La charité, le zèle infatigable éclataient dans sa conduite au point que les Vandales eux-mêmes ne pouvaient lui refuser l'hommage de leur admiration. Piqués de sa ferme contenance, les évêques ariens en conçurent une jalousie qui leur fit pousser Hunéric à lui défendre de prêcher son peuple. On fit plus, il lui fut interdit de recevoir dans son église les hommes ou les femmes qui seraient vêtus à la manière des Vandales.

Comme les conquérants avaient à leur service bien des Romains chargés d'emplois civils, pour maintenir le jeu des anciens rouages administratifs, il est probable que ces fonctionnaires avaient adopté les façons extérieures de leurs maîtres, surtout à la cour. L'ordonnance d'Hunéric semble donc avoir eu pour but de conduire à l'apostasie ceux des Latins qui prétendraient être quelque chose dans les services publics. De cette sorte, la religion catholique ne devait plus être professée que par des gens de condition à peu près servile, et portait un cachet d'infériorité sociale. D'hommes capables de mener une existence indépendante, il n'en restait guère chez les vaincus après la distribution des terres que s'était faite le vainqueur.

Qu'Hunéric vît avec indignation des Vandales ou des Alains partager les croyances de la race opprimée, on le conçoit : aux yeux d'un despote étranger, c'était comme renoncer la dignité de l'origine nationale. Mais il portait ses vues plus loin, se proposant de désunir les vaincus. Calcul politique renforcé en outre par la haine du sectaire et le dépit d'une tyrannie étroite, qui n'endure pas de pensée hormis la sienne.

Eugène comprit aisément ce que renfermait d'astuce l'intimation de cette loi. Il savait très-bien que la nation conquérante et la cour du roi comptaient bon nombre de catholiques[1]; et répondit que la maison de Dieu étant ouverte à tous, nul ne pouvait être empêché d'y pénétrer. Quand cette réponse fut portée au prince, il s'avisa d'une invention singulièrement brutale contre ceux qui se rendraient aux églises catholiques avec les vêtements de sa nation. Sur le seuil des basiliques il posta des bourreaux qui, à la vue d'un homme ou d'une femme vêtus en Vandale, leur portaient à la tête un petit bâton dentelé avec lequel ils saisissaient et tordaient la chevelure jusqu'à leur arracher la peau avec les cheveux. Il y en eut qui perdirent les yeux, d'autres moururent de la souffrance que causait cette belle invention. Quant aux femmes qui avaient eu la tête ainsi excoriée, un crieur public les promenait par toute la ville; sort que ces généreuses chrétiennes bénissaient, loin d'en rougir. Hunéric priva d'appointements, et de la subsistance accoutumée, les catholiques de sa cour; et puis contraignit ces hommes bien nés et délicats à la rude tâche de la moisson sous un soleil ardent, aux environs d'Utique. Cependant il s'en fallait bien qu'il fût disposé à s'en tenir là; déjà, comme aux jours de saint Cyprien, des visions et des pronostics étranges faisaient prévoir une affreuse tourmente.

Le tyran commença par s'en prendre aux catholiques qui servaient dans son palais ou dans les emplois de l'État : nulle

---

[1] « Ingens multitudo, » dit Victor de Vite.

fonction, nul honneur désormais, à moins qu'on ne fût arien. La plupart de ceux que regardait cet édit renoncèrent courageusement aux distinctions et aux revenus, dépouillant sans balancer les insignes de leur rang pour demeurer au service du souverain Maître. A peine s'étaient-ils retirés dans leurs maisons qu'ils en furent chassés, et relégués, dans un dépouillement complet, en Sicile ou en Sardaigne [1]. Après ces premiers actes, ce fut le tour de l'épiscopat; le roi ordonna que les biens des évêques catholiques morts fussent confisqués, et que les nouveaux élus payassent au fisc cinq cents sous d'or [2]. Les évêques ariens lui firent abroger cette loi, dans la crainte de voir appliquer ce système d'amende à leurs confrères d'Orient; mais Hunéric, voulant colorer d'un beau semblant ses projets de persécution, s'avisa d'une ressource diabolique pour déshonorer les évêques orthodoxes. Il fit réunir les vierges consacrées à Dieu, et leur envoya des Vandales avec des accoucheuses ariennes chargées de les visiter sans l'intervention d'aucune femme catholique. Non content de cette scène contraire à toute bienséance, on soumit ces infortunées à la torture : les suspendant par les mains, tandis qu'à leurs pieds étaient attachées des masses pesantes; et les bourreaux leur appliquaient sur le corps des lames de fer rouge, les excitant à déclarer qu'elles avaient été déshonorées par les évêques et par le clergé catholique. Il en mourut beaucoup dans ces horribles tortures; et celles qui conservèrent la vie demeurèrent courbées ou comme cassées de vieillesse par suite du raccourcissement de la peau. En tout cela, du reste, Hunéric ne réussit qu'à mettre dans un plus grand jour la pureté des mœurs du

---

[1] Une partie de la Sicile, la Corse, la Sardaigne et les Baléares obéissaient aux Vandales devenus maîtres de la mer, au moins jusqu'à la Morée. Mais Malte semble avoir suivi le sort de la Sicile presque entière, et être demeurée attachée au royaume d'Italie.

[2] Le sou d'or, à cette époque, était une monnaie dont il se taillait soixante-douze dans la livre; ainsi la somme imposée était d'environ sept livres d'or Cf. Eckhel., *Doctr. N. V.*, t. VIII, p. 514.

clergé catholique dont il prétendait flétrir la réputation, et qui se trouva confirmée au contraire par le grave témoignage rendu au milieu des supplices. Mais l'unique résultat qu'eurent ces informations pour le tyran fut que, ne pouvant colorer sa fureur, il en vint à une guerre ouverte contre l'Église. Quatre mille neuf cent soixante-seize catholiques furent livrés par son ordre aux Maures chargés de les déporter dans un désert où abondaient les scorpions et autres animaux venimeux, qui d'ailleurs respectèrent ces confesseurs de la foi [1].

En 483, Eugène évêque de Carthage, célébrait les saints mystères le jour de l'Ascension, lorsqu'on lui apporta l'édit d'Hunéric, qui voulait que tous les évêques catholiques s'assemblassent à Carthage pour une discussion avec les ariens, aux calendes de février de l'année suivante. La lecture de cet édit causa une terreur universelle : on voyait sans peine où allaient ces mots du roi : « Dans les provinces que Dieu nous a données, nous ne voulons pas de scandale; » ce qui voulait dire, évidemment, « nous ne voulons pas de catholiques. » Eugène, prenant l'avis des autres évêques qui se trouvaient dans sa ville épiscopale, écrivit à Hunéric que les catholiques étaient prêts à se présenter; mais en même temps il le suppliait de permettre que, dans une affaire d'intérêt commun à toute l'Église, on pût avoir à cette assemblée des évêques d'outre-mer, et spécialement des représentants de l'Église romaine, qui est le chef de toutes les autres. Cette demande avait pour but que les évêques étrangers pussent défendre plus librement l'enseignement orthodoxe, et témoignassent devant le monde chrétien que l'Église d'Afrique ne succombait pas aux raisons mises en avant par la théologie arienne, mais uniquement sous l'oppression de la violence. Comme on pouvait s'y attendre, cette requête fut

---

[1] Vict. Vit., II : « Ad solitudinis loca perveniunt... ubi... venenatorum animalium atque scorpionum tanta esse dicitur multitudo ut ignorantibus incredibilis videatur... Quorum feritas virulenta usque ad præsens tempus, Christo defendente, nulli servorum ejus nocuisse docetur. »

repoussée. Le fils de Genséric n'avait garde de donner la parole à des pontifes qui ne fussent pas sous sa main. Il le laissait bien entendre par cette réponse qu'il fit porter à saint Eugène : « Soumets-moi l'univers, et lorsque tout le monde m'obéira, je ferai ce que tu proposes. » Cette foi catholique qui permet à un pasteur isolé, devant n'importe qui, de s'appuyer sur tout l'épiscopat, semblait aux hommes du pouvoir une insulte permanente pour l'autorité du despote. On le voit dans ces autres paroles du ministre vandale Cubade, à l'évêque de Carthage : « T'imaginerais-tu, par hasard, être l'égal du roi mon maître? — Il ne s'agit en aucune façon d'une lutte de puissance à puissance, répondit le saint; ce que j'ai dit est que si le roi veut connaître la foi véritable, il écrive à ses alliés pour qu'on nous envoie les évêques catholiques; et moi, de mon côté, j'écrirai à mes collègues, parce que la foi de l'Église est la cause du monde entier. »

Au fond, Hunéric savait d'avance comment il fallait que la controverse aboutît : il entendait juger cette cause, et non pas l'*instruire*, ou même la laisser plaider. Aussi de libres débats n'allaient point aux vues d'un barbare tout juste assez civilisé pour avoir le goût oriental de faire prosterner les âmes à ses pieds. Eugène fit connaître le péril des siens au pape saint Félix III, qui écrivit à l'empereur Zénon, afin qu'au moyen de ses relations amicales avec Carthage il tâchât de dissiper cette tempête. Mais le représentant de Constantinople, Uranius, bien loin de rien obtenir, vit tourner sa mission contre ceux qu'il avait charge d'aider. Le roi tenait si peu à sauver les dehors vis-à-vis de la cour impériale, qu'il eut soin de faire tourmenter quantité de catholiques aux yeux de l'envoyé que Zénon lui adressait. L'ambassadeur, en se rendant à l'audience du roi, trouva sur son passage les rues garnies de bourreaux occupés à leur métier sur des fidèles; pour lui donner à comprendre que c'était là un système dont on ne se départirait pas. C'est ce qui fait que Victor de Vite en appelle au témoignage d'Uranius afin de mieux accréditer ses récits de la persécution vandale. Il soupçonnait qu'un jour pourrait venir où des historiens charitables accuseraient ses relations de charger les couleurs au préjudice de la dynastie arienne. Profitant donc de ce que l'ambassadeur byzantin vivait encore, il cite par-devant la postérité ce témoin oculaire qui, n'étant ni Africain, ni l'une des victimes de la barbarie arienne, pouvait encore en affirmer la réalité sans qu'on le récusât comme partial[1]. Or, ce n'était là qu'une exécution entre autres; mais ce spectateur qualifié était en mesure de dire aux contemporains incrédules, si l'on se gênait à Carthage pour torturer les catholiques.

Vers la fin de l'année, Hunéric fit accuser de prétendus crimes ceux des évêques catholiques dont la science et le talent pouvaient traverser ses plans de triomphe, en donnant trop de désavantage à ses ariens dans la conférence projetée. Parmi ceux dont il se débarrassait ainsi, nous trouvons Donatien, Mansuétus, Germain, Fusculus et Præsidius, tous évêques de la Byzacène. Au commencement de l'année 484, qui s'annonçait pour être fort triste à l'Église d'Afrique, Dieu permit

---

[1] Le texte mérite qu'on lui emprunte une citation de quelque étendue (*Persec. Vandal.*, V, 7) : « Sed quis congruo sermone possit esse qui aut coacervare diversitates pœnarum quas, ex jussu regis sui, etiam ipsi Vandali in suos homines exercuerunt? In ipsa quoque quæ gesta sunt Carthagine, si nitatur scriptor singillatim adstruere,... nec ipsa nomina tormentorum poterit edicere. Quæ res hodieque posita in promptu demonstrat. Alios sine manibus, alios sine oculis, alios absque pedibus, alios truncos naribus auribusque intendas ; aliosque videas nimio suspendio spatulis (*scapulis?*) evulsis; caput, quod eminere solebat, in medio scapularum fuisse demersum, dum jugiter in altis ædibus (*sedibus?*) suspendio cruciantes, impulsione manuum funibus agitatis, per vacuum aerem huc atque illuc faciebant vagari pendentes. Qui nonnunquam disruptis funibus, de illa altitudine suspensionis ictu valide corruentes, plurimi arcem cerebri cum oculis amiserunt ; alii confractis ossibus spiritum continuo reddiderunt, alii post paulum exhalaverunt.

« Sed qui hoc fabulosum putat, Uranium Zenonis legatum interroget, in cujus præsentia præcipue gesta sunt ; illa scilicet causa quia veniens Carthaginem sese pro defensione Ecclesiarum catholicarum venisse jactabat. Et ut illi ostenderet tyrannus se neminem formidare, in iilis plateis vel vicis plures tortores et crudeliores statuit in quibus legatis moris est, ascendendo ad palatium et descendendo, transire ; ad opprobrium videlicet ipsius reipublicæ, et nostri jam deficientis temporis fæcem. »

que cette grande cité de Carthage fût témoin d'un éclatant miracle bien propre à confirmer la foi des catholiques et à confondre la perfidie arienne. Un catholique aveugle, nommé Félix, fut averti en songe d'aller trouver l'évêque Eugène, qui lui rendrait la vue. N'y soupçonnant d'abord qu'un simple rêve, il reçut un second avis, puis un troisième avec des reproches pour ne s'être point rendu au premier. Là-dessus, faisant lever l'enfant qui lui servait de guide par la ville, il se rend chez l'évêque, qui le renvoie, en se disant un pécheur réservé pour son indignité à des temps si malheureux. Félix insistait si constamment, qu'Eugène admirant sa confiance, lui permit de l'accompagner à l'église, où l'appelait l'heure des offices pour le jour de l'Epiphanie. Là, le saint évêque, après une ardente prière, adressa ces paroles à l'aveugle : « Je t'ai dit déjà, mon frère Félix, que je suis un pécheur ; mais que le Seigneur qui a bien voulu te visiter, te secoure selon ta foi, et t'ouvre les yeux. » En même temps, il lui bénissait les yeux, en faisant le signe de la croix. Félix, selon la promesse divine, recouvra la vue sur-le-champ ; puis, lorsque l'office fut terminé, il s'approcha de l'autel avec Eugène pour rendre grâce au Ciel et déposer son offrande selon la coutume. Exprimer la joie, la consolation et le bonheur du peuple catholique présent à ce prodige, serait chose impossible. On y reconnaissait un triomphe pour l'Église catholique, et une confirmation divine de son enseignement, à laquelle devait se rendre tout arien doué d'un reste de bonne foi. Félix, conduit au tyran, raconta ce qui s'était passé ; et les ariens dirent tout simplement que c'était chez Eugène affaire de sorcellerie ; toutefois, comme la ville entière connaissait l'éclat de ce prodige, ils cherchaient à tuer celui dont la guérison les embarrassait si fort. C'était imiter les Juifs irrités par la résurrection de Lazare, et qui auraient trouvé habile de réussir à le faire mourir une autre fois.

A l'approche des calendes de février, on voyait à Carthage grand nombre d'évêques catholiques venus des provinces africaines et des îles soumises aux Vandales[1]. Le rusé persécuteur cherchait à connaître les plus habiles; et au moyen de calomniateurs apostés, il les faisait traîner en prison pour les y laisser mourir de misère. C'était toujours diminuer le nombre et la force de l'épiscopat; mais pour ébranler d'autant la constance des autres, il fit condamner à être brûlé vif un de ces prisonniers, Lætus évêque de Neptis (*Nefta*), personnage d'une science et d'un courage signalés; et le généreux martyr subit intrépidement cet affreux supplice en présence du peuple de la capitale. Restaient près de cinq cents évêques catholiques, qui réunis dans le lieu marqué par les ariens, élurent dix d'entre eux pour répondre au nom de tous. Cyrila, chef du clergé arien, s'était fait dresser un trône élevé et magnifique, comme si son rôle eût été celui de juge dans la discussion.

Cet homme, que nous allons voir qualifié de patriarche, devait être un des complaisants qui sont chers aux maîtres jaloux. Car dans l'exaspération de sa haine contre ses proches, Hunéric avait fait brûler vif en pleine ville de Carthage le patriarche arien Jocundus, coupable d'affection pour Théodoric frère du roi. Si la dignité de ce malheureux avait été donnée à Cyrila, celui-ci en le remplaçant, avait sûrement compris qu'il ne fallait pas se mettre en travers des volontés souveraines; et il aura profité de la leçon, car on le retrouve çà et là comme cheville ouvrière du prosélytisme royal.

Les évêques africains, outre qu'ils ne devaient pas s'attendre à être présidés par un hérétique, n'admettaient pas entre eux proprement de dignitaires supérieurs dans la hiérarchie. Sauf l'antique prééminence du siége de Carthage, on a vu que la primatie revenait, dans chaque province ecclésiastique, à un rang de doyen d'âge; et ce n'était pas avec des sectaires qu'ils

---

[1] On a fait observer que les évêques de la Maurétanie Tingitane semblent n'avoir pas été représentés dans cette réunion, ce qui donnerait lieu de croire que toute cette partie de l'ancienne Afrique romaine pouvait dès lors ne pas tenir compte des ordres du roi. Elle serait donc revenue à son indépendance primitive après la mort de Genséric, au plus tard.

avaient à se dessaisir de coutumes anciennes. Voulant donc faire sentir en peu de mots l'inconvenance d'un tel procédé, ils demandèrent qui prendrait connaissance de la cause pour prononcer la décision. Le notaire royal répondit que ce serait le *patriarche Cyrila*, titre fastueux que les catholiques déclarèrent inouï dans leurs provinces; priant qu'on voulût bien leur dire qui avait jamais accordé à Cyrila cette qualification imposante. On voit qu'ils n'avaient pas l'idée de titres ecclésiastiques qui vinssent du palais. Grand bruit à cette occasion, du côté des ariens : qui s'irritèrent, injurièrent, et criaient que le peuple catholique ne devait point être présent; de fait, il fut mis à la porte à coups de bâton par les satellites de Cyrila. Eugène alors dit hautement : « Que Dieu voie la violence qui nous est faite, et l'affliction où l'on nous réduit! » Puis les mandataires catholiques demandant à Cyrila de proposer ce qu'il prétendait mettre en discussion, celui-ci repartit : « Je ne sais point parler latin; » mensonge éhonté, que relevèrent les catholiques : « Nous savons fort bien, » lui dirent-ils, « que le latin ne vous était pas jusqu'à cette heure si inconnu [1]; et vous ne pouvez en disconvenir aujourd'hui, vous qui avez été le premier boute-feu de cet incendie. » Mais Cyrila, trouvant ses adversaires plus disposés à pousser vivement la controverse qu'il ne l'avait prévu, multipliait les chicanes et incidentait avec une fécondité rare, pour éviter une lutte dont il n'espérait plus se tirer avec un peu d'honneur.

Les catholiques, voyant le temps se perdre, présentèrent la formule de leur profession de foi, qui renfermait la doctrine catholique sur la personne du Fils de Dieu, réfutait l'hérésie par les textes des saintes Écritures, et exposait nettement le mystère de l'auguste Trinité. Elle se terminait par ces mots : « Voilà notre foi, fondée sur l'autorité de l'Évangile et la transmission de l'enseignement apostolique; appuyée sur l'union de toutes les Églises catholiques qui sont dans le monde, et

---

[1] Vict. Vit., II : « Cyrila dixit : Nescio latine. Nostri episcopi dixerunt : Semper te latine esse locutum manifesto novimus, modo excusari non debes, etc. »

dans laquelle nous comptons et espérons persister jusqu'à la fin de notre vie par la grâce de Dieu tout-puissant. » Cette profession de foi, lue dans l'assemblée, fut en outre portée au roi par quatre évêques catholiques. L'exposition de la doctrine orthodoxe ne pouvait rien contre des hommes bien résolus à repousser la vérité; aussi les ariens de l'assemblée, sortant avec tumulte, allèrent trouver le roi, qu'ils excitèrent à passer outre. Celui-ci, de son côté, avait déjà dressé un édit contre les fidèles; et il en expédia promptement des copies dans les diverses provinces d'Afrique, pour qu'en un même jour toutes les églises des catholiques fussent fermées, et les propriétés des basiliques ou des évêques dévolues aux ariens. Cette loi que Hunéric osait bien donner comme un acte de sa haute justice [1], fut publiée à la fois dans toutes les villes le 25 février. C'était comme le coup de la mort pour les Églises orthodoxes, mais nulle part l'effet n'en fut plus triste que dans Carthage. Les évêques, que l'on privait de tous leurs biens, en même temps que de leurs Églises, furent chassés de leurs logements et de la ville même; sans nulle ressource pour le voyage, sans serviteur, sans bête de somme, et sans autre vêtement que celui qu'ils portaient. Il était en outre défendu de leur accorder asile, ou même de leur donner des aliments; et qui l'aurait fait, devait avoir sa maison et ses biens livrés aux flammes. Dénués de tout, ils se tenaient donc hors des murs de Carthage, à ciel ouvert; ne voulant pas même s'éloigner, pour que l'on ne pût pas dire qu'ils avaient prétendu éviter la discussion dans la conférence commencée.

Il arriva qu'un jour le roi sortait par là; et, le voyant venir de loin, ils se portèrent en troupe au-devant de lui, afin de lui représenter l'indignité de ce traitement [2]. Ils n'en reçurent

---

[1] Vict. Vit., IV : « E fonte justitiæ profluentem. »
[2] Vict. Vit., IV : « Ut quid taliter affligimur? pro quibus malis, forte commissis, ista perpetimur? Si ad disputationem congregati sumus, quare exspoliamur, quare trucidamur, quare differimur? et sine ecclesiis et domibus nostris, foras civitatem, fame et nuditate laborantes, mediis stercoribus volutamur? »

pour réponse qu'un coup d'œil farouche, et l'ordre donné aux cavaliers du cortége de courir sur eux à toute bride; en sorte que dans ce choc les uns fussent précipités à terre, les autres foulés aux pieds des chevaux, comme il arriva au plus grand nombre de ceux que l'âge et les infirmités empêchèrent de se ranger assez vite. On leur intima de se réunir en un jour et un lieu désignés; et là il leur fut montré un écrit roulé, avec promesse que s'ils juraient de faire ce qui y était contenu, le roi les renverrait libres à leurs siéges. Comme on les pressait de prendre un parti, deux évêques représentèrent qu'ils ne pouvaient absolument pas jurer sans savoir au moins de quoi il s'agissait. Ils reçurent pour réponse de jurer qu'ils désiraient voir, après la mort d'Hunéric, son fils Hildéric monter sur le trône [1]; et qu'aucun d'eux n'enverrait de lettre dans les pays d'outre-mer. Que pouvaient faire en pareil cas des hommes sans défiance? Ils furent d'avis différents : bon nombre pensaient qu'il fallait faire ce serment, afin qu'on ne pût pas attribuer à faute de leur part l'abandon où allaient être réduites leurs Églises; d'autres songeant à cette parole de l'Évangile : *Ego autem dico vobis non jurare omnino*, répondirent qu'ils ne pouvaient acquiescer à la demande. Alors ils furent séparés selon leurs réponses; et, prenant les noms de chacun d'eux, on lut à tous la sentence. A ceux qui avaient juré, c'était ceci : « Parce que, contre le précepte évangélique, vous vous êtes permis de jurer, le roi ordonne que vous ne revoyiez jamais vos villes et vos Églises; et que, réduits à l'état de colons, vous receviez des terres à cultiver. Or, il entend bien que vous ne récitiez point de psaumes, ni ne fassiez de prières, ni n'ayez en main aucun livre de lecture; ni ne baptisiez, ni ne fassiez d'ordination, ni ne soyez si osés que d'absoudre per-

---

[1] Hunéric avait sévi contre ses frères et ses neveux avec une sorte de rage. Il avait donc singulièrement à cœur de prévenir tout ce qui pourrait troubler la transmission du pouvoir parmi ses descendants, et l'on devait croire lui être agréable en souscrivant à ses projets.

sonne. » A ceux qui avaient refusé de jurer, il fut dit : « Votre refus vient de ce que vous ne voulez point de notre cher fils pour roi; en conséquence nous ordonnons que vous soyez transportés dans la Corse pour y couper les bois destinés aux constructions de la flotte royale[1]. »

Voilà où aboutit cette fameuse assemblée intimée par le roi Hunéric afin, disait-il, que les évêques catholiques pussent discuter et s'entendre avec les ariens sur les matières de la foi. Chacun reçut en particulier sa destination pour l'exil : saint Eugène fut relégué à Turris Tamalleni (*Télémin*), ville la plus reculée de la Byzacène, où étaient de vastes espaces déserts; quelques-uns des exilés furent mis à cultiver la terre dans le voisinage de leurs villes épiscopales, afin que l'amertume de leur situation fût encore envenimée par la vue des cités où étaient leurs siéges. Le nombre de ceux que l'on dispersa en diverses contrées de l'Afrique fut de trois cent deux, et quarante-six furent déportés en Corse. On raconte qu'il s'en était enfui vingt-huit, et que quatre-vingt-huit avaient perdu la vie; c'était probablement, pour la plupart, quand ils furent chassés de Carthage et foulés aux pieds des chevaux. Ainsi l'on voit que les évêques catholiques s'étaient rassemblés dans la capitale au nombre d'environ quatre cent soixante-quatre. Un seul d'entre eux est désigné par le beau titre de martyr, savoir Lætus de Neptis (ou Neptita), dont nous avons rapporté précédemment le supplice. Un autre est qualifié de confesseur : c'est Domninus de Mozora (ou Moxore, en Numidie), qui fut condamné aux mines. Mais on peut dire que tous méritèrent cette qualification : puisque, pour demeurer fidèles à Dieu, ils méprisèrent et perdirent leurs biens, toutes les aises de la vie, et la vie elle-même. Le premier d'entre eux, pour la dignité comme pour l'éclat de ses vertus, fut Eugène, évêque de Carthage, qui avait en outre défendu par ses écrits la cause de l'Église.

[1] Vict., *Pers. Vand.*, V.

Avant même que les évêques catholiques eussent été chassés de Carthage, l'impitoyable persécuteur expédiait dans les provinces des bourreaux qui ensanglantèrent toutes les villes, on pourrait presque dire toutes les maisons; et la palme du martyre fut donnée à une foule de tout âge et de tout sexe. A la vue des supplices atroces qui se répétaient en divers endroits, plusieurs, se défiant de leurs forces, cherchaient un refuge dans les lieux déserts; et s'enfonçaient dans des cavernes où ils périrent de faim, comme on l'apprit plus tard en trouvant leurs cadavres sans sépulture. D'autres, bien plus malheureux, cédaient à la crainte des tourments ou aux avances que leur faisait le clergé arien; et sans égard pour les beaux exemples de tant de confesseurs, ils désertèrent la foi. Mais Dieu voulut bien, après avoir opéré la séparation entre ses élus et les faux chrétiens, mettre enfin un terme à tant de maux. L'année 484 fut la dernière d'Hunéric, qui avait régné huit ans, et se promettait encore d'assouvir sa haine par bien d'autres rigueurs. Il périt de la même façon qu'Arius, l'auteur de la secte qu'il propageait avec une opiniâtreté furieuse[1]; et en même temps une disette cruelle affligeait l'Afrique. On prétend qu'à l'occasion des souffrances occasionnées par cette famine, une troupe de Vandales désespérés allèrent chercher leur vie en Sardaigne. Cette émigration de gens sans aveu aurait formé, dit-on, le noyau d'une peuplade qui, sous le nom de *Barbariciens*, apparaît fréquemment dans l'histoire de l'île comme ennemie de Dieu et des hommes.

La même année, l'Église se trouva débarrassée ailleurs de deux autres tyrans : Euric roi des Visigoths, bien moins farouche que le Vandale, mais arien zélé avec des prétentions

---

[1] Vict. Vit., V. « Tenuit sceleratissimus Hunericus dominationem regni annis septem, mensibus decem; meritorum suorum mortem consummans. Nam putrefactum et ebulliens vermibus, non corpus, sed partes corporis ejus videntur esse sepultæ. » — Isidor. *Wandal. hist.*: « Ugnericus...,ut Arius pater ejus, interioribus cunctis effusis miserabiliter vitam finivit. » — Fragment. chronic. Augustan.: « Dei judicio, scatens vermibus vitam finivit. »

d'organisateur; Firouz (ou Pérozès), roi de Perse, qui ne le cédait à personne en fureurs contre la foi. Enthousiaste pour l'adoration du feu relevée par les Sassanides, il s'accommodait absolument des chrétiens hérétiques, mais les catholiques lui étaient tout particulièrement odieux. Ainsi le Ciel ménageait quelque relâche au véritable christianisme, qui n'a pas précisément promesse de vivre en repos, mais auquel la Providence doit un peu de moyens humains pour que le monde ne perde pas son fanal.

Malgré les cruautés exercées par le persécuteur vandale sur sa propre famille pour assurer le trône à ses enfants, la couronne changea de branche à sa mort. La loi de Genséric prévalut, réglant la succession selon l'ordre d'âge entre les princes quelconques de la famille régnante sans égard pour la proximité de sang la plus étroite. Gonthamond (Gondamond, Gunthamund) qui remplaça le roi décédé, était fils de Genzo (Genton, Gentun) frère d'Hunéric. Genzo avait été condamné à un exil rigoureux sous le dernier règne, et cela seul pouvait bien devenir à son fils une raison de ne pas prendre pour modèle l'oncle recommandé par de tels précédents. De fait, Gonthamond, quoique arien lui aussi, n'adopta pas les exemples de son prédécesseur pour régler sa propre conduite. Mais comme il trouvait des traditions dynastiques, il ne s'en écarta qu'en évitant de les démentir. Dès le commencement de ce règne, sans rendre les églises envahies par les ariens ou fermées et profanées antérieurement, on laissa rentrer les catholiques qui avaient été bannis, et la sûreté leur fut garantie. Eugène, évêque de Carthage, reçut nommément la permission de se fixer au milieu de son peuple, pourvu qu'il se contentât d'un oratoire dans le cimetière d'un faubourg. D'autres évêques ne revinrent pas, ou ne le firent que plus tard. Plusieurs, passant la mer, s'étaient rendus en Italie ou dans les Gaules; où quelques-uns, désespérant sans doute de l'avenir pour leur patrie, s'étaient laissé imposer le gouvernement d'autres Églises. Là, sous le gouvernement des Goths ariens aussi, quoique moins persécuteurs, ces vénérables exilés pouvaient enseigner aux peuples la croyance de Nicée avec la double autorité d'une science éprouvée par les controverses quotidiennes, et de la persécution soufferte pour elle.

Bon nombre de chrétientés européennes apprirent dans la patience de ces hommes courageux ce que méritent de sacrifices la conservation et la défense de la foi. Vigile de Tapse (*Thapsus, près de Méhadia*), qui se trouve le dernier inscrit sur la liste des évêques de la Byzacène exilés par Hunéric, et était probablement le plus jeune de tous, habita longtemps Constantinople où il utilisait ses loisirs forcés en défendant l'Église contre les hérétiques. Victor de Vite, réfugié en Épire, y écrivit l'histoire de la persécution vandale; livre précieux pour nous après tant de siècles, parce qu'il a conservé les exemples et les belles actions des confesseurs et des martyrs de cet âge. Plus utile à la foi qu'il ne l'avait pensé lui-même, il est devenu en face des hérésies modernes un témoin singulièrement grave, pour des rites et des croyances qu'il ne songeait pas à établir. Personne alors n'imaginait de se donner pour disciple de Jésus-Christ en rejetant le sacrifice eucharistique, les sacrements avec leurs rites, l'antique appareil des cérémonies liturgiques, et bien d'autres vestiges encore de l'enseignement des apôtres. Victor les montre subsistant en Afrique; et son autorité a d'autant plus de poids en ces matières pour le lecteur de bonne foi, que l'historien est amené par son récit à les mentionner sans soupçonner que ces détails dussent jamais prêter au doute par suite d'attaques nouvelles contre l'Église.

Quintien, évêque africain de la même époque, qui fut après sa mort mis au nombre des saints, s'était retiré dans les Gaules où il gouverna l'Église de Rodez; après quoi, devenu évêque des Arvernes (de Clermont), il mourut en 527 sans revoir son premier siège. Julien Pomérius, moine africain élevé au sacerdoce dans son exil, avait fui de la Mauritanie en Provence. Il enseigna l'éloquence dans la ville d'Arles, et compta parmi ses élèves le célèbre saint Césaire qui devint un des plus illustres pontifes de cette grande cité. La gloire du maître n'est pas bornée à l'honneur d'avoir formé un tel disciple; ses écrits lui firent une réputation de science et de piété que rehaussa la sainteté de sa vie, et son influence pourrait expliquer les traces de latinité africaine qui se montrent dans la Gaule méridionale.

Il est aisé de penser si ces hommes vénérables, qui avaient éprouvé les fureurs de l'arianisme dans leur patrie, saluèrent volontiers les progrès des Francs aux dépens des Goths et des Burgundes. Les autres évêques, et les fidèles du midi de la France, pouvaient bien voir aussi dans le sort de ces exilés un avertissement de ce que les princes ariens de Toulouse seraient tentés de faire un jour ou l'autre. Les Visigoths n'avaient pas laissé de prévoir que ce sentiment trop naturel disposerait peu les âmes en leur faveur; et, à force de s'en fâcher, ils précipitaient l'événement par l'exil de maint pasteur.

Gélase, né en Afrique d'où il était venu à Rome, fit grand honneur à sa patrie sur la chaire de saint Pierre qu'il occupa durant quatre années seulement (de 492 à 496), mais de façon à laisser des traces glorieuses. Rome, sous son pontificat, a des accents nobles et fermes qui contrastent étrangement avec l'établissement des barbares autour d'elle et les hautes prétentions de Ravenne ou de Constantinople. Il doit y avoir eu jusque dans le bien-être matériel un retour de vie très-sensible pour la cité de saint Pierre, malgré les trois pillages qu'elle venait de subir; puisque saint Fulgence, en la voyant, trouvait que c'était un degré à l'esprit pour s'élever vers l'appréciation de la Jérusalem céleste. Saint Gélase est le troisième des papes nés en Afrique. Saint Victor et saint Melchiade, ses compatriotes, l'avaient précédé sur le saint-siége; et il est permis aussi de conjecturer que saint Deusdedit, qui occupa la chaire apostolique entre les années 615 et 618, était d'origine africaine. On le dit fils d'Étienne, citoyen romain; mais sa famille pourrait être venue de l'Afrique à Rome, si l'on en juge par ce nom qui semble porter un reste d'empreinte punique (Cf. *supra*, p. 156). Disons aussi à ce propos que l'hésitation de Morcelli entre les deux formes *Miltiade* et *Melchiade*, paraît devoir être tranchée par une considération du même genre. *Melchiade* rappelle l'hébreu, et partant le punique; ce peut être le nom biblique *Melchias* (Malachias), avec une dérivation ou inflexion latino-grecque[1].

En Afrique, le saint évêque de Carthage, revenu de l'exil, s'attira par ses vertus l'admiration du roi lui-même; qui lui permit de célébrer les saints mystères et de réunir les fidèles dans la basilique du martyr saint Agilée, hors des murs de la ville. On y vit accourir, repentants et confus, les infortunés qu'avait entraînés la crainte du supplice ou la ruse arienne. Ils venaient demander à être réintégrés dans la communion de l'Église; et il y avait à faire la part de leur faiblesse aussi bien que de leur amendement, sans encourager la défection pour des circonstances semblables à celles qui les avaient entraînés hors du devoir. A l'exemple de saint Cyprien qui, en pareille occasion, avait consulté Rome, Eugène députa vers le saint-siége quatre évêques qui assistèrent au concile tenu par le pape pour subvenir aux besoins de l'Église d'Afrique. Après avoir pris l'avis de cette assemblée, le souverain pontife saint Félix III, adressa aux évêques africains, dans une lettre que nous avons encore, six décrets sur la manière de réconcilier les apostats qui témoignaient du repentir.

Tandis que saint Eugène se félicitait de posséder au moins une basilique et de voir s'y presser les pénitents qui sollicitaient le pardon, il s'en fallait de beaucoup que ce peu de liberté fût étendu à tout le royaume. Gonthamond, plus nonchalant peut-être que clément, voulait bien accorder aux catholiques de sa capitale et aux éclatants mérites de l'évêque Eugène une cer-

---

[1] Vouloir chercher dans *Gelàsius* une transformation gréco-latine de quelque nom analogue à *Isaac*, serait peut-être pousser un peu loin l'amour des étymologies puniques. Les curieux en feront ce qu'il leur plaira, nous le leur abandonnons comme un simple aperçu sans prétentions outrées.

aine tolérance bienveillante. Mais partout ailleurs il n'avait rendu aucun des lieux de prière envahis par les ariens; se bornant à laisser vivre les fidèles et à fermer les yeux sur le retour de ceux que la persécution avait chassés. Une bonne volonté si restreinte, toute précieuse qu'elle fût après les deux premiers règnes des Vandales, ne conférait pas grands droits, hormis celui de sauver sa tête; et ne proclamait point d'une façon très-claire que le souverain dût se formaliser beaucoup si, loin de ses regards, l'arianisme montrait çà et là quelque reste du vieux zèle homicide auquel on l'avait laissé prendre goût. Le parti que prirent plusieurs exilés, de ne pas quitter la terre étrangère où ils avaient trouvé asile, suffirait presque à faire conjecturer que les nouvelles reçues d'Afrique ne leur semblaient point parfaitement rassurantes. Que l'on songe, d'ailleurs, si le clergé arien, mis partout en possession des basiliques et des biens de l'Église, devait ménager ou même voir volontiers les anciens maîtres rentrant sous le couvert d'une simple amnistie. Au reste, nous n'en sommes point réduits à cette unique voie d'information pour juger ce qu'était la paix donnée par le nouveau roi. Les Maures gagnaient du terrain : ils dominaient décidément depuis l'Océan jusqu'à Césarée (*Cherchel*), s'étendirent ensuite sur une partie de la Numidie; et entamèrent la Byzacène, où le descendant de Genséric fut trop heureux qu'un chef berbère voulût bien déguiser les empiétements en acceptant le titre de son vassal. Or les catholiques ne s'en trouvèrent que mieux; car ce doit être ce qui permit à Fauste, évêque de Præsidium (*Jéhoudiu?*), l'établissement d'un monastère d'où il fut chassé quand les troupes de Gonthamond reprirent pied dans le pays. En attendant, il vivait là en paix près de sa ville épiscopale, et y admit parmi ses religieux le jeune Fulgence (485), qui devint évêque de Ruspe (*Schebba?*) dans des temps bien autrement malheureux. Lors donc que les hostilités recommencèrent (en 489), Fauste jugea prudent de faire passer Fulgence dans un monastère plus éloigné. Les moines de cette autre communauté, croyant bientôt devoir se mettre à l'abri, s'établirent dans la province proconsulaire non loin de Sicca (*El-Kef*, dans l'État de Tunis). Mais ils avaient compté sans un prêtre arien du voisinage. Celui-ci se fit amener l'abbé avec le jeune Fulgence, les traita de conspirateurs, et ne les relâcha qu'après les avoir fait battre inhumainement. En conséquence, l'abbé reprit avec les siens le chemin de la Byzacène, préférant les violences intermittentes des Maures à une persécution systématique et sans trêve. On voit par le biographe de saint Fulgence que ce prêtre arien trouvait tout simple de traiter les moines comme ennemis de l'État. Il leur dit : « Qu'êtes-vous venus machiner ici contre nos rois [1] ? » On s'était donc accoutumé à penser que catholiques (ecclésiastiques surtout) et Vandales devaient se haïr à mort ; et la façon dont on en usait avec les fidèles depuis la conquête, rendait en effet très-plausible une telle persuasion. Que si de simples prêtres, isolés dans la campagne, pouvaient prendre la liberté de se faire ainsi les commissaires officieux du zèle national ; qu'est-ce qui n'aura pas été loisible à des évêques ariens, ou à des seigneurs barbares vivant sur leurs terres sans contrôle ?

Est-ce à dire que l'on rencontrât une vie absolument paisible sous l'autorité ou dans le voisinage des aborigènes ? Comparativement, cet état valait souvent mieux ; néanmoins on pourrait se méprendre beaucoup si l'on supposait que les Maures accourussent comme de bienveillants auxiliaires à l'aide de la population romaine, dont elle avait jadis partagé la religion et le gouvernement. D'abord rien ne prouve que l'expansion du christianisme ait été fort poussée vers le Sud, où s'épanchait et se retrempait de tout temps la sauvagerie de la race berbère. Ajoutons que le donatisme avait singulièrement entravé le développement de l'esprit chrétien chez les tribus converties ; et pesons encore ce qu'il faut de temps, avec les conjonctures les plus favorables, pour naturaliser (si cela se peut dire) l'Évan-

---

[1] Cur ex vestris regionibus occu te venistis christianos reges evertere?

gile dans le sang d'un peuple. Avec ce que nous savons de cette lignée impétueuse et guerrière, elle nous apparaîtra au cinquième siècle comme un essaim d'enfants terribles; toujours prêts à se griser de périls tumultueux, n'importe la cause qui les met en branle. Cette passion caractéristique et invétérée qui bouillonne encore chez eux après deux mille ans de temps historiques, nous la retrouvons toutes les fois qu'ils ne sommeillent point sous un pouvoir éprouvé dont ils n'attendent pas de relâche. Qu'ils devinssent assez bonnes gens entre deux accès de leur fièvre héréditaire, soit; mais leur naturel batailleur n'est rien moins que philanthrope aux moments de choc. Ainsi, vers le temps où saint Fulgence expirait, les alentours de sa ville épiscopale s'illuminaient de l'incendie allumé par les Maures sur leur route (janvier 533); et les églises ne les arrêtaient pas.

L'évêque de Carthage ne pouvait donc, ni comme serviteur de Dieu, ni comme métropolitain principal de toutes ces provinces affligées, méconnaître combien il y avait à gémir sur ces pays qui demeuraient privés de pasteurs et presque sans exercice public de la religion. Ce qui fait voir qu'il ne s'abusait pas sur le résultat de la faveur quelconque dont il paraissait jouir, c'est qu'il attendit huit années avant de demander davantage. Enfin il crut pouvoir présenter au roi (495) une requête pour que les évêques bannis eussent la faculté de rentrer dans leurs églises, et que les fidèles recouvrassent leurs basiliques. Déjà dix ans et demi s'étaient écoulés depuis que la persécution avait tout livré aux ariens, lorsqu'un édit de 494 vint combler les désirs des catholiques opprimés. Gonthamond ne survécut qu'environ deux ans à cette restitution, qui ne dut pas être exécutée avec un empressement extrême par les détenteurs. Ce n'en était pas moins un fait énorme pour le peuple orthodoxe. De longues et cruelles afflictions leur avaient appris à mettre le service de Dieu au-dessus de tout; pouvoir librement participer aux saints mystères, était, aux yeux de ces chrétiens tant éprouvés, un bonheur qui compensait abondamment la perte de leurs biens et de leurs dignités anciennes.

Saint Eugène, qui procurait ce bienfait à ses compatriotes après leur avoir donné l'exemple d'une admirable constance dans la persécution, montra bien que ses délais n'avaient pas été dictés par une prudence timide ou indolente. Aussitôt qu'il se sentit appuyé par la concession de cette liberté tardive, il fit preuve d'une activité non moins utile pour affermir et étendre l'Église d'Afrique. Les siéges vacants reçurent des évêques nouveaux, et les choix tombaient sur des hommes recommandés par de longues souffrances et une vertu exercée. Il ne s'agissait pas seulement de récompenser en cela le mérite; qui pouvait prévoir les dangers auxquels il faudrait faire face, peut-être prochainement?

C'était pour les ariens l'occasion de bien des colères; mais le roi ne traversait pas les desseins d'Eugène, dont la sainteté valait cette précieuse paix à l'Église. Quand Trasamond (Thrasamund, Trasimund) son frère voulut faire regagner à l'hérésie le terrain qu'elle avait perdu, ses armes furent, non plus la terreur comme sous Genséric et Hunéric, mais la séduction et l'artifice principalement. Le règne du troisième prince vandale avait eu surtout ce résultat d'interrompre les habitudes violentes, et de faire vivre côte à côte catholiques et hérétiques sans éprouver le besoin de s'entre-manger. Sous peine de paraître farouche, il fallait s'accommoder, au moins en apparence, d'un apaisement passé dans les mœurs. Ayant donc à quitter Carthage, Trasamond laissa au soi-disant patriarche Cyrila le soin de surveiller les catholiques. Ce chef du clergé arien était rongé de dépit à la vue des hommages qui entouraient saint Eugène, et n'avait pas manqué de mettre en relief tout ce que la politique la plus défiante pouvait imaginer d'épouvantails dans l'émancipation du peuple orthodoxe. On s'en reposa sur lui, et il ne manqua pas à sa tâche. Dès que Trasamond fut parti, l'évêque arien fit saisir son rival dans la basilique de saint Agilée, où il se trouvait au milieu des fidèles; et ordonna qu'on le conduisît au roi, comme fauteur de désordres qui exigeaient un prompt remède. Le saint évêque, pris au dépourvu, n'oublia point son Église durant ce voyage dont le terme semblait menaçant. Dans une lettre dictée par le zèle et l'affection, il dit aux siens : « Je vous le demande avec larmes, je vous y exhorte, je vous en avertis et vous conjure instamment par la majesté de Dieu et par le jour terrible du jugement où Jésus-Christ viendra dans son éclat redoutable; tenez ferme à la foi catholique, professez sans biaiser que Jésus-Christ est égal au Père, et que l'Esprit saint a une même divinité avec le Père et le Fils. » Amené devant Trasamond, il y trouva deux autres évêques, Vindemialis de Capsa (*Cafsa*) et Longin de Pamaria (dans la Mauritanie Césarienne). Cyrila s'étant mis à l'accuser et à parler contre tous les catholiques, il en résulta une discussion assez vive à laquelle le roi semblait prendre plaisir; et bien que les évêques orthodoxes prouvassent leur bon droit, leurs paroles furent étouffées par le grand bruit que faisaient les ariens forts de la faveur royale.

Il fallait mieux à Cyrila qui, voyant que la réputation des trois évêques catholiques était due à leurs miracles autant qu'à leur science et à leur sainteté, trouva bon de se faire aussi un nom de thaumaturge. Il remit donc cinquante pièces d'or à un pauvre diable de sa secte, pour que ce malheureux se donnât comme aveugle et fît mine d'avoir été guéri de sa main [1]. Or voici ce qui arriva. Lorsque Cyrila étendit les mains sur les yeux de ce pauvre homme, comme pour lui rendre la vue, le prétendu aveugle le devint tout de bon; et avec une telle dou-

---

[1] La merveille combinée par Cyrila devait être censée en légaliser nombre d'autres dont il paraît qu'on n'était pas généralement assez bien informé; puisque le compère acheté pour cette comédie, et auquel on avait sûrement fait la leçon tout entière, aborda son thaumaturge par ces paroles : « Audi me, beatissime Cyrila, audi me, sancte sacerdos Dei;... experiar ego medicamenta quæ sæpe cæci reliqui a te meruerunt, quæ leprosi experti sunt, quæ ipsi etiam mortui persenserunt, etc. » On voit qu'il s'agissait de fonder largement la réputation du *patriarche* arien.

leur des yeux, qu'il les pressait fortement de ses deux mains, lui semblant qu'ils sortissent de leurs orbites. La triste victime, si manifestement frappée par le Ciel, poursuivait de ses reproches Cyrila, qui s'en allait assez honteux de son miracle : « Voici ton or que je te rends, » disait l'aveugle, cette fois dans son vrai rôle; « et toi rends-moi la vue que ta belle invention m'a fait perdre; » et s'adressant aux saints évêques catholiques, il les conjurait, avec repentir, de lui venir en aide; confessant reconnaître qu'on ne se moque point de Dieu. Les trois confesseurs de la foi exigèrent qu'il abjurât l'hérésie arienne, et fît profession de la doctrine catholique; après quoi ils lui imposèrent les mains, et Eugène fit le signe de la croix sur ses yeux, en disant : « Au nom du Père, et du Fils, et du Saint-Esprit : vrai Dieu que nous confessons, dans la Trinité égale en toute-puissance; que tes yeux s'ouvrent! » L'aveugle revint dans l'instant même à son premier état; et le témoignage du Ciel confirma ainsi manifestement la sainteté du dogme catholique.

Trasamond vit bien la fraude de Cyrila, et comprit de quel côté était le prodige; aussi entra-t-il dans une effroyable colère, mais il la déchargea sur les évêques catholiques et non pas sur les ariens. Vindémialis et Longin furent tourmentés sur le chevalet par les torches ardentes et les ongles de fer, puis envoyés au dernier supplice. La malice du tyran lui fit imaginer de condamner Eugène à la décollation, mais avec cet ordre secret donné au bourreau que, si sur le point d'avoir la tête tranchée il n'embrassait pas l'arianisme, on le laissât vivre, pour que les chrétiens ne l'honorassent pas comme martyr; et alors on devait se contenter de l'envoyer en exil. C'est ce qui arriva : car au moment d'être frappé, comme on lui demandait s'il persistait dans sa volonté de mourir pour la foi catholique : « Oui, dit-il, c'est la vie éternelle que de mourir pour la justice. » On arrêta le coup, et Eugène fut déporté dans l'Aquitaine (près d'Alby). Mais le tyran, tout en prenant soin que le saint n'eût pas l'honneur du martyre, n'y regarda pas de si près avec l'archidiacre Octavien qui avait suivi son évêque; et bien d'autres encore perdirent la vie par son ordre.

Vers 499, un édit de Trasamond, reprenant la marche suivie par Hunéric, défendit aux catholiques de remplacer les évêques qui mouraient; et comme le persécuteur avait l'œil très-particulièrement sur l'Église de Carthage, elle demeura vingt-quatre années sans pasteur. Du moins saint Eugène, tant qu'il vécut, eut soin d'encourager son peuple par des lettres, comme il l'avait fait au moment de le quitter. Il s'était fixé dans un bourg de l'Albigeois, près du tombeau de saint Amaranthe martyrisé sous Dèce. Il y construisit un monastère pour pouvoir servir Dieu avec ses compagnons, et finit ses jours en paix à l'extrémité d'une si rude carrière. Au bout de cinq ans de cette retraite, il alla jouir de la récompense éternelle, et fut honoré comme saint dans plusieurs Églises des Gaules, mais surtout dans celle d'Alby. Saint Grégoire de Tours raconte que Dieu fit connaître au saint évêque l'heure de sa mort; et que ce généreux confesseur, prosterné les bras en croix sur le pavé, attendit l'instant de sa délivrance[1].

L'Église d'Afrique, affligée par la perte du saint évêque de Carthage, et par l'abandon de tant de siéges demeurés sans pasteurs, se réunit en un concile secret dans la Byzacène où l'on décréta que, malgré les intentions du roi, des évêques se-

---

[1]. Gregor. Turon., *de Glor. mart.*, 58 : « Illud præcipue quod populis occultabatur, manifestum noscens se martyri Amarantho socium esse futurum, ad ejus sepulcrum dirigitur; prostratusque solo, diutissime orationem fudit ad Dominum. Dehinc expansis per pavimentum brachiis, spiritum cœlo direxit. »
C'est de cette même manière que mourut au douzième siècle saint Homobon (de Crémone) pendant qu'il entendait la messe. Qui pourrait être insensible à cette touchante ressemblance de saints si éloignés par le temps et par l'espace! Mais c'est le résultat tout simple des pratiques de la piété chrétienne transmises d'âge en âge. Le docte Morcelli en donne un autre exemple, en faisant remarquer la trace des litanies des saints dans la formule qui termine la lettre au pape Félix III (en 488), pour appeler les miséricordes divines sur l'Afrique : « Deprecamini sancti patriarchæ....., orate sancti prophetæ.....; estote apostoli, suffragatores...; præcipue tu, Beate Petre, quare siles pro ovibus...? Tu sancte Paule...; tu, Petri germane et non in passione dispar, gloriose Andrea...; » etc.

raient élevés et sacrés pour toutes les chaires vacantes. La province choisie pour cette réunion avait sans doute l'avantage d'être un peu plus sûre pour les pasteurs, à cause du voisinage des Maures; cependant l'on ne s'y dissimula pas que l'on jouait gros jeu. Après tout, le risque de déplaire à ses ennemis ne valait pas celui de laisser périr la foi. L'on se dit donc que si les nouveaux élus venaient à être martyrs, eh bien! ce seraient toujours des encouragements temporaires et des modèles donnés au peuple chrétien. Sitôt ce parti adopté, l'on en pressa l'annonce et l'exécution partout. Chacun en sentait si bien l'opportunité, que nous voyons les élections et les ordinations s'accomplir avec la rapidité d'une émeute qui éclate[1]. L'avenir n'offrait pas grand espoir à des ambitions séculières, et le choix tomba aisément sur des hommes intrépides. Bientôt il n'y eut pas de siége (sauf peut-être Carthage), qui ne fût pourvu; et il s'en fit de grandes réjouissances, qui ne purent être si prudentes que les ariens ne s'en aperçussent et n'en apprissent la cause. Aussi prirent-ils soin d'y mettre promptement un terme.

Le roi, informé d'une telle hardiesse, se fit amener enchaîné Victor primat de la Byzacène, comme responsable de cette menée. Un nouvel édit enleva aux catholiques toutes les basiliques qui leur étaient restées, et condamna les évêques à être déportés en Sardaigne. Plus de deux cents subirent ce sort, suivis d'une partie de leur clergé, et n'emportant d'autre trésor que les corps de plusieurs martyrs et confesseurs insignes de l'Église africaine; on pense que le corps de saint Augustin fut alors déposé en Sardaigne, d'où il fut transféré plus tard à Pavie par le roi lombard Luitprand. Du lieu de leur exil, les confesseurs écrivirent au pape saint Symmaque, lui rendant compte de tout ce qui était arrivé; et le suppliant de leur accorder,

---

[1] C'est ce que peint un témoin à qui nous devons la vie de saint Fulgence (*cap.* XVI) : « Fit repente communis assumptio : presbyteros, diaconos et si quos inveniret electio, rapere, benedicere, consecrare certatim locis singulis properantibus. »

comme une consolation dans leurs maux, les reliques des saints Nazaire et Romain. Symmaque se rendit avec bonté à leur désir; et imitant le soin paternel et la libéralité de ses prédécesseurs, il envoya de l'argent et des vêtements à tous les exilés, non-seulement en Sardaigne, mais en Afrique et ailleurs. Il voulut même que dans la suite on leur remît chaque année pareils secours; et les exhorta par sa lettre à demeurer fidèles au Seigneur, dans la pensée de l'éternelle récompense que le ciel leur réservait.

L'ancien biographe de saint Avit compte jusqu'à cinq cent cinquante évêques qui auraient reçu dans l'exil les secours de Symmaque. Comme on ne voit pas que les évêques relégués en Sardaigne fussent si nombreux, il est naturel de penser que ce total ne se complète pas sans comprendre ceux qui, vers le même temps, étaient jetés dans les îles italiennes, dans la Campanie et dans l'Étrurie. Plusieurs, en effet, ont laissé une sainte mémoire dans ces contrées, et furent pris pour patrons après leur mort par diverses villes qui s'honoraient de posséder leurs restes. Il n'est pas hors de propos non plus de faire observer que saint Symmaque étant Sarde, aura dû prendre un intérêt tout particulier aux confesseurs déportés dans son pays natal. La nouvelle de tant d'afflictions et d'une charité si apostolique, peut bien avoir revêtu au loin une forme où se sera glissée quelque inexactitude. Si donc il fallait admettre que le chiffre donné dans la vie d'un évêque de Vienne se rapporte réellement à la Sardaigne seule, ce ne serait pas trop infirmer le témoignage que d'y voir un nombre à peu près exact; avec une qualification générale qui assimilerait, par méprise, les prêtres et clercs quelconques aux véritables évêques, dont ils partageaient le sort.

Tandis qu'on entraînait à Carthage Victor, primat de la Byzacène, les habitants de Ruspe (*Schebba?*) purent s'aboucher avec lui; et obtenir que Fulgence, moine d'une vie sainte, leur fût donné pour évêque. Fulgence se trouvait alors près de Fauste, évêque de Præsidium (Præsid. Byzacii, *Jéhoudia?*), qui l'avait ordonné prêtre; et quoi que fît l'humble religieux pour repousser l'honneur de l'épiscopat, ceux qui briguaient la faveur de l'avoir pour guide l'emportèrent enfin. Mais il ne consentit que sous la condition qu'on lui élèverait à Ruspe un monastère, où il pût unir la vie du moine à celle de l'évêque. Là il ouvrit une école de vertu et de science chrétiennes : entouré de disciples choisis et dévoués qui se préparaient sous sa conduite à toutes sortes de luttes, il faisait concevoir de hautes espérances à cette Église où l'on se flattait d'avoir été oublié par les persécuteurs; lorsque les satellites du roi l'enlevèrent à son tour pour être, lui aussi, déporté en Sardaigne. Arrivé au lieu de son exil, s'associant deux autres évêques, Illustris et Januarius, il jeta les fondements d'un monastère dans la ville de Cagliari; pour s'y consacrer uniquement à servir et à louer Dieu avec le prêtre Félicien, qui lui succéda depuis sur le siége épiscopal de Ruspe, et quelques autres clercs et moines qui l'avaient accompagné. Ce qui n'empêcha pas que, comme il convenait à un évêque, il ne vînt volontiers en aide à quiconque avait besoin de lui. Aussi était-il d'un grand secours à bien des gens qui visitaient sa retraite pour y trouver de salutaires conseils. Son action s'étendait au loin, et par ses beaux écrits il affermissait les fidèles africains dans la foi; exposant avec précision les erreurs ariennes et enseignant la manière de les réfuter victorieusement. C'était à lui qu'on s'adressait d'ordinaire s'il naissait en Afrique quelque dissentiment; et telle était sa réputation de science et de vertu, qu'une de ses lettres suffisait pour apaiser toute mésintelligence, comme s'il eût porté une sentence de vive voix.

Animés par les instructions de Fulgence, les catholiques de Carthage discutèrent hardiment avec les ariens, qui étaient réduits à divaguer, faute de pouvoir éluder la force de ses raisons. Trasamond en entendit parler; et lui, qui se piquait de subtilité, voulut faire assaut d'esprit avec Fulgence, se promettant bien que, celui-là battu, on aurait bon marché des catholiques. Il ordonna donc qu'on le ramenât à Carthage, et lui fit remettre un écrit de sa façon qui contenait des objections pleines de finesse contre la doctrine catholique. Fulgence répondit à tout avec une modestie et une sagesse que le roi ne put s'empêcher de louer; mais ce prince, qui avait cherché surtout le plaisir d'une discussion où il espérait briller, ne se rendit pas à la force des preuves.

Toutefois l'Église d'Afrique en retira quelque utilité; ce que saint Fulgence y gagna de faveur quelconque auprès du sophiste persécuteur, lui permettait du moins de traiter avec les catholiques; il encourageait donc ceux qui s'étaient maintenus dans la foi, et accueillait avec une condescendance affectueuse ceux que la crainte ou un misérable intérêt avait entraînés. Les ariens frémissaient en se voyant arracher beaucoup de ceux qu'ils avaient pervertis, et portèrent leurs plaintes jusqu'au roi. Celui-ci, cherchant un détour pour ne pas renvoyer Fulgence en exil, lui fit porter de nouvelles objections; auxquelles il fallait répondre sur-le-champ, sans les transcrire ni prendre le temps de les peser en réfléchissant à loisir. Le saint, qui ne pouvait obtenir quelques heures pour examiner l'écrit, demanda du moins pour y répondre, l'espace d'une nuit; et cela même ne lui fut accordé qu'après un premier refus. C'est alors qu'il rédigea ces trois *Livres à Trasamond*, qui sont venus jusqu'à nous : il y résolvait toutes les questions traitées par le roi, sans laisser aux ariens aucun subterfuge.

Le saint, dans cet ouvrage, malgré tant de hâte qui aurait pu excuser quelque inadvertance, ne néglige pas la courtoisie qui peut frayer une route à la persuasion. D'un style médiocrement ampoulé pour un Africain du sixième siècle, il adresse au roi des compliments gracieux sur son penchant (j'allais dire *son faible*) pour les nobles occupations de l'intelligence [1]. Mais

---

[1] « Per te, clementissime rex, per te, inquam, disciplinæ moliuntur jura barbaricæ gentis invadere, quæ sibi velut vernacula proprietate solet inscitiam

l'aménité n'ôtait rien à la force des raisons et à la vigueur de l'exposé. En recevant cette réponse, le roi qui avait espéré surprendre son adversaire, fut déconcerté par une improvisation si nourrie de robustes études; il s'avoua vaincu, au moins pouvait-on interpréter ainsi son silence. Un évêque arien, nommé Pinta, qui voulut soutenir l'écrit du monarque, n'y gagna que de se faire réfuter avec une énergie lucide où le triomphe de la doctrine catholique acquit encore plus d'éclat.

Naturellement les hérétiques n'en insistèrent que davantage pour être débarrassés d'un lutteur si incommode. Trasamond finit donc par se résoudre à le renvoyer en Sardaigne; mais son résultat ne lui souriant guère, il aurait aimé à ne pas laisser supposer la vengeance d'un dépit personnel, ni à occasionner une sorte d'ovation pour l'exilé. Il voulait qu'on mît du secret dans le départ, pour en dérober la nouvelle au peuple; en conséquence le saint évêque fut embarqué pendant la nuit. Mais les vents contraires le retinrent au port, si bien que le bruit de son exil se répandit avant l'exécution. La ville presque entière accourait au port pour saluer l'homme de Dieu, et ce concours fit voir combien était grand le nombre des catholiques à Carthage. Les larmes coulaient de tous les yeux; et un pieux chrétien, nommé Juliateus, se retirant le cœur navré, Fulgence lui promit secrètement qu'il reviendrait bientôt[1].

---

vindicare. Inventus es qui te ipso potior exstitisses, dum sic africano præside moderando regimini ut magis desideres animæ spatia dilatare quam regni. »

[1] Voici les paroles du saint, coupées selon une forme rhythmique un peu vague mais réellement sensible :

« Diutius flere noli, cito revertemur ad vos;
Catholicæ Ecclesiæ
Libertate reparata (*Reparata libertate* ?),
Videbitis nos.
Hoc autem, quæso, secretum sit apud te,
Quod nimia caritas indicare
Compulit me. »

Outre le rhythme, qui flotte, il est vrai, avec quelque incertitude; on aperçoit des retours évidents de rime qui ne doivent pas être l'effet d'un simple hasard. Le style habituel de saint Fulgence porte l'empreinte d'une tendance marquée

Quelque révélation divine devait l'avoir éclairé à ce sujet, car l'événement la confirma quelques années après contre toute attente.

Le retour de Fulgence dans la Sardaigne causa une grande joie aux compagnons de son exil et à tous les fidèles; on accourait de toutes parts pour voir cet athlète de la foi, qui avait triomphé du tyran théologien dans une sorte de combat singulier. Quant à l'humble serviteur de Dieu, lorsqu'il eut modestement accueilli les premières félicitations, il se résolut à fonder un nouveau monastère hors de Cagliari, pour s'éloigner davantage des affaires et des bruits du monde. Après s'être assuré l'agrément de l'évêque Brumatius, il s'établit près de l'église du martyr saint Saturnin; où avec plus de quarante compagnons, il s'adonnait à tous les exercices de la discipline monastique. Mais son départ avait enhardi les ariens d'Afrique, et l'Église de Carthage lui demanda de la secourir dans son

---

à cette forme qui se fixe plus complétement au moyen âge; et même à sa mort, le saint nous en montre une trace dans la prière qu'il répétait parmi de cruelles douleurs :

« Domine, da mihi modo hic patientiam,
　　Postea indulgentiam. »

Cf. Vit. *Fulgent.*, 30.

Dès le temps de saint Augustin un chant populaire composé par ce grand évêque contre les donatistes (Opp. IX, 1-8) fait bien voir que rhythme et rime étaient alors en possession de courir le monde latin; sans qu'on eût attendu pour cela les Arabes, par exemple, ou les Germains. En voici quelques fragments, pour qu'on en juge :

« Custos noster, Deus magne, tu nos potes liberare
A pseudo-prophetis istis qui nos quærunt devorare ;
Maledictum cor lupinum contegunt ovina pelle.
. . . .
Væ qui pro cathedris vestris sic contenditis injuste !
Clamatis vos solos sanctos, aliud dicitis in corde.
. . . .
Cantamus vobis, fratres, pacem si vultis audire ;
Venturus est judex noster, nos demus, exigit ille. »

Il y a bien d'autres vestiges des origines de la versification moderne dans les livres ecclésiastiques, où maint professeur ne songe pas à aller puiser. Mais nous autres, n'avons guère le loisir de quereller ces messieurs sur le terrain de l'histoire littéraire ; et pour eux ils se figurent avoir dit le dernier mot parce que nous les avons laissé parler sans interruptions, tout en haussant les épaules.

danger, autant qu'il le pourrait faire. Il y répondit par une instruction écrite, où il découvrait et réduisait en poudre tous les moyens de séduction mis en œuvre par l'hérésie pour gagner les faibles. La grande réputation de science et de sainteté qu'il partageait avec les autres exilés de Sardaigne, les faisait consulter par les moines scythes qui attendaient à Rome les décisions du pape saint Hormisdas sur des débats théologiques agités en Orient [1].

Ces moines scythes devaient être des Slaves, puisqu'ils arrivaient de la rive droite du bas Danube (*la Dobroutscha*); où la race slave venait de s'établir comme sur son terrain, après le départ des grands envahisseurs en chef, les Huns et les Goths. Que ces hommes fussent des brouillons, comme semblent le dire les lettres écrites de Constantinople à leur sujet, ou que ce fussent uniquement des esprits neufs, dépaysés par les subtilités et les variations de la théologie byzantine; toujours est-il que l'instruction ne leur manquait pas dans ce voisinage de la barbarie toute pure, et qu'ils distinguaient bien le point principal où il fallait chercher son appui. Le recours à la chaire de saint Pierre leur apparaissait évidemment comme source et garantie de la bonne doctrine, ou comme moyen de colorer en beau un enseignement qu'elle n'aurait pas formellement désapprouvé. En quoi ils pensaient comme leur compatriote Justinien [2], qui ne fut pas aussi sage jusqu'au bout.

Les questions que ces moines proposaient aux évêques bannis pour la foi, touchaient à la doctrine de l'incarnation et de la grâce : matières difficiles en elles-mêmes, mais devenues surtout fort épineuses par suite des arguties que les hérétiques venaient de répandre sur ce sujet. Au reste, saint Fulgence était bien en mesure de faire face à toutes les controverses du mo-

---

[1] Cf. Baron., A. 519.

[2] Epist. ad Hormisd.: « Hoc credimus esse catholicum quod vestro religioso responso fuerit intimatum. » Ailleurs, Justinien veut bien reconnaître que nul évêque de Rome n'a erré jusqu'alors. Cf. *infra*, p. 235; note 1.

ment, et la réponse faite en cette occasion passe pour être son ouvrage.

En 522, les mêmes exilés se réunirent en une sorte de concile pour écrire de commun accord aux moines scythes qui s'adressaient à eux de nouveau, après être retournés en Orient. Les évêques avaient remarqué que leurs correspondants ne saisissaient pas assez ce qu'il y avait de venin dans la forme mitigée que Fauste de Riez avait donnée aux principes de l'hérétique Pélage. Sans vouloir faire l'homme presque indépendant des conseils et des secours de Dieu dans l'ordre du salut, les semi-pélagiens restreignaient encore beaucoup trop la part de l'action divine à la sanctification des élus ; il importait donc de ne pas laisser l'inexpérience scythe dériver sur cet écueil moins apparent. Les confesseurs africains déportés en Sardaigne rédigèrent sur ce point une lettre synodale que nous avons encore ; et pour que la brièveté de cet écrit ne laissât cependant nul doute, on y joignait deux traités de saint Fulgence qui développaient au long et appuyaient l'enseignement exposé dans la lettre.

Cette même doctrine de Fauste avait été soumise peu auparavant à un autre évêque africain, Possessor, qui soutenait les catholiques à Constantinople. C'est que, en ce genre de controverse, les Pères africains ayant été les premiers à démasquer Célestius et Pélage ; l'avis des compatriotes de saint Augustin était censé représenter son école, et continuait à être estimé comme d'un grand poids. Cette déférence, néanmoins, ne fit pas sortir Possessor d'une réserve un peu timide. Était-ce modestie et défiance, exagérées peut-être, de son savoir ; ou désir de faire comprendre aux Orientaux que les discussions allaient souvent bien loin chez eux, sans assez de soin d'y mettre un terme ? Il ne jugea pas qu'il lui convînt de se prononcer sur un livre qui n'avait pas encore été condamné par l'Église (du moins à sa connaissance) ; et conseilla de recourir au pape Hormisdas, dont le jugement donnerait un ferme appui désormais en des questions où il ne fallait pas moins qu'une parole infaillible[1]. C'est ce qu'il dit dans une lettre au souverain pontife, où nous apprenons qu'il avait rédigé des commentaires sur les épitres de saint Paul; et qu'il désirait connaître l'avis du pape sur cet ouvrage, envoyé à Rome depuis quelque temps.

Tandis que les pasteurs, chassés de leurs siéges, utilisaient ainsi les loisirs forcés de l'exil, les catholiques africains enduraient dans leur patrie des afflictions continuelles. Ils furent surtout vexés de mille manières vers 522, à l'occasion des mouvements que se donna Trasamond pour repousser les Maures qui avaient envahi une grande partie de la Tripolitaine. Partout où l'armée vandale rencontrait sur son passage des églises catholiques, elle les convertissait en écuries pour les chevaux, ou en lieu de réunion pour des orgies de soldats. Prêtres et clercs étaient battus et forcés à servir, comme valets, le premier venu des gens de guerre; qui, naturellement, ne leur épargnaient aucune des brutalités familières à une milice sans frein. Ces impiétés ne restèrent pas sans châtiment. Lorsqu'on en vint aux mains avec l'ennemi, la soldatesque vandale se trouva moins forte contre ces rudes adversaires qu'elle ne l'avait été contre des hommes sans armes; et son patriotisme ou sa discipline répondit peu aux ardeurs de son fanatisme arien. La bataille tourna contre ces grands ravageurs d'églises, qui furent presque entièrement taillés en pièces.

Au temps d'Hunéric, les Maures s'étaient déjà rendus indépendants en Numidie, dans le massif de l'Aurès, où ils demeurèrent maîtres jusqu'à la fin de la dynastie vandale. Ce résultat rend bien plus probable l'affranchissement total de la Mauritanie Tingitane, dont il a été question précédemment (p. 182). On peut croire que ces exemples ne furent pas perdus pour d'au-

---

[1] Harduin, *Concil.*, t. II, p. 1037 : « Decet et expedit ad capitis recurrere medicamentum, quoties agitur de sanitate membrorum. Quis enim majorem circa subjectos sollicitudinem gerit, aut a quo magis est nutantis fidei stabilitas exspectanda quam ab ejus sedis præside cujus primus a Christo rector audivit : *Tu es Petrus, et super hanc petram ædificabo Ecclesiam meam?* »

tres peuplades indigènes. Sous Gonthamond, et vers la fin du règne de Trasamond principalement, on voit bouillonner cette turbulence guerrière de la race africaine qui se soumet à peine au pouvoir vigoureux; mais sait très-bien deviner les langueurs d'une autorité contestée, ou endormie par le succès. Les tribus nomades entamèrent bientôt le pays conquis par les envahisseurs germaniques, et il y a tout lieu de croire que ce reflux continua jusqu'au bout ses reprises, resserrant sans cesse les conquérants dans un cercle plus étroit. Nous les avons vus, plus haut (p. 192, sv.), courir presque impunément certaines parties de la Byzacène pendant la jeunesse de saint Fulgence; et rien n'annonce qu'ils eussent reçu, depuis lors, une leçon capable de les tenir en respect. Quel fut le sort des catholiques au milieu de ces luttes? L'histoire n'en parle que fort peu; mais on ne sera pas loin de la vérité, à coup sûr, si l'on conjecture qu'en passant d'un maître à l'autre par ces alternatives violentes, ils eurent habituellement à endurer des souffrances bien amères, sauf la persécution proprement dite qui se trouvait çà et là suspendue.

Si l'échec éprouvé par Trasamond n'était pas le premier que les Vandales eussent subi sur leur propre terrain, il n'était pas moins désagréable : laissant apercevoir aux moins clairvoyants une marche progressive de ces infatigables voisins. Excepté du côté de la mer, autant qu'on en peut juger, ils avançaient de toutes parts vers la capitale, et continuaient à entamer les meilleures provinces. Le roi déjà vieux, puisque c'était la vingt-septième année de son règne (et que dans la dynastie de Genséric, la couronne passait au plus âgé de tous ses descendants), fut accablé de cette nouvelle humiliante. Mais au lieu de songer à reconnaître la vengeance céleste, il voulut dans ses derniers jours pousser aussi loin que possible l'effet de sa haine contre l'Église. Punir et repousser ses voisins vainqueurs était moins facile que d'écraser ses sujets fidèles à la foi de Nicée, ce dernier parti lui sembla une consolation de son désastre. Si l'âge et l'abattement ne lui permettaient pas de compter sur l'accomplissement d'un tel dessein, il fallait tâcher d'en assurer l'exécution après sa mort. Ce fut son dernier souci au moment de lâcher le sceptre. Hildéric, qui devait lui succéder, était fils du cruel Hunéric si funeste aux adorateurs de Jésus-Christ. Mais, contrairement aux plans de son père, il avait eu tout le loisir de se tracer à lui-même une marche indépendante avant de monter sur le trône. Agé déjà, et d'un caractère bienveillant, il devait être connu pour un homme sans passion contre les catholiques; puisque le vieux roi crut devoir assurer sa propre haine en lui faisant jurer que, devenu maître, il ne rendrait point aux fidèles ce qui leur avait été enlevé jusqu'alors.

La mort de Trasamond (28 mai 523) n'en fut pas moins pour les catholiques ce que serait au prisonnier le jour où, sortant d'un profond cachot, il voit enfin la lumière et respire un air libre. De toutes parts on rendait grâces à Dieu qui avait bien voulu jeter un regard de commisération sur l'Afrique. Hildéric avait, dit-on, pour mère Eudoxie (Eudocie) fille de l'empereur Valentinien, prise à Rome par les Vandales; et quelques-uns ont cru voir dans la conduite de ce prince, des indices de catholicisme. C'est assez mal comprendre ce qu'il peut entrer d'inconséquence pratique dans les meilleurs caractères, surtout parmi les grandeurs et les séductions d'un rang élevé. Le cœur droit et humain d'Hildéric suffit pour expliquer les concessions qu'il fit à l'Église dont les angoisses et la persévérance lui étaient un spectacle quotidien depuis longtemps, sans qu'il eût à se piquer personnellement dans ce jeu cruel. D'ailleurs, les rois burgundes venaient d'abjurer l'arianisme (517); quelque temps auparavant Alaric roi des Visigoths, avait été vaincu et tué par Clovis qui repoussait ainsi la domination arienne hors de France, aux acclamations de toute la Gaule. Ce n'était plus le moment de mettre la cruauté ou l'astuce au service d'une doctrine qui baissait même dans les cours barbares; et quant aux peuples formés par les évêques héritiers de saint Hilaire ou de saint Augustin, décidément ils ne se rendaient pas à la théologie des souverains. Si l'on joint à ces considérations le souvenir d'une mère catholique, persécutée elle-même dans son palais au point de s'enfuir à l'étranger, et ce penchant assez ordinaire d'un nouveau prince à changer la politique de son prédécesseur; on n'aura pas besoin de supposer chez l'héritier de Trasamond une orthodoxie déguisée, dont la preuve n'est vraiment nulle part. Peu importe que l'on puisse citer un historien grec du moyen âge, pour appuyer cette conjecture. Les découvertes historiques qui émergent de l'obscurité après six ou treize siècles, sont certainement fort dignes de louange et assez enviables; mais il ne faut point abuser du plaisir de dévoiler à la postérité curieuse certains secrets si délicats des temps anciens, que les contemporains n'aient pas été conduits à s'en douter.

Le nouveau roi, pour ne pas manquer au serment qui lui avait été arraché, s'empressa de faire, avant de prendre possession du pouvoir, ce qu'il avait promis de ne faire point lorsqu'il serait le maître. En conséquence, il ordonna sans délai que le clergé catholique revînt de l'exil, et que les églises lui fussent rendues [1]. A la demande des Carthaginois, il permit que l'on élût Boniface pour évêque; et sa consécration se fit, dans la basilique de Saint-Agilée, par trois évêques qui retournaient de l'exil, mais n'avaient point quitté l'Afrique. Quand on vit revenir les autres d'outre-mer, la joie fut au comble dans Carthage; à peine avaient-ils quitté le vaisseau, qu'ils se dirigèrent processionnellement vers la basilique dont nous venons de parler, au milieu d'acclamations et d'actions de grâces [2]. C'était surtout Fulgence

---

[1] Hildéric semble être le seul roi vandale qui ait battu monnaie à Carthage (au moins avec son nom); et, sous lui, cette ville put à bon droit se dire heureuse, comme parle la légende de cette pièce :

Au droit : D. N. HILDERIX REX; tête du roi imberbe, diadémée;

Au revers : FELIX KART., femme debout, les mains étendues; des épis dans chacune d'elles.

Ce que l'auteur italien disait alors, il le rectifierait peut-être aujourd'hui d'après de nouvelles découvertes. Je ne suis pas en mesure de le suppléer, n'ayant pu mettre la main sur l'ouvrage de M. Friedlænder, *Muenz. der Vandalen.*

[2] *Vita Fulgent.*: « Resonabat divina laus ex omnibus linguis; ad sancti quippe

qui attirait tous les regards; Carthage l'avait eu quelque temps pour guide, et le vénérait presque comme son pasteur. Une acclamation générale s'éleva dès qu'il parut. On se disputait sa bénédiction, et le bonheur de le toucher, ou même de le voir[1]. Outre sa sainteté bien connue ainsi que sa science, il était tout particulièrement cher aux Carthaginois, parce qu'il appartenait à l'une de leurs premières familles, et pour le séjour qu'il avait fait chez eux entre ses deux exils. Une pluie qui survint ne diminua pas l'empressement; tous rivalisaient de zèle pour couvrir les évêques, et surtout saint Fulgence qu'entouraient les principaux citoyens, le protégeant de leurs propres manteaux. Vers le soir, cette troupe de confesseurs arrivait à la basilique, où tous réunis remercièrent le Seigneur. Les premiers de la ville leur donnèrent l'hospitalité; puis chacun d'eux se mit en route pour se rendre à son Église à travers un concours de de peuple qui se précipitait sur leur passage, et leur faisait cortége par les chemins avec des flambeaux et des branches d'arbres portées sur leur passage.

Hildéric avait permis que les autres Églises demeurées sans pasteur pussent, comme Carthage, se donner des évêques; aussi le premier soin des exilés fut de consacrer les nouveaux élus. Puis on célébra deux conciles provinciaux dans la Byzacène; les autres provinces en firent autant, ainsi qu'on le voit par les députés qu'ils envoyèrent au concile général convoqué à Carthage par Boniface en 525. Outre les députés des provinces, soixante évêques y assistèrent; on lut et l'on souscrivit la formule prescrite à Nicée, on rappela les anciens canons de l'Église d'Afrique, on fixa l'ordre de dignité ou de préséance entre les six provinces ecclésiastiques; et la suprématie de la chaire de Carthage

---

Agilei basilicam sequens populus, et præcedens, confessorum beatorum triumphum nobilem celebrabat. »

[1] *Vita Fulgent.* « Ubi facies Fulgentii apparuit, immensus nascitur clamor: altercantibus omnibus quis primo salutaret agnoscendum, quis caput benedicenti supponeret, quis extremis vel saltem digitis mereretur tangere gradientem, quis videre oculis vel procul stantem. »

sur toutes les autres chaires d'Afrique, fut reconnue et confirmée. Durant ce temps de paix, qui se prolongea huit années au moins, tous les évêques s'étudièrent à faire revivre la discipline ancienne et les anciennes mœurs, qui avaient eu fort à souffrir de temps si calamiteux. Saint Fulgence y apportait plus d'autorité que personne, à cause de sa haute réputation et de l'influence que lui valait sa vie passée. Ses discours montrent combien il prenait soin d'instruire ses ouailles, et l'on voit dans ses lettres qu'il agissait puissamment à distance. On avait aussi à restaurer ou à rebâtir des églises. Simon évêque de Furni (*Enchir-Furnu*), dans la province proconsulaire, voulant dédier avec plus d'éclat une riche basilique qu'il venait de construire, pria Boniface de vouloir bien faire lui-même cette cérémonie. Le primat s'y était rendu accompagné de plusieurs évêques; et saint Fulgence, l'un d'eux, parla deux fois au peuple accouru en foule. Ses paroles entrèrent profondément dans les cœurs; et l'évêque de Carthage, Boniface, versait d'abondantes larmes en bénissant Dieu qui suscite à point des docteurs pour la défense et le soutien de la foi. Boniface, vers le même temps, à ce qu'il semble, s'occupa de rédiger le calendrier de son Église; c'est du moins l'époque qui paraît indiquée par cette particularité de l'ancien texte, que l'on n'y trouve nul évêque de Carthage postérieur à saint Eugène[1]. Les saints, dont les noms s'y lisent, sont principalement ceux d'Afrique; mais on y voit aussi ceux des autres contrées qui ont été généralement honorés dans le monde chrétien, surtout à Rome.

La paix rendue à l'Église d'Afrique persista durant l'usurpation de Gélimer, que les ariens avaient aidé à monter sur le trône, un peu par antipathie contre le bon Hildéric, si favorable aux orthodoxes. Le nouveau roi pouvait n'avoir pas vu de mauvais œil ce moyen de grossir son parti, mais il tenait plus à

---

[1] Cf. Mabillon, *Vet. Analecta*, III, 598. Le titre porte : « Hic continentur dies natalitiorum martyrum, et depositiones episcoporum quæ Ecclesia Carthaginiensis anniversaria celebrat. »

régner qu'à persécuter; et prétendait peut-être éviter d'abord les difficultés intérieures, pour ne pas donner aux impériaux l'appui des mécontents, si Constantinople venait à prendre en considération les intérêts du monarque déchu. Ce qui paraît assez établi, c'est qu'en 531, sous Gélimer, les catholiques trouvaient ou prenaient assez de liberté pour assembler un concile. Selon la Biographie des papes (*Liber pontificalis*), on reçut à Rome sous Boniface II (530-532) des lettres d'Afrique annonçant que l'épiscopat réuni venait d'y porter ce décret : « L'évêque de Carthage suivra en tout les avis du siége apostolique [1]. »

ARTICLE V

Période byzantine (533-670).

Malgré ce que les catholiques avaient enfin obtenu de calme, et sans doute un peu à cause des craintes que leur inspirait le parti triomphant, un bruit sourd se répandait parmi eux à Carthage annonçant la fin prochaine de la domination vandale. La population romaine, si longtemps pressurée, ne pouvait manquer d'être aux aguets et de commenter ce que l'on est convenu d'appeler les signes du temps. On savait, car Justinien ne dut pas y mettre de mystère, que l'empereur avait envoyé demander le rétablissement, tout au moins l'élargissement d'Hildéric son ami; il invoquait les traités entre Constantinople et Carthage pour réclamer le rôle de protéger la transmission paisible du pouvoir dans la famille de Genséric. Gélimer et les siens ne s'effrayèrent pas des paroles d'une cour que l'Occident s'était accoutumé à ne plus craindre, et que l'on savait

---

[1] Anastas. in *Bonifac.*, II, 5 : «... ut consilio sedis apostolicæ omnia carthaginiensis episcopus faceret. »

occupée en Asie par une guerre fort lourde. Mais les descendants des opprimés suivaient le décours constant de leur ancien vainqueur; l'impatience de leurs désirs portait plus juste que la prévoyance ordinaire, et prêtait ainsi des forces à qui voudrait hasarder une défection.

L'histoire, avec ses habitudes de mettre en relief un nom d'homme ou de lieu, nous a beaucoup trop accoutumés à grandir l'importance des rencontres qui précipitent une crise, ou des gens qui brusquent un coup de main dans les moments qui se trouvent après coup qualifiés de décisifs. Assurément la chute de Gélimer fut bien aidée par Pudentius qui livra la Tripolitaine à quelques troupes expédiées de Constantinople, par Godas qui attira la flotte vandale en Sardaigne (Cf. *supra*, p. 60); par Bélisaire surtout, dont l'esprit ferme et net dirigea l'expédition définitive. Cependant qu'eussent obtenu ces hommes, s'il n'y avait eu dans le pays menacé des maîtres désunis et des sujets sans affection? Faites en outre la part de cette grande et mystérieuse main de Dieu qui brouille ou brise les fils de la trame la mieux ourdie, quand il a rejeté l'artisan. Mais les historiens, comme les acteurs de ces grandes œuvres complexes, aiment à simplifier le point de vue et la responsabilité en reportant tout sur un personnage qui endosse la gloire ou les hontes du dénoûment.

Ici chacun mettait un peu la main, même à son insu, dans la décomposition d'un établissement jadis tant redouté. Outre divers bruits vagues et traditions singulières qui alimentaient la fermentation, et furent plus tard interprétés comme des prophéties; on se disait que saint Cyprien s'était montré à plusieurs, avec promesse de délivrer l'Afrique et de châtier bientôt les ennemis de son Église. Le jour de la fête de ce saint, un évêque l'avait représenté pressant le Seigneur de venger la cause des siens [1]; ce langage, en toute autre occasion, pouvait

---

[1] Ap. Ruinart, *Hist. persecut. Vandal.*, p. 58 : « Exsurge, quare obdormis, Domine; exsurge et ne repellas usque in finem! Redde tibi tuam gloriam, ter-

passer pour une simple forme oratoire sans plus de conséquence; tombant sur des cœurs frémissants et agités, c'était une étincelle dans des matières inflammables. On veut qu'un autre martyr, mais mort victime de la persécution vandale, ait pris part à l'acheminement de la ruine. C'était, dit-on, saint Lætus (Cf. *supra*, p. 182, 186), évêque de Neptis (*Nefta*), qui aurait apparu à Justinien déjà résolu de porter la guerre en Afrique, mais bien peu soutenu dans son dessein par les politiques préoccupés de mille difficultés plus ou moins sérieuses. Selon d'autres, un saint évêque d'Orient, mais en vie celui-là, serait venu au palais mettre fin, par des paroles prophétiques, à toutes les hésitations de l'empereur; et je ne saurais prononcer si ces deux récits ne reproduisent pas un même fait, agrandi ou rabaissé au goût des narrateurs. On raconte aussi que saint Sabas, venu vers ce temps-là de Palestine à la cour, avait promis à Justinien le recouvrement de Carthage et de Rome.

Justinien, en tout cas, malgré la plupart de ses conseillers, prit le parti de conclure promptement la paix avec les Perses pour tourner toutes ses pensées du côté des Vandales; et toutefois l'effort de ses armes n'atteignit pas des proportions bien menaçantes; mais l'entrée triomphale de Bélisaire dans Carthage donna bien à voir que Dieu l'avait guidé. Elle eut lieu le jour même où l'on célébrait la mémoire de saint Cyprien, et l'on peut penser si cette coïncidence fut saisie par les catholiques de la capitale enfin délivrée. Le récit de Procope, qui accompagnait l'expédition, offre une trace curieuse du rang qu'avait pris la fête de l'illustre martyr dans le calendrier populaire. Lorsque le commandant de la flotte byzantine voulut laisser tomber les ancres à cent-cinquante stades (cinq ou six lieues) de Carthage, pour attendre les ordres de Bélisaire, les marins déclarèrent que la mesure n'était point praticable. Sur

---

ram tuam tuis redde, redde meis ossa mea; ut te triumphante, et hostes tui pereant, et nos in sedibus nostris nostro ordine gaudeamus. »

une côte dangereuse ils s'attendaient à éprouver incessamment quelqu'un des furieux coups de mer appelés dans ces parages *tempêtes cypriennes*. D'où l'on voit que les approches de l'équinoxe d'automne étaient désignées par le nom de la fête du grand évêque carthaginois. C'est ainsi que le peuple de nos campagnes dit encore : la Notre-Dame de mars, d'août, de septembre; la Saint-Jean, la Saint-Médard, la Saint-Michel; la Saint-Martin d'hiver, etc.

Que si l'arianisme n'avait point prescrit contre ces locutions des gens de mer fondées sur la piété catholique, le culte du martyr était bien plus vivace dans la cité qui possédait ses reliques sans pouvoir s'en approcher, qui en nourrissait avec jalousie tous les souvenirs comme une gloire propre et comme une protestation contre l'hérésie dominante. On y jugea donc que le saint docteur tenait sa parole; et pour le croire il n'était pas nécessaire de s'abandonner à une passion aveugle du merveilleux. Les ariens qui, depuis longtemps, s'étaient approprié la basilique de Saint-Cyprien, l'avaient ornée la veille pour la solennité avec une magnificence extraordinaire ; et lorsque vint tout à coup la nouvelle de la déroute des Vandales aux portes de la ville, avec l'annonce de la marche des ennemis en avant, le clergé hérétique prenant l'épouvante, abandonna l'église que les catholiques trouvèrent toute parée.

L'assoupissement des Vandales avait été si profond, l'occupation de la capitale par les impériaux fut si prompte et si peu prévue, qu'on serait au-dessous du vrai en l'assimilant à des logements pris par un détachement qui passe. Bélisaire fit servir à ses officiers, et sa femme Antonine en faisait les honneurs, le festin apprêté la veille pour Gélimer. Les employés habituels du palais s'y trouvaient encore, et l'on se donna la récréation de leur faire remplir leurs offices ordinaires durant le repas comme si c'eût été pour le roi entouré de ses convives. Le clergé arien avait été pris de plus court encore que les gens du palais, quand parurent les troupes grecques devenues maîtresses de la plaine par la retraite précipitée de Gélimer vers la Numidie. Car la basilique de Saint-Cyprien s'élevait en dehors des murailles, et fut aux mains du vainqueur dès la nuit qui précéda son entrée dans la ville.

Les fidèles y célébrèrent avec une dévotion merveilleuse la fête annuelle de leur illustre évêque, dont le tombeau leur avait été longtemps interdit par la secte arienne. Les autres basiliques ne tardèrent pas à leur être remises également, et la faction des ariens succomba sans rémission après qu'elle se fût rendue coupable de complot contre le vainqueur (Cf. *supra*, p. 63, sv.). C'était la quatre-vingt-quinzième année depuis que Genséric avait installé son hérésie avec l'invasion.

Boniface évêque de Carthage, survécut peu à l'heureux jour qui avait brisé le joug vandale et ramené son Église presque à l'éclat des anciens âges. En 535, il alla jouir de l'éternel repos; et son successeur immédiat, Réparatus, présida dans la capitale un concile de toute l'Afrique où assistèrent deux cent sept évêques. Cette assemblée se réunit dans la basilique de Fauste, célèbre par la quantité de reliques des saints martyrs qui s'y conservaient, et qu'Hunéric avait enlevée aux orthodoxes un demi-siècle auparavant. On y traita de la façon d'accueillir ceux qui revenaient à l'Église après s'être laissés entraîner dans l'arianisme durant la persécution. Plusieurs évêques hésitaient à prendre un parti; la rigueur, comme la facilité, présentant bien des périls. Il fut résolu que l'on attendrait la décision du souverain pontife (saint Agapit Ier), pour s'en tenir religieusement à l'avis qui serait revêtu de son autorité suprême[1]. Jusque-

---

[1] Ap. Harduin., *Concil.*, t. II, p. 1154. « Sic omnibus nobis unanimiter subito placuit sciscitari primitus beatitudinis vestræ sententiam. Potest enim sedes apostolica, quantum speramus, tale nobis interrogantibus dare responsum quale nos approbare concorditer explorata veritas faciat. Ex omnium quidem collegarum tacitis motibus, nemini placere sensimus ut in suis honoribus ariani susciperentur; verumtamen convenire caritati credidimus ut quid habeat sensu; noster in publicam notitiam nemo perduceret, nisi prius vel consuetudo nobis vel definitio romanæ Ecclesiæ proderetur. »

là personne ne devait énoncer un parti pris qui pût empêcher l'acceptation pacifique de la décision qu'on sollicitait à Rome. Les nouvelles facilités, les besoins même du ministère ecclésiastique, avaient pu paraître à certains évêques une occasion avantageuse ou une excuse pour resserrer la liberté que les religieux s'étaient maintenue ou regagnée sous les princes ariens; et l'unité de vues ou de discipline entre les pasteurs était devenue difficile par suite de leur isolement forcé. On confirma donc les priviléges ou immunités accordés précédemment aux moines[1], et l'on se résolut à rétablir l'ancienne coutume de célébrer des conciles provinciaux et généraux dans l'Afrique entière. Il fut en outre décidé, à cause des mesures politiques qui pourraient intéresser la religion, que l'on entretiendrait désormais près de la cour de Constantinople un nonce de l'évêque de Carthage, sous le nom de *correspondant* (*responsalis*). C'était une manière d'empêcher que, sous ombre d'affaires générales à suivre dans les bureaux, quelqu'un n'allât jouer au palais le rôle de courtisan. Le premier que l'on investit de cette nonciature fut Théodore, diacre de l'Église de Carthage. Il eut charge de solliciter la protection de l'empereur contre ceux qui avaient occupé les droits des Églises et entrepris sur les droits épiscopaux pendant la domination barbare. La lettre pour Rome fut portée par les évêques Caïus et Pierre, qu'accompagnait le diacre Libératus dont la science jeta plus tard un certain éclat. Le souverain pontife saint Agapit, vit avec joie que, au milieu de l'ivresse universelle causée en Afrique par le recouvrement de la liberté, l'on n'avait pas mis en oubli la primauté du siége apostolique; alors surtout que plus d'un cas se présentait dont les analogues

---

[1] Ap. Hard., *Conc.*, t. II, p. 1154 : « Monasteria ipsa libertate plenissima perfruantur, servatis limitibus conciliorum suorum in hac duntaxat ut quandocumque voluerint sibi clericos ordinare, vel oratoria monasteriis dedicare, episcopus in cujus plebe vel civitate locus monasterii consistit, ipse hujus muneris gratiam compleat salva libertate monachorum; nihil in eis præter hanc ordinationem vindicans, neque ecclesiasticis eos conditionibus aut angariis subdens, etc. » Cf. Morcelli, A. 517, et 525.

ne s'étaient guère rencontrés précédemment Sa réponse au concile loue le soin qu'on y avait pris d'observer les règles anciennes. Il approuve tout particulièrement ce qu'on proposait pour maintenir dans la modestie les ariens qui rentraient dans l'Église. Le désir de faciliter leur retour ne devait pas aller jusqu'à maintenir leur ancien rang et remettre l'enseignement de la foi aux mains des gens qui avaient été ses ennemis. « Honte à eux, dit-il, s'ils prétendent obtenir une autre faveur que celle de rentrer parmi nous! » Consultation qui se présentait fort à propos, en un moment où Épiphane, patriarche de Constantinople, venait de sacrer évêque un arien (Achille) récemment converti, mais recommandé par l'empereur.

Saint Agapit trouve sage encore que, dans un si grand besoin des peuples, et après le long veuvage de tant d'églises, on ait songé à restreindre le nombre des évêques ou des clercs qui pourraient vouloir s'absenter de l'Afrique par quelque voyage, fût-ce pour se rendre en Italie. En même temps, il répondait par un bref distinct à la lettre de Réparatus qui était empreinte de dévouement et de droiture. Là, le chef de l'Église témoigne son désir de voir la métropole africaine rentrer dans la plénitude de ses anciennes attributions, comme moyen d'assurer les dispositions du saint-siége.

Archélaüs, premier préfet du prétoire en Afrique, et revêtu peut-être de cette fonction à cause des tiraillements qu'il avait suscités à Bélisaire, avait reçu de Justinien l'ordre de faire restituer aux Africains les biens qu'eux ou leurs pères s'étaient vu ravir par le pouvoir précédent. Bientôt l'empereur, apprenant par le *nonce* (ou correspondant) ce que les églises avaient eu à souffrir des ariens, rendit une autre loi pour qu'elles pussent aussi revendiquer leurs anciennes propriétés des mains de qui que ce fût et quelle qu'eût été l'époque de l'aliénation. Il décréta en outre que ni arien, ni autre hérétique, ne pourrait pratiquer ouvertement son culte ou remplir un office public. Ainsi ce siècle avait été destiné à voir s'éteindre d'abord la tyrannie de l'arianisme, puis son exercice à découvert. Saint Avit, évêque de Vienne (sur le Rhône), venait de déterminer l'abjuration du roi des Burgundes (Sigismond); et les rois visigoths, dépouillés déjà du Languedoc où les Vandales exilaient volontiers ceux des évêques qu'ils ne voulaient pas rendre martyrs, embrassèrent enfin l'unité catholique en 587, par les soins de saint Léandre évêque de Séville, sous Récarède frère de saint Herménégilde. La nation suève, dans l'Espagne occidentale, avait précédé Récarède dans ce grand acte de réconciliation avec Dieu et avec le pays conquis. Le Ciel aidant, l'hérésie arienne était donc devenue peu à peu secte de barbares; les empereurs de Constantinople, après l'avoir tant favorisée d'abord et inoculée aux futurs envahisseurs de l'Occident, ayant trouvé ensuite à patronner des nouveautés plus piquantes et des hétérodoxes plus raffinés, qui ne manquaient pas d'éclore autour d'eux. Les Ostrogoths d'Italie, refoulés avant la conversion des maîtres de l'Espagne, s'étaient effacés promptement malgré le talent et la valeur de plusieurs des chefs qui les avaient gouvernés. Leur clergé ne trouva bientôt plus d'auditeurs qu'en se réfugiant vers les contrées qui l'avaient vomi sur le monde latin.

Justinien, avec sa pétulance de cabinet, se trouvait trop heureux de rencontrer matière à ordonnances, tantôt bonnes, tantôt mauvaises; au point de détraquer après coup ce qu'il avait une fois sagement ordonné, ou fait ordonner par ses commis. Nous trouvons à ce moment qu'il déclare inviolable tout ce qui serait offert aux églises, et accorde l'immunité à ceux qui s'y réfugieraient, pourvu qu'ils ne fussent point coupables d'homicide, de rapt ou de violence contre un chrétien.

L'empereur témoigna son affection pour les provinces recouvrées, ou sa manie fébrile de faire parler de lui, en y faisant bâtir à grands frais des églises et des monastères[1]. On sait

---

[1] Il est bon de se rappeler que Justinien avait donné son nom (*Justiniana, Justinianopolis*) à une vingtaine de villes, pour le moins, y compris Carthage; sans compter neuf autres cités ou bourgades qui devaient faire redire à la

qu'il était grand bâtisseur, et les peuples n'ont pas eu l'air de lui en savoir gré parce qu'on y pouvait reconnaître une cause de ses continuels besoins d'argent, auxquels il cherchait sans cesse remède par des exactions et des spoliations effrontées. En Afrique, pourtant, il y avait de quoi occuper ses architectes sans qu'on pût l'accuser d'abus : Genséric ayant démantelé toutes les villes, sauf la seule Carthage; ou par colère de la peine que lui avait inutilement coûté le siége d'Hippone au début de la conquête; ou pour ôter toute chance à des révoltes qui ne trouveraient point une base solide. Encore même la capitale fut-elle si négligée à la longue sous ce rapport, que Bélisaire eut à la remettre en état dès les premiers jours. Justinien put donc donner carrière dans ce pays à son amour des constructions, qui lui servaient d'ailleurs de palliatif pour le peu de soin donné aux armées. Mais nous n'avons à noter en ce genre que ce qui intéresse particulièrement l'Église.

Dans le prétoire ou palais de Carthage une basilique fut bâtie, en 542, à l'honneur de la très-sainte Vierge; et une autre s'éleva hors du prétoire, dédiée à sainte Prima née en Afrique. Entre les cités réparées et fortifiées cette année-là même par Salomon, successeur de Bélisaire, on trouve l'ancienne citadelle romaine nommée Septa (*Ceuta*), sur la côte en face de Cadix. Elle avait été prise d'assaut par les troupes de Bélisaire, et pouvait passer pour la porte de l'Afrique du côté de l'ouest. Justinien tenait donc à ce qu'on y fût bien en garde contre les attaques du dehors comme du dedans; et voulut qu'on y construisît un temple consacré à la Mère de Dieu, dont il espérait assurer le patronage à toute sa conquête d'Afrique.

De ce que nous voyons l'empereur faire bâtir une église à Septa, il ne faudrait pas se hâter de conclure immédiatement

---

postérité le nom de sa triste femme (*Theodorias, Theodoropolis,* etc.). On jouissait aussi en plusieurs lieux du fâcheux privilége de posséder des proconsuls, préposés, comtes, décorés du titre de Justiniens, qui étaient l'effroi et la désolation des provinces.

que les armes de Bélisaire ou de ses successeurs eussent rendu à l'empire toute l'Afrique romaine sans nulle exception. Les plus heureux généraux de Justinien, sauf quelques pointes momentanées vers le sud-ouest, substituèrent tout au plus la puissance impériale à celle de Gélimer, malgré les revendications absolues que Constantinople affichait dans son bulletin des lois. Mais les États de Gélimer étaient-ils bien ceux de Genséric qui, avec l'entraînement d'une invasion triomphante et l'ascendant d'un talent supérieur, eut encore la fortune de régner à lui seul plus que tous ses héritiers ensemble? Voilà ce qui n'est nullement prouvé. Il y a tout lieu de croire d'abord, que l'intérêt des aborigènes dans une camaraderie de déprédations, et la finesse du conquérant, ajournèrent bien des conflits qui eurent à se vider plus tard. Cette première époque une fois passée, l'impétuosité des Maures, toujours prête à éclater après cent revers, avait eu plusieurs fois raison des envahisseurs germaniques à la longue; et l'on ne voit pas même que, Genséric mort, cela ait souffert beaucoup de difficultés [1]. En outre les Visigoths d'Espagne n'y auront sûrement pas nui, tant qu'il n'aura été question que de ne pas trop se prononcer; inquiétés qu'ils étaient par la puissance maritime des Vandales, maîtres des îles espagnoles [2]. Cæsarea et Septa, occupées par Bélisaire, semblent bien n'avoir été que des espèces de védettes où la marine grecque s'était probablement piquée de figurer convenablement auprès de l'armée de terre; et rien n'établit clairement que le reste de la contrée, autour de ces garnisons fortement établies, ne fût pas entièrement maure. Les prétentions et les proclamations byzantines y faisaient peu, comme on le voit par des guerres incessantes qui engloutissent des lieutenants impériaux l'un après l'autre. Dans cet état de choses, la grande af-

---

[1] Cf. *supra*, p. 207; 192, sv.; 160, 182; 65, sv.
[2] C'est par suite de cette occupation des Baléares qu'on voit ces îles (avec la Sardaigne) figurer, même au moyen âge (dans les notices grecques), parmi les siéges épiscopaux de l'Afrique.

faire pour Justinien était de renforcer les points dominants afin de sauver une catastrophe ; car pendant qu'il prenait pied de son mieux en Afrique, les Perses d'un côté, les Ostrogoths de l'autre, ne manquaient pas l'occasion de lui mettre sous les yeux que, sans leur connivence, les Vandales n'eussent point été renversés si aisément. Qu'avait-on à prévoir, si les nations nouvellement établies dans l'Occident latin eussent retrouvé un politique à longues vues tel que Genséric ? L'empereur devait entrevoir ce danger, lui, né d'une race neuve (il était Slave, et *Iustinianus* n'était qu'une interprétation romaine de son vrai nom *Upravda*); qui connaissait la fougue des peuples barbares, et leurs secrètes ententes pour se jeter à la curée en masses profondes.

C'est pourquoi il entend que Septa soit un poste d'observations bien suivies, d'où un chef habile aura constamment l'œil ouvert sur tout ce qui pourrait couver non-seulement en Espagne, mais chez les Francs[1], dont il faisait pourtant mine d'être le vainqueur. Le reste n'était que de second ordre, et pouvait se dissimuler jusqu'à circonstances opportunes, tant que l'on tenait soigneusement les clefs du pays. Quelques gouverneurs habiles s'étendirent davantage, mais avec quelle durée ? Les troupes grecques, en 548, allèrent jusqu'à franchir le détroit et à récupérer plusieurs places sur les côtes d'Espagne ; mais ce fut à la faveur d'une guerre civile entre les Visigoths, où l'un des partis eut la mauvaise inspiration d'appeler ces étrangers au secours de ses rancunes. Encore cette prise de possession n'alla-t-elle pas loin, ni pour l'espace ni pour le temps.

Justinien aurait-il prévenu aussi la pensée de certain architecte du dix-neuvième siècle qui paraît avoir bâti des séminaires sur un plan tel qu'on les puisse convertir aisément en casernes, le cas échéant ? Le fait est qu'en 541 il avait fait édifier encore à Carthage, près du lieu appelé *Mandracius portus*[2], un énorme

---

[1] Cf. Cod., I, 27 ; leg. II, § 2.

[2] Ce semble être l'ancien port intérieur (*Cothon*) des Carthaginois ; bassin en partie artificiel, probablement.

monastère entouré de murailles si robustes que, plus tard, on put s'en servir comme d'une place de guerre ou d'un réduit propre à la défense; lorsque Aréobinde, écrasé par les forces de l'usurpateur Gontharis, s'y retrancha avec les officiers et les soldats qui étaient restés fidèles.

Ce Gontharis, commandant des forces militaires en Numidie, et dont le nom a bien l'air germanique, quoi qu'on dise de son origine, soupçonna sans doute quelque belle occasion d'avancement ou même d'indépendance dans les nombreux embarras qui suivirent le départ de Bélisaire. Une conquête à peine terminée, mais certainement peu affermie; des pouvoirs beaucoup plus équilibrés dans les lois pour se contre-peser l'un l'autre que pour agir énergiquement, lui auront fait voir qu'un homme hardi et sans scrupules pouvait se frayer passage à travers ce système d'autorités jalouses organisé par le cabinet byzantin. Il gagna donc plusieurs chefs maures incessamment disposés à courir les aventures, fomenta des insurrections qui pouvaient déconsidérer le sénateur Aréobinde, demeuré momentanément gouverneur unique des provinces africaines; et finit par le faire assassiner, afin de s'emparer du commandement suprême dans Carthage. Cela lui valut à peu près six semaines de supériorité, après quoi il fut tué à son tour par un Arménien que l'on récompensa en lui donnant la main d'une nièce de l'empereur et l'une des grandes charges militaires de la cour.

Lorsqu'en 548 la ville de Leptis Magna (*Lebda*), jadis étendue et populeuse, se releva de ses ruines; cinq églises y furent bâties, dont une dédiée à la Mère de Dieu. Si l'on voulait une ville remise sur pied respectable dans ces lieux fort menacés, il fallait bien attirer la population par des facilités de service religieux; ainsi nous ne pouvons voir dans ces établissements une grande preuve de la piété impériale. C'était tout simplement de l'administration bien entendue, qui comprenait les mesures indispensables à l'accomplissement du principal projet; chaque jour nous en voyons faire autant par des hommes qui trouveraient sans doute fort réjouissant qu'on y aperçût un sujet d'édification (sauf dans le sens des architectes).

On parle aussi, et nous le constatons volontiers, de l'extension du christianisme parmi les Maures qui habitaient le voisinage de la Tripolitaine. Justinien, dit-on, leur fit envoyer des prêtres au fait de leur langage; car ces descendants des anciens maîtres du pays n'entendaient que la langue punique. L'empire recueillit les fruits de leur conversion : ces hommes qui avaient été l'effroi des frontières, devinrent si fidèles aux Romains après leur baptême, qu'on les appela Maures pacifiés ou apaisés (*Mauri pacati*). Ils furent imités par ceux de Gadebis (les *Gadebitani*), voisins de Sabrata, qui s'étaient conservés païens jusqu'alors; mais Justinien procura leur entrée dans l'Église.

En quoi, se présente l'occasion de quelques remarques. Premièrement l'histoire porte volontiers au compte des chefs de nations ou de corporations nombre d'événements qui se sont tout uniment passés tandis qu'ils commandaient, et qu'ils ont peut-être tout au plus permis. Il y a là plutôt coïncidence chronologique que relation de cause à effet, mais on l'adopte comme classification et simplification d'exposé. Secondement, il se rencontre parmi nous des hommes politiques qui trouvent certaines institutions ecclésiastiques estimables pour la civilisation des sauvages, mais pour ce but exclusivement. Devons-nous voir en eux des protecteurs de l'Église proprement dits? Donc ce beau zèle de Justinien, quand ce serait bien son œuvre, ne doit pas nous inspirer une admiration si enthousiaste, que nous lui prêtions des intentions entièrement tournées à la gloire de Dieu. L'époque de ces progrès de la foi coïncide à peu près avec les travaux exécutés pour rendre la sécurité aux Tripolitains; et le soin de convertir les barbares limitrophes pour les calmer, devenait un complément nécessaire de cette œuvre, que nous pourrions appeler administrative. Or sur ces vieux jours, occupé de financer énormément avec les barbares de presque toutes les frontières, il aura trouvé non moins sûr et plus économique d'employer l'Évangile à couvrir les provinces lointaines quand il y avait moyen de rallier les voisins incommodes. C'était surtout le cas lorsqu'on pouvait agir sur des tribus isolées et peu nombreuses, et c'est ce qu'on voit appliquer par Justinien à l'Orient comme au Midi. Ainsi sans bourse délier, ni verser de sang, les *Maures pacifiés* pouvaient enfler le renom de ses *sueurs guerrières* et des acquisitions impériales[1]. La religion cependant ne laissait pas d'en profiter, grâce au zèle de ceux qui acceptaient cet emploi.

Plus tard, et avec moins d'arrière-pensées politiques, peut-être, d'autres peuplades maures (vers 658) abjurèrent le paganisme à la persuasion des missionnaires pris dans le clergé africain. On dit encore que dans les premières années du septième siècle, Anastase, qui monta sur le trône épiscopal de Brescia, avait parcouru l'Afrique dans la vue d'y répandre la foi. Mais nous ignorons où l'auront conduit ses courses apostoliques et quels fruits répondirent à ses prédications. Son retour dans sa patrie donne lieu de croire que ses tentatives avaient été peu fécondes, un vrai missionnaire n'abandonnant guère une tâche si importante à moins de réelle impossibilité. Nous savons en outre, et il fallait s'y attendre, que même parmi les prosélytes acquis, la rudesse turbulente des barbares ne se courba point toujours à une conversion ni très-entière, ni très-durable. Accoutumés de temps immémorial au brigandage, ils reprirent les armes pour courir à leurs rapines comme par le passé, quand l'occasion les affriandait vivement; et le temps fit défaut à la consolidation du changement de mœurs, affaire longue et délicate.

Du reste, nous sommes peu renseignés sur les événements des cent cinquante années qui s'écoulèrent entre la conquête de l'Afrique par Bélisaire et l'invasion sarrasine. Non pas que l'Église africaine manquât de saints et doctes évêques ou d'autres

---

[1] *Institut. Præfat. :* « Bellicos sudores nostros barbaricæ gentes, sub juga nostra redactæ, senserunt. »

personnages dont les actions méritassent d'être transmises par l'histoire. Mais les ravages et les malheurs des siècles suivants nous ont fait perdre les documents de cet âge.

Parmi les exemples de zèle que nous avons rappelés, et qui furent sans doute plus multipliés que nous le pouvons dire avec nos renseignements, ce dut être un spectacle touchant pour les fidèles d'Afrique, que la piété d'Ingunde, femme du saint martyr Herménégilde (585). Ils y retrouvaient une nouvelle occasion de bénir l'heureuse délivrance qui les avait soustraits à la persécution arienne. Là, c'était une famille royale qui leur montrait l'arianisme frappant la foi jusque sur le trône.

Les noces par où la politique s'efforça d'unir la cour de Tolède ou de Barcelone à celle des Francs, ne furent pas généralement heureuses ni pour les princesses qui passèrent les Pyrénées, ni pour la concorde des deux nations. Brunehaut et Galswinthe, filles d'Athanagilde, en sont un exemple chez nous, où elles rappellent les grandes infortunes et les grandes haines de ces antiques femmes germaines bien autrement taillées pour la tragédie que les Clytemnestres de l'âge dorien. C'est que dans nos sociétés modernes, où la femme n'est plus asservie, une reine énergique chez laquelle l'Évangile n'est pas très-ancré, passe aisément à la furie ou à la Messaline. Le christianisme fortement accepté, ne l'empêchera pas toujours d'être une victime, mais lui sauvera la triste ambition de devenir une torche incendiaire pour consoler ses amertumes domestiques. Tertullien ne comprenait pas qu'un chrétien pût être empereur, ou qu'un empereur fût chrétien : étroitesse de ce génie, borné par son exagération ; s'il eût soupçonné l'influence extérieure que le mariage chrétien allait donner aux femmes, il eût beaucoup moins admis qu'une chrétienne pût être impératrice, ou qu'une souveraine demeurât enfant de l'Église. Il faut peser cela pour entendre quelque chose à certains cris presque sauvages qui s'élancent encore de l'âme d'une sainte Clotilde, par exemple : transports d'entrailles un peu farouches, mais qui étaient en travail des grandes et douces princesses venues à terme plus tard.

Pour en venir aux princesses frankes mariées chez les Visigoths, une autre Clotilde, fille de la sainte, avait épousé Amalaric qui tenait à en faire une arienne. Dans son zèle de barbare hérétique, il la battit un jour si rudement pour la réduire, que la reine trempa un voile dans son sang; et fit porter cette missive à son frère Childebert, roi de Paris. Celui-ci, qui venait précisément de mettre la main sur l'Auvergne, courut au-delà des Pyrénées chercher sa sœur (et les trésors de son beau-frère en façon d'indemnité). Clotilde mourut comme on la ramenait à Paris; mais sa mort avait été précédée par celle du roi des Visigoths, tué au moment où il s'efforçait de sauver ses richesses (531). C'est à lui que succéda ce Theudis qui vit tomber le royaume vandale sans en prendre souci, et ne se montra pas plus emporté envers les catholiques; était-ce l'effet d'un caractère naturellement réservé et d'une puissance compromise, ou le résultat de la leçon qu'il trouvait dans le sort de son prédécesseur et le voisinage des Romains?

On ne voit pas qu'Ingunde, fille de l'altière Brunehaut, ait poussé vers la France cet appel aux armes qui perdit Amalaric sans guère avancer la malheureuse Clotilde. Toutefois, il semble y avoir eu des hostilités en Languedoc à cette occasion, quoique sans grande suite, puisque vers le même temps on traitait du mariage de Récarède (frère d'Herménégilde) avec une autre fille du roi des Francs. Au fond, Ingunde, en aidant à la conversion de son mari, rapprocha les princes goths du clergé catholique, ce qui peut être considéré comme acheminement à l'abjuration de Récarède; triomphe bien préférable à l'amère jouissance de faire égorger peuples et rois pour sa querelle.

Quoi qu'il en soit, Herménégilde, fixé à Séville, voyant s'envenimer les relations de sa cour avec celle de son père (Leuvigilde), dont il lui avait fallu se séparer, avait pris soin de faire passer en Afrique sa femme avec un fils encore enfant (585). Il voulait, en engageant la dernière lutte, qu'après sa mort sa famille ne demeurât pas livrée aux ariens. Mais la pieuse veuve, fille de Sigebert roi des Francs d'Austrasie, succomba bientôt dans son exil à la maladie et à la tristesse[1]. La mort de cette religieuse reine fut sans doute entourée de respects par le peuple fidèle, informé de sa constance dans la foi et du bel amour qui lui avait fait arracher son époux à l'hérésie. Ce n'était pas sans avoir eu elle-même bien des mauvais traitements à endurer dans le palais des Visigoths, car on pense que les rudesses brutales de sa belle-mère déterminèrent Herménégilde à choisir Séville pour sa résidence. Là, le jeune roi s'était trouvé en relations suivies avec saint Léandre qui détermina son abjuration sans s'attirer la haine du vieux Leuvigilde.

Justinien, à qui l'Église était redevable de son affranchissement en Afrique et de la splendeur du culte divin, couronna mal ces premiers actes en se mêlant de théologie. Il n'avait plus les grandes guerres et les grandes compilations juridiques pour défrayer l'activité inquiète de son esprit affairé, ou pour répondre à sa soif ardente d'occuper de lui l'univers[2]. Théodore, métropolitain de Césarée en Cappadoce, homme d'hétérodoxie assez notoire, mais insinuant et très-bien en cour, lui fit publier son trop célèbre édit contre les *Trois Chapitres* (544) qui ne menait à rien de bon.

Ceux qui, par hasard, ne seraient pas au courant des questions que soulevait cette affaire dont le retentissement fut trop grand et trop long jadis, pourront au moins se trouver bien de savoir que c'était un mélange fort entortillé de questions per-

---

[1] Il se pourrait que la retraite de cette reine en Afrique n'ait pas été sans relation avec une ambassade des Francs qui se rendit à Carthage vers 590, s'il faut en croire Grégoire de Tours ou ses continuateurs.

[2] D'ailleurs le grand jurisconsulte (et courtisan) Tribonien étant mort, l'empereur peut bien avoir rêvé de le remplacer près de sa personne par un conseiller ecclésiastique qui lui valût aux yeux du monde une nouvelle auréole. Le défunt lui ayant procuré celle de législateur politique et civil, on pouvait passer à d'autres prétentions. Ces nouvelles vues du souverain ne furent pas favorables à la prospérité de l'empire qui se mit à baisser en tout.

sonnelles et de discussion théologique. Soit astuce de calculs politiques, soit dévorante fièvre d'une intelligence plus remuante que droite, soit querelles de ménage qui se faisaient jour dans la direction de l'État ; l'empereur et Théodora, sa femme, patronnaient ordinairement chacun la cause que désavouait l'autre. Néanmoins l'impératrice venait à bout çà et là de faire décréter des mesures auxquelles on ne voit pas ce que Justinien mettait de sa volonté ou pouvait trouver de son intérêt. Ce cas-ci en est un exemple : Théodora était poursuivie d'une antipathie furieuse contre les décrets du concile de Chalcédoine, qui semblait devoir enfin terminer les grandes contestations soulevées par la subtilité ou l'impéritie hérétique sur les conséquences doctrinales du mystère de l'incarnation. Or, Justinien était en travail d'une condamnation des acéphales (précisément grands adversaires du concile), et venait de fulminer la condamnation d'Origène, au grand déboire de Théodore de Césarée. Celui-ci, grand favori de l'impératrice, et désireux d'une revanche personnelle, imagina de faire, comme on dit, coup double ; en détournant le chatouilleux amour-propre du souverain vers la cause de sa femme, sans qu'il se doutât qu'on le faisait passer sous le joug. Bien au contraire, il lui mit dans l'esprit qu'il serait beau, non pas, certes, de condamner les Pères de Chalcédoine, mais de se montrer plus orthodoxe qu'eux : en censurant quelques-uns de ceux qui avaient siégé dans leur assemblée, et prononcé avec les catholiques. Piége compliqué, comme on va le voir, mais très-habilement tendu à un prince vaniteux dont la suprême joie eût été de croire qu'il ne mourrait pas sans avoir marqué à son effigie tout ce qui pouvait jamais occuper les siècles futurs. Lois et avis de prud'hommes, limites des provinces et noms de villes importantes, désignations de magistratures et de classes d'étudiants, frontières militaires et architecture ecclésiastique ; dogmes même, au moins par quelque retouche et détermination officielle ; auraient à prendre désormais la date et l'empreinte rectificatrice de son règne, qui les contrôlait définitivement pour l'avenir [1]. Joignez à cela le bonheur d'afficher aux yeux de tous qu'il était indépendant de sa femme, quoi que pussent dire les mauvaises langues.

C'était justement le contraire qui se brassait finement. Pour diminuer d'autant le prestige du dernier concile général, on fit grand scandale d'une ancienne lettre d'Ibas évêque d'Édesse, et d'écrits publiés par le pieux Théodoret évêque de Cyr, antérieurement aux décisions du concile. C'étaient toujours deux des signataires mis en mauvais prédicament; mais une correction posthume devait honorer celui qui savait regarder de si près aux réformes, et ne pouvait blesser que des gens pointilleux (les catholiques délicats, bien entendu). A ces deux auteurs on adjoignait Théodore de Mopsueste, docteur tortueux, dont les catholiques ne pouvaient manquer de faire bon marché. Seulement on ne disait pas que le grand délit du défunt évêque de Mopsueste était d'avoir poursuivi les origénistes, chers

---

[1] Pour retrouver des proportions humaines dans la stature colossale que bien des légistes ont prêtée à Justinien, il n'est pas nécessaire d'adopter aveuglément les médisances confidentielles recueillies sous le manteau par Procope. Les actes et les paroles de son héros peuvent éclairer à souhait le caractère fat et vain de cette figure creuse que l'on a fait si grande. J'ai indiqué dans le premier moyen de vérification plusieurs traits qui seront reconnus par les lecteurs au fait de l'histoire. Empruntons à l'autre quelques renseignements : Qu'avait besoin le monde d'apprendre de sa bouche les succès de ses armes, et jusqu'à l'assujettissement des Tzani dont le nom n'est parvenu qu'aux savants de profession; les veilles, les jeûnes, les fatigues surhumaines par où *son éternité* (*sic*) arrivait à ses résultats inouïs! Voyez, par exemple, la préface belliqueuse de la *Première Novelle* (à propos d'une amélioration à introduire dans la loi Falcidia, ou dans son observation), celle de la huitième sur la vénalité des magistrats (« Omnes dies noctesque cum multis vigiliis et curis transigimus, etc.»), et le chapitre xi*, (§ 2) de la trentième (sur l'institution d'un proconsul en Cappadoce) : «... Quæ res summo nobis studio est, et fecit ut magnam pecuniam despexerimus (*le pauvre homme!*)... ut ad Persas pacem deduceremus, et Vandalos et Alanos (*d'une pierre deux coups*) et Mauritanos subigeremus, et totam Africam et insuper Siciliam (*il n'avait pas encore l'Italie, autrement l'énumération eût pu être plus pressée*) recuperaremus;... nihilque eorum quæ summæ difficultatis sunt detrectamus; et vigilias, et inediam et reliquos omnes labores pro subditis nostris perpetuo subeuntes. » Quel *père du peuple!*

Ne dirait-on pas vraiment qu'il était au bivac dans la personne de Bélisaire, de Salomon, de Jean Troglita et autres soldats effectifs?

au métropolitain actuel de Césarée; et celui d'Ibas était d'avoir loué Théodore de Mopsueste. Les conséquences se dégageraient quand il serait temps, pour le moment on employait l'empereur à établir les prémisses. Ce qu'on mettait en avant, et ce qui ravissait le monarque dupé, c'est que, ces trois hommes frappés, tous les partis seraient inévitablement d'accord. La réduction des eutychiens, des nestoriens, des théodosiens, etc., allait être la chose du monde la plus simple en vertu de l'acte souverain; puisqu'ils perdaient ainsi tout prétexte de se rattacher aux vieux fauteurs de leurs enseignements, mal à propos épargnés jusque-là. Au fond, à l'insu du législateur et sous couleur de manifester son soin pour l'orthodoxie (il ne prenait pas encore avec la foi les libertés qu'il se permit sur ses derniers jours), tout était agencé dans la seule vue de faire triompher Théodora et Théodore (de Césarée). Aussi est-il présumable qu'on en riait de bon cœur en petit comité chez l'impératrice.

Justinien, à qui il ne venait pas en idée qu'on pût le jouer, saisissait ardemment l'admirable opportunité de fonder une sorte d'ère théologique; pensant clore tous débats entre une demi-douzaine de sectes bruyantes, au moyen d'un édit sur les *Trois Chapitres*, qui ne devinrent fameux que grâce à ses prétentions brouillonnes; et le fruit de sa manie législative fut uniquement de mettre l'Église en combustion. Le simple bon sens aurait pu faire au moins entrevoir cet effroyable péril; quant à lui, la pensée la plus incompatible avec son génie tripoteur, était que Dieu ne l'eût pas mis sur la terre pour réglementer indéfiniment l'humanité. D'hérétiques ramenés, il n'y en eut pas, cela va sans dire; mais, parmi les catholiques, des altercations et des schismes qui se prolongèrent au delà d'un siècle. Les uns taxaient d'attentat sacrilége la présomption de modifier, si peu que ce fût, le prononcé d'un concile œcuménique; et trouvaient intolérable qu'on admît dans un prince le rôle de régulateur des consciences. Les autres jugeaient que sans toucher à la foi (puisqu'il ne s'agissait que d'appliquer à des morts une note théologique exacte après tout), l'on pouvait bien faire pour la paix quelques concessions aux faiblesses d'un empereur. Beaucoup de gens voulaient que l'on tînt compte de l'orthodoxie personnelle chez deux des auteurs flétris par le décret; tandis que plus ou moins animé de zèle pour la foi, un quatrième groupe se réjouissait de voir anathématiser le fonds malsonnant de la doctrine sans tant d'égards[1]. Courtisans, caractères paisibles, têtes ardentes et brouillons rusés se jetèrent du côté que suggérait la passion; et cent cinquante ans plus tard une bonne partie du patriarcat d'Aquilée ne revenait qu'à peine de cet ébranlement funeste où elle s'était détachée de la communion du Saint-Siége.

Il n'y eut qu'une voix dans tout l'épiscopat d'Afrique sur l'édit impérial, on s'accordait à n'en pas tenir compte. Cette résolution passa pour être due à Ferrand, diacre de l'Église de Carthage; homme qui, déjà connu précédemment pour sa science ecclésiastique, avait été consulté sur les piéges du nestorianisme et de l'eutychianisme par Pélage et Anatolius, diacres de Rome. La domination arienne ayant aiguisé l'esprit catholique chez les Africains, l'école des Fulgence jouissait d'un crédit singulier en ce qui touchait au dogme de l'incarnation. Si l'on tient compte en outre du génie ardent de la population,

---

[1] Voilà pour le fonds de l'affaire, et nous n'avons pas su en abréger davantage l'exposé. Que serait-ce si nous nous étions laissé aller à nommer et à caractériser les acéphales (monophysites réfractaires), les thémistiens (agnoètes), les sévériens, les origénistes, qui se cachaient sous cette intrigue! Vouloir même faire croire aux lecteurs peu théologiens qu'on leur expliquerait assez clairement, en quelques lignes, les grandes questions traitées à Chalcédoine et les controverses qui s'y rattachent historiquement, ce serait une mystification malhonnête qui me répugne. Outre certaines erreurs stupides qui ne rallièrent que les cerveaux épais, il y en eut de très-déliées qui exercèrent les plus fortes têtes. L'incrédulité commune d'aujourd'hui ressemble extrêmement peu aux finesses métaphysiques des anciens hérétiques, produites par l'esprit pointilleux et contentieux de la Grèce. C'était la scholastique; n'en déplaise aux savants qui ont pris l'habitude de ne pas la voir dans le monde avant le moyen âge, ou même avant le onzième siècle. Mais comment avoir la prétention de réformer ce préjugé par une simple note à propos de quelque chose comme les *Trois Chapitres*?

il ne faut pas s'étonner que là se manifestassent des antipathies plus prononcées.

Justinien n'était pas encore si confiant dans son infaillibilité ou dans son omnipotence législative à tous égards, qu'il s'étonnât de ne pas réussir du premier coup. Il comptait se retrouver en faisant contresigner son édit par le pape Vigile, dont les démarches antérieures n'annonçaient pas d'entraves à l'action du pouvoir temporel. Obtenir de lui un *visa* de complaisance, serait surtout facile en le faisant venir à Constantinople; où l'impératrice Théodora se promettait aussi qu'elle lui ferait enfin réhabiliter la mémoire de son protégé le patriarche Anthime, déposé par le pape saint Agapit Ier, et noté par la novelle XLIIe de Justinien. L'empereur et sa femme l'attiraient donc à l'envi, chacun de son mieux; et lui s'en défendait de même, ne soupçonnant qu'embûches dans les avances pressantes qui lui étaient faites.

D'autres aussi n'en pensaient pas mieux. Quand on sut que Vigile, fortement invité, allait se rendre à la cour; des députés furent envoyés en Sicile où il se trouvait, et le conjurèrent de ne céder ni à ruses ni à menaces. Vers le commencement de 546, Facundus évêque d'Hermiane (dans la Byzacène), se trouvait à Constantinople; et là, prié par d'autres évêques africains, il écrivait en faveur des *Trois Chapitres* (c'est-à-dire contre les conclusions prises par Justinien). La discussion prit une nouvelle face par l'arrivée du pape Vigile. Le souverain pontife, dans un concile de soixante-dix évêques qui s'échauffaient sans rien conclure, ordonna que chacun exposât son sentiment par écrit avec les raisons qu'il apportait; et Facundus s'étant précisément adonné à l'examen de cette affaire, dut tenir un des premiers rangs parmi ceux qui s'opposaient à la condamnation. Vigile s'était d'abord prononcé contre les signataires de l'édit impérial; et il avait de quoi s'étonner qu'on eût pris une telle détermination sans consulter le siège auquel un patriarche de Constantinople (Acace), peu suspect de partialité pour Rome, avait récemment encore reconnu *la charge de veiller sur toutes les Églises*[1]. Malheureusement le pontife romain ne s'était pas acquis la réputation de caractère inexpugnable; ce qui lui devint aussi fâcheux à lui même quand il voulut résister, qu'à l'Église entière lorsqu'il pensa devoir se relâcher un peu. Obsédé par la cour de Constantinople, et voyant qu'en somme les écrits blâmés n'appartenaient pas proprement à la doctrine du concile de Chalcédoine, il crut aussi avancer la bonne entente par un jugement (*judicatum*) où il condamnait les *Trois Chapitres* (avril 548), en ajoutant cette clause : « Sauf, en tout, le respect dû au concile de Chalcédoine. » Il interdisait dorénavant tout retour sur cette question irritante, soit de vive voix, soit par écrit.

Les esprits étaient trop échauffés et trop prévenus pour se calmer si tôt, aucun des deux partis ne se déclara satisfait. Parmi les eutychiens et les acéphales on trouvait fort mauvais que l'autorité du concile fût maintenue expressément, tandis qu'on avait compté y faire brèche; et, chez les catholiques, on appelait dérisoire une transaction qui leur paraissait déroger au caractère auguste des définitions proclamées par les Pères de Chalcédoine. La mort de l'impératrice Théodora[2] vint ajourner les éclats sans les calmer. A Rome même, où le pape n'était point populaire, plusieurs l'accusèrent de honteuse lâcheté, de prévarication révoltante; et répandirent au loin leurs plaintes

---

[1] Sans remonter au delà de ce règne, les patriarches de Constantinople pouvaient lire dans plus d'une loi de Justinien que *l'évêque de Rome est la source de l'épiscopat et le chef de toutes les Églises*. Cf. Cod. I, 1; leg. 8. — Novell. IX. Etc. Item, *supra*, p. 205; note 2.

[2] Théodora ne donna point d'héritiers à l'empire. C'était une de ses grandes tristesses, parce que sa stérilité lui enlevait un moyen de dominer son mari. Aussi lorsque saint Sabas vint à Constantinople pour apitoyer l'empereur sur les malheurs de la Palestine, elle aurait bien voulu que ce vénérable vieillard s'intéressât auprès de Dieu pour lui obtenir des enfants. Mais le saint s'y refusa constamment, et l'on raconte qu'il ne laissa pas ignorer combien il se souciait peu de voir le sceptre porté par un prince qu'aurait formé cette astucieuse et opiniâtre créature, dont la jeunesse avait d'ailleurs été si honteuse. Car ceux qui disent qu'elle avait été comédienne, lui font beaucoup trop d'honneur.

amères. L'Illyrie, la Dalmatie et des provinces italiennes se séparèrent du malheureux pontife, qui protestait en vain de son orthodoxie : écrivant de temps à autre qu'il avait dû prendre en main ce moyen désespéré d'éviter une imminente rupture entre l'Orient et l'Occident.

Les évêques d'Afrique ne le cédèrent à personne en intempérance de zèle, répétant bien haut que l'autorité d'un concile général devait protéger les ouvrages incriminés; dans cette ardeur, ils démentirent quelque peu la soumission constante professée par leur Église envers la chaire de Rome. Facundus d'Hermiane fut assez emporté pour qualifier Vigile de traître et de menteur; et ses autres compatriotes, entre autres Réparatus de Carthage, condamnèrent ouvertement la sentence de Vigile avec l'édit impérial. En 550, comme le pape songeait à convoquer un concile général pour mettre fin à cette vive querelle entre les évêques d'Occident et ceux d'Orient, les Africains s'assemblèrent à Carthage, bien décidés à rejeter la décision (*judicatum*) du pape. Leur réunion fit croître l'irritation des esprits; on y oublia comment se comportaient en d'autres temps plus heureux, des évêques tels qu'Augustin, Aurèle et tant d'autres, quand le souverain pontife avait parlé; on alla jusqu'à condamner Vigile, qui fut déclaré exclu de la communion catholique tant qu'il ne se serait point rangé à leur avis. Malavisés! qui, pensant mettre Vigile hors de l'Église, se séparaient eux-mêmes de la communion catholique; cette peine ayant été portée par le souverain pontife contre ceux qui oseraient censurer ou rejeter sa décision.

En 551, sur la demande du pape Vigile qui voyait ses espérances bien trompées, Justinien appelait à Constantinople les évêques d'Afrique; et l'on y vit bientôt arriver Réparatus de Carthage, Firmus primat de Numidie, et deux évêques de la Byzacène, savoir : Primasius d'Adrumète (*Sousa* ou *Soussa*, ou *Herklah*?), et Verecundus de Junca. Il s'agissait de revenir sur tout ce qui avait été fait, et d'aviser à des voies de pacification qui fussent plus efficaces. Jusqu'à nouvel informé toute la question devait demeurer suspendue, et nul ne pouvait la réveiller. Théodore de Césarée comptait bien que le résultat le plus net d'une révision, serait la suppression de la clause destinée à sauvegarder l'autorité des décrets de Chalcédoine. Justinien, lui, tenait surtout au maintien de la décision qui faisait passer en loi des consciences le prononcé de son *factum* impérial contre les *Trois Chapitres*. Il n'épargnait ni les nuits, employées à réunir des documents théologiques en faveur de sa thèse; ni les séductions et les menaces, destinées à diminuer le nombre des mécontents. Réparatus de Carthage l'éprouva par un sort qui eût été enviable dans une meilleure cause. On trouva ingénieux de l'écarter, en lui attribuant je ne sais quelle complicité dans le meurtre d'Aréobinde et la révolte de Gontharis; sur quoi il fut exilé, puis remplacé à Carthage par son diacre Primasius, en dépit du peuple et du clergé de la ville.

Lorsque l'empereur, poussé par Théodore de Cappadoce, publia de nouveaux édits contre les *Trois Chapitres* à l'insu du souverain pontife, et malgré toutes les promesses qu'il lui avait faites; Primasius d'Adrumète et Verecundus, peut-être même avec eux les autres évêques africains, demeurèrent unis au pape. Plus tard, quand Vigile s'échappa de Constantinople à Chalcédoine pour se soustraire aux violences de Justinien, on trouve encore Primasius d'Adrumète et Vérécundus parmi ceux des évêques qui s'attachèrent à lui et partagèrent son sort. C'est ce qui leur fit donner ce bel éloge par le clergé d'Italie : « A la vue de ces indignités, les deux évêques les plus distingués par la science et la vertu, se réfugièrent à Sainte-Euphémie de Chalcédoine; et là, jusqu'aujourd'hui, leur misère est telle qu'ils ne peuvent trouver de médecin dans la maladie, et courent les derniers dangers. » Par le fait, Vérécundus eut tant à souffrir, que les peines de tout genre lui enlevèrent la vie en moins d'un an [1].

[1] On trouvera plusieurs écrits de Vérécundus longtemps considérés comme

D'autres évêques d'Afrique se rendirent à Constantinople en 553, pour assister au concile général; et comme Vigile refusait de prendre part à cette assemblée, parce que l'empereur n'avait point tenu son engagement d'appeler un nombre d'évêques latins égal à celui des Grecs, Primasius d'Adrumète maintint sa première fidélité au pape. Prié par le concile de venir prendre part aux séances, il refusa résolûment par ces paroles : « Dans l'absence du pape, on ne m'y verra pas. »

Justinien n'ayant rien imaginé de mieux que d'exiler le pape, les évêques attachés à Vigile furent frappés du même coup; aussi relégua-t-on Primasius dans le monastère des Acémètes. Enfin le désir de la concorde et la crainte d'un schisme arrachèrent au pape une nouvelle constitution (*constitutum*) qui condamnait les *Trois Chapitres;* et les évêques qui l'avaient suivi jusque-là, changèrent d'avis avec lui, par suite de quoi Primasius d'Adrumète obtint de pouvoir retourner à son siège. Mais il s'en fallut de beaucoup que sa conduite entraînât celle de tous les évêques africains : plusieurs d'entre eux s'aheurtèrent à leur première décision; Facundus d'Hermiane, un des plus opiniâtres, écrivit contre l'empereur et contre le concile général, lors même que le souverain pontife eut trouvé bon d'y accéder.

Toutefois, après le retour des évêques qui avaient pris part au concile de Constantinople, Primasius de Carthage profita de l'apaisement des esprits pour convoquer un synode provincial de la Proconsulaire. Là, oubliant l'esprit de parti, on renonça aux désisions prises quatre années auparavant sous Réparatus, et la province de Carthage se rangea ouvertement à l'unité catholique. L'année d'après, Primasius invita les évêques de Numidie à se rendre près de lui ; c'est que les ramener semblait une entreprise délicate, car ils paraissaient plus résolus que jamais à tenir bon. Mais, informés des décrets rendus à Carthage, et

perdus, et divers détails sur sa vie, dans le quatrième volume du *Spicilegium Solesmense.*

mieux instruits de tout ce qui s'était passé à Constantinople; ils ne démentirent point le respect constant de leurs prédécesseurs pour les conciles de la Proconsulaire, et professèrent la doctrine embrassée par le premier siége d'Afrique. La Byzacène offrait plus de difficultés, Facundus d'Hermiane y était généralement suivi; et la mort du primat, Boèce, vint fort à propos donner l'honneur du premier rang à Primasius d'Adrumète. Celui-ci connaissait mieux que tout autre les moindres détails de cette affaire embrouillée; d'ailleurs sa réputation de vertu et de science, jointe à sa nouvelle dignité, facilita beaucoup la conciliation.

Aussi, après ces grandes démarches, il ne demeura plus en Afrique qu'un petit nombre d'évêques entêtés dans le schisme, encore même quelques-uns furent-ils chassés de leurs siéges. D'autres pourtant continuèrent à souffler le feu de la discorde durant quelque dix années. La mort de Justinien (565), et la déclaration que fit Justin II de ne vouloir plus entendre qu'on se divisât pour des chicanes, dut ralentir le feu des partis. Plusieurs de ceux qui avaient souffert pour cette cause revinrent dans leur patrie sans doute, mais probablement calmés par l'apaisement général qu'ils trouvèrent autour d'eux. Car il est juste de dire à la louange de l'Église africaine que si une partie de ses pontifes furent des premiers à se précipiter dans l'erreur avec un certain emportement, elle fut aussi l'une des plus empressées à se déjuger en rentrant dans l'obéissance due au saint-siége. Faisons aussi observer, à son honneur, qu'en 586 le pape Pélage II, voulant ramener les évêques d'Istrie retenus encore dans le schisme par la controverse des *Trois Chapitres*, adjoignit à l'évêque Rédemptus, pour cette mission délicate, un moine africain nommé Quodvultdeus. Celui-ci était alors abbé du grand monastère de Saint-Pierre à Rome; appelé, ce semble d'outre-mer pour cette fonction, il devait connaître le pour et le contre d'une question si débattue entre ses compatriotes.

Lorsqu'on fut débarrassé en Afrique des longues dissensions

excitées par l'opiniâtreté tracassière de Justinien et les tergiversations de Vigile, le zèle des pasteurs put s'appliquer sans obstacle à des intérêts trop négligés peut-être, mais qui étaient urgents. La vivace et infatigable race des Maures n'avait jamais été gagnée complétement à l'Évangile. Les vieux chrétiens même y conservaient probablement une écorce quelque peu rude, mais les païens n'y manquaient pas ; et ce mélange de pasteurs guerriers, toujours retrempés à leur source barbare, formait en somme un voisinage très-gênant pour la civilisation latine. L'armée byzantine, avec les meilleurs généraux, avait beau leur jeter à la tête d'autres barbares amenés de l'Asie ou de l'Europe, c'était toujours à recommencer tant qu'on ne changeait pas leurs cœurs. Leurs pères avaient déjà dit aux Romains de la république qu'avec eux on ne gagnait rien à tuer les enfants : entretenant un nombre de femmes illimité, ils se chargeraient de combler les vides. Quant aux peines et aux surprises de la guerre, c'était leur élément, leur joie, leur pain quotidien. L'établissement des Vandales n'avait pas seulement interrompu chez ces natures emportées l'action lente d'un pouvoir rangé ; il les avait rendus à l'ivresse de la rapine et des coups de main aventureux, colorés le mieux du monde par un certain sentiment de justice vengeresse contre l'envahisseur. L'empire reparaissant après s'être laissé bien oublier, ils commencèrent par lui donner le temps de faire ses preuves ; et comprirent qu'il y aurait de la marge avec ses lieutenants, souvent gênés quand on les choisissait habiles, et sujets à des changements qui devaient amener çà et là quelque inexpérience. On a vu qu'en face de Bélisaire ils s'étaient posés tout de suite en gens qui pouvaient se tenir en dehors de la querelle, et stipulaient d'abord la restitution des anciennes formalités qui constataient à peu près pour les chefs le rang de hauts barons inamovibles. Bélisaire ne leur marchanda pas ces garanties, et ils ne s'en précipitèrent pas plus vite dans le rôle d'auxiliaires. De cette première froideur ils passèrent promptement à de franches hostilités qui devinrent générales quand ils aperçurent les prétentions des impériaux à l'intégralité du recouvrement, et les faiblesses nombreuses de cette grande machine gouvernementale. Peu s'en fallut qu'ils ne jetassent les Byzantins à la mer, trois ans après leur débarquement. Par bonheur, Bélisaire, alors en Sicile, vint en hâte porter là le foudre de son coup d'œil et de son nom. Après plusieurs campagnes, Justinien comprenait que la prédication du christianisme assurerait l'œuvre des généraux. Seulement ses *Maures pacifiés* n'étaient que des peuplades limitrophes de la Tripolitaine; et l'empereur ne se fiait pas si aveuglément à ses néophytes, qu'il ne prît soin en même temps de faire fortifier Leptis la Grande (*Lebda, Lébida*) et Sabrata (*Tripoli Vecchio*).

Sous Justin II, trois préfets de l'Afrique perdent coup sur coup la vie en combattant les Maures[1]. Ainsi se déclare chez les indigènes une organisation plus serrée peut-être que par le passé. On l'attribue à un chef national, Gasmul : qui aurait formé un puissant État berbère, et trouvé assez de loisir pour aller atteindre (passer même, dit-on) les Pyrénées[2]. Au moment où commandait ce successeur des Bocchus et des Juba, une chronique des Visigoths parle de peuples maures convertis[3]. Quand elle nomme les Garamantes, faut-il la prendre au mot pour y voir la grande oasis du Fezzan; ou n'est-ce qu'une dénomination classique indiquant quelque région africaine bien barbare? Puis, ses *Maccuri* (*Mauri* selon d'autres) sont-ils seulement des Berbères quelconques, ou les *Macares* nommés par Corippus

---

[1] Théodore en 568, Théoctiste en 569, Amable en 570. Sous Justinien, le même sort avait terminé la carrière de Salomon en 543, et de Sergius en 559.

[2] Cela est rapporté en termes assez vagues par Marius d'Avenche. S'agit-il de quelque descente de pirates africains sur les côtes françaises? ou, en ne tenant pas bien compte de la date (575), serait-ce du secours porté aux Visigoths assiégés par les Francs, à Saragosse? En ce cas le règne de Gasmul aurait duré au moins vingt ans, puisqu'il ne périt qu'en 578.

[3] Joann. Biclarens. *Chronic.* (A. 569?) : « Anno III Justini imperatoris, Garamantes per legatos pacem, romanæ reipublicæ et fidei christianæ sociari desiderantes, poscunt; qui statim utrumque impetrant... — Maccuritarum (*alias* Mauritarum) gens his temporibus Christi fidem recipit. »

dans l'énumération des tribus les plus dangereuses[1]? Ces faits indiqués déjà sommairement (Cf. *supra*, p. 225, sv.), nous les rappelons pour montrer que l'Église d'Afrique ne s'est pas tout à fait manqué à elle-même. Ils font pourtant voir aussi qu'il a dû demeurer des parties inachevées dans cette grande tâche. Ainsi s'explique à la fois, malgré l'absence de renseignements historiques, combien de souffrances dut endurer la population paisible dans le voisinage de ces indomptables coureurs, à la poursuite desquels se fondaient les armées et les capitaines l'un après l'autre. Au temps des Vandales, moines, prêtres, fidèles, pouvaient être quelque peu épargnés par des partisans qui savaient que tout ce monde désarmé n'aimait guère le maître de la plaine; mais sous l'empire, tout homme pacifique devait à peuprès être traité comme ennemi, parce qu'il faisait naturellement des vœux pour le pouvoir régulier. Ce qu'il y eut de convertis nouveaux aura diminué les chances de rencontres si douloureuses, je le veux bien. Encore est-il bon de ne rien exagérer; vu que, pour avoir reçu le baptême, un peuple ne change pas complétement ses habitudes et sa nature sans délai.

Avant de porter leurs vues au loin pour songer à des conquêtes sur l'infidélité, les évêques avaient à surveiller attentivement l'intérieur. Car on voit qu'il leur fallait encore extirper les restes des anciennes hérésies, et particulièrement des donatistes, sur la fin du sixième siècle. Quelques-uns de ces derniers, faisant mine d'être catholiques, étaient parvenus aux honneurs de l'é-

---

[1] Coripp. *Johannid.*, II, 62 :

« ... Macaresque vagi, qui montibus altis
Horrida præruptis densisque mapalia silvis
Abjecte condunt, securi rupis ad'umbram. »

Le poëte, traité assez lestement par des littérateurs nonchalants qui voudraient pouvoir s'enfermer dans le siècle d'Auguste, était Africain; on dit même qu'il devint évêque dans sa patrie après avoir figuré comme littérateur à la cour de Constantinople. C'est ce qui rendrait ses poëmes bien autrement précieux à l'histoire si nous en possédions des manuscrits parfaitement sûrs, et des commentaires à peu près contemporains pour tous ces noms de chefs, de tribus, de lieux, que nous ne savons le plus souvent où reporter sur le terrain. Ici, par exemple, s'agit-il des *Maccuræ* de Ptolémée?

piscopat; et ils en profitaient pour ordonner prêtres des hommes d'une foi suspecte. En 594, Argentius, évêque de Lamiggiga (ou Lamiga, en Numidie) fut dénoncé à saint Grégoire le Grand, comme coupable d'avoir non-seulement introduit des donatistes dans son clergé, mais mis plusieurs d'entre eux à la tête des églises qui étaient sous sa juridiction. Sur la nouvelle d'un si grave désordre, le saint pape en écrivit à Hilarus, qu'il avait envoyé en Afrique comme inspecteur du *patrimoine germanicien*, possession de l'Église romaine en Afrique. Il lui prescrivait de presser la réunion des évêques en un concile, pour juger cette affaire; et de s'employer à ce que les décrets qui seraient portés à ce sujet, fussent exactement accomplis. L'année suivante, un autre évêque de la Numidie, Maximien de Pudentia, était accusé à Rome d'avoir accepté une somme d'argent pour laisser sacrer un évêque donatiste dans cette province. Saint Grégoire, voyant ainsi la grandeur du péril, écrivit avec plus de sollicitude encore à Hilarus et à l'évêque Columbus, d'assembler au plus tôt un concile; pour juger Maximien, et le déposer s'il était trouvé coupable de ce crime. Puis, apprenant que quelques-uns semblaient vouloir traverser le jugement de cette cause; il en écrivit à Gennade préfet du prétoire d'Afrique, afin de lui faire comprendre que le zèle pour l'Église importe beaucoup aux intérêts même du pouvoir civil[1]. A un an de là, le saint pape écrivait une autre lettre plus pressante au même préfet, pour l'exciter à contenir vigoureusement l'insolence des donatistes

---

[1] Gregor. *Epist.*, IV, 7 : « Scito autem, excellentissime fili, si victorias quæritis, si de commissæ vobis provinciæ securitate tractatis, nihil vobis magis aliud ad hoc proficere, quam zelari sacerdotum vitas; et intestina Ecclesiarum, quantum possibile est, bella compescere. »

Saint Grégoire donne à Gennade les titres de patrice et d'exarque (premier dignitaire), pour se conformer à l'usage de Constantinople qui désignait ainsi alors le préfet du prétoire. Byzance se déshabituait peu à peu du latin, sauf dans les compliments que l'empereur se faisait invariablement adresser au nouvel an, pour valoir autant que de raison; et que certains éditeurs de la Byzantine ont l'air de n'avoir pas reconnus sous l'alphabet grec qui les habille assez singulièrement. Mais il fallait bien que les chanteurs de *l'heureuse Ville* pussent lire le motet annuel fixé par la pragmatique du maître des cérémonies.

qui avaient poussé l'audace jusqu'à expulser des prêtres de leurs églises. En même temps, il écrivait à Columbus et à Victor, autres évêques de Numidie, leur enjoignant de réunir un nouveau synode pour sauver ces populations menacées.

Un autre concile encore fut convoqué à Carthage la même année par le saint évêque Dominicus, fort aimé de saint Grégoire qui lui donna de grandes louanges, tout en déclarant trop sévère la peine portée par lui contre ceux qui manquaient d'activité à rechercher les hérétiques. Le zèle de ce grand pape pour le salut de l'Afrique se montre bien dans le fait que voici. On lui avait rapporté qu'un certain Boniface, personnage considérable dans ces provinces, songeait à quitter l'hérésie, mais qu'il semblait plus empressé de discuter que de se rendre; saint Grégoire l'invitait à venir à Rome, comptant le ramener lui-même dans un entretien. Les lettres écrites par saint Grégoire à Dominicus de Carthage, en 595, donnent lieu de penser que les mesures prises l'année précédente avaient eu du succès, et que les Églises d'Afrique y avaient enfin gagné quelque tranquillité. Mais un an plus tard, le souverain pontife croit reconnaître que le préfet Gennade favorise sous main les donatistes; car il lui revient que les lois (soit anciennes, soit récentes) contre cette secte, sont mises en oubli. Voulant parer à la négligence ou à la connivence de l'officier impérial, il fait partir pour Constantinople quelques évêques africains avec ordre de pousser cette affaire auprès de l'empereur Maurice. En 602, Paulin évêque de Tigisis (*Tegzeh*) en Numidie, est accusé de violences envers son clergé; ce caractère brutal ouvrant la voie aux plaintes rétrospectives, on signale dans sa promotion à l'épiscopat l'emploi de moyens simoniaques. Nouvelle lettre alors de saint Grégoire à Columbus et au primat Victor, avec de vives exhortations pour que des abus si criants ne se prolongent pas. Ce grand pape ne put veiller longtemps sur l'Afrique, qui avait eu bonne part dans sa sollicitude universelle. Il mourut en 604 ; et la même année enlevait l'évêque Dominicus à la chaire de Carthage, autant qu'on en peut juger dans l'absence d'indications précises.

Une grâce signalée du Ciel, à quoi le zèle des évêques contribua sans doute ainsi que l'espèce de tempérament du christianisme latin, fut le bonheur qu'eut l'Afrique de n'avoir rien à démêler avec l'hérésie monothélite que défendaient et protégeaient les patriarches de Constantinople sous le règne d'Héraclius. C'était encore là une invention orientale qui se couvrait selon l'usage invariable, du beau prétexte de mettre fin à bien des divisions par la simplification du langage théologique[1]; comme si l'on pouvait jamais toucher à l'expression de l'enseignement révélé, sans encourir des périls graves! A plus forte raison si c'est une autorité séculière qui s'en mêle. Mais les empereurs aimaient à ne douter de rien, et tenaient fort à ce qu'on ne mît pas en doute ce qu'ils avaient signé de leur encre rouge. Cette fois il ne devait plus, disait-on, exister de dissidence au sujet des deux natures divine et humaine dans la personne du Fils de Dieu incarné, si l'on voulait s'accorder à reconnaître en Jésus-Christ une volonté *divino-humaine* (théandrique). Ce qui menait à faire adopter je ne sais quel mélange des deux natures confondues en un. Forme nouvelle (du moins l'empereur pensait que c'était du nouveau) donnée à des erreurs anciennes qu'il s'agissait de raviver sous ombre de concorde. Sergius, patriarche de Constantinople, se donna la tâche de faire valoir cela, en poussant Héraclius à publier l'*Ecthèse* comme loi de l'empire. On avait le mahométisme à ses portes, et l'on faisait de l'*Ecthèse* la grande affaire du moment!

Lorsqu'en 639 arriva dans les provinces d'Afrique la fameuse *exposition* (ou éclaircissement) de doctrine (l'*Ecthèse*, comme elle s'appelait officiellement), par laquelle était enjoint aux catholiques qu'ils eussent à reconnaître en Jésus-Christ

---

[1] C'est chose curieuse que d'observer combien les apologies sont accusatrices. Il y a longtemps qu'on s'est mis à étouffer l'Église sous prétexte de la bien couvrir. Mais fût-ce vraiment de la bonne volonté : « Rien n'est plus dangereux qu'un indiscret ami. »

une seule volonté, le secours ne se fit pas longtemps attendre. Les Africains avaient donné, pour ainsi dire, Héraclius à l'empire byzantin, puisque ce prince était le fils de leur gouverneur; ils eussent donc pu se laisser aller à quelque complaisance pour la théologie de cet enfant gâté du pays Mais Dieu envoya aux siens un puissant auxiliaire dans la personne de saint Maxime. Cet homme généreux, voyant ses efforts désormais inutiles en Orient, où tout se précipitait dans la bassesse; quitta son monastère de Chrysopolis, près Chalcédoine, pour prévenir les progrès du mal dans une région que l'hérésie n'avait pas encore infectée.

Saint Maxime de Constantinople, dont on parle vraiment trop peu, avait été secrétaire d'Héraclius avant d'embrasser la vie monastique. Non content de travailler à former en lui-même un chrétien parfait, il crut devoir mettre au service de ses frères le fruit d'un esprit vigoureux mûri par de longues veilles. On peut le considérer comme le champion de l'Église dans sa lutte contre le monothélisme, où il mérita le titre de martyr. Ce que nous avons de ses œuvres est véritablement surprenant pour la netteté ferme de l'exposition; surtout quand on se rappelle que ses premières études avaient été dirigées en vue des fonctions civiles, et qu'il avait atteint l'âge mûr lorsqu'il abandonna la cour. A peine débarqué en Afrique, il apprit que le préfet Grégoire avait envoyé l'*Ecthèse* aux évêques. Le saint abbé les éclaira soigneusement sur les ruses hérétiques, que voilait cette prétendue pacification religieuse; exposant en homme informé, les fourberies qui avaient dirigé dans toute cette affaire les patriarches de Constantinople, Sergius et Pyrrhus. Des lumières venues de si bonne source et à temps, ne manquèrent pas leur effet. Nul n'était encore engagé; il n'y eut qu'une voix pour repousser l'hérésie qui se protégeait de beaux semblants avec la signature impériale, et pour demander la convocation d'un concile où les monothélites fussent anathématisés. Pourtant, comme on était sans nouvelles de Rome et du successeur d'Honorius Ier, on renvoya ce projet à l'année suivante. Alors en effet, il se tint des conciles à Carthage, dans la Numidie, la Mauritanie et la Byzacène; et les évêques y furent d'accord à condamner l'erreur monothélite.

En 642, le patriarche Pyrrhus, soupçonné d'avoir empoisonné Héraclius-Constantin, se sauva en Afrique; où il comptait sur la protection du préfet Grégoire, qui passait pour favorable à la nouvelle hérésie[1]. Craignant alors que Pyrrhus ne semât ses erreurs en Afrique (où du reste on pense qu'il avait gagné Fortunius évêque de Carthage), saint Maxime se rendit plusieurs fois auprès de ce méchant homme pour l'exhorter à rentrer dans la foi catholique. Mais il s'aperçut bientôt qu'il n'en fallait rien attendre de bien, et poussa les évêques à forcer Pyrrhus d'accepter une discussion publique; sûr, qu'il était de réduire à néant tous ses sophismes. Cette proposition, acceptée par les évêques, ne fut point repoussée par Pyrrhus; et l'on s'assura le consentement du préfet Grégoire, qui marqua le temps et le lieu de la conférence. Au mois de juillet, donc, de l'année 645, le bruit de cette controverse et la réputation des deux adversaires avaient réuni quantité d'évêques et de laïques illustres. Tout se passa d'une manière parfaitement convenable : il n'y eut ni cris ni injures, mais de simples raisons et des autorités puisées dans la science ecclésiastique; comme le montrent les actes recueillis par des notaires publics, et que nous possédons encore. Quant au résultat, il fut plus beau qu'on n'avait lieu de l'attendre d'un hérétique : Pyrrhus reconnut publiquement que Maxime avait fort bien démontré l'erreur de ceux qui n'admettaient en Jésus-Christ qu'une seule *opération;* et, confessant sa faute, demanda comment il pourrait abandonner cette hérésie sans compromettre la dignité de ses

---

[1] Pyrrhus, successeur de Sergius sur la chaire de Constantinople, entretint l'infatuation théologique de l'empereur. Ame de valet qui, au fond, ne comprenait peut-être pas grand'chose dans la question débattue, sinon qu'il fallait être avec le parti de la cour; et qui, une fois compromis, poussa de son mieux tant qu'il put compter sur la faveur.

prédécesseurs qui l'avaient soutenue. Sur l'avis de Maxime, que l'unique voie était de condamner l'erreur sans faire mention de ses auteurs, Pyrrhus ne chercha point de détours : s'engageant à présenter son abjuration par écrit au pape, à Rome même, où il voulait aller visiter l'église des saints apôtres et parler au souverain pontife. Par le fait, Maxime accompagna Pyrrhus à Rome, où ils furent accueillis avec joie, dans l'espoir que l'on y conçut de voir un exemple si éclatant mettre un terme à l'hérésie. Le patriarche se rétracta devant le pape Théodore Ier; et dans une illustre assemblée, en présence d'une foule de peuple, il protesta d'abjurer sincèrement l'hérésie avec ses auteurs; estimant, disait-il, par-dessus toute chose l'honneur d'être catholique. On lui fit prendre rang parmi les évêques; et tant qu'il demeura dans Rome, le pape pourvut à ses dépenses et à celles de sa maison. Mais Pyrrhus, qui avait passé quelque temps d'une manière édifiante à Rome, se rendit à Ravenne, où, séduit par l'exarque Platon et d'autres grecs, il retomba honteusement dans son erreur. Pour Maxime, toujours le même dans son dévouement à la vérité catholique, il fut exilé, en 656, à Bitia (ou Batia, dans l'Épire); d'où il écrivit aux catholiques d'Occident, et nommément aux évêques d'Afrique, afin de leur apprendre les souffrances et les indignes traitements éprouvés par le pape saint Martin Ier pour la foi, et pour les exhorter à encourager le peuple dans la croyance catholique par le récit de ces beaux exemples. Rappelé l'année suivante à Constantinople, et persistant à détester l'hérésie monothélite, il fut condamné par un conciliabule des sectaires à avoir la main droite coupée et la langue arrachée; après quoi, banni de nouveau, il fut relégué dans la Colchide, d'où il alla, cinq ans après, recevoir dans le ciel la récompense de sa généreuse vie.

Les évêques d'Afrique, après le résultat heureux de la conférence entre saint Maxime et Pyrrhus, tinrent de nouveaux conciles dans la Numidie et la Byzacène; mais la province proconsulaire ne put avoir de concile avant quelque temps de là, par suite de l'apostasie de Fortunius évêque de Carthage, qui passa bientôt à Constantinople, où il s'abandonna au patriarche Paul, chef du monothélisme. Après la fuite de l'apostat, les évêques de sa province purent s'assembler au nombre de soixante-sept sous la présidence de Gulussa, évêque de Putput (*Hamamet*), en qualité de doyen[1]. Chacun des conciles que nous venons d'indiquer écrivit à l'empereur; et au nom de tous, une ambassade commune alla porter ces lettres à Constantinople. On élut Victor pour évêque de Carthage, et une lettre synodale en fit part au pape Théodore Ier. Au concile de Latran, assemblé en 649 par saint Martin Ier, on voit Victorien évêque d'Uzala, dans la Proconsulaire[2], quoique les Sarrasins commençassent à infester l'Afrique; et tous les autres envoyèrent des lettres qui furent présentées et lues. On donna des louanges au zèle de l'épiscopat africain pour les efforts qu'il avait faits auprès de l'empereur et auprès du patriarche Paul afin de le ramener.

Ce malheureux avait remplacé dans la chaire de Constantinople le lâche Pyrrhus après la fuite de celui-ci, et ne valait guère mieux. Il encouragea l'empereur Constant à prendre le rôle de théologien par la publication du *formulaire* (type), qui devait pacifier toutes les controverses; toujours la même prétention impériale, et toujours aussi avec le même succès. Aussi de ce remède, comme à l'ordinaire, il ne résulta que de nouvelles crises. Mais l'Afrique n'eut pas à s'en ressentir : mise en garde et armée contre le danger par saint Maxime, elle eut

---

[1] Morcelli et plusieurs autres écrivent *Gulosus*, nom malencontreux pour un évêque; et qui serait même assez peu séant pour un simple fidèle. Ce pourrait bien être une altération du nom punique *Gulussa, Guilissa, Gulassa*, qui se retrouve dans les monuments et dans les écrivains anciens (Cf. Gesenius, *Monum. phœnic.*, p. 407); ainsi l'un des fils du roi Massinissa portait ce nom. D'ailleurs, le nom de la ville de Putput étant punique (Gesenius, p. 425), il est d'autant plus vraisemblable que celui de son évêque l'était également.

[2] Il ne faut pas confondre cet évêché de la Proconsulaire (*Zvala, Uzalis, Uzan*, etc.) avec celui de la Byzacène que l'on trouve nommé *Usila, Usilla* et *Usilabe*, près de Ruspe.

en outre d'autres préoccupations qui ne devaient pas encourager les dogmatiseurs à lui apporter des discussions subtiles. On s'en aperçoit par la querelle que fit l'empereur à saint Maxime quand ce confesseur de la foi fut amené devant lui. Les gens de cour trouvèrent piquant de lui imputer la perte de deux provinces africaines; parce que, disait-on, il avait empêché le commandant de la Numidie d'aller à la rencontre des Sarrasins. Calomnie absurde, mais qui montre qu'on eût désiré condamner le saint vieillard comme conspirateur, afin de ne point paraître frapper la foi dans son défenseur.

Le pape saint Martin eut des éloges tout particuliers pour Victor de Carthage, dont la lettre synodale annonçait un vif amour de la foi et une science remarquable jointe à une rare modestie. Trois ans plus tard, le même pape, dans une autre lettre aux évêques d'Afrique, les félicitait de leur orthodoxie, de leurs connaissances théologiques et de leur respect pour le siége de saint Pierre[1]. Mais dès lors l'histoire ecclésiastique de ces contrées commence à s'envelopper de ténèbres; c'est à peine même si les grands faits politiques trouvent une place bien nette au milieu de l'obscurité croissante qui accompagne la conquête musulmane. Ainsi cette dernière lettre de saint Martin Ier, qui a pour titre : « A l'élu de l'Église de Carthage[2], » annonce qu'en 651, Victor évêque de Carthage était déjà mort, sans que l'on connût à Rome le nom de son successeur. Or, nous ne le savons pas non plus; en sorte que Victor est le dernier évêque

---

[1] Ap. Harduin., *Concil.*, t. III, p. 634 : « Vos merito de sincero corde amplectimur, quum maxime, tanquam perennes lucernas, confessionis vestræ characteres nobis expresseritis, sive huic apostolicæ sedi per synodales litteras... Qua pie prædicastis ipsum solum potentem Deum ac Dominum Jesum Christum duas habere naturas in hypostasi inconfuse et indivise unitas, duasque naturales voluntates, ac duas naturales operationes, increatam et creatam, divinam et humanam cohærenter unitas; ad demonstrandum eumdem et unum Dominum nostrum ac Deum, perfectum in divinitate et perfectum eumdem in humanitate absque solo peccato esse ; ut Deo et Patri consubstantialem secundum ejus divinitatem, et perpetuæ Virgini consubstantialem secundum ejus humanitatem ; etc. »

[2] Electo spirituali consensu catholicæ Carthaginiensium Ecclesiæ.

que l'on puisse nommer d'une manière certaine parmi ceux qui ont occupé alors ce premier siége de l'Afrique chrétienne.

Dès 649, les Sarrasins emmenaient d'Afrique cent quatre-vingt mille captifs. Les dissensions qui suivirent la mort du calife Moaviah Ier, purent retarder l'entier envahissement de ce pays, mais sans lui procurer la paix. Il ne fallait y voir qu'une trêve précaire, où la fureur mahométane se retrempait dans des conflits intérieurs qui exaltaient les passions au lieu de les épuiser. Ce fut en 697 que l'islamisme prit le dessus presque définitivement dans l'Afrique latine. La ville de Carthage, occupée de nouveau durant l'hiver par les troupes byzantines, retomba l'année suivante, au pouvoir des Arabes [1].

Cette illustre Église, depuis que Justinien avait recouvré les provinces africaines, comptait une multitude de saints et savants moines. On a pu déjà remarquer un mot sur la fondation du grand monastère élevé hors de Carthage en 541. Vers l'année 567, Nunctus abbé d'un monastère africain, passait en Lusitanie avec plusieurs de ses moines; et là, le roi Leuvigilde, tout arien et persécuteur qu'il était, ne pouvait refuser son estime à la sainteté de ces religieux. Nunctus avait fondé près d'Émerita (*Merida*), un monastère où il vécut avec la réputation d'une admirable pureté de mœurs. Mais les serfs qui lui avaient été soumis par le roi Visigoth, n'avaient point l'habitude d'obéir à des maîtres débonnaires et humbles; choqués d'être commandés par un homme si pauvrement vêtu, ils s'en débarrassèrent en l'assassinant. Plus tard d'autres moines africains, se dérobant aux violences des Maures qui s'agrandissaient constamment, et qui dans leurs incursions fréquentes, faisaient volontiers main basse sur les monastères, quittèrent un pays où le calme d'une vie régulière et studieuse leur devenait impossible. Près de soixante-dix d'entre eux, conduits par Donat leur abbé, passèrent en Espagne avec une importante collection de manu-

---

[1] Voyez, du reste, l'*Etude* de M. H. Fournel et les détails que je lui emprunte à la fin de ce chapitre.

scrits; et par le secours d'une pieuse et riche dame, nommée Minicea, ils élevèrent le monastère nommé *Servitanum* (près de Jativa, dit-on). Dans cette nouvelle résidence, Donat se rendit illustre par ses vertus et ses miracles; on pense que ce fut lui qui, le premier, porta en Espagne la règle et les observances monastiques.

D'autres moines se réfugièrent en Italie; et l'un d'eux était ce saint abbé nommé *Quodvultdeus*, qui, sous le pontificat de Pélage II, dirigeait à Rome le grand monastère de l'apôtre saint Pierre. En 597, l'abbé *Cumquodeus*, zélé pour la régularité monastique, et ne réussissant guère à l'obtenir de ses religieux, jugea que le meilleur remède était de se transporter à Rome pour y exposer à saint Grégoire le Grand le désordre de sa communauté. Le souverain pontife, prenant à cœur cette réforme avec une sollicitude paternelle, écrivit à Dominicus de Carthage pour qu'il s'employât auprès des moines réfractaires, et les contraignît à rentrer dans leur communauté, en punissant au besoin les insoumis qui prétendraient continuer. Vers l'année 668, se trouvait dans le monastère de Nirida (Niridum?) près de Naples, l'abbé Adrien né en Afrique; homme profondément instruit, non-seulement dans la connaissance des saintes Écritures, mais dans toutes les sciences ecclésiastiques, et habile dans les deux langues grecque et latine. Appelé par le pape saint Vitalien, il reçut l'ordre d'accepter l'archevêché de Cantorbéry; mais l'humble religieux, se déclarant indigne d'un tel honneur, répondit qu'il pouvait désigner un sujet plus digne par sa science et par son âge d'être élevé à l'épiscopat. Le souverain pontife, sur l'indication d'Adrien, lui substitua Théodore; mais à condition que tous deux iraient dans la Grande-Bretagne, où l'abbé serait le conseiller de l'évêque [1]. Lorsque l'on célébrait

---

[1] D'anciens documents donnent le détail des manuscrits portés en Angleterre par saint Théodore de Cantorbéry et ses compagnons. L'on y signale, entre autres, un magnifique exemplaire d'Homère; car les lettres profanes n'étaient point du tout méprisées par ces apôtres, qui nous sembleraient peut-être avoir eu bien autre

le quatorzième concile de Tolède, en 684, Potentius évêque d'Utique, retiré en Espagne, fut prié d'y assister ; la vieillesse peut-être et les infirmités l'empêchèrent de s'y rendre, car il envoya son vicaire, l'abbé Léopardus, que cette délégation semble désigner comme un personnage distingué par sa science et sa vertu.

L'année 669 fut celle où les prochaines infortunes de l'Afrique s'annoncèrent dans toute leur horreur : une grosse invasion de Sarrasins y réduisit en esclavage quatre-vingt mille hommes qu'ils emmenèrent hors du pays, et une grande partie du clergé dut tomber entre les mains de ces infidèles. Quant à ceux qui purent s'échapper, ils vieillirent probablement à l'étranger sans espoir de retour, tandis que le flot de l'invasion montait sans cesse dans leur malheureuse patrie. Ce qui est certain, c'est que nous ne retrouvons presque plus, dès lors, d'évêques en Afrique, et qu'on n'y voit plus trace d'Église. Mais le dernier coup fut porté par Hasen-Ben-Noman, chef des Sarrasins qui avaient envahi les contrées occidentales ; il détruisit Carthage en 694 [1] et dispersa les tristes restes de la population gréco-romaine. Quelques fuyards purent gagner l'île de Crète [2] ; mais à la fin du septième siècle, l'Afrique n'avait plus de ville qui n'appartînt aux Arabes. Il doit pourtant y être resté quelques Églises avec leurs évêques jusqu'au neuvième siècle, et peut-être au delà du dixième. Le pape Formose écrivait à Foulque, archevêque de Reims : « Les envoyés de l'Afrique nous pressent de leur donner une réponse pour apaiser les dissentiments entre les évêques de ces provinces. » C'était vers la fin du neuvième

---

chose à faire. Cf. Lingard, *Antiquities of the anglo-saxon church*, ch. x. — Godwin, *de præsul. Angliæ* (1745), p. 41.

[1] Cette destruction ne dut pas être telle que la ville ne conservât une certaine importance, puisque les historiens byzantins nous montrent en 697 le patrice Jean brisant la chaîne qui barrait l'entrée du port, lorsqu'il vint avec la flotte envoyée par l'empereur Léonce. Mais il y a là des difficultés chronologiques dont je n'espérais pas avoir raison avant la publication de l'*Etude sur la conquête de l'Afrique par les Arabes*.

[2] L'île de Crète ne doit être tombée au pouvoir des Musulmans que vers 824.

siècle; et le nombre des évêques avait tellement baissé dans la patrie de saint Augustin, que le saint-siége y autorisait désormais les prêtres à consacrer le saint chrême. Deux siècles après, saint Léon IX interrogé par les évêques africains sur les droits de l'archevêché de Carthage, qui s'étaient maintenus malgré la destruction de cette grande ville, leur répond en déplorant l'énorme diminution de l'épiscopat dans un pays où les conciles réunissaient jadis tant de pontifes [1]. Environ vingt ans après on ne trouvait même plus en Afrique trois évêques (ou du moins ne pouvait-on pas les réunir), comme l'apprend une lettre de saint Grégoire VII à Cyriaque archevêque de Carthage [2]. A cette époque, les fidèles doivent avoir eu quelque peu de liberté dans la Mauritanie, grâce à Hanzir qui commandait en ce pays, et qui écrivit au pape saint Grégoire VII pour obtenir un évêque à l'Église d'Hippone. Le saint pape, se rendant de grand cœur à cette demande, félicite le prince Sarrasin qui avait affranchi une partie des chrétiens esclaves, et promettait même d'en faire autant pour les autres.

Tout en déplorant les maux que la conquête musulmane fit subir aux chrétiens d'Afrique, on ne peut s'empêcher de reconnaître qu'un si terrible fléau ressemblait beaucoup à un châtiment mérité. Bon nombre des habitants auraient pu dire ce que Salvien disait de leurs pères, lors de la conquête Vandale [3] :

---

[1] Apud Harduin., *Concil.*, t. VI, p. 950 : « Decus ecclesiarum Africanarum ita conculcatum a gentibus nimium dolemus, ut modo vix quinque inveniantur episcopi ubi olim ducenti quinque solebant per consilia plenaria computari ; et ibi pauculas oves quotidianæ occisioni deputatas remansisse, ubi quondam innumerabilis grex Domini sub numerosis arietibus exultabat alta pace. »

Morcelli pense que l'Afrique doit avoir eu jadis plus de sept cent quinze évêchés.

[2] Harduin., l. c., p. 1341. « Pervenit ad aures nostras quod Africa, quæ antiquitus, vigente ibi Christianitate, maximo episcoporum numero regebatur, ad tantum periculum devenerit ut, in ordinando Episcopo, tres non habeat Episcopos. »

[3] Salvian., *de Provid.*, VII, 92 : « Compulsus est criminibus nostris Deus ut hostiles plagas de loco in locum; de orbe in orbem, spargeret; excitatas pene ab ultimis terræ finibus gentes etiam trans mare mitteret, quæ Afrorum scelera punirent. »

« Nos iniquités ont forcé le Seigneur à nous envoyer les fléaux lointains de la guerre. » Oublieux de ce qu'avaient souffert leurs ancêtres sous la barbarie arienne, ils mettaient à profit la liberté qui leur était rendue, en se livrant aux plaisirs et aux vices. Les mœurs des Grecs y avaient presque entièrement éteint le souvenir de la sévérité ancienne; et le relâchement devait trouver assez peu d'obstacles dans le zèle épiscopal, si le concile *in Trullo* était bien informé, quand il parle de plusieurs évêques africains [1]. Pour que la chasteté, peu exigeante dans le clergé grec, ne fût même pas gardée par des évêques, il fallait que les peuples eussent bien perdu les traditions si religieusement maintenues dans l'ancienne Église d'Afrique. Mais les cruelles dévastations qui fondirent sur ces contrées malheureuses font taire le blâme, pour ne laisser songer qu'à une commisération profonde. Maîtres de cités opulentes, de fertiles campagnes et de riches marchés, les chrétiens de ces infortunées provinces se virent enlever tout d'un coup leur patrie, leur fortune, leurs habitations et leur liberté. Cette Église, qui avait grandi sous le fléau de la persécution, sortant de là couronnée de l'auréole du martyre et de la science; disparaissait presque en un jour, sans laisser même de trace où l'on pût retrouver les noms de ses derniers fidèles.

Rectifications sur les succès des Califes en Afrique.

Il peut être utile de quitter ici pour un instant la marche suivie par l'auteur italien, qui était notre guide; et de chercher par une autre voie les détails mal connus de cette conquête, qu'on nous présente comme un coup de foudre inouï.

Les obscurités qui entourent l'histoire de l'invasion arabe en

---

[1] Ap. Harduin., *Concil.*, t. III, p. 1665 : « Hoc quoque ad nostram cognitionem pervenit quod in Africa et Libya, et aliis locis, quidam ex illis qui illic sunt religiosissimi Præsules cum propriis uxoribus, etiam postquam ad eos processit ordinatio, una habitare non recusant; ex eo populis offendiculum et scandalum offerentes. »

Afrique ont plusieurs causes; et M. Henri Fournel les fait très-bien ressortir dans un travail récent sur cette question [1]. Les Byzantins n'avaient pas toujours à se vanter dans le récit de ce qui s'y était accompli; et il est bien probable même que leur pouvoir sur ces provinces était fort amoindri déjà par les empiétements opiniâtres des Maures, quand l'orage éclata pour les uns et les autres. Les Arabes ne se soucièrent apparemment pas de dire combien la conquête leur avait coûté cher, et les Maures n'ont pas d'histoire. Les souvenirs même de ces derniers durent s'embrouiller beaucoup, à la longue, sur cette lutte; quand, devenus Musulmans en masse, ils trouvaient dans les traditions de la tente des traces de leur résistance prolongée aux propagateurs de l'Alcoran.

Profitons du livre qui vient d'éclaircir un peu ce fait, et indiquons que le mahométisme ne prit pas le dessus en Afrique avec toute la facilité qu'on lui prêtait jusqu'aujourd'hui.

On sait que dès la vingtième année de l'Hégire (l'an 641 de l'ère chrétienne), l'Égypte obéissait au second calife Omar. Bientôt les Sarrasins envahissaient la Cyrénaïque, et Tripoli devenait leur proie en 643 (ou peu s'en faut). L'année suivante, le patrice Grégoire et les Maures éprouvent un échec qui introduit les Arabes dans l'Afrique proprement dite; mais les chefs Musulmans se repliaient sans cesse vers l'Égypte après leurs expéditions, qu'eux-mêmes peut-être jugeaient un peu aventureuses. Aussi bien, ils dépendirent assez longtemps des émirs du Caire. D'ailleurs, il y eut dans l'invasion un temps d'arrêt causé par les discordes qui brouillèrent les conquérants entre eux, pour la succession au califat; aussi la seconde irruption en Afrique n'eut-elle lieu qu'après l'établissement de la dynastie Ommiade (Moaouia Ier, en 661).

S'il est une date fatale aux malheureuses provinces de l'Afrique chrétienne, c'est assurément celle de la troisième expédi-

---

[1] *Étude sur la conquête de l'Afrique par les Arabes*; Paris, imprimerie impériale, 1857.

tion (670) qui eut Okba pour chef. Cet homme énergique ne voulut pas que le Koran pût reculer désormais dans les régions confiées à son commandement, et fonda Kaïrouan pour servir de nouvelle base à l'élan des siens vers l'Ouest. C'était faire entendre que les contrées à l'orient ou au midi de l'Afrique propre devaient être considérées comme partie incontestée de l'empire musulman, et qu'il restait à passer outre.

Le Ciel donna quelque répit aux chrétiens par la disgrâce momentanée du redoutable Okba; lorsque le calife confia le commandement de l'Égypte à un nouvel émir (675), et remit les affaires d'Afrique entre les mains de Dinar-Abou-el-Mohadjer. Ce dernier se montra peut-être habile politique en ménageant la tribu berbère des Auréba, devenue musulmane (avec plus ou moins de franchise); mais le bouillant Okba ne s'arrangeait pas de ces considérations diplomatiques, et ne fit appel qu'à la force quand il put reprendre les armes comme général en chef (en 684). Le commandant des Maures mahométans (Koséila), traité par lui en esclave, put maudire les implacables rivalités de la race africaine en assistant comme témoin humilié aux conquêtes arabes. Okba poussa jusque vers Tanger, courut plus d'un risque dans l'Atlas; et revenait à Kaïrouan, après avoir lancé impatiemment son cheval dans la grande mer qui l'empêchait d'aller plus loin. A ce moment, le chef berbère (Koséila) trouva moyen de s'évader, et de barrer le chemin du retour à l'impétueux Okba, qui périt bravement avec le petit nombre de compagnons restés près de lui (684). C'était devant Tahouda (dans le désert de la province de Constantine, près de l'oasis qui en a gardé le nom de *Sidi-Okba*); et les Byzantins y faisaient cause commune avec les indigènes.

Zohéir, lieutenant d'Okba, ne crut pas pouvoir tenir contre ce réveil des Berbères, avec des troupes découragées par la perte de l'intrépide général; il évacua Kaïrouan même, que Koséila ne manqua pas d'occuper; et reprit, comme ses prédécesseurs, la route de Barka. Ainsi, après trente-sept années de sang versé par les Arabes, l'Afrique romaine, avec Kaïrouan, revenait à peu près aux Maures; car les Byzantins n'y font pas grande figure. En même temps Iésid, successeur de Moaviah (*Moaouia*), mourait sans avoir pu assurer l'autorité de sa dynastie sur Médine et la Mecque; et de courts règnes, bien agités, paralysaient l'action du califat au dehors. Koséila fut donc à peu près le maître dans l'intérieur de l'Afrique durant cinq ans, sans que les Arabes prissent leur revanche pour la défaite de Tahouda.

Quels étaient, pendant cette retraite des Sarrasins, les rapports des Berbères avec les Grecs? L'histoire ne nous en apprend rien; et l'on peut croire que la cour de Constantinople, bien distraite en Asie et dans les îles de la Méditerranée qui lui restaient, s'estimait trop heureuse de conserver les ports africains en laissant les Maures maîtres de l'intérieur. Aussi bien, dès le commencement de ce siècle, les rois visigoths qui bordaient le nord du détroit s'étaient mis en possession de Tanger, de Ceuta et d'autres places où ils tenaient garnison contre les indigènes.

Sous le calife Abd-el-Malek (685), qui domina les insurrections de l'Orient, Zohéir reçut des renforts et l'ordre de reprendre l'offensive. En 688, Koséila perdait la vie dans une bataille décisive qui rouvrit Kaïrouan et l'Afrique aux Ommiades. Les Grecs furent-ils réveillés de leur sécurité trop profonde, par une tentative de Zohéir contre Tunis; ou bien avaient-ils cru que des traités avec les califes (vers 680, et de nouveau en 688) commandaient de ne pas soutenir les Berbères afin de conserver la paix avec l'adversaire le plus voisin de Byzance? ou bien encore se souciaient-ils assez peu d'une dépense de forces où ils n'auraient plus été que les auxiliaires de ces insupportables amis, les Maures? Le fait est qu'en 691 une expédition purement byzantine, encouragée par Justinien II, rencontra vers Barca les troupes de Zohéir qui furent taillées en pièces. C'en était trop pour pouvoir réclamer ensuite les bénéfices de la paix, et pas assez pour recueillir les avantages de la guerre. Aussi le calife dissimulat-il cette offense tant que l'Arabie lui donna des inquiétudes;

mais débarrassé des querelles intestines, vers 696, il voulut que Hacen-Ben-Noman rétablît l'honneur des armes arabes en Afrique. Kaïrouan, quoique isolé, formait un point d'appui pour les lieutenants du calife; et Hacen partit de là pour la conquête dernière des possessions conservées par les Byzantins. L'empereur Léonce, successeur de Justinien II, ne put prévenir la prise de Carthage; mais le patrice Jean, commandant de la flotte impériale, recouvra la capitale (en 696) et toutes les places fortes, dont il ne demeura maître que l'espace d'une campagne; car l'année suivante, une flotte musulmane supérieure, et des secours envoyés aux troupes de Hacen, firent reprendre la mer à Jean, pour sauver les débris qui se pouvaient transporter. Ainsi repoussé, ce reste de l'armée grecque, arrivé en Crète, y prenait le délassement de faire un nouvel empereur, en revêtant de la pourpre Apsimare-Tibère. Apparemment les soldats byzantins voulaient étouffer le bruit de leurs revers dans le tumulte d'une révolution; et triompher de la cour, faute d'avoir pu tenir bon contre l'ennemi.

Dès lors Constantinople détournant ses regards de l'Afrique, les Arabes n'ont plus rien à démêler qu'avec la population primitive qui absorba nécessairement les faibles restes de la race gréco-latine ou vandale, privés de soutien extérieur. Cela ne veut pas dire que les émirs sarrasins aient eu bon marché des Maures livrés à eux-mêmes. Koséila eut un successeur dans Kahéna, reine de l'Aurès, à laquelle s'étaient ralliés tous les Berbères [1]. Hacen, qui l'avait attaquée, fut si bien ramené en ar-

---

[1] La Kahéna, dit-on, appartenait à une tribu juive très-influente parmi les Berbères. D'où serait venue cette population juive dans l'Atlas, où son établissement antérieur ne semble mentionné par aucun historien? Serait-ce un reste des nombreux prisonniers transportés de Syrie en Pentapole (Cyrénaïque) par le premier des Ptolémées; et qui, avec les Juifs de l'Égypte, donnèrent une occupation sérieuse aux généraux de l'empire sous Vespasien d'abord, puis sous Trajan? S'y était-il mêlé des descendants de ces quatre mille soldats juifs déportés en Sardaigne par Tibère, et que les Vandales auraient repliés sur l'Afrique pour s'y ménager une race qui ne fût ni romaine ni maure?

Justinien avait un peu brusqué la conversion des juifs de la Cyrénaïque au

rière, qu'il lui fallut aussi, comme tant d'autres, regagner la province de Barka pour s'y mettre en sûreté.

L'Afrique fut donc, cette fois (ce qui n'avait pas eu lieu depuis des siècles) aux seuls Africains (698-703), pendant qu'une insurrection du Khoraçan occupait les forces du calife Ab-del-Mélek; et Hacen ne revint qu'en 703 pour venger sa défaite. Une mêlée sanglante faillit se terminer comme la première fois; mais la Kahéna périt les armes à la main, et les Maures furent mis en déroute. Sous le califat de Oualid (en 705), Hacen fut remplacé par Mousa-Ben-Noséir qui poussa vivement la soumission des Berbères. Tanger était pris sur les Goths, en 707; mais Ceuta tenait encore en 709, et le célèbre comte Julien y commandait pour les rois d'Espagne.

Ces diverses alternatives de revers éclatants et de succès chèrement achetés, nous ont conduit jusqu'au moment où l'invasion mahométane déborda de la Mauritanie sur l'Espagne; et l'on a pu voir que l'Afrique n'avait pas été une proie facile pour les Arabes. Ce fut au contraire la conquête la plus disputée, mais en même temps la moins durable, parmi toutes celles du califat. Le mahométisme y prit pied avec plus ou moins de peine, sans que le pouvoir central en tirât profit; et les Espagnols ne se sont pas trompés en qualifiant de Maures ceux qui portèrent et recrutèrent la religion arabe au nord du détroit de Gibraltar. C'est qu'en effet, après avoir dévoré bien des armées asiatiques, la partie orientale de la Mauritanie s'affranchit à peu près de tout lien avec l'Asie, dès la fin du huitième siècle. Quant au mahométisme même, nous savons que l'impétueux Okba, qui devait connaître le terrain et les hommes, déclarait ne pas faire grand fond sur les hommages donnés au Coran par les Berbères [1]; et qu'aux premières années du huitième siècle tout le pays, depuis

---

christianisme, et ce zèle administratif pourrait bien avoir multiplié soit les fuites vers les montagnes, soit les intelligences multipliées avec ses habitants. Les efforts de Sisebut en Espagne, dans les mêmes vues, n'auront-ils pas grossi le nombre des réfugiés de cette race malheureuse?

[1] H. Fournel, *Étude sur la conquête de l'Afrique*, etc., p. 63, sv.

Tripoli jusqu'à Tanger, avait abandonné douze fois l'islamisme. Dans un conflit acharné, où la résistance était affaire nationale, les Africains ne devaient pas demander aux leurs autre chose que du patriotisme : chrétiens, juifs et idolâtres sans doute, se groupaient pour la cause commune contre des maîtres venus de la Syrie, de l'Égypte ou du Khoraçan, afin de les dominer. Nous avons vu les insurgés commandés par une juive, et l'on dit que les montagnes du Maroc conservent jusqu'à nos jours des tribus juives possessionnées sur le sol depuis un temps immémorial. Les soulèvements généraux qui se renouvelèrent opiniâtrément et avec succès jusqu'à l'établissement de l'indépendance en face du grand Haroun-er-Reschid, obligé d'y souscrire (800), n'avaient pas de quoi rendre très-fervents ceux qui avaient adopté la religion des envahisseurs étrangers. Une haine générale du joug imposé par la force dut au moins rendre les Maures quelque peu tolérants entre eux, pour ceux de leurs compatriotes qui conservaient l'ancienne croyance. Si fortes que fussent les dynasties Aghlabite ou Édrisite, qui déterminèrent l'affranchissement définitif, elles étaient habiles aussi; et avaient des rivales, ce qui s'oppose parfois à ce que l'on fasse trop de folies. Faut-il croire que, à la façon de certains hérétiques (la Hollande du seizième siècle, par exemple), les Aghlabites aient cherché un élément de force intérieure dans l'écrasement de tout ce qui ne se rangeait pas à leur secte? Il n'y avait pas même un prétexte comparable, des chrétiens ne pouvant être supposés offrir quelque appui aux califes asiatiques; et nul témoignage authentique ne vient appuyer une conjecture déjà si peu probable en soi. Quand un historien arabe[1] dit que, vers 788, Edris-ben-Abdallah, proclamé calife par les Berbères, fit disparaître de la Mauritanie les dernières traces des religions païenne, juive et chrétienne, en soumettant toutes les tribus; il faut se rappeler d'abord que cet auteur écrivait six cents ans plus tard, et l'on peut en conclure que la persistance du christianisme dans certaines tribus

---

[1] Ebn-Kaldoun, ap. II. Fournel, *Étude*, etc., p. 154.

était à ses yeux chose avérée, pour le moins jusqu'à la fin du huitième siècle. A partir de ce point, on n'aperçoit plus que des faits clair-semés dont la liaison réciproque est difficile à établir; et que des recherches ultérieures ne semblent pas pouvoir éclaircir beaucoup, vu le peu de matériaux où l'histoire aurait à puiser.

Loin de nous, cependant, la pensée de décourager les hommes studieux qui se voueraient à cette tâche ingrate! si peu qu'ils fassent, ils pourront réunir et mettre en lumière bien des traits aujourd'hui perdus pour la plupart des lecteurs, et qui méritent d'être plus connus; comme par exemple cette belle mémoire du bienheureux Raymond Lulle sur lequel ont été dites tant de pauvretés, même depuis le travail que lui ont consacré les Bollandistes.

Cela une fois mis en lumière, reprenons l'ordre des idées adopté par l'auteur que nous suivions presque pas à pas jusqu'à cette interruption momentanée.

CHAPITRE III

PRINCIPAUX MARTYRS DE L'ANCIENNE ÉGLISE D'AFRIQUE

La propagation rapide du Christianisme en Afrique, et l'éclat qu'y jeta la religion dès les premiers siècles, semblent dus surtout à la générosité des nombreux martyrs qui, dans ces régions, donnèrent leur vie pour l'Évangile. Le sang des martyrs, comme le disait Tertullien, fut une semence de nouveaux chrétiens; et le sang des martyrs africains n'arrosa pas seulement leur patrie, mais aussi les autres contrées de l'empire, et particulièrement l'Italie. L'Église romaine sut reconnaître l'admirable générosité de ces héros chrétiens, et rendit des honneurs tout spéciaux à plusieurs martyrs d'Afrique. Saint Cyprien, par exemple, avec les saintes Perpétue et Félicité, sont encore rappelés dans le Canon de la messe : l'un, au nombre des douze principaux martyrs; et les autres, parmi les sept martyres les plus fameuses. Du temps de saint Grégoire, le sépulcre de saint Cyprien était le but d'un pèlerinage presque aussi célèbre que celui du tombeau de saint Pierre à Rome[1].

---

[1] Greg. M. *Epist.*, vi, 19.

ARTICLE PREMIER

Première période : Martyrs et confesseurs d'Afrique sous les persécutions païennes.

La première persécution publique contre les chrétiens d'Afrique commença sur la fin du second siècle. Septime Sévère, Africain de naissance, pouvait avoir remarqué par lui-même les progrès de la religion nouvelle dans sa patrie; au moins, voulut-il être obéi là aussi bien qu'ailleurs. Mais il ne semble pas que les magistrats eussent besoin d'être stimulés dès que leur zèle païen ou leur intérêt de courtisan trouva l'occasion de sévir. On a fait observer que Sévère ne paraissait pas détester personnellement le christianisme, au contraire; et que les épreuves des fidèles sous son règne sont généralement dues aux instincts haineux de la populace sanguinaire, et de la magistrature *conservatrice*. Ce fut, comme nous l'apprend Tertullien[1], le proconsul Vigellius Saturninus qui, le premier, tira le glaive contre les fidèles de ces provinces; et en peine de son impiété, il quitta l'Afrique, ayant perdu la vue. Le premier confesseur de la foi qui ait répandu son sang dès lors et ouvert la route à l'innombrable troupe des martyrs africains paraît avoir été ce Namphamon tellement célèbre dans toutes ces contrées, qu'on le désignait habituellement par le titre d'*archimartyr*. Son culte était si grand en Afrique, que Maxime de Madaure, grammairien païen, se plaignait à saint Augustin de voir ce nom barbare effacer les noms de tous les dieux. Le saint docteur, touchant adroitement la corde patriotique, admire que le bel esprit d'un homme de lettres s'imagine soulever le ridicule parmi des Africains à l'occasion d'un nom punique; d'autant que sa signification n'a rien qui prête à rire, puisqu'il se résout en *bon augure*[2].

---

[1] Tertull., *Ad Scap.*, III.
[2] Augustin., *Epist.* XVI et XVII. « Nam si ea vocabula interpretemur, *Namphania* quid aliud significat quam *boni pedis* hominem? id est cujus adventus afferat

Le titre d'archimartyr, comme qui dirait *princeps martyrum*, donné à saint Namphamon de Madaure, pourrait être une manière de le distinguer entre plusieurs autres martyrs africains du même nom. Serait-ce aussi une indication du grand respect que l'on professait pour lui, ou des tortures extraordinaires qu'il avait endurées et surmontées pour l'Évangile? Il est plus simple, peut-être, de n'y trouver qu'un rang de priorité historique, parce que le premier de tous il aurait arrosé de son sang cette terre depuis si féconde en généreux champions de l'Évangile. Par sa dignité épiscopale, saint Cyprien semble avoir tenu le premier rang, sans toutefois avoir jamais reçu le nom d'archimartyr, quoiqu'il eût été le premier pontife qui ait joint la palme aux honneurs du sacerdoce. Avec le martyr Namphamon souffrirent aussi Miggine, Lucita et Sanaé, dont les noms semblent puniques; leur mémoire est célébrée, par le martyrologe romain, le 4 juillet, sous le nom des *Martyrs de Madaure*.

En même temps que ceux-ci ouvraient la carrière, beaucoup d'autres confesseurs de la foi, renfermés dans les prisons, attendaient la sentence du gouverneur; secourus et encouragés par la charité des autres fidèles, comme par le zèle des diacres de Carthage et de l'évêque Agrippinus. C'est à eux que Tertullien adressait son livre intitulé : *Ad Martyres*. Plusieurs d'entre eux auront souffert le martyre en l'année 198, puisque les actes de sainte Perpétue indiquent Jocundus, Saturninus avec Artaxius, consumés par les flammes; et Quintus mort en prison. Dans une vision qu'eut Satur, frère de sainte Perpétue, ils lui furent montrés réunis en un lieu éclatant de lumière; et

aliquid felicitatis ; sicut solemus dicere *secundo pede* introisse, cujus introitum prosperitas aliqua consecuta sit. »

Il est bon d'avertir que là où nous lisons aujourd'hui Namphanio, plusieurs anciens manuscrits portent Namphamo. Or cette forme s'accorde à merveille avec l'interprétation donnée par saint Augustin, en supposant le nom punique *Nàm-Phâmo* (ou *Pàmo*); remarque déjà faite par Bochart et autres orientalistes, mais récemment encore par Gesenius (*Ph. monum.*, p. 412). Ajoutons que précisément des inscriptions chrétiennes, trouvées en Algérie depuis l'occupation française, donnent l'orthographe *Namphamo* et *Nomphamo*; preuve nouvelle, en même temps, de la popularité du célèbre martyr parmi ses compatriotes chrétiens.

comme il demandait aux anges qui le guidaient, où étaient les autres, l'ange lui fit voir et reconnaître beaucoup d'autres frères également martyrs. Dans les martyrologes anciens, ils sont rappelés le 9 janvier.

L'année 200 fut glorieuse pour l'Église africaine par le triomphe des martyrs scillitains. On retenait en prison douze confesseurs de la foi, que les martyrologes appellent *scillitani*, parce qu'ils étaient de Scilla, ville de la Proconsulaire, dont il avait été fort peu question jusqu'alors; six d'entre eux, qui avaient déjà comparu devant le juge, y avaient protesté que nulle torture ne leur ferait abandonner la foi chrétienne. Quand les six autres, Speratus, Narzalis, Cittinus, Donata, Secunda et Vestina, furent amenés au tribunal; Vigellius les pressa d'honorer les dieux, unique moyen de ne point déplaire à l'empereur. A ces exhortations, Speratus, le premier de tous, répondit par une courte déclaration de son innocence et de celle de ses compagnons, s'offrant à exposer la sainteté du christianisme; il ajoutait ne point connaître le Génie de l'empereur[1], et servir un seul Dieu, Roi des rois et maître de tous les peuples. Le proconsul s'adressant aux autres, Cittinus repartit : « Nous ne craignons qu'un seul maître, notre Dieu qui est au ciel. » La réponse des autres fut toute semblable; sur quoi Vigellius, voyant qu'il perdait son temps et sa peine, ordonna de les ramener en prison et de leur mettre les pieds aux ceps[2]. Le jour d'après on les con-

---

[1] Le *Genius*, espèce de divinité adoptée par le paganisme romain, comme mitoyenne entre les dieux et l'homme, était censé présider aux destinées des lieux ou des personnes. Sous ce voile assez transparent, le *Génie des empereurs* tenait de bien près à une sorte d'adoration du souverain. Par suite, le refus de lui accorder un culte religieux se transformait aisément en un crime de lèse-majesté.

[2] Le *nervus* (entraves, ceps) dont il est ici question, était un instrument de supplice composé de pièces de bois; où des trous étaient pratiqués pour assujettir les membres du patient, qu'ils retenaient ainsi à peu près immobile. Cette gêne se pouvait aggraver jusqu'à quelque chose de plus semblable à une vraie torture, au moyen des divers trous plus ou moins espacés, qui permettaient de maintenir les jambes écartées violemment. Ainsi s'explique l'expression *constringite pedes ad quartum foramen* (ou *punctum*), que l'on trouve dans les *actes* de certains martyrs. L'écartement des jambes poussé jusqu'au *cinquième point* pouvait être tellement douloureux, que l'on en mourût d'évanouissement.

duisit encore au tribunal, où l'on commença par questionner les trois femmes; qui, d'un grand cœur, se déclarèrent chrétiennes et refusèrent tout honneur aux faux dieux. Revenant aux hommes, le proconsul leur accorda trois jours afin qu'ils pussent délibérer sur les conséquences de leur première résolution; et reçut pour réponse qu'ils étaient et resteraient chrétiens. Cette profession de foi leur attira la sentence du proconsul qui les condamnait à avoir la tête tranchée, eux et les six autres (Veturius, Félix, Acillinus, Lætantius, Januaria et Generosa), *pour s'être déclarés chrétiens, et avoir refusé d'honorer l'empereur* (c'est-à-dire le Génie de l'empereur). Ces douze confesseurs, au comble de leurs désirs, remercièrent Dieu dont la bonté les conduisait à la couronne céleste par cette voie rapide, car on les mena droit au lieu du supplice sans délai. Là, fléchissant le genou, et, rendant de nouveau grâces au Ciel, ils furent décapités. C'était le 17 juillet. Leurs corps, recueillis par les chrétiens de Carthage et ensevelis avec des parfums, furent enfermés plus tard dans l'enceinte d'une basilique qui est l'une de celles où prêcha saint Augustin. Ce fut l'année suivante que le proconsul Vigellius Saturninus, perdant la vue, devint un exemple de la justice divine : réduit qu'il fut à vivre dans les ténèbres, lui qui avait voulu enlever aux fidèles la lumière de la foi.

Vers la fin de l'an 202 arrivèrent en Afrique les édits de Septime Sévère contre les chrétiens; et le gouverneur (*præses*) Minutius Timinianus destina à la mort cinq jeunes catéchumènes de Tuburbe, lieu voisin de Carthage [1]; leurs noms étaient Revocatus, Felicitas, Saturninus, Secundulus et Vibia Perpetua; auxquels Satur s'était joint de son plein gré. Mais la mort emporta le gouverneur avant qu'il eût prononcé la sentence; en sorte que, l'année suivante, Hilarianus qui avait pris le commandement de la province avec le titre de *procurator* [2], trouva bon

---

[1] Ce pourrait être *Tuburbum majus*, ville distincte de celle (*T. Minus*) que l'on place communément à *Tébourba*.

Dans les provinces proconsulaires, et partant sénatoriales, un *præses* ou un

de tourner leur mort en spectacle public pour les fêtes qui devaient se célébrer à Carthage le jour de la naissance de Géta, fils de l'empereur.

Perpétue, dans sa prison, eut à soutenir un rude assaut contre son père, le seul de la famille qui ne fût pas chrétien. Il employait tout ce qu'il pouvait trouver de motifs pour ébranler la résolution d'une fille tendrement aimée, qu'il aurait voulu voir hors de péril. Mais, quoique vivement émue, Perpétue sut accorder avec la piété filiale ce qu'elle devait à Jésus-Christ. Bientôt une vigueur nouvelle lui fut donnée ainsi qu'à ses compagnons : plongés dans l'eau du baptême avant d'être transportés de Tuburbe à Carthage, tous ces fidèles portaient au martyre leur âme sans tache, soutenue par la force d'en haut. Joyeux dans une prison étroite et infecte, ils attendaient leur dernier jour; soulagés, en attendant, par tout ce que la charité de l'Église de Carthage pouvait trouver de ressources. Ainsi les diacres Tertius et Pomponius, qu'envoyait l'évêque Optat, gagnèrent par argent les gardiens; pour que chaque jour les prisonniers pussent jouir quelque temps du grand air et de la lumière, dans un endroit moins resserré. Mais outre les secours qu'ils recevaient par les diacres, Dieu lui-même les consola dans leur peine. Perpétue et Satur nous ont laissé par écrit les visions merveilleuses qu'ils eurent alors. L'assurance du triomphe leur fut donnée, et on leur fit connaître d'autres martyrs déjà parvenus au bonheur par la même voie quelques années auparavant. Pepétue vit aussi son petit frère Dinocrate mort à l'âge de sept ans : d'abord il était brûlé de la soif, dans les ténèbres, vêtu misérablement, et le visage marqué d'une plaie; puis,

procurator pouvait avoir momentanément l'administration et le droit de prononcer des sentences capitales : soit par suspension des formes ordinaires (pour le redressement de quelques abus), soit en attendant la nomination du magistrat définitif. Autrement le *procurator* n'était qu'un intendant des domaines impériaux, ou le chef de la perception financière.

Dans des provinces impériales de peu d'étendue, un *procurator* pouvait réunir les attributions financières et administratives, avec le droit de sentence capitale; ainsi qu'on le voit pour Pilate en Judée (Luc. III, 1).

comme elle avait pleuré longtemps et prié pour lui, elle le revit tout autre, dans un lieu plein de lumière ; il était bien vêtu, souriant et sans trace de son ancienne plaie. Témoignage bien propre à faire réfléchir ceux qui ne veulent point que l'Église des premiers siècles ait connu la valeur de la prière pour les morts.

Quand le bruit se répandit que les confesseurs allaient être prochainement conduits au tribunal, le père de sainte Perpétue accourut de Tuburbe pour tenter de nouveau la constance de sa fille ; et, dans cette âme délicate, ce fut une dure épreuve que d'avoir à surmonter, avec l'amour naturel de la vie et la terreur d'une mort prochaine, la commisération pour son vieux père et l'abandon de son fils en bas âge que lui représentait le vieillard. Ce père désolé la suivait jusque devant le juge au milieu de la place publique, lui montrant son jeune fils ; et employant même la force pour la séparer des autres accusés, jusqu'à ce qu'il eût été écarté brutalement par les gens d'Hilarien[1].

Alors Perpétue et ses compagnons, interrogés par le magistrat, déclarèrent être chrétiens ; et, partant, ne pouvoir sacrifier aux dieux. Sur quoi Hilarien prit ses conclusions, et les condamna tous aux bêtes ; les faisant toutefois reconduire en prison, où ils devaient attendre le jour du spectacle dont ils auraient à faire partie. Mais avant le moment choisi pour leur mort, Secundulus, l'un d'entre eux, alla dans le ciel prévenir le terme marqué par les hommes à son triomphe. Tous les autres, heureux et contents, attendaient l'instant du carnage ; et tous les jours, grâce à la condescendance de Pudens, chef des geôliers, ils pouvaient s'entretenir avec les chrétiens du dehors.

Seule, Félicité s'affligeait, non pas dans la crainte du supplice, mais par l'appréhension d'être séparée des autres mar-

---

[1] Je ne pense pas pouvoir omettre les paroles de sainte Perpétue, qui, malgré l'insistance de son père pour la faire apostasier, suit si vivement du fond de son cœur tout ce qui atteint ce vieillard désolé (*Pass. SS. Perpet.*, 6) : « Et quum staret pater ad me dejiciendam, jussus est ab Hilariano dejici, et virga percussus est. Et doluit mihi casus patris mei quasi ego fuissem percussa, sic dolui pro senecta ejus misera. »

tyrs; parce que, étant enceinte, les lois devaient exiger un délai à son supplice. Elle pouvait ainsi être différée jusqu'au mois suivant, et confondue dans l'exécution de malfaiteurs qu'on lui aurait associés pour faire nombre. Ses compagnons de captivité, partageant la peine de cette généreuse femme, conjurèrent tous instamment le Ciel trois jours avant les jeux pour qu'il vînt en aide à leur sœur dans la foi. Dieu se rendit à des vœux si nobles : après cette prière, Félicité qui était au huitième mois de sa grossesse, fut prise tout à coup des douleurs de l'enfantement; et donna le jour à une fille que recueillit une bonne chrétienne, pour l'élever comme son propre enfant.

Cette délivrance de Félicité, couronnant les ardents désirs de la pieuse troupe, rappelle une autre faveur accordée à sainte Perpétue, qui en bénit le Seigneur avec une douce simplicité dans son récit : « Dès que nous fûmes rentrés en prison après la sentence, dit-elle, j'envoyai le diacre Pomponius demander mon enfant à mon père, qui ne voulut point me le rendre; mais Dieu permit que l'enfant ne demandât plus à teter, et que je ne fusse pas incommodée de mon lait. Ainsi je me trouvai l'esprit entièrement libre, et sans nulle inquiétude. »

Quant à sainte Félicité, voici ce qu'ajoutent les actes de son martyre : « Or, comme n'étant que dans son huitième mois, l'accouchement était beaucoup plus pénible, elle souffrait vivement; et la violence du mal lui faisait pousser des cris de temps à autre. Sur quoi un geôlier lui dit : « Si tu te plains à « présent, que sera-ce quand tu vas être déchirée par les bêtes ! « Il eût donc mieux valu sacrifier aux dieux. » Et la courageuse mère lui fit cette belle réponse : « C'est moi qui souffre en ce moment, mais alors un autre sera avec moi qui souffrira pour moi, parce que je souffrirai pour lui. »

On comprend que ces simples et touchantes vertus aient été un spectacle bien nouveau pour les gardiens, qui avaient coutume de ne voir que le désespoir morne ou les colères furieuses de scélérats frappés par la justice. Aussi Pudens, préposé à la surveillance des guichetiers, comprit-il que tant de paix et de courage venait d'en haut; et il donna aux serviteurs de Jésus-Christ la consolation de le voir chrétien avant qu'ils eussent accompli leur sacrifice.

Deux jours après la délivrance de Félicité, fut donnée aux confesseurs cette espèce de fête lugubre que nous pourrions appeler *festin à discrétion*, pour rendre d'une manière quelconque l'expression de *cœna libera;* c'est-à-dire le dernier repas avant la mort, pris dans un lieu public et en présence de la foule. Ils se mirent à table, non pas comme les autres, pour s'étourdir par la bonne chère, mais pour prendre la consolation du festin de charité ou *agape*.

Il faut se rappeler que les premiers chrétiens, traqués par le pouvoir politique et réduits à ne pratiquer la religion qu'en cachette, s'estimaient heureux de pouvoir parfois donner quelque essor à ce désir si naturel d'exprimer dans la vie civile les sentiments de leurs cœurs. De là des repas faits à la suite des offices pour se réjouir devant Dieu à certains jours solennels, et nouer des liens d'affection entre gens que la communauté de croyance seule réunissait, malgré des distances de condition qui semblaient infranchissables. Ces festins de charité perdirent de leur primitive modestie, comme de leur motif, quand la paix fut donnée aux fidèles et que le nombre des chrétiens s'accrut presque sans mesure. Alors certaines Églises conservèrent au moins l'usage de porter sur le tombeau des martyrs du pain et du vin, qui se distribuaient aux pauvres. Mais cela même fut ensuite abrogé comme pouvant être confondu avec des usages païens qu'il ne fallait pas aider à vivre.

Ici, ce n'était une agape que dans l'intention des convives et des chrétiens admis comme spectateurs. Pour les geôliers et les simples curieux, c'était une grossière consolation donnée à des condamnés qui allaient subir la peine capitale; et un public oisif, ou avide d'émotions, venait voir comment ils enivreraient ou braveraient leur effroi. Pendant que le peuple idolâtre se donnait donc la récréation de les examiner attentivement, « Le jour de demain, leur dit Satur, ne vous suffirait pas pour satisfaire votre haine contre nous! Eh bien, remarquez avec soin les traits de nos visages, afin de pouvoir nous reconnaître au grand jour du Jugement. » Paroles qui entrèrent avant dans les âmes des spectateurs, et firent abandonner les superstitions païennes à beaucoup d'entre eux.

De là les confesseurs passèrent à une autre table, loin des regards profanes : à celle de l'Eucharistie, où ils puisèrent tous des forces surhumaines pour le prochain combat. C'est du moins ce que donne à penser l'ancienne coutume de l'Église, dont la trace est bien reconnaissable au temps de saint Cyprien. Il semble qu'on en peut trouver une preuve dans la vision qu'eut sainte Perpétue, et qu'elle tint pour un présage assuré du martyre. Priée par ses compagnons de mettre à profit pour eux la sainte familiarité qu'on lui connaissait avec Dieu, elle leur promit ingénument de les informer bientôt du résultat qu'aurait leur commune attente[1]. Ce qu'elle en raconte mérite bien d'être transcrit, au moins par extraits.

« Je montai, raconte-t-elle, et vis un jardin d'une immense étendue. Au milieu se tenait assis un homme à cheveux blancs, en costume de berger. Il était d'une haute stature, et occupé à traire ses brebis. Autour de lui se groupaient des milliers d'agneaux blancs[2]. »

Quand nous tâchons de transporter ces paroles en français moderne, où tout se précise, nous n'osons pas prendre sur nous d'affirmer s'il s'agit précisément d'ouailles blanches; ou s'il ne serait pas question plutôt de personnages prétendant (*candidats*)

---

[1] *Passio SS. Perpetuæ et Felicitatis* (ap. Ruinart, *AA. MM.*), 4 : « Tunc dixit mihi frater meus : Domina soror, jam in magna dignitate es, et tanta ut postules visionem; et ostendatur tibi an passio sit, an commeatus. Et ego quæ me sciebam fabulari cum Domino, cujus beneficia tanta experta eram, fidenter repromisi ei dicens : Crastina die tibi renuntiabo. Et postulavi, et ostensum est mihi hoc. » Etc.

[2] *Ibid.* : « ... Oves mulgentem, et circumstantes candidatos millia multa... Et clamavit me, » etc.

à la faveur du berger, ou peut-être du clergé avec ses robes de lin. La langue latine et le style sensiblement oriental du christianisme, surtout à ces époques (mais en Afrique plus qu'ailleurs), permettaient de réunir toutes ces pensées sous un seul mot. Un initié perçait aisément l'indétermination affectée d'expressions usitées chaque jour entre fidèles.

« Le berger leva la tête, poursuit sainte Perpétue; et, me regardant, il me dit : Tu viens à propos (*ou* tu es la bienvenue, *ou* bonjour), mon enfant. Là-dessus, me faisant approcher, il me donna comme une petite bouchée de sa crème (*ou* de son lait caillé), que je reçus les mains jointes, et je le mangeai; et tous les assistants dirent : *Amen*. Au bruit de ces voix, je me trouvai tout d'un coup éveillée et mangeant quelque chose d'une saveur douce que je ne saurais caractériser. Je racontai sur-le-champ ces détails à mon frère, et nous comprîmes qu'il fallait compter sur le dernier supplice. Aussi laissâmes-nous dès lors toute pensée de la vie présente. »

Une légère connaissance des monuments chrétiens primitifs suffira pour faire apercevoir dans ce récit de sainte Perpétue le symbole du Bon Pasteur, Jésus-Christ, fréquemment exprimé par les représentations de ce que l'on ap-

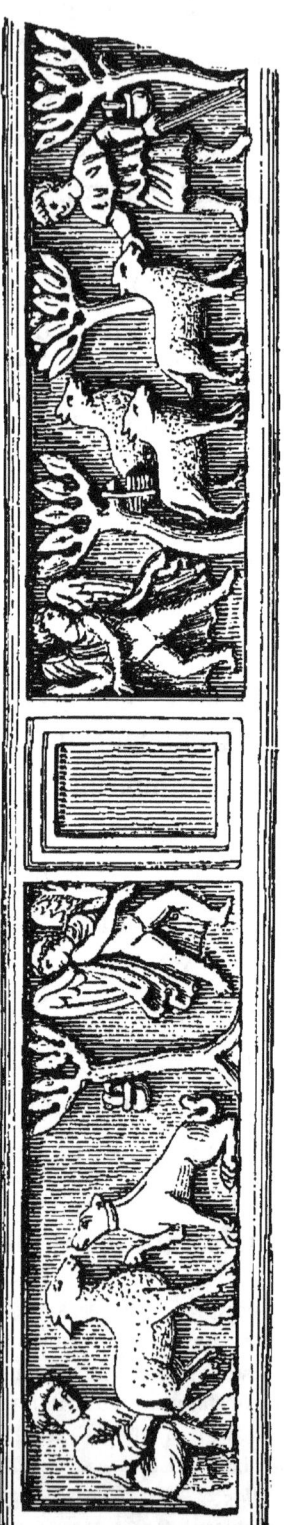

pelle l'*art des catacombes*. Le reste entraînerait à une digression dont les gens instruits sauront se passer. Les esprits plus neufs en ce genre pourront trouver une introduction suffisante à ce langage figuré en considérant le petit bas-relief ci-dessus, qui est copié d'un ancien tombeau chrétien. L'on y reconnaît sans peine le divin berger trayant une brebis que le chien tient en respect, et rassemblant les autres par sa voix et ses caresses. Sa flûte et son vase à traire sont suspendus aux branches des arbres. Sans nous étendre en commentaires qui n'auraient pas leur place à cet endroit, faisons néanmoins observer dans les paroles de la sainte martyre que cet aliment de couleur blanche donné en si petite quantité, d'une saveur douce, mais indécise[1], et reçu avec tant de respect, indique presque évidemment l'Eucharistie. Ce qu'il s'y joint de mystère dans l'expression, ne sera qu'une preuve de plus pour qui songe combien l'Église fut longtemps jalouse de n'être comprise que par les baptisés, quand il s'agissait du saint sacrement.

Enfin arriva le jour de leur victoire, ils marchaient de la prison à l'amphithéâtre d'un air serein et presque joyeux, comme se rendant au ciel. Perpétue venait la dernière; son visage était calme, son pas tel qu'il convenait à une matrone chrétienne et à une bien-aimée de Jésus-Christ, et son œil ferme et vif faisait baisser le regard à ceux qui l'examinaient. Si près de l'enfantement, Félicité se montrait heureuse de pouvoir aller au-devant des bêtes et de se purifier dans un second baptême. On voulait, à la porte, leur faire prendre d'autres vêtements : qui étaient pour les hommes ceux des prêtres de Saturne, et ceux des prêtresses de Cérès[2] pour les femmes; mais tous jusqu'au

---

[1] *Ibid.* : « De caseo quod mulgebat dedit mihi quasi buccellam; et ego accepi junctis manibus, et manducavi; et universi circumstantes dixerunt : Amen. Et... experrecta sum, commanducans adhuc dulcis nescio quid. »

[2] *Sacratarum Cereris*, dit le texte latin; mais ce pourrait bien être une erreur de copiste, pour *sacratarum cœlestis*. Saint Augustin (*de Civ. Dei*, II, 4 et 26) nomme les *sacrati cœlestis*; et ne s'agirait-il pas de la *Déesse céleste* dont nous avons parlé précédemment (p. 77)?

dernier s'y refusèrent constamment. « Nous sommes venus de notre choix à ce dernier terme, dirent-ils, pour conserver notre liberté sans atteinte; nous avons donné notre vie pour ne point faire ces indignités, ce ne sont pas là nos conventions. » On ne put s'empêcher de reconnaître la justice de cette protestation, et le tribun consentit à ce qu'on ne les fît point changer de vêtements. Perpétue chantait des psaumes; Révocat, Saturnin et Satur reprochaient au peuple sa barbare curiosité; et, arrivés devant Hilarien, leurs gestes et leurs airs de tête lui disaient : « Tu nous juges, mais Dieu te jugera. » Le peuple irrité voulut qu'ils fussent fouettés par les *veneurs* de l'amphithéâtre [1]; et ces courageux chrétiens se réjouirent d'avoir cette part à la passion du Seigneur. Quand on lâcha les bêtes, Saturnin et Révocat furent attaqués par un léopard et un ours; un sanglier qui s'était jeté sur Satur, se contenta de le traîner dans l'arène; et puis se retourna contre le veneur, qui fut blessé au point de mourir quelques jours après la fête. Satur fut encore épargné par un ours qui ne voulut point sortir contre lui. Quant aux jeunes femmes, une invention inaccoutumée les fit exposer à une vache furieuse : on les avait dépouillées et enveloppées de filets; mais, le peuple frémissant de voir exposées ainsi une femme délicate et une jeune mère récemment accouchée dont le sein laissait encore échapper le lait, on les ramena pour les revêtir d'une longue robe sans ceinture. Perpétue, reconduite la première sur l'arène, et livrée à l'animal farouche, avait été renversée sur le dos; lorsque remarquant sa robe déchirée sur la cuisse, elle la ramena de côté pour se couvrir : plus occupée de la pudeur que de sa souffrance. Elle se mit même à rassembler ses cheveux épars et à les rattacher avec la fibule qui les retenait d'abord. C'est que, dit le narrateur de son martyre, rien ne devait en elle an-

[1] On appelait *veneurs* (venatores) quelques-uns des gens chargés d'achever les condamnés dans l'arène, ou d'y tuer les bêtes. C'était, pour ainsi dire, des valets d'amphithéâtre.

noncer le deuil. Se levant alors, et voyant Félicité étendue sur l'arène, elle lui tendit la main pour l'aider à se soulever de terre. Debout toutes les deux, l'apaisement des spectateurs les fit reconduire à la porte Sanevivaria[1]. Là, Perpétue fut accueillie par un catéchumène de ses parents, nommé Rustique; et comme si elle fût sortie d'un songe, tant son ravissement avait été profond, elle regardait autour d'elle, disant aux assistants étonnés : « Quand donc serons-nous conduites au peuple, et livrées à cette espèce de vache? » On avait beau lui dire que c'était déjà fait, elle ne put le croire qu'en reconnaissant sur son corps et sur son vêtement la trace de ce supplice; elle en vint aussi à reconnaître ceux qui l'entouraient, et faisant approcher son frère avec le catéchumène qui était venu au-devant d'elle : « Soyez fermes dans la foi, leur dit-elle, aimez-vous tous les uns les autres, et ne vous scandalisez point de notre sort. »

Satur, de son côté, près d'une autre porte, exhortait le soldat Pudens en ces termes : « Me voilà comme je l'avais promis et annoncé, aucune bête ne m'a pu blesser jusqu'à présent; mais maintenant, tiens-le pour assuré, je m'en retourne, et la dent d'un léopard fera mon affaire. » Bientôt, en effet, comme le spectacle allait finir, il fut livré à un léopard; et tellement couvert de son sang dès la première morsure, que le peuple criait, sans doute par une allusion moqueuse au baptême : « Sauvé, lavé ! — Adieu, dit Satur à Pudens, et toi, n'oublie pas ma foi; que tout ceci ne t'épouvante point, mais plutôt anime ton courage. » Puis demandant l'anneau (*ansula*) que le soldat portait, il le plongea dans sa blessure, et le lui rendit comme un héritage et un souvenir. Alors il resta sans mouvement, destiné à être égorgé avec tous les autres dans le lieu ordinaire. Mais le peuple voulut avoir encore le plaisir de ce spectacle, et

---

[1] Ou *Sanavivaria*: nom qui semble indiquer la porte par où sortaient les combattants demeurés sains et saufs, ou du moins vivants; car on sait qu'une porte spéciale des amphithéâtres (*libitinensis?*) était destinée à l'enlèvement des cadavres, ou des corps à demi morts.

les généreux confesseurs se levèrent d'eux-mêmes pour se rendre à l'endroit que l'assemblée désignait. Toutefois ils s'embrassèrent pour achever le martyre par l'acte solennel de la *paix*[1]. Là, immobiles, ils reçurent en silence le coup mortel; seule, Perpétue, comme si Dieu n'eût pas voulu qu'elle fût entièrement exempte de douleur, poussa un cri lorsqu'elle sentit la pointe pénétrer entre ses côtes; et, conduisant la main maladroite du gladiateur, elle dirigea l'épée vers son cou. Après ce jour, qui consacra à jamais le 7 mars pour l'Afrique, et même pour tout le monde chrétien, les bienheureux corps de ces courageux athlètes furent sans doute rachetés par les fidèles; car leur sépulcre subsista longtemps à Carthage avec une insigne basilique que Victor de Vite appelle la *Grande*, et qui était dédiée sous le nom de sainte Perpétue. Que les deux saintes martyres Perpétue et Félicité, avec leurs compagnons, aient reçu dans l'Église un culte universel dès les premiers temps, c'est ce que montre leur *mémoire* dans le canon de la messe et dans un ancien calendrier romain. Les actes de leur martyre, que nous avons encore, sont des plus authentiques; et écrits par un contemporain qui, probablement, avait assisté à leur glorieux combat. Du moins semble-t-il indubitable que saint Fulgence, saint Augustin et Tertullien même les avaient sous les yeux.

La même année (202) ou l'année suivante, Carthage vit décapiter la vierge Juddène, que le proconsul Rufin[2] avait étendue quatre fois sur le chevalet et déchirée avec les ongles de fer, pour ne rien dire des longues misères de la prison. Il faut que le corps de cette martyre ait reçu la sépulture dans la basilique

---

[1] La *paix*, que l'on donne encore à baiser au peuple dans les messes solennelles, est un reste de l'embrassement général qui précédait la communion dans ce temps-là, et dont l'usage a duré fort longtemps dans l'Église. Il est assez probable que le *Pax* (*in pace*, etc.) si fréquent dans les inscriptions chrétiennes des premiers siècles, faisait parfois allusion à ce beau rite de la liturgie; en indiquant que le défunt avait vécu dans la communion de l'Église.

[2] Rufin succédait à Hilarianus, qui n'avait eu que le titre de *procurator*.

de Sainte-Perpétue, puisque saint Augustin dit que la fête de sainte Juddène se célébrait dans cette église. C'est sans doute aussi sous le proconsulat de Rufin qu'aura eu lieu le martyre de saint Pudens, qui doit être ce même soldat nommé comme gardien des prisons dans les actes de sainte Perpétue, et dont les confesseurs eurent à se louer. Assurément, en retour de ses bons offices, les saints martyrs lui obtinrent cette récompense qu'après avoir reçu leurs instructions, il allât les rejoindre dans la même gloire. Vers ce temps l'Église d'Afrique compta d'autres martyrs illustres, parmi lesquels il faut nommer les saints Castus et Æmilius. Ceux-ci avaient à la vérité succombé dans une première épreuve, mais à une seconde ils remportèrent la victoire et méritèrent d'être vantés par saint Cyprien et saint Augustin. Saint Cyprien, dans son éloge du confesseur Célérinus (cf. *infra*, p. 284), cite parmi ses ancêtres son aïeule Célérina, qui avait reçu aussi la couronne du martyre, son oncle paternel Laurent, et son oncle maternel Egnatius. Ces deux derniers avaient porté les armes avant de triompher du démon par la confession de Jésus-Christ; et avaient mérité la palme en donnant leur vie pour l'Évangile.

Le proconsul Q. Flavius Scapula, probablement successeur de Rufin, exerça contre les chrétiens des cruautés encore plus grandes que n'avaient fait ses devanciers. Tertullien, dans l'écrit qu'il adresse à ce magistrat, nous apprend qu'il avait livré aux bêtes Mavilus d'Adrumète, et qu'ensuite sa coutume la plus ordinaire était de condamner les chrétiens au feu. Si bien qu'on les avait surnommés *Sarmentaires* (Sarmentarii) et *Semaxii*, parce que, liés à un pieu comme à un demi-axe[1] et en-

---

[1] Le traducteur doit avouer ici que, malgré les notes des éditeurs de Tertullien, le sens de cette expression lui échappe. Un mot de l'habile antiquaire qui la transportait dans son opuscule italien eût sans doute réussi à l'éclaircir. Faute de cette interprétation, je crains que le *semaxius* (ou, si l'on veut, *semassius*) du peuple de Carthage n'embarrasse quelque autre aussi bien que moi. Cela voudrait-il dire, peut-être (à cause du grand nombre d'exécutions), qu'un seul chrétien ne valait pas la peine d'employer un poteau, mais qu'il fallait la paire pour mériter cette dépense?

vironnés de sarments, ils étaient livrés en proie aux flammes.

La magnanimité de ces glorieux martyrs obtint de Dieu une longue paix à l'Église d'Afrique. Mais, au milieu de bien des vertus qui fleurissaient durant le calme, la tranquillité achetée si cher assoupit bien des âmes; en sorte que de nouveaux assauts trouvèrent plus d'un cœur faible.

C'était dans le courant de l'année 250 que furent portés en Afrique les édits où l'empereur Dèce déclarait une guerre acharnée au christianisme; et dès qu'ils furent promulgués, les païens faisant éclater leur haine contre les chrétiens, mirent la main sur les principaux d'entre eux. A Carthage, la fureur était comme de mode; le peuple, réuni dans le cirque ou dans l'amphithéâtre, s'écriait en tumulte que Cyprien devait avant tout être exposé aux lions, comme occupant la première dignité dans l'Église et exerçant la principale influence. Le saint pasteur, averti par une vision des rigueurs qui menaçaient les siens, l'avait fait connaître aux fidèles. Jugeant donc que dans une si grande animosité sa présence activerait le feu de la persécution, il suivit le conseil évangélique et se retira hors de la ville pour laisser se calmer les passions populaires.

Mais de la retraite où il se tenait caché il n'en était pas moins présent à son Église, et dévoué à tous les soins que réclamait de lui l'épiscopat. Rien ne lui échappait, il pourvoyait à tout : son grand cœur ne voulait pas que les pauvres eussent rien à souffrir des préoccupations qui menaçaient de l'absorber, en se multipliant ou s'aggravant chaque jour. Il recommande qu'on s'enquière du sort de chacun de ceux qui souffraient, et prend soin que l'on ne puisse prétexter le manque de fonds[1]. Quant à ceux qui languissent dans les

---

[1] Cyprian., *Epist.*, 36 : « Viduarum et infirmorum et omnium pauperum curam peto diligenter habeatis. Sed et peregrinis, si qui indigentes fuerint, sumptus suggeratis de quantitate mea propria quam apud Rogatianum compresbyterum nostrum dimisi. Quæ quantitas ne forte jam universa erogata sit, misi eidem per Naricum acolytum aliam portionem, ut largius et promptius circa laborantes fiat operatio. »

fers, son plus vif regret est de ne pouvoir les consoler lui-même, mais il veut pouvoir espérer qu'ils n'y perdront rien[1]. Il se rend le témoignage de sa constante sollicitude pour les divers besoins de son peuple, dans une lettre au clergé romain pendant que le saint siége était vacant[2]. La sagesse et l'activité de saint Cyprien portèrent leurs fruits, jusque-là qu'un bon nombre de fidèles méprisèrent la mort pour mériter la récompense céleste. Ce n'est pas que bien d'autres ne se fussent laissé abattre dès les premiers instants par les rigueurs de la persécution; et comment dire, ou même égaler par la pensée, l'affliction du saint pasteur, qui du fond de sa retraite priait Dieu jour et nuit dans les larmes ! A la vérité, les prêtres qu'il avait laissés pour diriger son Église, tempérèrent l'amertume de ces nouvelles par d'autres plus consolantes. Dès les premières recherches faites à Carthage contre les chrétiens, le prêtre Rogatien fut pris avec Félicissime, et tous deux jetés en prison après une profession de foi courageuse. Nombre d'autres leur furent adjoints bientôt, entre lesquels se trouvaient des femmes et des enfants; et saint Cyprien voulut les féliciter par écrit, leur recommandant de suivre en tout Rogatien et Félicissime.

Le proconsul Fortunatien, qui venait de rentrer à Carthage, se fit amener les confesseurs de la foi. Ils formaient comme une troupe, et tous devant le magistrat, se déclarèrent chrétiens sans broncher. On en fit reconduire quelques-uns en prison pour

[1] *Epist.* xxxvii : « Utinam loci et gradus mei conditio permitteret ut ipse nunc præsens esse possem! Promptus et libens solemni ministerio cuncta circa fortissimos fratres nostros dilectionis officia complerem. Sed officium meum vestra, quæso, diligentia repræsentet; et faciat omnia quæ fieri oportet circa eos quos in talibus meritis... illustravit divina dignatio. »

[2] *Epist.* xiv : « Absens tamen corpore, nec spiritu, nec actu nec monitis meis defui, quominus secundum Domini præcepta fratribus nostris, in quibus possem, mea mediocritate consulerem; et quid egerim loquuntur vobis epistolæ pro temporibus emissæ, numero tredecim, quas ad vos transmisi : in quibus nec clero consilium, nec confessoribus exhortatio; nec extorribus, quando oportuit, objurgatio; nec universæ fraternitati ad deprecandam Dei misericordiam adlocutio et persuasio nostra defuit; quantum secundum legem fidei et timorem Dei, Domino suggerente, nostra mediocritas potuit eniti. »

attendre la sentence, le reste fut condamné à l'exil et aux travaux de la campagne. Soixante-cinq d'entre eux, transportés à Rome, furent accueillis charitablement par deux chrétiennes nées en Afrique, ce semble, Candida et Numeria : qui s'étaient rendues au-devant d'eux jusqu'à Ostie, pour leur rendre tous les bons offices dont ils pourraient avoir besoin. Ces femmes avaient eu le malheur de céder à la crainte des supplices ; et bientôt pénétrées de repentir, elles s'efforçaient d'expier leur faiblesse et de mériter la réconciliation par les services rendus à ceux qui souffraient pour l'Évangile[1]. Ce n'était pas seulement une pratique de charité ou de religion, mais un moyen de réhabilitation prochaine, dont nous savons que l'on abusa en Afrique (cf. *supra*, p. 85, sv.); comme il arrive presque inévitablement de tout ce que manient les hommes.

Parmi ces exilés se trouvait Aurèle, encore enfant, dont plus tard saint Cyprien voulut récompenser le mérite en l'ordonnant lecteur[2]; et Statius, qui paraît avoir souffert le martyre à Rome.

[1] Ce'erini epist., inter Cyprian. XX.

[2] Les *lecteurs* et les *acolytes*, initiés inférieurs à la cléricature, remplissaient dans la liturgie des fonctions assez semblables à celles de nos enfants de chœur, au moins pour le chant. Victor de Vite (lib. I, 15) raconte que sous le règne de Genséric dans une église envahie par les ariens à main armée, un lecteur eut le gosier percé d'une flèche tandis qu'il chantait l'*alleluia* sur l'estrade (*pulpitum*) : « Et tunc forte, audiente et canente populo Dei, lector unus in pulpito sistens alleluiaticum melos canebat. Quo tempore sagitta in gutture jaculatus, cadente de manibus codice, mortuus post cecidit ipse. » Etc. Ce récit touchant nous est rappelé chaque année par le martyrologe romain, le 5 avril.

En annonçant au peuple et au clergé de Carthage la détermination qu'il a prise au sujet d'Aurèle (*Epist.* xxxiii), saint Cyprien semble se laisser aller à quelques souvenirs de cette rhétorique qui abondait un peu trop dans ses premiers écrits. Mais il faut convenir qu'ici les *figures* littéraires amènent des leçons et des pensées qui font aisément oublier l'artifice oratoire : « Merebatur talis clericæ ordinationis ulteriores gradus et incrementa majora, non de annis suis, sed de meritis æstimandus ; sed interim placuit ut ab officio lectionis incipiat. Quia et nihil magis congruit voci quæ Dominum gloriosa prædicatione confessa est, quam celebrandis divinis lectionibus personare ; post verba sublimia quæ Christi martyrium prolocuta sunt, evangelium Christi legere unde martyres fiunt ; ad pulpitum post catastam venire ; illic fuisse conspicuum gentium multitudini, hic a fratribus conspici ; illic auditum esse cum miraculo circumstantis populi, hic cum gaudio fraternitatis audiri. Hunc igitur... a me et collegis qui præsentes aderant ordinatum sciatis, quod vos scio et libenter amplecti et optare tales in Ecclesia nostra quamplurimos ordinari. »

On y voyait aussi Félix, prêtre; Victoria, qui avait été sa femme, et Lucius. Tous les trois avaient d'abord honteusement apostasié. Mais, dans un nouvel interrogatoire, ils protestèrent adorer Jésus-Christ; et pour cette rétractation glorieuse, dépouillés de ce qu'ils possédaient, chassés en exil, ils eurent la consolation d'être reçus dans la communion de l'Église. Une femme nommée Bona, fut traînée par son propre mari devant les idoles pour leur sacrifier. On lui tenait les mains de vive force pendant le sacrifice, mais elle s'écria hautement : « Ce n'est pas moi qui le fais, c'est vous. » Elle partagea l'exil des autres.

La persécution avait débuté par la perte des biens, l'exil et les fers; au mois d'avril, ce fut du sang. Mappalicus, dont le nom est inscrit dans les fastes de l'Église, paraît être le premier qui ait alors donné sa vie pour l'Évangile [1]. Il expira dans les tourments; et avait eu pour compagnons Paulus qui mourut des suites du supplice, Bassus qui rendit l'esprit pendant qu'on le retenait dans les ceps (*pedarium* ou *nervus*); et Fortunion qui, ramené dans la prison, ne survécut guère à ses tortures. Il y eut encore Fortunata, Victorin, Victor, Herennius, Credula, Herena, Donat, Firmus, Venustus, Fructus, Julia, Martial et Ariston, qu'on laissa tous périr de faim dans le cachot. Saint Cyprien fait leur éloge dans sa lettre aux martyrs et aux confesseurs qui, encore en vie, attendaient une fin semblable[2]. Par ordre de ce grand évêque, le clergé recueillit et ensevelit les saints corps des martyrs et des confesseurs morts dans la prison, et il

---

[1] Saint Cyprien dit de lui, en s'adressant aux martyrs et aux confesseurs : (*Epist.* viii) : « Vox plena Spiritu sancto de martyris ore prorupit, quum Mappalicus beatissimus inter cruciatus suos proconsuli diceret: Videbis cras agonem. Et quod ille cum virtutis et fidei testimonio dixit, Dominus implevit. Agon cælestis exhibitus, et Dei servus in agonis promissi certamine coronatus est. »

[2] *Epist.* xxi : « Probata res est certamine fratrum glorioso, qui ad tormenta vincenda ceteris duces facti, exemplum virtutis ac fidei præbuerunt, congressi in acie donec acies succumberet victa. Quibus ergo vos laudibus prædicem, fortissimi fratres! Robur pectoris vestri, et perseverantiam fidei quo præconio exornem! Tolerastis, usque ad consummationem gloriæ, durissimam quæstionem; nec cessistis suppliciis, sed vobis potius supplicia cesserunt; finem doloribus, quem tormenta non dabant, coronæ dederunt. »

fut tenu note du jour où chacun d'eux avait rendu son âme à Dieu. D'autres martyrs que l'Afrique donna cette année à l'Église sont indiqués dans la lettre de saint Cyprien à son clergé; il veut que, toute loi ordinaire mise de côté et par manière d'acheminement à une distinction plus haute, le confesseur Numidicus prenne place parmi les prêtres de Carthage, à cause de l'éclatant témoignage qu'il a rendu à Jésus-Christ[1]. Numidicus, par ses exhortations et son exemple, avait envoyé au ciel une multitude de martyrs tués sous les pierres ou par les flammes; et il avait vu d'un œil serein mourir sa propre femme au milieu du feu. Lui-même, à demi brûlé et laissé pour mort sous un tas de pierres, avait été retiré par sa fille qui n'espérait plus retrouver qu'un cadavre. Ranimé par des soins affectueux, il fut le seul d'une grande troupe qui conservât la vie. Cyprien, tenant à grand honneur pour son Église de compter dans son clergé des héros de la foi, profita de la présence de quelques prêtres qui avaient été le trouver dans son asile; et, en leur présence, il ordonna lecteurs les deux confesseurs Aurèle et Celerinus. Il a été question du premier (*supra* p. 284), que le saint évêque comble d'admirables éloges[2]. Celerinus, qui comptait

[1] *Epist.* xxxv : « Nuntiandum vobis fuit... quod pertineat et ad communem lætitiam, et ad Ecclesiæ nostræ maximam gloriam. Nam admonitos nos et instructos sciatis dignatione divina ut Numidicus presbyter adscribatur presbyterorum carthaginiensium numero et nobiscum sedeat in clero, luce clarissima confessionis illustris et virtutis ac fidei honore sublimis. Qui hortatu suo copiosum martyrum numerum, lapidibus et flammis necatum, ante se misit; quique uxorem adhærentem lateri suo concrematam simul cum ceteris, conservatam magis dixerim, lætus aspexit. Ipse, semiustulatus et lapidibus obrutus et pro mortuo derelictus, dum postmodum filia sollicito pietatis obsequio cadaver patris inquirit, semianimis inventus et extractus et refocillatus, a comitibus quos ipse præmiserat remansit invictus (*invitus*?). Sed remanendi, ut videmus, hæc fuit causa ut eum clero nostro Dominus adjungeret; et desolatam, per lapsum quorumdam presbyterorum nostrorum, copiam gloriosis sacerdotibus adornaret. Et promovebitur quidem, quum Deus permiserit, ad ampliorem locum regionis suæ quando in præsentiam, protegente Domino, venerimus. ». Etc.

[2] *Epist.* xxxiii : « Illustris adolescens, a Deo jam probatus et Deo carus, in annis adhuc novellus, sed in virtutibus ac fidei laude provectus; minor in ætatis suæ indole, sed major in honore, gemino hic agone certavit. Bis confessus et bis confessionis suæ victoria gloriosus : et quando vicit in cursu factus

trois martyrs parmi ses ancêtres (cf. *supra*, p. 278), avait été pris à Rome; là, durant dix-neuf jours, il avait été soumis au tourment du *nervus;* et rendu à la liberté, peut-être à cause de son jeune âge, il gardait encore, dit Cyprien, les honorables cicatrices qui témoignaient sa confession[1]. En leur conférant les *ordres mineurs*, comme nous parlons encore aujourd'hui, le saint se proposait de les élever plus tard à la prêtrise[2]. L'histoire ne nous dit point ce qu'il en est arrivé.

Lorsqu'en 252 les Africains reçurent l'édit de Trébonianus Gallus contre les chrétiens, le cri : *Cyprien aux lions!* remplit encore le cirque. Dans ce péril, le saint convoquant ce qu'il pou-

---

extorris, et quum divino certamine fortiore pugnavit, triumphator et victor in prælio passionis. »

[1] *Epist.* xxxiv :« Lucent in corpore glorioso clara vulnerum signa, eminent et apparent in nervis hominis ac membris longa tabe consumptis expressa vestigia... In servo Dei victoriam gloria vulnerum fecit, gloriam cicatricum memoria custodit. Nec rudis iste aut novus est in Celerino carissimo nostro titulus gloriarum. Per vestigia cognationis suæ graditur, parentibus ac propinquis honore consimili divinæ dignationis æquatur. Avia ejus Celerina jampridem martyrio coronata est. Item patruus ejus et avunculus, Laurentius et Egnatius, in castris et ipsi quondam sæcularibus militantes, sed veri et spiritales Dei milites; dum diabolum Christi confessione prosternunt, palmas a Domino et coronas illustri passione meruerunt. Sacrificia pro eis semper, ut meministis, offerimus quoties martyrum passiones et dies anniversaria commemoratione celebramus. Nec degener ergo esse, nec minor poterat quem sic domesticis exemplis virtutis ac fidei provocabat familiæ dignitas et generosa nobilitas. Quod si in familia sæculari, prædicationis et laudis est esse patricium, quanto majoris laudis et honoris est fieri in cœlesti prædicatione generosum! » Etc.

[2] *Ibid.* « Hunc... quid aliud quam super pulpitum, id est super tribunal Ecclesiæ, oportebat imponi? ut loci altioris celsitate subnixus, et plebi universæ pro honoris sui claritate conspicuus, legat præcepta et Evangelium Domini quæ fortiter ac fideliter sequitur. Vox Dominum confessa, in his quotidie quæ Dominus locutus est audiatur... Nihil est in quo magis confessor fratribus prosit quam ut dum evangelica lectio de ore ejus auditur, lectoris fidem quisquis audierit imitetur.

« Jungendus in lectione Aurelio fuerat, cum quo et divini honoris societate conjunctus est, cum quo omnibus virtutis et laudis insignibus copulatus est. Pares ambo, et uterque consimiles; in quantum gloria sublimes, in tantum verecundia humiles;... et congressioni et paci congruentes; illic robore, hic pudore laudabiles... Hos tamen lectores interim constitutos sciatis, quia oportebat lucernam super candelabrum poni... Ceterum presbyterii honorem designasse nos illis jam sciatis, ut et sportulis iisdem cum presbyteris honorentur..... sessuri nobiscum provectis et corroboratis annis suis, » etc.

vait trouver d'évêques (et il y en eut quarante-deux), délibéra sur la manière de réconcilier à l'Église les *tombés* (ou *faillis*), et de soutenir énergiquement les fidèles dans la lutte qui se préparait [1]. Ne perdons pas de vue qu'au milieu de ces sollicitudes qui ne diminuaient en rien sa douceur, Cyprien était encore en butte aux intrigues des novatiens : dont les menées tendaient à répandre le schisme en Afrique, et à faire accepter par les Carthaginois un autre évêque. L'année d'après, la persécution prit un caractère tout spécial d'âpreté sous Demetrianus, dont nous ne savons s'il était proconsul ou seulement assesseur du proconsul. Saint Cyprien le peint comme un homme qui semblait prendre plaisir aux tortures les plus cruelles et aux inventions recherchées en ce genre [2]; mais nous n'avons plus aucun récit bien authentique qui ait transmis les détails de cette persécution terrible.

Saint Cyprien, demandé par deux fois dans l'arène par le peuple de Carthage, et qui de vive voix ou par écrit, avait animé tant de confesseurs aux combats de Jésus-Christ, devait enfin lui-même donner l'exemple du courage dans la persécution des empereurs Valérien et Gallien. Le proconsul Aspasius Paternus, venant de recevoir l'édit qui condamnait à l'exil les ennemis de la religion impériale, se fit amener le saint pontife. C'était le 30 août de l'an 257. Cyprien, auquel on demandait son nom, répondit : « Je suis chrétien et évêque ; je ne connais d'autres dieux qu'un seul vrai Dieu qui a fait le ciel, la terre, la mer et tout ce qu'ils renferment ; c'est ce Dieu que nous servons, nous autres chrétiens ; lui que nous prions jour et nuit pour

---

[1] Cyprian., *Epist.* LIV : « Quos excitamus et hortamur ad prælium, non inermes et nudos relinquamus; sed protectione corporis et sanguinis Christi muniamus. »

[2] *Id. ad Demetrian.* « Innoxios, justos, Deo caros domo privas; patrimonio spolias, catenis premis, carcere includis; gladio, bestiis, ignibus punis; nec saltem contentus es dolorum nostrorum compendio et simplici ac veloci brevitate pœnarum, admoves laniendis corporibus longa tormenta, multiplicas lacerandis visceribus numerosa supplicia, nec feritas atque immanitas tua usitatis potest contenta esse tormentis; excogitat novas pœnas ingeniosa crudelitas. »

nous, pour tous les hommes, et pour le salut des empereurs eux-mêmes. » Interrogé par le proconsul s'il prétendait s'en tenir à cette résolution, il lui dit : « La bonne volonté qui vient de Dieu ne se peut changer. » Paternus, sachant bien qu'il avait affaire à un homme décidé, ne le pressa pas davantage. « Peux-tu au moins, dit-il, selon l'ordre de Valérien et de Gallien, t'en aller en exil dans la ville de Curubis? — Je vais m'y rendre. »

Le proconsul fit observer qu'il avait des ordres contre les prêtres aussi : « Je veux donc, dit-il, savoir de toi quels sont les prêtres qui demeurent dans cette ville. — Vos lois, répondit saint Cyprien, ont très-sagement pourvu à ce qu'il n'y eût point de délateur; ainsi je ne dois pas découvrir ni dénoncer les prêtres, on les trouvera dans leurs villes. » Le proconsul insista, disant : « Et moi, aujourd'hui, en ce lieu, je te requiers de me les désigner. — Notre enseignement ne veut point que l'on s'offre volontairement, dit saint Cyprien, et ta propre censure (les précédents même de ton tribunal)? repousse cette procédure sommaire; ils ne peuvent donc se présenter à toi, mais si tu les recherches ils se pourront trouver. » Paternus, arrêté par ces réponses, déclara qu'il saurait bien mettre la main sur ces prêtres; ajoutant que d'autres édits des empereurs défendaient les conciliabules et l'entrée des cimetières, sous peine de la tête pour qui oserait désobéir : « Fais ce qui t'est commandé, » repartit saint Cyprien; et, par ordre du proconsul, il fut déporté en exil à Curubis (*Gourba*), ville située sur le promontoire de Mercure (le *cap Bon*).

La première nuit que Cyprien passa dans ce lieu d'exil, où il était arrivé le 16 de septembre, il reçut dans une vision l'assurance du martyre. « Je n'étais pas encore endormi, racontait-il à ses compagnons, lorsqu'il m'apparut un jeune homme d'une très-haute taille qui me conduisait au prétoire; et je me trouvai devant le proconsul. Celui-ci, m'apercevant, se mit à écrire sur la tablette une sentence que j'ignore, nul interrogatoire n'ayant eu lieu. Mais le jeune homme, qui était placé derrière le magistrat, lisait avec grande attention ce qui était écrit sur la tablette; et, ne pouvant me faire connaître de vive voix le contenu, il me l'indiquait par des signes. La main étendue horizontalement à la façon d'une épée, et imitant le coup de tranchant comme pour décapiter un homme, il me rendait fort bien sa pensée comme s'il eût employé des paroles; je compris donc que je serais condamné à mort. Je demandai immédiatement avec prières que l'on m'accordât quelque délai, ne fût-ce que d'un seul jour, pour mettre ordre à mes affaires; et sur la réitération de cette requête, le juge se mit à écrire je ne sais quoi sur sa tablette. Je voyais cependant, au calme de son visage, que son esprit appréciait la justice de ma demande; et ce jeune homme toujours à la même place, s'empressa, croisant les doigts, de me faire savoir que l'exécution était différée au jour suivant [1]. Bien que la sentence n'eût pas été prononcée, et que je me sentisse heureux d'avoir obtenu le délai demandé, l'appréhension de n'avoir pas bien compris m'agitait au point que mon cœur battait bien fort. »

L'événement montra que cette journée accordée pour mettre ordre à ses affaires, était réellement une *année* : au bout de laquelle, précisément le 16 septembre aussi, son glorieux martyre fut consommé. En attendant, le confesseur Nemesianus écrivant au nom de tous ses compagnons, félicitait ainsi le saint pasteur : « Voilà donc nos vœux accomplis! puisque nous voyons

---

[1] Le texte dit : *contortis post invicem digitis;* expression un peu vague pour qui voudrait se rendre bien compte du geste. Y avait-il là un des signes de l'*arithmétique digitale* combiné avec ce langage des gestes que le P. Requeño cherchait à retrouver dans son livre sur la chironomie, et l'érudit De Jorio dans sa *Mimique des anciens?* Matière à discussions qui pourraient mener fort loin, sans que je fusse bien sûr de satisfaire et surtout de convaincre les curieux. Serait-ce néanmoins hasarder beaucoup, que de vouloir faire reconnaître ici le geste d'entrave (*manibus pectinatis*) ou d'arrêt à une action qui s'achemine. D'habiles antiquaires ont cru le retrouver plusieurs fois dans les monuments grecs et romains; mais d'ordinaire ils ne lui attribuent que la prétention d'apporter obstacle à un accouchement. Si ma conjecture passait, il faudrait donc élargir l'interprétation communément donnée à ce signe.

notre guide et notre père arrivé à la couronne d'une confession magnanime. Vous avez, en bon et véritable maître, prononcé le premier à la face du proconsul, les paroles que vos disciples doivent redire ensuite devant le tribunal. Vous avez sonné la trompette pour exciter au combat les soldats du Seigneur revêtus de l'armure céleste; combattant au premier rang, vous avez frappé du glaive spirituel; rangeant de la voix les files de vos frères, vous leur avez fait charger l'ennemi, qui est battu et culbuté. »

Durant l'exil de saint Cyprien, les magistrats se faisaient amener à Carthage et ailleurs, les évêques, les prêtres et les diacres; et, dès qu'ils s'étaient déclarés chrétiens, on les condamnait aux travaux forcés dans les carrières de ce marbre numidique dont il est à Rome tant de colonnes. (Cf. *supra*, p. 102; note 2.) Saint Cyprien a conservé le nom de plusieurs d'entre eux dans sa lettre aux évêques de Numidie. Ce sont les évêques Nemesianus, Félix, Lucius, un autre Félix, Licteus, Pollianus, Victor, Jader[1], et Dativus; avec des prêtres, des diacres et d'autres, rassemblés dans les carrières (ou les mines). Le langage de Cyprien avait de quoi soulager leurs maux, en leur faisant élever les yeux vers la gloire et le bonheur qui les attendaient au ciel pour toujours. L'exemple et la vertu des pasteurs avaient entraîné bon nombre des simples fidèles, comme nous le voyons par la lettre de Cyprien aux confesseurs détenus dans les carrières ou les mines de Sigus (près de *Gouça*) en Numidie[2].

---

[1] *Jader* ou *Judir*, nom qui reparaît dans une inscription chrétienne découverte en Algérie depuis l'occupation française, est un mot punique dont le sens serait, selon Gesenius (*Ph. monum.*, p. 408), *quem-Deus-amplificat*. On pourrait aussi le dériver de l'hébreu *Iathir* (eximius, excelsus) entre autres suppositions probables.

[2] Cypr. *Epist.* LXXVII : « Exemplum vestrum secuta multiplex plebis portio, confessa est vobiscum pariter, et pariter coronata est; connexa vobis fortissimæ charitatis vinculo, et a præpositis suis nec carcere nec metallis separata. Cujus numero nec virgines desunt, quibus ad sexagenarium fructum centenus accessit; quasque ad cœlestem coronam gloria gemina provexit. In pueris quoque

DES PERSÉCUTIONS PAÏENNES.

Le proconsul Galère Maxime, successeur d'Aspasius Paternus, étant arrivé à Carthage, fit revenir Cyprien de Curube où on l'avait relégué; et lui donna ordre de se tenir près de la capitale dans une maison de campagne dont le saint s'était défait dès le temps où il avait embrassé le christianisme, mais peut-être l'avait-il rachetée depuis lors. Là, en manière de prisonnier sur parole, il pouvait chaque jour recevoir des nouvelles de son Église; et, comme il désirait beaucoup savoir ce qui se passait

---

virtus major ætate, annos suos confessionis laude transcendit; ut martyrii vestri beatum gregem et sexus et ætas omnis ornaret. »

Dans le *centuple* et le *produit au soixantième* (60 pour 1), par où l'évêque de Carthage désigne le mérite du martyre ou de la *confession* joint à celui de la virginité, il est aisé de reconnaître une allusion à la parabole du semeur (Matth., XIII, 1-8). C'est un langage familier aux saints Pères, et dont l'empreinte se conserve encore bien visiblement dans l'hymne de saint Jean-Baptiste (24 juin) :

« Serta ter denis alios coronant
Aucta crementis, duplicata quosdam;
Trina centeno cumulata fructu
Te, sacer, ornant
(ou : Trina, te, fructu cumulata centum
Nexibus ornant). »

Mais, pour rendre raison de ce mysticisme par le menu, il faudrait remonter à l'origine des signes dont l'usage habituel y est supposé; par conséquent exposer une coutume antique dont le détail conduirait cette note à devenir un mémoire. Toutefois, pour ne pas frustrer entièrement les curiosités raisonnables, introduisons saint Jérôme (*Epist. ad Pammachium*) qui pourra montrer les traces de l'*ancien calcul sur les doigts*, d'où part primitivement tout ceci : « Centesimus et sexagesimus et tricesimus fructus, quamquam de una terra et de una semente nascatur, tamen multum differt in numero. Triginta referuntur ad nuptias, quia et ipsa digitorum conjunctio quasi molli osculo se complexans et fœderans, maritum pingit et conjugem. Sexaginta vero ad viduas, ideo quod in angustia et tribulatione sint positæ. Unde et superiori digito deprimuntur, quia quanto major est difficultas expertæ quondam voluptatis illecebris obstinere, tanto majus et præmium. Porro numerus centesimus, quæso, diligenter, lector, attende, de sinistra transfertur ad dexteram; et iisdem quidem digitis, sed non in eadem manu, quibus in læva nuptæ significantur et viduæ, circulum faciens exprimit virginitatis coronam. » — Cf. *Id.*, *epist. ad Ageruchiam*.

Le savant géomètre M. Chasles, si bien renseigné sur les anciennes méthodes mathématiques, rappelle ce procédé de numération dans les *Comptes rendus de l'Académie des sciences* (1843); mais les héritiers immédiats de l'antiquité en ont laissé le détail çà et là. De sorte qu'on pourra le recomposer de toutes pièces avec des témoignages authentiques, si l'on veut prendre cette peine. Ici, nous n'avions qu'à constater son application mystique, qui avait de quoi faire broncher plus d'un lecteur moderne.

à Rome et en quel état s'y trouvaient les affaires des chrétiens, il rencontra sans peine un homme sûr qui fit le voyage et lui en apporta promptement des nouvelles assurées. Le saint les communiqua immédiatement au clergé d'Afrique, dont l'inquiétude était grande au milieu de ces dangers toujours suspendus sur les têtes : « Sachez, écrivait-il, qu'un rescrit de Valérien au sénat ordonne la condamnation immédiate des évêques, des prêtres et des diacres ; les sénateurs, les *viri egregii*[1], et les chevaliers romains perdront leurs biens avec leur rang, et, s'ils persévèrent à vouloir être chrétiens, ils encourent la peine capitale ; les dames seront dépouillées de leurs richesses et envoyées en exil. Parmi les *cæsariani*[2], quiconque aura confessé la foi ou sera disposé à le faire, ses biens doivent être confisqués ; et lui-même, enchaîné, sera employé aux travaux des terres impériales. Le pape Sixte (saint Sixte II) a été décapité le 6 août dans le cimetière[3], et quatre diacres avec lui ; les préfets de Rome pressent chaque jour la persécution, condamnant à mort tout ce qu'on leur amène des nôtres, et confisquant les biens. L'empereur Valérien a écrit aux gouverneurs des provinces qui nous entourent, et nous attendons chaque jour l'arrivée de ces lettres. La foi nous fait tenir prêts à souffrir, comptant pour la couronne sur l'aide et la bonté du Seigneur. »

[1] On donnait le titre de *vir egregius* (notable, ou homme distingué) aux principaux personnages de la cité. D'anciens services dans le palais impérial ou dans l'administration d'une province, conféraient aussi comme de plein droit, l'entrée dans la classe sociale nommée *egregiatus* (Cf. *supra*, p. 159, note 2).

[2] Les mots *cæsariani*, *cæsarienses*, *catholiciani*, désignaient les officiers du procurateur impérial qui avaient quelque emploi administratif dans les provinces.

[3] Les cimetières chrétiens étant alors un refuge pour la célébration secrète de la liturgie, on voit souvent à ces époques que les papes y vivaient en cachette ; afin d'être à la disposition des fidèles, tout en se dérobant aux persécuteurs. L'abri une fois découvert, on en cherchait un autre jusqu'à ce que vînt le jour de la liberté achetée par tant d'angoisses. Ces anciens cimetières de Rome chrétienne portent tantôt le nom des fondateurs ou donateurs, tantôt celui de quelque illustre martyr dont les restes y ont été déposés.

C'est saint Sixte II qui avait saint Laurent pour diacre ; et le cimetière dont parle saint Cyprien est peut-être celui de *Calliste*, où l'on dit que ce pape avait fait déposer les corps de saint Pierre et de saint Paul.

Cependant le proconsul Galère se rendit à Utique pour y commencer les exécutions contre les chrétiens. Cyprien, sachant que des dépêches devaient apporter l'ordre de le conduire à Utique, prit l'avis de ses plus chers conseillers; et quitta la maison de campagne où il était relégué, pour chercher un asile d'où il pût veiller de plus près au besoin de son Église. Il annonce cette détermination dans sa dernière lettre pastorale: il entendait mourir à Carthage, et non ailleurs [1]. Dans l'impossibilité de mettre la main sur le principal évêque d'Afrique, le proconsul ne voulut pas rester à Utique sans rien faire. Trois cents chrétiens se trouvaient là incarcérés, plusieurs amenés des villes voisines, et de Carthage surtout. Voici comme leur mort est peinte par l'auteur d'un sermon longtemps attribué à saint Augustin : « Le vieillard, cassé par les ans, n'écarta point sa tête tremblante; la vieille, doublement faible par le sexe et par l'âge, ne chercha pas à éviter la main du bourreau teint de sang; on ne vit point le jeune homme détourné de la couronne par le riant avenir de l'adolescence; etc. » Ces trois cents martyrs furent désignés sous le nom de la *masse blanche;* et, dans un discours prononcé le jour de leur fête, saint Augustin dit que leur multitude les a fait appeler *massa*, et que *candida* indique leur innocence et leur courage. Prudence rapporte d'après autrui, que, placés entre un autel des idoles et une vaste cavité pleine de chaux fumante; sur l'ordre de choisir, ils prirent spontanément leur élan et se précipitèrent dans la chaux qui les ensevelit tout vivants. Mais Morcelli, frappé du silence de saint Augustin sur une particularité si grave, croit pouvoir attribuer l'origine de ce récit à ce que leurs cadavres auront été

---

[1] « Quodcumque enim sub illo confessionis momento confessor episcopus loquitur, aspirante Deo, ore omnium loquitur, cæterum mutilabitur honor Ecclesiæ nostræ tam gloriosæ, si ego episcopus, alterius Ecclesiæ præpositus, accepta apud Uticam super confessione sententia, exinde martyr ad Dominum proficiscar : quando quidem ego et pro me et pro vobis, apud vos confiteri et ibi pati, et exinde ad Dominum proficisci orationibus continuis deprecer et votis omnibus exoptem et debeam. »

jetés dans la chaux pour y être réduits plus promptement. Les Églises d'Afrique conservèrent longtemps la mémoire de cette troupe illustre, et l'Église romaine en fait une mention glorieuse le 24 juillet.

Le proconsul, quittant Utique après ces cruautés, s'en alla pour motif de santé, à la campagne de Sextus (*Ager Sexti*) dans les environs de Carthage; et Cyprien se mit en devoir de revenir sans délai à la maison qu'il occupait précédemment. Des personnages de la première noblesse allèrent le trouver pour l'engager à disparaître de nouveau, et lui offraient des retraites sûres; mais, tout occupé du ciel, il ne se souciait plus du monde, et refusa ces conseils de l'amitié. Il ne songeait donc plus qu'à hâter par ses désirs la fin de sa vie mortelle, tout ravi de voir approcher le moment qui briserait les liens de son corps pour l'introduire dans la patrie céleste. Enfin le 15 de septembre, il vit venir à lui deux hommes de la maison du proconsul. C'étaient le *strator*[1] et un autre du même office. Ils le firent monter en voiture, et le plaçant au milieu d'eux, l'emmenèrent à la campagne de Sextus. Toutefois, le proconsul ne se le fit pas présenter ce jour-là, mais seulement le lendemain : anniversaire du jour où, dans une vision à Curube, le saint avait eu, l'année précédente, l'assurance de son martyre. En attendant, Cyprien demeurait chez le *strator*, dans le voisinage.

Quand les chrétiens de Carthage surent ce qui se passait, presque tous accoururent, inquiets du danger de leur père; et la foule était si grande devant la maison du *strator*, que Cyprien crut devoir donner en garde à des personnes d'une vertu éprouvée les jeunes filles qui étaient accourues avec les autres

---

[1] *Strator, equistrator*, désignait celui dont l'office était de seller le cheval de l'empereur ou d'un officier public, et qui l'aidait à monter en selle : fonction particulièrement utile à cette époque où l'on ne se servait point d'étriers. Mais cette attribution primitive dut être modifiée avec le temps, car le *strator* semble parfois remplir des fonctions qui tiennent d'un *inspecteur aux remontes*. C'est ainsi que chez nous le *comes stabuli*, ou directeur des écuries et des haras, devint commandant général des armées toujours sous le même nom de *connétable*.

et qui passèrent la nuit devant la porte. Le lendemain, Galère ayant fait venir ses greffiers avec tous ses autres appariteurs et licteurs, Cyprien lui fut amené. Le proconsul était sur son tribunal, dans l'*atrium sauciolum*, ainsi nommé parce qu'on y exécutait les condamnés; devant lui se tenait Cyprien qui fixait tous les regards. Galère Maxime, portant les yeux sur l'évêque, lui adressa cette question : « Es-tu Thascius Cyprianus[1] ? — Oui, c'est moi. — Tu t'es donné pour le pape[2] d'hommes à doctrine sacrilége? — Oui. — Les sacrés empereurs veulent que tu sacrifies. — Je ne le fais pas. — Réfléchis. — Fais ce qui t'est commandé; dans une affaire si juste, je n'ai pas à délibérer. » Là-dessus, le proconsul réunit, selon l'usage, ses assesseurs en un conseil; et tous s'accordant à ce que Cyprien fût condamné, il voulut, avant de lire la sentence écrite sur la tablette, prononcer ce préambule, dont l'intention outrageuse n'empêchait pas que ce ne fût un témoignage rendu aux longs travaux et à la vertu constante du saint évêque : « Longtemps tu as professé une doctrine sacrilége, tu as groupé une foule d'hommes dans une criminelle coalition; tu t'es constitué l'ennemi des dieux romains et de nos lois sacrées; les très-sacrés princes Valérien et Gallien, nos empereurs, et le très-noble césar Valérien[3], n'ont pu te ramener à l'observation de leur culte. A raison de quoi, convaincu d'avoir été l'auteur et l'instigateur de délits graves, tu serviras de leçon à ceux que ta scélératesse avait groupés; et la loi sera sanctionnée par ton sang[4]. » Après cela il prononça cette sentence : « J'entends que Thascius

[1] On voit que saint Cyprien était de la famille (*gens*) Thascia.

[2] *Papa*, qui en grec signifie père avec une expression de respect et d'affection, était employé par les chrétiens envers les principaux du clergé, mais surtout pour l'évêque; et cet usage dura plusieurs siècles. Depuis longtemps, néanmoins, ce mot n'a plus de cours dans l'Eglise que pour désigner l'évêque des évêques, le souverain pontife.

[3] Le très-noble César Valérien mentionné ici, n'est pas Valérien le jeune, mais Saloninus fils de Gallien, comme l'a pensé Eckhel (t. VII, p. 421 et suiv.), sans toutefois songer aux actes du martyre de saint Cyprien. Cf. Cavedoni, *Marmi modenesi*, p. 205; et *Annali dell' istituto archeologico*, t. XI, p. 56.

[4] Act. Procons. « Diu sacrilega mente vixisti et plurimos nefariæ tibi conspi-

Cyprianus soit puni par le glaive. » Cyprien dit : « Dieu soit loué ! »

Un profond gémissement s'éleva dans cette multitude de chrétiens; quelques-uns même s'écrièrent : « Et nous aussi, qu'on nous décapite avec lui ! » Cyprien s'éloignant ensuite à la vue de tout le monde, on le suivit en foule; chacun voulait voir de près sa mort. Mais les centurions et les tribuns se tenaient près de lui, et un cercle de soldats l'entourait. Il n'était pas encore arrivé au lieu de l'exécution, que bon nombre de gens avaient grimpé sur les arbres, tandis que le reste de la foule se pressait autour de l'enceinte. Cyprien, s'avançant au milieu, se débarrassa de son manteau [1]; et, fléchissant les genoux, il priait Dieu en silence, la tête baissée. Puis, ôtant aussi sa *dalmatique* [2], il la donna à ses diacres; ainsi revêtu d'une simple tunique de lin, il attendit le bourreau ou soldat de police (*speculator*) [3]. Quand cet homme s'approcha, le saint évêque se tourna vers les siens, leur donnant l'ordre de

---

rationis homines congregasti..., nec te pii et sacratissimi principes... ad sectam cæremoniarum suarum revocare potuerunt. Et ideo, quum sis nequissimorum criminum auctor et signifer deprehensus, eris ipse documento his quos scelere tuo tecum aggregasti; sanguine tuo sancietur disciplina. »

Voilà comme étaient motivées d'un air calme, et sans doute avec une fierté satisfaite, les applications de la légalité confiée aux principaux personnages de l'empire romain; et l'on ne voit pas que les candidats aient manqué aux fonctions qui imposaient cet office. Il est vrai qu'elles étaient fort honorées, et pas infructueuses.

[1] Buonarroti (*Velri*, p. 159) fait remarquer que la toge commençait à tomber en désuétude dès le temps des premiers empereurs. On se servit alors de la *lacerna*, vêtement extérieur qui ne ressemble pas mal à notre manteau.

[2] Dans le dyptique de Rambona, qui appartient au neuvième siècle (Buonarroti, *ibid.*, p. 271), les trois saints, Silvestre, Grégoire et Flavien, sont revêtus de la dalmatique; et il semble que ce vêtement fût alors plus en honneur que la *penula* ou *planeta* (qui est devenue la chasuble), car on voit plus d'une fois la dalmatique accordée par privilége des souverains pontifes, ce qui ne se lit pas de la *planeta*. Mais ne serait-ce point aussi parce que la *planeta* était devenue un ornement propre aux plus hautes fonctions ecclésiastiques, à cause de son emploi pour la messe?

[3] Ce mot, que l'on a écrit plusieurs fois *spiculator*, en le faisant venir des javelots qu'auraient portés à la main les gardes des officiers publics, s'écrit aujourd'hui généralement comme à cet endroit. Et quoiqu'on le trouve employé

compter à l'exécuteur vingt-cinq sous d'or[1]. Il s'était mis en devoir de se bander les yeux lui-même, mais comme il ne réussissait pas à nouer le bandeau, cet office lui fut rendu par le prêtre Julien et un diacre du même nom ; tandis que d'autres étendaient autour du martyr des linges destinés à recevoir son sang. Ainsi fut abattue cette tête qui avait présidé longtemps d'une façon si sainte et si grande aux destinées de l'Église de Carthage. Son corps demeura sur la terre jusqu'au soir, au milieu d'un concours auquel les païens eux-mêmes prenaient part pour considérer les restes de ce grand homme. Durant la nuit, les chrétiens l'enlevèrent, formant une longue procession avec des torches et des cierges; et le transportèrent ainsi en triomphe dans le lieu où lui fut dédiée plus tard une magnifique église, sans compter celle qui s'éleva sur l'emplacement de son martyre. Il avait été le premier évêque de Carthage à répandre son sang pour Jésus-Christ; mais sa gloire s'étendit bien au delà même de l'Afrique, il n'est pas aujourd'hui de contrée qui n'ait entendu glorifier son nom. Ses reliques demeurèrent sur le sol africain jusqu'à l'année 806, qu'elles furent transportées en France par des envoyés de Charlemagne; et l'abbaye de Compiègne prétendait en être dépositaire. Sorte de présage du sort réservé par le Ciel aux armes françaises qui, de nos jours, rendirent à ces contrées un épiscopat depuis longtemps éteint[2].

pour désigner des attributions assez différentes, il indique souvent l'office du bourreau.

[1] Vingt-cinq *aurei* (*solidi aurei*) reviendraient à peu près, comme nous parlons aujourd'hui, à vingt-cinq louis.

[2] Le P. Morcelli, à ses derniers jours, avait appelé de tous ses vœux cet emploi des armes françaises. Au lieu de s'abandonner aux amertumes contre le souvenir du règne de Napoléon 1er, qui étaient alors assez de mode en Italie, ce vieillard montrait aux guerriers désarmés par la paix générale de 1815 un bel emploi de leur valeur et de leurs talents militaires contre les pirates établis sur le sol de provinces dérobées au christianisme depuis si longtemps. Voici comme il parle au souverain pontife Pie VII dans sa dédicace de l'*Africa christiana* (sous le nom de l'éditeur) en 1816 : « Exspectandum nunc est ut ex hac copia virorum fortissimorum Belisarius alter exsistat; quo duce, hostibus christiani nominis profligatis et Saracenorum barbarie deleta, eodem Romana auctoritas... redeat, » etc.

C'est encore la gloire de Cyprien, que la constance du clergé formé par lui, et qui donna de nouveaux martyrs à l'Église l'année suivante. Lucius, Montanus, Flavien, Julien, Victoric et Rhénus, membres du clergé, avec les catéchumènes Primolus e Donatien, étaient emprisonnés à Carthage ; et ils surent, par les soldats, qu'on se proposait de les brûler vifs. Ce projet appartenait au procurateur impérial qui venait de remplacer le proconsul Galère mort durant sa gestion. Mais le ciel changea ce dessein du gouverneur, qui se contenta de les jeter dans un cachot ténébreux, où Dieu fit éclater une si grande lumière à leur arrivée, qu'il leur semblait monter au parvis céleste plutôt que de descendre dans une prison. Le jour s'approchait où le juge devait les mander à son tribunal ; ils l'apprirent par une vision de l'un d'eux, qui les remplit d'allégresse. On les conduisait enchaînés; mais les soldats, ne sachant où le gouverneur prétendait les entendre, promenaient en quelque sorte leurs prisonniers le long de la place publique. Quand ils eurent confessé courageusement leur croyance, on les ramena en prison, où les deux catéchumènes, après avoir reçu le baptême, rendirent leurs âmes à Dieu. Les autres eurent à souffrir longtemps la faim et la soif jusqu'à ce que, après bien des tentatives, le prêtre Lucien avec le sous-diacre Hérennien et un catéchumène nommé Januarius, purent arriver jusqu'à ces confesseurs, pour les assister du *pain de vie* et des aliments corporels; soins que l'Église s'efforçait toujours de procurer à ses champions. En même temps Dieu soutenait leurs cœurs par des communications merveilleuses qui resserraient de plus en plus entre eux les liens de la charité, tout en les enflammant du désir de la patrie céleste. Comme pour remplacer les compagnons qu'ils avaient perdus, on leur adjoignit le prêtre Victor avec Quartillosia, femme et mère de martyrs, qui les précéda tous au ciel.

Après plusieurs mois passés dans les misères d'une prison infecte et dans les langueurs de la faim, ils furent traînés au prétoire. Là, tous déclarèrent de nouveau qu'ils étaient chrétiens, et même dans les ordres sacrés. Quelques amis de Flavien, cédant à un désir mal avisé de lui sauver la vie, prétendirent le réclamer en niant qu'il fût diacre. Sur cette allégation, le gouverneur fit mettre à part Flavien, malgré sa résistance, et prononça l'arrêt contre les autres qui n'étaient plus que quatre. « Leur visage radieux, dit l'auteur de leurs actes, annonçait la joie et la noble fierté des cœurs; jusque-là qu'on pouvait se sentir entraîné à les imiter, sans qu'ils eussent besoin d'ouvrir la bouche. » Ils n'omirent point cependant d'exciter le peuple par de saintes paroles. Lucius, dont l'épuisement faisait craindre qu'il ne mourût en chemin, était conduit devant les autres; et à ceux des fidèles qui se recommandaient à lui en disant : « Sou-« venez-vous de nous », il répondait avec une humilité de martyr : « Vous, plutôt, souvenez-vous de moi. » Julien aussi et Victoric, après avoir exhorté les chrétiens à la concorde et leur avoir recommandé tous les membres du clergé, mais surtout ceux qui avaient souffert la faim dans les fers, s'avançaient joyeux et sans aucun signe de crainte vers le lieu du supplice. Montanus, également vigoureux de corps et de cœur, conservait l'énergie de son langage; il y ajoutait même, s'écriant près du martyre : « Celui qui sacrifiera aux idoles sera précipité, c'est Dieu seul qu'il faut servir [1] »; et reprochant aux hérétiques leur malheureuse opiniâtreté, il en appelait au nombre même des martyrs pour leur donner à juger quelle était l'Église véritable. Il n'oubliait pas dans ces derniers souvenirs ceux qui avaient eu le malheur d'abandonner la foi; mais avec eux il recommandait les confesseurs, les vierges, les clercs et tout le peuple. Les trois autres venaient de recevoir la mort, et le bourreau menaçait le cou de Montanus, lorsqu'on vit cet homme, toujours

---

[1] Les propres paroles du saint, sont : *sacrificans Diis eradicabitur, nisi Domino soli.* Les dernières paroles appartiennent à cette latinité dont la trace se retrouve plus d'une fois dans les monuments ecclésiastiques. Telle est, par exemple, cette autre expression bien connue : « *nihil novandum, nisi quod traditum est,* » par laquelle le pape Étienne tranchait la question sur la validité du baptême conféré par les hérétiques.

maître de lui-même, prier à haute voix le Seigneur pour que Flavien, seul de leur troupe qui eût été soustrait à la sentence, pût suivre ses compagnons à trois jours de là. Cela fait, enlevant le bandeau qui lui couvrait les yeux, il le déchira en deux, pour qu'une des parts servît à Flavien; il voulut même que, près du lieu qui recevrait son corps, il fût réservé une place pour la sépulture de ce compagnon qu'il prétendait attendre dans le tombeau, après avoir partagé la prison avec lui. Cette prédiction faite, il tendit le cou au bourreau.

Flavien vérifia au bout de deux jours la prédiction de Montanus. Sa mère, animée de la foi des patriarches, était inconsolable de le voir arraché au sort glorieux des autres confesseurs; mais pour calmer la mâle douleur de cette femme magnanime : « Vous savez, lui dit-il, mère bien digne de mon affection, que j'ai toujours désiré confesser la foi, savourer le martyre, paraître fréquemment chargé de chaînes et être ajourné à plusieurs reprises; si donc il m'arrive ce que j'ai souhaité, loin de nous en plaindre, nous devons en être heureux. » Repoussant la cruelle tendresse de ses amis qui prétendaient de nouveau lui faire éviter la mort, il se déclara chrétien et diacre, endura les tourments pour ce motif, et obtint enfin la sentence capitale. Arrivé au lieu de l'exécution, il se tourna vers les chrétiens venus en foule à ce pieux spectacle : « Demeurez, dit-il, dans la paix avec nous, frères bien-aimés, et conservez l'union de la charité entre vous. N'allez pas croire que ce soit là peu de chose; puisque notre Maître Jésus-Christ, près de sa passion, insistait sur cette même recommandation quand il a dit : « Mon précepte est que vous « vous aimiez les uns les autres comme je vous ai aimés. »

Ses dernières paroles furent l'éloge du prêtre Lucien; rappelant ses soins empressés pour les confesseurs, il le désignait comme digne d'être élevé à l'épiscopat. Descendant alors du tertre d'où il avait parlé, il se voila les yeux avec la portion de bandeau que Montanus lui avait fait réserver; se mit à genoux comme en prière, et reçut ainsi le coup de la mort.

Durant ce temps-là, le sang chrétien coulait abondamment dans la Numidie; Cirta[1] principalement, capitale de cette province, voyait sans cesse des exécutions sanglantes. C'est là que souffrirent deux évêques, Agapius et Secundinus. Comme on les y conduisait, ils furent reçus avec empressement à Muguæ, ville voisine, par le diacre Jacques et le lecteur Marianus; qui bientôt après furent pris eux-mêmes et conduits à Cirta pour y être jugés par les magistrats de cette ville et les duumvirs[2] de leur patrie. Là, non contents de professer franchement le christianisme, ils se déclarèrent l'un diacre et l'autre lecteur. Sur quoi les juges firent soumettre Marianus à une cruelle torture, prétendant qu'il avait fait une déclaration fausse, et qu'il occupait sûrement un degré plus élevé dans l'Église; c'est que Valérien n'avait point parlé de mettre à mort ceux qui étaient d'un ordre inférieur au diaconat. Le lecteur Marianus fut donc suspendu par l'extrémité des pouces, afin que le poids de tout le corps agît d'autant plus douloureusement sur ce faible point de traction; mais en outre on lui attacha des poids énormes aux pieds, pour augmenter le tiraillement de tous les membres. Toutefois sa constance fut plus grande que le tourment; et on le ramena en prison avec le diacre Jacques pour y attendre leur sort.

Ils y trouvèrent Æmilianus, personnage de l'ordre équestre, qui partagea leurs fers. Dieu les anima dans cette captivité par des présages manifestes de la mort qu'ils désiraient; Marianus, entre autres, vit le grand Cyprien qui l'appelait : « Viens, disait-il, t'asseoir avec moi. » Au bout de quelques jours on les fit sortir pour être envoyés au gouverneur qui se trouvait à Lam-

---

[1] On sait que Cirta reçut plus tard le nom de *Constantina* en l'honneur de Constantin le Grand qui la releva de ses ruines après la défaite de Maxence. C'est pourquoi les évêques de cette ville sont appelés *Contantiniensis* ou *Cirtensis*.

[2] Les *duumvirs*, comme premiers magistrats de la cité, étaient investis à la fois de fonctions administratives et d'un pouvoir judiciaire, mais leur compétence légale était très-limitée : on comprend qu'ils ne figurent dans cette cause que comme adjoints aux magistrats de Cirta; la pénalité qui devait s'ensuivre, étant bien supérieure à ce que permettaient les attributions du duumvirat.

bèse[1]; et leur petite bande, avant le départ, se grossit d'un compagnon nouveau qui se donna résolûment comme chrétien. A Lambèse, le gouverneur était occupé à se débarrasser d'une multitude de simples fidèles; nos confesseurs furent donc renfermés de nouveau. Ils s'attendaient bien à livrer prochainement leur dernier combat; mais Jacques vit durant la nuit l'évêque Agapius (cf. p. 299), déjà couronné dans le ciel, et qui lui dit que le lendemain serait le jour de leur martyre. Le lendemain en effet, Jacques, Marianus et les autres membres du clergé furent condamnés à mort par le gouverneur, et réunis aux autres martyrs. Que le nombre de ces soldats de Jésus-Christ fût considérable, on peut en juger par la circonstance que voici. Le massacre eut lieu le long du fleuve; et les saints confesseurs étaient rangés sur la rive par groupes distingués en diverses files, pour que le bourreau pût traverser les rangs d'une façon plus expéditive en abattant les têtes. Au milieu de cette tuerie, c'était un grand spectacle que la mère du lecteur Marianus, nommée Maria. Cette femme magnanime, pleine d'une joie digne de la mère des Macchabées, et sûre désormais de la mort de son fils qu'elle avait appelée de tant de vœux, s'en félicitait avec lui et avec elle-même, pour l'honneur d'avoir donné le jour à un tel enfant. Elle serrait entre ses bras le corps du martyr, comme la gloire de ses entrailles; et, avec une pieuse tendresse, imprimait mille baisers sur le cou tranché de son fils. Saint Augustin, dans un sermon prononcé pour la fête de ces martyrs, ose bien comparer cette généreuse femme à la très-sainte Vierge, dont elle portait si dignement le nom[2].

Le récit que nous venons de retracer, après bien d'autres écrivains, est mis en doute pour quelques-unes de ses circonstances, par un officier de notre armée d'Afrique, qui a recherché avec zèle les vestiges de l'histoire du christianisme en Algé-

---

[1] Nous mentionnerons plus bas une difficulté que l'on a élevée contre cette manière de présenter les faits.

[2] « O sancta et tu Maria, impar quidem merito, sed par voto, felix et tu; peperit illa martyrum principem, peperisti tu principis martyrem. »

rie. M. le commandant Carette pense que nos martyrs ne doivent pas avoir été conduits hors de Cirta, et que leur supplice n'a point eu lieu à Lambèse. Selon lui, on devrait admettre que le chef-lieu de la Numidie avait une prison nommée *carcer lambæsitanus;* dénomination bizarre qui serait toute l'origine d'un long et rude voyage prêté aux accusés par des auteurs qui ne tenaient pas compte de ce fait. Cela étant, il a fallu, dit-il, supposer gratuitement que les chrétiens allèrent chercher leur sentence loin du lieu où ils avaient été d'abord incarcérés.

Si les détails topographiques donnés par les *Actes* sur la scène de l'exécution désignent Cirta et la rive du Roummel, exclusivement à tout endroit que l'on puisse indiquer près de Lambèse, je ne saurais le dire; mais les autres parties du texte ont vraiment besoin d'être beaucoup aidées, ou je me trompe fort, si l'on veut leur faire exprimer cela.

Le docte officier s'appuie en outre d'une inscription découverte par lui à Constantine, sur un des rochers qui dominent le cours du Roummel[1]; et il ne croit pas pouvoir supposer que ce précieux document soit autre chose qu'une constatation du lieu précis où le sang des chrétiens a coulé. Il est certain que les noms de Marianus et de Jacques s'y lisent assez nettement dans le *fac-simile* qu'on nous livre. On peut même y reconnaître celui d'Æmilianus, qui est marqué dans les *Actes*, comme leur compagnon de prison et de martyre. Ajoutons l'évêque Agapius, deux Crispinus et Zéon, que l'on sait avoir partagé leur sort. Ce n'est pourtant pas la *leçon* adoptée par le très-habile homme qui a prêté à M. E. Carette l'appui bienveillant d'une sympathie (comme on dit), formée dans l'enseignement de l'École polytechnique. Nul n'applaudira plus que moi, je pense, à cette affection d'un vieux savant pour des hommes qu'il a connus jeunes sur les bancs, et qui n'avaient peut-être pas été toujours, dans leur temps, de charmants élèves. Les cheveux blancs s'embel-

[1] Cf. Mémoires présentés par divers savants à l'Académie des inscriptions et belles-lettres, deuxième série, t. I, p. 206, et suiv.

lissent à se couronner de bienveillance. Toutefois, dans le cas qui nous occupe, cette bienveillance se résout en une conjecture extrêmement hâtée.

M. Hase est trop véritablement savant dans ce qui appartient à sa compétence, et trop étranger à tout ce qu'on appelle charlatanisme, pour s'offenser de m'entendre dire qu'il s'est laissé engager là par complaisance hors de son domaine ; situation fausse où il n'est point de capacité humaine qui puisse éviter la mésaventure du poisson hors de l'eau. Ce n'est pas sa faute s'il ne s'est trouvé autour de lui personne pour faire observer que grec, latin, paléographie, histoire ancienne et byzantine, et que sais-je encore? ne dispensaient pas entièrement de tout le reste. Dans un calcul ou une application de cycle astronomique, dans la discussion de quelque recette du feu grégeois, il eût compris, sans aucun doute, l'utilité de recourir à l'avis d'un confrère d'une autre classe; — pour des sections, j'entends dire que la classe des *inscriptions et belles-lettres* n'en a pas; et c'est tant pis, parce que cela pousse trop aisément chacun à décider sur tout. — Mais quant à l'unique branche de connaissances (et quand je dis *branche*, je suis modeste) qui ne soit pas représentée dans le premier corps savant de France, comment un homme né au milieu du luthéranisme soupçonnerait-il qu'on doive en tenir compte chez nous? Nos anciennes académies, quoiqu'en un temps où la science théologique tenait ses assises à part, avaient compris cela; en ce sens qu'il n'était guère aucune d'elles qui ne comptât des membres du clergé dans son sein. De nos jours encore, il y a quelque trente ans, l'abbé Petit-Radel ou même M. Daunou étaient gens à signaler plus d'un écueil et à faire rectifier une fausse route. *Nous avons changé tout cela*, et l'on s'habitue à croire que le défaut de connaissances ecclésiastiques est le moindre des accidents; mieux encore, on n'en fait pas l'objet d'une appréhension. Ce n'était pourtant pas l'avis de Turgot, à ce que dit Morellet; et c'est bien réellement une erreur, malgré le peu de souci qu'il nous plaît d'en prendre.

Cela peut notablement nuire, il est vrai, à la considération de cet ordre d'études dans l'estime d'un nombreux public, et même à leur progrès dans le monde; mais qui doit s'en féliciter ? C'est une arme très-propre à blesser en même temps ceux qui la manient; et Turgot l'entendait bien ainsi, réellement, au sujet de ses amis les encyclopédistes : frappé qu'il était de ce qui manquait aux plus habiles d'entre eux pour n'avoir pas étudié, comme lui, en Sorbonne.

Expliquons-nous. Il en arrive que des personnages scientifiquement fort titrés sont conduits, par une confiance fâcheuse, à dire carrément des pauvretés incalculables (en dimension comme en quantité) avec une bonne foi étourdissante. Qui s'y connaît, prend bientôt l'habitude de ne lire qu'avec une curiosité distraite ou avec tant soit peu de commisération, des écrits où l'auteur ne prétendait point du tout exciter ses sentiments-là. Qui ne s'y connaît qu'à demi, soupçonne çà et là qu'il n'a pas des guides sûrs dans les écrits les plus qualifiés ; et, comme il s'en défie, il s'en écarte à la longue. Qui ne soupçonne rien, risque d'emmagasiner rapidement dans sa tête des données étonnantes qu'il aura saisies de plein vol, et par où nous devenons la fable des étrangers instruits.

Autre résultat qui ne vaut pas mieux : lorsque des expériences de ce genre se seront renouvelées à diverses reprises, il arrivera inévitablement ou que la critique sera mal reçue si elle s'en empare, une corporation étant facilement ombrageuse sur son honneur; ou que, faute de ce contrôle, on prendra d'une part la coutume compromettante de tenir les matières ecclésiastiques pour très-abordables sans avoir besoin d'être apprises, de l'autre la persuasion *à priori* que l'on rencontrera ce genre de sujets fort estropiés sous la main d'hommes d'ailleurs célèbres. Alors aggravation progressive, qui pourra faire rapidement beaucoup de chemin. Peu à peu fléchira irrémédiablement, chez plusieurs, la considération pour les travaux couverts par de nobles pavillons. L'on s'estimera moins, l'on ne se lira guère mutuellement; et, à force de se voir si séparés, l'on se traitera en castes exclusives, bientôt en ennemis. Ce qui n'était qu'ingénuité passera aisément comme parti pris, le deviendra même; parce que se piquer et s'opiniâtrer est cent fois plus court (et cent fois plus naturel) que s'amender. En conséquence le niveau général des grandes sources d'informations s'abaissera d'une manière continue, avec les égards réciproques et les relations tolérables; la scission entre des classes influentes se creusera sans cesse plus profondément, au détriment de tous.

Combien de fois n'est-il pas arrivé à quelque ecclésiastique instruit, rencontrant un laïque plus ou moins breveté, de se voir traité comme un témoin sans conséquence devant lequel toute affirmation est bonne? Ce que l'on éprouve dans ces rencontres, où quelque civilité peut atténuer les airs capables, on le trouve bien plus crûment dans les livres; là, le papier ne rougit pas. Mais si nous nous taisons alors par pitié, ou par politesse, ou par défaut de loisir, on peut compter que nous n'en pensons pas moins. Et serons-nous tous suffisamment modérés dans l'appréciation de ces impertinences quasi-quotidiennes? C'est ce qui dépasse la moyenne de l'humanité : plusieurs pouvant prendre pour provocation affectée ce qui n'est qu'ignorance naïve, encouragée par l'habitude de voir le clergé mis en dehors des situations où un homme de nos jours est censé avoir la *garantie du gouvernement*. De là on passe très-facilement à faire non-seulement de la science (et de la science ecclésiastique), mais de la théologie, sans tenir nul compte de ceux dont c'est le métier. Triste voie pour s'entendre soi-même et s'entendre avec les autres.

Celui-là même qui s'était contenté de sourire dans sa barbe, lorsqu'il ne s'agissait que d'une espèce d'insulte personnelle où sa patience était soutenue par le plaisir d'infliger une mystification tacite (les ressorts de ce que l'on appelle vertu étant parfois très-mêlés), demeurera-t-il toujours si endurant? Je ne voudrais pas en répondre pour le moment où il lui semblera enfin que ce qu'il sait et ce qu'il respecte, se trouve décidément beaucoup trop relégué parmi les objets de nulle importance. Et s'il lui arrivait d'avoir trop raison alors, le lui pardonnerez-vous? vous autres qui n'avez pas fait étude particulière de la résignation, et qui naturellement n'accepterez pas volontiers à votre usage que l'humilité se confonde (à la bien prendre) avec la vérité. Peut-être que non; et qu'après avoir exigé (sans le soupçonner, c'est possible) tant de longanimité chez autrui, vous n'en trouverez plus chez vous-mêmes une provision suffisante pour vous exécuter de bonne grâce. Cela deviendra précisément plus difficile en raison du délai que vous aurez mis à le faire : empirant ainsi les conditions de part et d'autre. Qui est froissé n'est pas près d'être persuadé, aussi se fâche-t-on d'autant plus vivement que l'on a plus de tort : c'est la règle, comme chacun sait. Or notre France, centralisée à l'excès par les tendances récentes, est-elle si largement partagée en institutions scientifiques très-efficaces pour l'utilité commune; est-elle si unie après toutes nos jalousies (je pourrais bien dire : nos haines) de quatre-vingts ans, que l'on doive tenir ceci comme chose légère?

Quelqu'un pensera que je prends bien mon temps pour me donner carrière sur une question que nul n'attendait ici! Il se peut en effet que certain lecteur se mette peu en peine de ce qui m'a conduit à ce détour; mais je rencontrais une vérité qui semblait bonne à dire, et je n'ai pas cru devoir la refuser à qui pouvait l'entendre, d'autant que je ne serai sûrement pas suspect d'arrière-calcul. N'ayant à ma disposition d'autre remède que ces lignes pour un danger qu'on ne pèse pas suffisamment, j'apporte mon unique contingent à une cause qui intéresse tout le monde. Mais retournons, sans plus, à la solution du cas épigraphique avec ses accessoires; et, surtout, mettons-y entièrement de côté toute idée personnelle : à quoi nul débat ne gagne rien. Ainsi « Honny soit qui mal y pense. »

Dans l'espèce, et quant au mémoire que nous avons en vue,

il n'a fallu rien moins qu'une bien grande inexpérience des choses ecclésiastiques pour aller chercher à se renseigner par le menu sur une troupe de martyrs numides au moyen du calendrier de Carthage, qui n'est pas même extrêmement soucieux de tous les faits carthaginois; ou, qui pis est, à l'aide d'un poëme de Prudence sur des saints espagnols. Comment n'a-t-on pas eu l'idée de consulter l'*Africa christiana* (par exemple; t. III, 262-266, etc.) ? et n'avais-je pas raison de dire que l'on ne fait point au P. Morcelli la part qu'il mérite ? Je pourrais citer tel autre qui, n'ayant pas su le feuilleter, l'accuse d'avoir omis des faits qu'il a bien et dûment relatés à leur place.

Pour le cas présent, l'inscription de Constantine, si précieuse qu'elle soit, n'est pas absolument claire; et je crois qu'elle ne dit pas ce que lui fait dire le recueil de l'Institut. Mais quoique sans qualité pour prononcer en épigraphie, et bien que j'aie peu de renseignements sous la main, voici ce que je proposerais (très-humblement) d'y lire jusqu'à plus ample informé :

PRIDIE. KAL. MAI. PASSIO. XC (?) MARTV-
RORVM [1]. NOSTRATIVM (?). MARIANI. ET.
IACOBI. D(iaconi). AGAPII. E(piscopi?). RVSTICI. CRISPI-
NI (et). ALT(erius?). ÆMILIANI. ZEONIS. SILBANI. E(t). C(om)PL(urium?).
SANCTI. DEI. MEMORAMINI. IN. CONSPECTV. D(o)M(i)N(i). † (Jesu Christi?)
QVORVM. NOMINA. SCITIS. SVFECIT (suffecit?). IND(ictione). XV.

[1] Il ne faut pas reculer devant la constatation d'un barbarisme dans des monuments africains et populaires. On en verrait bien d'autres en Italie, où la sève latine pouvait mieux maintenir le purisme. D'ailleurs, la fin de cette même inscription, si je ne la traduis pas trop mal, montre encore que nous n'y avons pas affaire à un grammairien; et elle n'en est pas moins touchante pour cela.

Au moment de mettre sous presse, j'ai voulu voir si les recherches récentes de M. L. Rénier sur les *Inscriptions romaines de l'Algérie* n'exigeraient pas de moi quelque amende honorable pour mon incursion dans le champ de l'épigraphie. Il ne paraît pas qu'il ait eu à sa disposition une autre copie que celle de l'Institut; et en ce cas, je persiste dans mon essai de traduction. Le barbarisme *marturorum* n'a point effrayé M. Rénier; une note de M. Étienne Quatremère, citée par le savant épigraphiste, propose *horreensium* là où je hasarde *nostralium* sous bénéfice de vérification, et je ne vois aucun motif de changer; conjectures pour conjectures, je m'en tiens à mon premier dire qui se trouve parfois

Je ne sache pas de formule élégante (ou tout simplement correcte) qui pût valoir mieux, en fait d'inscription chrétienne, que cette clause : « Saints de Dieu, souvenez-vous devant Notre-Seigneur de ceux dont vous savez bien les noms. Que nous faut-il de plus ? »

De la sorte, on aura le jour (30 avril) anniversaire de la principale exécution, avec les noms historiques de six ou sept martyrs, bien connus jusqu'à nous pour avoir perdu la vie dans cette province durant la même persécution [1]; et un mémorial d'époque très-postérieure, dû à des concitoyens qui ne veulent pas d'autre récompense pour leur piété que d'être recommandés à Dieu par les saints dont ils perpétuent le souvenir. Du lieu précis de l'exécution, pas un mot; et (sauf les données topographiques des *Actes*, que je ne saurais apprécier, mais que d'autres membres de l'Institut, en Afrique, avaient regardées comme absolument applicables à Lambèse [2]) on ne voit pas pourquoi des martyrs de Constantine, ou de la banlieue, n'auraient pas reçu dans leur patrie cette pieuse commémoration, bien qu'ils eussent été immolés ailleurs. Si l'on ne trouve pas cela trop étrange, je dirai de plus que l'on pouvait assurément placer ce mémorial dans l'endroit qui rappelait le mieux les circonstances du martyre, malgré la distance entre leur patrie et le vrai théâtre de leur dernière gloire.

Quant à dire que les *Actes* ne renferment pas l'indice du trajet que les confesseurs auraient eu à faire pour aller mourir à Lambèse, ce n'est point de quoi gêner beaucoup. Car Jacques raconte qu'il s'était endormi dans le chariot qui les transportait tous ensemble; malgré la rudesse des chemins, la chaleur

---

d'accord avec la *leçon* adoptée par M. L. Renier. Quant à M. Quatremère, il avait compris tout de suite que Prudence n'a rien à faire ici.

L'auteur italien qui me sert communément de guide, doit aussi avoir traité cette question; mais je n'ai pas rencontré son travail sur ce point.

[1] Cf. Morcelli, t. II, 366.

[2] Mémoire cité précédemment, p. 210. Car M. Carette en convient avec loyauté, tout en écartant ce témoignage sans grande discussion que nous puissions apprécier à distance.

du jour, et les cahots de la voiture[1]. Ne parlons pas d'une autre phrase que Fleury serait censé avoir traduite sous l'illusion d'une méprise bien lourde. Fleury a certainement encouru de graves reproches comme historien ecclésiastique, mais ce n'est pas celui d'ignorer le langage des saints Pères; nous ne lui en remontrerons pas sur cette partie de sa tâche. La France et son clergé étaient sur un pied de science déjà tout à fait présentable avant le siècle où nous avons eu le bonheur de naître; et je ne vois pas ce que l'érudition française gagnerait à cette exécution de Fleury, conduite si militairement. Respectons des devanciers qui nous valaient bien, sauf les défauts de leur temps; et ces défauts n'étaient pas communément l'étourderie ou le charlatanisme. Je m'en rapporte à ceux qui ont ouvert les livres de Thomassin, Daniel, Tillemont, Rivet, Longueval, Lebeuf, Ceillier, etc., pour ne parler que des ouvrages écrits en français.

Il ne faut pas non plus avancer, en manière de fait indubitable, qu'un gouverneur de Numidie dût se tenir à son chef-lieu, surtout en une époque de persécution. Des proconsuls se déplaçaient bien, et précisément pour activer les recherches en pareil cas. Notre petit abrégé suffit à le faire voir plusieurs fois : dans les *Actes* de saint Cyprien ou de saint Patrice, par exemple (Cf. p. 291, 309; 322, sv.).

En somme, cette inscription n'infirme pas nécessairement l'explication donnée par nos prédécesseurs aux *Actes* du lecteur Marianus et du diacre saint Jacques, et la question subsiste à peu près dans son état antérieur; ce qui n'empêche pas que nous ne soyons très-redevables à celui qui a trouvé ces vénérables vestiges de l'antiquité chrétienne. Mais n'exagérons rien, pour ne rien gâter.

Marianus, en mourant (A. 259), avait annoncé de grands

---

[1] « Superioribus diebus, quum ejusdem carrucæ vehiculo... viam communiter carperemus,... inter illa itineris confragosa mirabili et alto sopore correptus, etc... non fuit impedimento vehiculi promoventis inquieta jactatio, nec dies medius qui sub calore tunc fulgebat solis. »

maux à l'empire romain, qui s'enivrait du sang des fidèles. La captivité de Valérien chez les Perses, dès l'année suivante, put être regardée comme le premier accomplissement de ces menaces. Mais Dieu daigna donner une longue trève à l'Église qui avait produit ces héros de la foi ; et jusqu'à la reprise générale des cruautés sous Dioclétien, cinquante années de calme lui furent à peu près laissées. On n'y connut même guère que par le bruit public les déchirements presque universels causés par les *trente tyrans*.

Ce n'est pas que, durant tout ce temps, l'Afrique n'eût l'honneur d'envoyer au ciel quelque martyr. L'un d'eux trouva la mort en Italie, et un autre l'alla chercher en Espagne. Maurus, chrétien d'Afrique, était venu à Rome en 283 pour visiter les tombeaux des saints apôtres ; mais à peine était-il arrivé, qu'on le dénonça au préfet Célérinus. Il confessa ouvertement sa foi, reçut ainsi la palme sur laquelle il ne comptait pas, et alla rejoindre dans le ciel ceux dont il ne prétendait que vénérer les cendres. Quatorze ans plus tard, Félix, de Césarée en Mauritanie (*Cherchell*), voyant que sa patrie ne lui offrait point l'occasion de mourir pour l'Évangile, partit pour aller dans les Gaules ; où, disait-on, les martyrs étaient nombreux alors. Il n'y était pas encore arrivé, lorsque, à Gérunde (*Gironne*) en Espagne, il fut condamné à mort par le gouverneur Dacien, le même qui fit martyriser saint Vincent.

En 292, sous le proconsulat de Marcus Julius, saint Patrice, évêque de Petrusa, subit une mort glorieuse. Le proconsul était venu sacrifier à Esculape et à la Santé, près des thermes voisins de Carthage ; et se fit amener l'évêque Patrice, qu'il exhortait à sacrifier aussi à Esculape auteur de la vertu salutaire de ces eaux. Patrice lui répondit que le principe de la chaleur dans ces sources était tout autre chose que le pouvoir d'Esculape ; et, en présence d'un peuple nombreux, il expliqua comment le Créateur a placé dans la terre un feu central d'où les fontaines empruntent la chaleur, selon que leur cours souterrain les rapproche plus ou moins de ce foyer [1]. Puis, exposant les principes de la foi et le vide de l'idolâtrie, il conclut que les adorateurs des fausses divinités auraient en partage un supplice éternel dans les feux préparés par le Seigneur. A ces mots, le proconsul, enflammé de dépit, ordonna que l'on dépouillât l'évêque pour le plonger dans cette source bouillante; et le saint, au moment où on l'y précipitait, fit entendre cette prière : « Seigneur Jésus-Christ, assistez votre serviteur. » En ce moment, les eaux s'écartant de leurs jets naturels s'élancèrent sur les soldats qui environnaient le martyr, tandis que Patrice demeurait sans atteinte et comme en un bain rafraîchissant. Le proconsul l'en fit donc retirer pour être frappé de la hache. « O Dieu, maître de toutes choses, dit Patrice en levant les mains au ciel, vous dont la vertu contient toute créature visible ou invisible et qui exaucez les prières qu'on vous adresse en vérité; vous qui avez créé ces sources pour le salut des justes et le supplice des méchants, assistez-moi dans la mort que je vais subir pour la confession de votre foi. » En achevant cette prière il se mit à genoux, et sa tête fut abattue. Les chrétiens qui se trouvaient là ensevelirent son corps près de la voie publique, avec les cérémonies accoutumées.

Ce saint évêque et martyr n'est pas mentionné par Morcelli, parce que Mazzocchi et autres lui avaient assigné pour siège la ville de Pruse (en Bithynie). Mais M. Dureau de la Malle a prouvé qu'il appartient réellement à l'Afrique et que dans ses *Actes* il faut substituer à Prusa le nom de Pertusa (ou Petrusa), évêché situé environ à quatorze milles de Carthage. Ces mêmes *Actes* disent que du lieu où il souffrit le martyre on pouvait apercevoir les feux de l'Etna, qui n'en était pas fort éloigné. Assurément nul endroit de la Bithynie ne saurait être accompagné d'une pa-

---

[1] M. Dureau de la Malle fait remarquer combien ces paroles du saint évêque s'accordent avec les doctrines physiques enseignées aujourd'hui. Avis à ceux qui prétendent tourner en ridicule la science des saints Pères, comme si ces hommes de Dieu n'avaient pas généralement été pour le moins à la hauteur de leurs plus habiles contemporains.

reille indication; au lieu que sur le littoral carthaginois, en face de la Sicile, ce langage n'a rien qui doive surprendre. Les *thermes bouillants* où se trouvait le proconsul pourraient bien être les *aquæ calidæ* voisines de Carthage, puisqu'on y trouve encore aujourd'hui des eaux thermales dont la température s'élève jusqu'à 72 degrés; tandis que celles de Pruse ne dépassent point 28 ou 29 degrés de chaleur. Le proconsul Julius, étant appelé *Clarissime*, ne peut avoir administré vers la fin du premier siècle, puisque ce titre est bien postérieur au règne de Trajan. Mais la difficulté cesse si l'on recourt au proconsulat de Marcus Julius à Carthage, en 292, sous Dioclétien[1].

En 295, Maximilien, dans la fleur de sa jeunesse, obtint la palme du martyre à Théveste (ou Thébeste, aujourd'hui *Tebeça*), en Numidie. On levait des recrues et le jeune Maximilien, regardant la vie militaire comme dangereuse pour un chrétien, ou peut-être voulant éviter quelque nouvelle formule de serment païen; prit le parti de ne point porter les armes, dût-il lui en coûter la vie. Conduit avec son père, Fabius Victor, devant le proconsul Dion Cassius, il ne voulut pas même donner son nom : « A quoi bon, dit-il, mon nom? je ne puis servir puisque je suis chrétien. » Le proconsul ordonnant qu'il fût toisé, il répéta : « Je ne puis servir, je ne puis faire le mal, je suis chrétien. » Lorsque l'on eut constaté sa taille, qui était de cinq pieds dix onces (comme qui dirait dix pouces), Dion commanda que le jeune homme fût marqué, selon l'usage, avec des points imprimés à la main gauche, et qu'on lui mît au cou la *tessere*. Mais Maximilien persistait à refuser, disant : « Je ne sers point, qu'on me tranche la tête si l'on veut; je ne sers pas le monde, mais seulement Dieu. »

Pour l'intelligence de plusieurs détails, faisons observer que les Romains marquaient le jeune soldat reconnu propre au service, afin qu'il pût toujours être reconnu s'il se dérobait au drapeau. Cette marque, sorte de tatouage sans doute, s'appelait *si-*

---

[1] Cf. *Journal des savants*, 1857, p. 738-740.

gnaculum, stigma, puncta signorum, signum. De là vint l'expression chrétienne du *signe de la croix* et de *signum Christi* (ou *signochristum*), *signaculum*, etc., pour indiquer le *caractère* du baptême, qui nous enrôle au service de Jésus-Christ; ou celui de la confirmation, qui était primitivement conférée aussitôt après le premier des sacrements.

Quant à la *tessera*, ou plomb suspendu au cou, ce semble avoir été une précaution de plus contre la désertion. Il se pourrait que ce fût un médaillon fixé à demeure par une sorte de collier inamovible, à la façon de la marque que reçoivent les enfants-trouvés dans l'hospice de Paris.

Pour le fond de la question qui préoccupait si fort notre jeune confesseur, il n'est pas aussi aisé de l'éclaircir. Morcelli fait observer que les anciens ont très-justement donné le titre de martyr à Maximilien. Si saint Augustin n'a pas balancé à dire que saint Jean-Baptiste, mort pour la justice, peut être qualifié de martyr à bon droit; comment refuser cette glorieuse appellation à un chrétien qui préfère la mort au service militaire, parce qu'il croit y voir un crime? C'est le même motif qui poussa le grand martyr saint Taraque à quitter la milice. L'Église place aussi parmi les martyrs le jeune Marcellin qui, refusant de porter les armes sous Licinius, fut pour cela battu, emprisonné, puis jeté à la mer. Nous ne savons pas bien, d'ailleurs, quelle était sous divers régimes la condition faite aux chrétiens dans les armées païennes. Il semble que sous les Antonins la nécessité du recrutement ait fait ménager les disciples de Jésus-Christ, dont on avait pu apprécier la fidélité en tout ce qui ne blessait pas leur foi; mais le vieil esprit romain, avec son mépris farouche de ce qui n'était pas brutalement *légal*, devait évidemment reprendre le dessus et fouler aux pieds toute exception dès qu'elle n'était point sauvegardée par une loi positive. L'histoire ecclésiastique le prouve surabondamment à diverses époques, sans qu'il soit toujours aisé de dire si les pratiques idolâtres imposées sous les drapeaux doivent être attribuées à des ordonnances générales de discipline; ou à la sécheresse rigide de quelque officier hautain, strictement retranché sur l'inflexibilité de son ordre du jour.

Dans cette lutte entre Maximilien et le proconsul, on voulut que le père du jeune homme l'exhortât à ne point repousser le service. « Il a son bon sens, répartit Victor; il sait ce qu'il a à faire. » Le magistrat, ayant inutilement menacé Maximilien de la mort, lui représenta que bien d'autres chrétiens portaient les armes dans les troupes impériales. « C'est leur affaire, répondit le jeune homme, cela les regarde; pour moi je suis chrétien, je ne peux pas faire le mal. » Comme Dion lui demandait quel mal faisaient donc ceux qui portaient les armes : « Tu sais fort bien, répondit-il, ce qu'ils font. » Menacé une seconde fois de la mort : « Je ne meurs point, dit-il, si je quitte ce monde; mon âme vit avec le Christ mon maître. » Cette fois le proconsul en prit son parti : « Puisque, dit-il, tu es réfractaire à l'obligation du service; tu recevras, pour l'exemple des autres, la sentence méritée. » Et il ajouta : « J'entends que Maximilien, qui a séditieusement rejeté le serment militaire, soit puni par le glaive. » Le jeune homme, à l'imitation des autres martyrs, n'ajouta que ces paroles : « Dieu soit loué ! » Il était âgé de vingt-un ans, trois mois et dix-huit jours. Conduit au lieu du supplice, il se tourna vers les chrétiens : « Mes bien chers frères, dit-il, mettez tous vos soins et tout votre empressement à obtenir de voir le Seigneur, et à gagner aussi la couronne que je vais recevoir. » Puis, se tournant d'un air joyeux vers son père : « Donne à cet exécuteur[1], lui dit-il, mon vêtement neuf que tu m'avais préparé pour mon entrée au service[2]. Qu'ainsi j'aie le bonheur de te revoir couronné du

---

[1] C'est encore ici le mot *speculator* (soldat de police), dont il a été parlé plus haut (p. 294, note 3), et que les auteurs des siècles passés ont souvent écrit *spiculator*, probablement par déférence pour la Vulgate dans le récit du martyre de saint Jean-Baptiste (Marc. vi, 27): *Speculator*, du reste, se trouve dans des manuscrits anciens de la Vulgate, conformes en cela aux textes grecs.

[2] De même que saint Cyprien faisait donner vingt-cinq pièces d'or à son bour-

nombre cent[1], et que nous puissions nous féliciter ensemble devant le Seigneur. » Parlant de la sorte, il courba la tête sous l'épée qui termina son martyre. Son saint corps, racheté par Pompéiana, dame chrétienne, fut transporté à Carthage; et enseveli près de saint Cyprien, où la pieuse femme, en mourant à quelque temps de là, voulut être inhumée elle-même. Le père du martyr se retira chez lui, heureux d'avoir fait une telle offrande au Seigneur, et comptant bien suivre prochainement son heureux fils.

L'année 298, Anastasius Fortunatus, procurateur[2] de la Mauritanie Tingitane, commandait en même temps la légion Trajane chargée de garder ces frontières[3]. Le 21 juillet, la légion fêtait l'anniversaire de la naissance d'Herculius[4]; on préparait donc des banquets et l'on célébrait des sacrifices, comme à l'ordinaire en pareil cas, dans la métropole de la province. Marcel, un des centurions, tenant pour profanes ces réjouissances, jeta son baudrier devant les enseignes de la légion, et, accompagnant cet acte hardi d'une profession ouverte du christianisme : « Je sers, dit-il, Jésus-Christ, roi éternel; »

reau, Maximilien voulait récompenser le bon office de cet homme au moins par le présent du vêtement neuf qui lui avait été destiné pour se rendre sous les drapeaux. Libéralité touchante d'un jeune paysan (ce semble) dont l'âme est élevée par l'Évangile à des délicatesses de cœur que nous admirons dans de grands évêques.

[1] Ce vœu du martyr pourrait bien être l'expression d'un souhait de longue vie et d'une heureuse vieillesse pour son père; cependant ce peut être aussi une allusion à la promesse du centuple assuré dans l'Évangile (Matth. XIX, 29, etc.) à ceux qui ont fait des sacrifices pour Jésus-Christ.

[2] Le *procurator*, dans les provinces impériales, remplissait les fonctions du *quæstor* (*grand prévôt, commissaire des guerres, munitionnaire général et intendant en chef, major général*, etc., le tout sur une seule tête); et par conséquent il pouvait tenir la place du gouverneur, soit que le gouverneur fût absent momentanément, soit que la province fût petite; ou quand elle était trop grande pour ressortir à une seule juridiction (Cf. *supra*, 267, note 2.). C'est ce qui fait que nous voyons des procurateurs commander les troupes et rendre la justice.

[3] On a plusieurs monuments du séjour de cette légion en Égypte à diverses époques, mais les antiquaires qui ont réuni des matériaux sur ce sujet, n'ont peut-être pas assez compris que leurs enseignements pourraient être complétés par les documents de l'histoire ecclésiastique.

[4] Nous avons coutume de l'appeler Maximien-Hercule.

puis, jetant aussi son bâton de vigne[1] et ses armes, il ajouta : « Dès ce moment, je cesse de servir vos empereurs et je déclare n'adorer point vos dieux de pierre et de bois qui ne sont que des idoles sourdes et muettes. Si tel est le sort du soldat, qu'il doive sacrifier aux dieux et aux empereurs, eh bien ! voilà ma canne et mon ceinturon ; je renonce au drapeau et refuse le service. » Des soldats se saisirent de lui et le conduisirent au gouverneur qui, après la solennité, se le fit amener. « Comment, dit-il, a-t-il pu te venir en l'esprit de quitter l'épée contre la discipline militaire, et de jeter le bâton et le baudrier ? » Marcel répondit : « Depuis le jour où l'on s'est mis à célébrer la fête de l'empereur, j'ai dit sans détour, près des enseignes, que j'étais chrétien et que je ne pouvais plus suivre votre serment militaire. Je prétends ne plus servir que Jésus-Christ, Fils de Dieu le Père tout-puissant. » Le gouverneur lui fit observer qu'il ne pouvait dissimuler une pareille hardiesse, et qu'il lui faudrait en écrire aux empereurs ; mais comme Aurélius Agricolanus, qui faisait les fonctions de préfet du prétoire, se trouvait alors à Cirta (Constantine), on prit le parti de lui soumettre cette cause en lui envoyant le centurion. Il semble qu'à partir de là Marcel soit demeuré en prison jusqu'au 30 octobre, qu'il fut conduit devant Agricolanus. Après avoir lu la lettre de Fortunatus, où Marcel était accusé d'avoir jeté son baudrier en se professant chrétien et en blasphémant les dieux et les empereurs, Agricolanus voulut savoir de l'accusé lui-même si tout cela était vrai. Celui-ci ne s'en défendit pas. Agricolanus prononça donc cette sentence : « J'entends que Marcel, qui servait comme centurion ordinaire, mais qui a publiquement renoncé à son serment, le donnant comme entaché d'impiété par nos lois et prononçant d'autres paroles fanatiques, soit puni et tué par l'épée. » A quoi Marcel répondit en s'éloignant pour marcher à la mort : « Que Dieu t'en récom-

---

[1] Il faut se rappeler que la canne en bois de vigne était la marque distinctive du centurion : elle lui servait à frapper les soldats insubordonnés ou lâches.

pense ! » et, présentant sa tête au bourreau, il augmenta le nombre des martyrs.

Le même jour, un compagnon inattendu marcha sur ses traces. Dans la cohorte d'Agricolanus était un greffier (*exceptor*), nommé Cassien; il avait transcrit les réponses de Marcel sur les registres judiciaires; mais quand Agricolanus se mit à prononcer la sentence, il jeta le registre et la plume à terre, témoignant son blâme sans détour. Le juge, se levant, lui demanda ce que cela voulait dire; et reçut pour toute réponse, qu'il avait dicté une sentence injuste. Cassien, arrêté sur-le-champ et conduit en prison, eut comme encouragement un sourire de Marcel, à qui Dieu révélait que celui-ci partagerait bientôt sa couronne. De fait, au bout de quatre jours, Cassien reçut au même lieu sa sentence et alla retrouver Marcel dans la bienheureuse immortalité.

C'est peut-être la même année, mais bien loin de Tingis (*Tanger*), qu'une nouvelle troupe de fidèles se préparait au martyre sous la direction de ses parents. Douze frères dans la ville d'Adrumète, métropole de la Byzacène, avaient été formés dès l'enfance à la vertu par de saints époux nommés Bonifacius et Thécla. L'empereur Maximien avait entendu parler de leur fermeté et envoya à Carthage le juge Valérien, qui se les fit amener d'Adrumète; il les entendit à son tribunal, les fit fouetter, puis jeter dans les fers. Mais la ville s'était émue des prodiges arrivés à cette occasion; il les fit donc embarquer pour l'Italie, et les suivant lui-même, il en tua quatre à Potenza (c'étaient Arontius, Honoratus, Fortunatus et Sabinianus); trois autres à Venosa, savoir : Septimus, Januarius et Félix; trois autres à Veliniano, savoir : Vitalis, Stator et Restitutus; enfin Donatus, avec un autre Félix, furent mis à mort à Senziano. Leurs précieux restes sont honorés à Bénévent, où le prince lombard Arichis les fit transporter d'Apulie et placer dans la somptueuse église de Sainte-Sophie, qu'il avait construite.

En 303 furent promulgués les édits de Dioclétien et de Maximien, qui ordonnaient de livrer aux flammes les livres sacrés du christianisme, et de détruire les églises. A Thibursici (Tibiura, Tibursicubure, Thubursicubure) dans la Proconsulaire, Magnilianus curateur [1] de ce municipe, manda les *anciens du peuple chrétien*, dans l'absence de l'évêque Félix qui était à Carthage. Le prêtre Aper, et les lecteurs Cyrus et Vital se présentèrent donc devant lui; et requis de livrer les divines Écritures [2], ils répondirent que l'évêque en avait la garde. Ils furent donc détenus jusqu'à ce qu'ils eussent rendu raison au proconsul Anulinus. Le lendemain l'évêque Félix, revenu de Carthage, est amené au curateur, qui lui commande de donner les livres et tous les écrits qu'il aurait. « Je les ai, dit Félix, mais je ne les donne pas. » Pressé par le curateur d'obéir aux lois en livrant ces livres destinés aux flammes par les empereurs, il maintient son refus. « Mieux vaut que je sois brûlé plutôt que les saintes Écritures, car il importe plus d'obéir à Dieu qu'aux hommes. » Trois jours après, reconduit devant le curateur, et interrogé s'il a bien réfléchi aux conséquences de cette affaire, Félix répond : « Ce que j'ai dit précédemment je le dis encore, et suis prêt à le dire devant le proconsul. » Envoyé au proconsul, qui le somme d'abandonner les saints livres. « Je les ai, reprend-il, mais je ne me soucie point de les donner. »

Enfermé au plus bas étage de la prison [3], il y passa seize jours au milieu des ordures. Ramené de nouveau en présence du pro-

---

[1] Le *curator*, dans les municipes, était en petit quelque chose comme les édiles de Rome, et pourrait même avoir été quelquefois supérieur aux duumvirs.

[2] *Libri Deifici*, expression employée pour désigner les saintes Écritures; ce mot paraît avoir eu cours surtout en Afrique, et *Deificus* peut avoir eu là le sens actif aussi bien que le passif. C'est-à-dire que ces livres étaient faits par Dieu, pour marquer l'inspiration divine ; ou bien qu'ils renferment des vérités qui nous élèvent jusqu'à nous faire participants de la divinité.

[3] Les anciennes prisons, ainsi qu'on le voit encore à Rome dans la prison Mamertine, avaient souvent plusieurs cachots les uns au-dessous des autres jusqu'à une grande profondeur. Le dernier, particulièrement obscur, était une vraie basse-fosse. On le trouve appelé dans le code, *sedis intimæ tenebras*.

consul qui le pressait de se dessaisir de ces vains livres, il déclara qu'il ne les donnerait jamais. Anulinus le renvoya au préfet du prétoire de Rome, et celui-ci le fit conduire à l'empereur Maximien (Maximien-Hercule), qui se trouvait alors en Sicile. Pendant la navigation, le magnanime confesseur était couché à fond de cale, sous les pieds des chevaux; et durant quatre jours, il ne lui fut donné ni pain ni eau. Mais la charité des chrétiens apporta quelque adoucissement à sa misère dans les villes siciliennes où il passait. Du reste, soit qu'Herculius eût déjà quitté la Sicile, soit qu'il renvoyât Félix au préfet, le saint comparut à Venosa où le préfet se trouvait alors. Continuant à donner la même réponse, il reçut du préfet la sentence capitale; et quand elle eut été prononcée, « Grâces vous soient rendues, dit-il, ô Seigneur, qui avez daigné me délivrer! » Arrivé sur le lieu du supplice, et quand le bourreau saisissait son glaive, Félix, les yeux au ciel, prononça ces dernières paroles : « Grâces à vous, mon Dieu! J'ai vécu cinquante-six ans dans ce monde, j'ai gardé la virginité, j'ai conservé les Évangiles, j'ai prêché la foi et la vérité. Seigneur Dieu du ciel et de la terre, Jésus-Christ, je courbe la tête pour être votre victime, à vous qui vivez à jamais, et à qui soit gloire et puissance dans les siècles des siècles. Ainsi-soit-il. » Telle fut la fin de Félix, qui rendit à l'Église africaine sa gloire, et à l'épiscopat sa splendeur ternies par la chute d'autres pontifes moins fidèles.

Au commencement de 304, Dioclétien fit porter dans toutes les provinces cet édit farouche qui condamnait indistinctement à la mort tout chrétien assez hardi pour ne pas sacrifier aux idoles. Il y était enjoint de forcer à sacrifier ceux qui ne le feraient pas volontairement; clause qui armait les gouverneurs d'un arbitraire sans bornes en fait de cruautés. En Afrique, bien que beaucoup de chrétiens aient eu la faiblesse de prendre part aux rites idolâtres, comme l'atteste Optat de Milève, la gloire de cette Église fut bien rachetée par la foule des martyrs qu'y fit cette persécution cruelle. Nous en avons pour témoin Eusèbe, et une partie de leurs actes le prouvent encore.

La seule Abitine, ville de la province proconsulaire, compta durant cette année une quantité de martyrs. Après la destruction ou la fermeture des églises, plusieurs chrétiens s'étaient réunis chez Octavius Félix pour célébrer les saints mystères. Dénoncés aux magistrats, tous furent saisis par les soldats. Ils étaient quarante-neuf, et leur chef était le prêtre Saturninus, qui avait quatre enfants parmi les prisonniers[1], savoir Saturninus-Junior et Félix, lecteurs ; Marie, religieuse, et Hilarion encore enfant. Devant le tribunal, tous d'une voix se dirent chrétiens et prêts à mourir pour une si belle cause. Envoyés au proconsul à Carthage, ils s'en allaient chantant des hymnes et des cantiques le long du chemin. Le proconsul Anulinus, pensant qu'ils se soutenaient les uns les autres en si nombreuse compagnie, compta en venir à bout s'il les prenait un à un. Dativus, interrogé le premier s'il était chrétien et s'il avait *fait la collecte* (formule alors usitée pour indiquer les réunions des fidèles), convint de l'un et de l'autre. Tout en lui demandant quel était l'auteur de la collecte (le chef de l'assemblée), on le fit étendre sur le chevalet et déchirer par les ongles de fer. Mais pendant qu'on le traitait avec cette barbarie, un courageux

---

[1] Faisons observer que dans une société où la foi était nouvelle, le ministère ecclésiastique ne fut d'abord confié qu'à des hommes éprouvés par une vie sans reproche jointe à la capacité mûrie par l'expérience. De là le nom de *presbyter* (vieillard) d'où nous avons fait le mot *prêtre*. Mais la virginité n'étant guère gardée ni dans la synagogue, ni surtout dans le paganisme, l'Église choisit la presque unanimité des prêtres parmi les fidèles qui avaient fait leurs premières preuves dans un mariage honorable. Ce fut une transition lente à l'état actuel longtemps préparé, où l'ancien mode de recrutement est devenu presque exceptionnel. Montrer que, même autrefois, la continence était de règle pour le clergé tout autant qu'aujourd'hui, ce ne serait pas matière à grande discussion s'il y avait lieu de l'introduire ici. L'Église d'Orient l'a si bien senti, malgré ses concessions pour le clergé inférieur, qu'elle n'a pas l'idée de la coexistence du mariage avec le sacerdoce complet, c'est-à-dire avec l'épiscopat. Appréciation fort juste, en elle-même, mais dont la conséquence a été de fermer à peu près au clergé séculier l'accès de la dignité épiscopale.

confesseur nommé Thécla ou Thélica[1] s'écria en s'avançant : « Nous sommes chrétiens nous aussi, et nous aussi avons assisté à la collecte. » Le proconsul, déconcerté et furieux de cette interruption, voulut que Thécla fût battu avec force, étendu lui aussi sur le chevalet, et déchiré avec les ongles de fer. Au milieu de ces tourments, le martyr répétait : « Grâces à Dieu. En votre nom, ô Christ, fils de Dieu, délivrez vos serviteurs! » Au proconsul qui lui demandait l'auteur de la réunion, il répondit hautement : « Saturninus et tous. » Cependant on n'interrompait point la torture; et se tournant vers le bourreau : « Vous agissez injustement, malheureux, s'écriait-il, et vous offensez Dieu; vous déchirez des hommes innocents, nous ne sommes point des homicides... O Dieu! ayez pitié de nous; je vous rends grâces, Seigneur; donnez-moi la patience quand je souffre pour votre nom, et délivrez vos serviteurs des misères de ce monde. Je vous rends grâces, et ne saurais vous remercier assez. » Le proconsul, ayant assouvi enfin sa cruauté contre Thécla, le fit traîner en prison, et ordonna de recommencer la torture pour Dativus. Le prêtre Saturninus fut aussi étendu sur le chevalet, pour avoir affirmé courageusement qu'il avait célébré les saints mystères parce que tel était son devoir. Pendant que les bourreaux déchiraient le corps de ce saint vieillard, il s'écriait : « Je vous invoque, ô Jésus-Christ; ah! exaucez-moi! Je vous rends grâces, Seigneur; ordonnez qu'on me tranche la tête. Je vous implore, ô Jésus-Christ, prenez pitié de moi; Fils de Dieu, secourez-moi. » Eméritus, lecteur, s'avançant alors, assura que les saints mystères avaient été célébrés dans sa maison, et supporta d'un grand cœur les mêmes supplices.

Le proconsul avait enfin donné ordre au bourreau de s'arrêter, lorsque Félix se présenta; et tous les autres, comme lui, se montrèrent prêts à endurer les mêmes traitements. Félix

---

[1] Ce semble être un nom punique, ne fût-ce que pour sa désinence; comme *Tigilla*, surnom d'Hannon. Cf. Appian. *B. Pun.*, 82.

protesta qu'ils avaient célébré solennellement la collecte, et qu'ils n'avaient jamais cessé de se rassembler pour lire les divines Écritures ; sur quoi il fut frappé de bâtons si rudement qu'il expira sous les coups. Un autre Félix, battu de même, fut emporté à demi mort dans la prison. Ampélius, Quintus, Maximianus et Félix-Junior furent traités de même ; mais le lecteur Saturninus souffrit le tourment du chevalet et des ongles de fer. Le jour presque entier avait été employé à cette boucherie, et le proconsul enfin exhortait les confesseurs à se raviser, pour profiter de son indulgence ; mais tous ensemble, sans tenir compte de ces conseils, répondirent : « Nous sommes chrétiens. » Tous furent donc conduits en prison, où devait se consommer leur martyre. Pendant qu'on exécutait cet ordre, on voulut abattre la constance de la vierge Victoire, dont les louanges ont été célébrées avec une sorte de complaisance par l'auteur des *Actes*. « Afin, dit-il, que les femmes consacrées à Dieu et le chœur des vierges chrétiennes ne fussent pas privés de ces luttes viriles, le sexe le plus faible combattit et fut couronné dans Victoire avec l'aide de Jésus-Christ. » D'une naissance distinguée, avec un assemblage de tous les dons naturels rehaussé par une éclatante pureté, et d'une beauté que relevait la foi de son cœur ; elle se réjouissait de se voir appelée à une autre palme, celle du martyre. Dès l'enfance, la modeste réserve d'une âme chaste s'alliait en elle à une certaine dignité qui annonçait la gloire de son triomphe. Plus tard, forcée par ses parents d'accepter un époux, elle s'était laissée tomber dans un précipice pour se soustraire à cette union qui contrariait son vœu ; mais comme si l'air lui eût servi de soutien, elle se trouva déposée sans atteinte sur le sol. Échappée de la sorte aux fêtes nuptiales, elle s'était réfugiée dans l'église, comme en un asile de sa pudeur, et y avait consacré à Dieu une virginité perpétuelle. Elle marchait donc au martyre, portant en main, avec la fleur de la pureté, la palme triomphale ; et interrogée par le proconsul, elle professa hautement sa foi de chrétienne. Son frère Fortunatien, homme de loi, prétendait la soustraire à la mort en assurant qu'elle n'était point saine d'esprit; mais Victoire l'interrompit : « Je suis dans mon bon sens, et je n'ai jamais varié. — Veux-tu, lui dit le proconsul, t'en aller avec ton frère Fortunatien? — Non, repartit-elle, puisque je suis chrétienne, et mes frères sont ceux qui gardent les préceptes de Dieu. » Le proconsul la pressait encore d'écouter les conseils de la raison, et de se rendre aux instances de son frère. « Je sais ce que je fais, dit-elle, et n'ai jamais varié; j'ai assisté avec mes frères aux saints mystères parce que je suis chrétienne. » Piqué de cette persévérance, Anulinus la fit joindre aux saints martyrs qu'il destinait à la mort.

Restait le petit Hilarion, fils du prêtre Saturninus; et cet enfant répondit avec intrépidité : « Je suis chrétien : c'est de mon plein gré que j'ai fait la collecte avec mon père et mes frères. » Menacé des supplices par le proconsul, « Fais, dit l'enfant, ce qu'il te plaira, car je suis chrétien. » Lui aussi fut donc envoyé à la prison et à la mort; et voyant ses vœux accomplis, il répétait *Deo gratias*. Nous ne savons pas bien quelle fut la fin de ces martyrs, il semble pourtant qu'ils soient morts en prison, d'épuisement et de misère; car dans le calendrier de Carthage il est fait mention des uns au mois de juillet, d'autres en septembre, et d'autres encore en octobre et en novembre.

Il ne faut pas oublier la Mauritanie qui, au dire d'Eusèbe, donna une troupe de martyrs au ciel durant cette persécution. De ce nombre sont les illustres héros de l'Église milanaise, Nabor, Félix et Victor, loués par plusieurs Pères de l'Église. Ils étaient nés en Mauritanie, et portèrent les armes sous Maximien. Les anciens martyrologes parlent aussi de sainte Théodora de Césarée, exécutée avec ses sept enfants; mais nous n'avons point leurs actes, pas plus que tant d'autres également perdus. Dans cette disette de monuments, on peut citer du moins saint Arcadius de Césarée (Cherchell) dont le martyre fut transmis à la postérité par saint Zénon évêque de Vérone, lequel paraît avoir été son compatriote. Arcadius, tandis qu'à Césarée on s'efforçait de contraindre les chrétiens à brûler de l'encens devant les idoles, se déroba par la fuite à ce funeste spectacle. Mais apprenant que, pour n'avoir point voulu le trahir, un de ses parents avait été pris et jeté dans les fers, il quitta son asile et vint se présenter pour qu'on relachât son ami. Il se donna donc librement pour chrétien prêt à souffrir toute sorte de tourments plutôt que d'abandonner Dieu. Le juge enflammé de colère s'écria : « Qu'on lui coupe les mains et les pieds, et qu'il se voie lui-même changé en un cadavre vivant ! » Cette sentence lui fit bénir le Ciel de ce que la langue au moins lui restait pour pouvoir attester sa croyance. Saint Zénon décrit ainsi l'exécution de ce cruel arrêt : « Quand le bourreau se vit livrer ce corps, la hache en tombant trancha les jointures des membres. Les mains sautèrent loin du corps, et le sang, un instant arrêté, prenant de nouveau sa course, jaillissait des veines en ruisseau. Puis le fer du farouche exécuteur détacha les pieds de leur articulation, et le corps du martyr demeura ainsi réduit comme à l'état de tronc. » La mémoire de ce généreux martyr est fêtée dans l'Église le 12 janvier.

La Numidie eut alors aussi ses martyrs, du nombre desquels fut Crispina, noble matrone, célébrée plusieurs fois par saint Augustin. Elle était de Thagara (ou Thagura, aujourd'hui *Taoura*), mais on la conduisit à Théveste devant le proconsul Anulinus. Celui-ci lui demanda si elle obéissait à l'ordre des empereurs : « Je ne sais, répondit-elle, quel est cet ordre. » Le proconsul lui dit qu'il s'agissait de sacrifier à tous les dieux. « Je n'ai jamais sacrifié, reprit Crispina, ni ne sacrifie qu'à un seul Dieu, et à Notre-Seigneur Jésus-Christ son fils, qui est né et a souffert. » Anulinus insistait, lui représentant la sévérité des lois et les peines portées contre les transgresseurs ;

« Quoi qu'il doive arriver, dit la sainte, je souffrirai volontiers pour la foi que je tiens. » Invitée de nouveau à sacrifier, « Cela, répondit-elle, je ne l'ai jamais fait, ni n'ai su ce que c'était; et je ne le ferai point tant que je serai en vie. » Anulinus voyant qu'il perdait son temps et sa peine voulut qu'on lui rasât les cheveux, et lui rappela la mort qu'avaient subie Maxima, Donatilla, Secunda et leurs autres compagnes; ce qui donne à penser que ces trois *martyres de Tuburbe* avaient récemment souffert la mort pour Jésus-Christ. Mais Crispina se montra prête à verser son sang comme elles, s'estimant trop heureuse d'éviter ainsi la mort de son âme et le supplice du feu éternel. « A quoi bon, dit alors le proconsul, souffrir davantage les impiétés de Crispina? » et faisant relire les actes de la procédure, il lut lui-même la sentence de mort. « Je rends grâce au Christ, dit Crispina; et je bénis le Seigneur, qui daigne me délivrer ainsi de tes mains. » Le jour même, livrée au bourreau, elle obtint la couronne avec ses compagnons Bilius, Félix et Potamia.

Sur la fin de 304, la Numidie fournit de nouveaux confesseurs qui furent gardés dans les fers pour l'année suivante. C'étaient le vieillard Mammarius de Lambèse (*Lemba*, ou *Tezzout*), et ses concitoyens Félix diacre, Albinus, Vivus, Donat, Victorien diacre, et Libosus, tous des principaux de la ville; Laurent, Faustinien, Liddinus, Crispinus et Lucius, citoyens de Thamugadi (près d'*Enchir-Timegad*), Faustine de Tigisis; Faustus et une autre Faustine, de Vaga (ou *Bagaï*). Le comte Alexandre, par ordre du proconsul Anulinus, les avait fait saisir en divers lieux de Numidie et emprisonner à Vaga; et, sur l'avis qu'Anulinus était arrivé à Bosa, ville voisine, ils lui furent envoyés. Incarcérés de nouveau en ce lieu, on les y retenait enchaînés dans les ténèbres. L'année d'après, le 11 mai, Anulinus expédia des crieurs publics dans les villes voisines pour convoquer le peuple comme à un spectacle, et se fit présenter les confesseurs devant son tribunal. Mammarius, âgé de quatre-vingt-treize ans et six mois, était prêtre, peut-être même évêque : car ses compagnons de souffrance le traitaient de père et de *pape*[1]. En son propre nom et de la part des autres, il confondit les ruses du proconsul, qui accumulait interrogation sur interrogation. Anulinus les fit étendre sur le chevalet, avec ordre de leur appliquer des torches ardentes sur les côtes et d'enfoncer les ongles de fer dans leur corps. Mais, par un miracle public, ils demeurèrent sans atteinte : la force de tension des chevalets ne put rien sur leurs membres : les torches s'éteignirent, et les mains des exécuteurs demeuraient sans mouvement. Bien plus irrité, le proconsul leur fit écorcher la tête et briser les dents ; et les confesseurs, après avoir enduré patiemment ces cruautés, furent reconduits au cachot. Plusieurs jours après, Anulinus, se les faisant amener encore une fois, les soumit à de nouveaux supplices ; ils se trouvaient alors au nombre de seize par l'adjonction d'un nouveau fidèle dont le nom est inconnu. Une mort subite emporta le proconsul qui fut remplacé par Maxime, bien plus furieux encore contre le christianisme ; mais celui-ci, voyant qu'il ne pouvait les fléchir, leur fit trancher la tête. L'exécution eut lieu à un demi-mille de Bosa, et les saints corps furent réunis en un seul cimetière par les soins du prêtre Lucien et d'une illustre dame, nommée Maximilla.

Ce fut encore un beau triomphe pour l'Évangile que le martyre de la vierge Marciana, née à Rusuccoræ (Rusucurium ou Rusuccurum, en Numidie), mais qui souffrit à Césarée, métropole de la province. Distinguée par sa naissance et par sa beauté, elle s'était rendue à Césarée pour y vivre dans la retraite et garder religieusement à Dieu la virginité qu'elle lui avait vouée Sortant un jour par la ville, et voyant une statue de Diane près d'une fontaine, elle fit tomber à terre avec mépris la tête de cette fausse divinité. Une foule de païens qui se trouvaient là frappèrent rudement la vierge chrétienne, et la traînèrent devant le

---

[1] On peut voir au sujet de ces titres honorifiques, ce qui a été dit précédemment (p. 293, note 2).

juge. Là, Marciana confessa qu'elle était chrétienne, exhortant le peuple à laisser les vaines superstitions et les faux dieux. Le juge, après l'avoir fait souffleter par les licteurs, l'abandonna à la brutalité des gladiateurs ; mais un prodige arrêta l'insolence de ces hommes grossiers. Enfin, condamnée aux bêtes, elle unit la palme du martyre à la couronne de la virginité.

Entre les généreux champions qui honorèrent l'Afrique dans les contrées lointaines, on ne peut oublier Donat, que Lactance a vanté pour sa glorieuse confession à Nicomédie, et auquel il voulut dédier son livre *de la Colère de Dieu*. Il lui adresse même la parole avec de belles louanges dans un autre de ses écrits[1]. Neuf fois ce grand cœur avait été soumis aux supplices, et neuf fois il avait surmonté les angoisses de la douleur pour l'amour de l'Évangile ; survivant comme un trophée de la persécution, après que la paix eût été rendue à l'Église.

Pas plus en Afrique qu'ailleurs, l'Église ne cessa de donner des martyrs et des confesseurs après que les princes païens eurent été remplacés sur le trône par des empereurs baptisés. L'an 399, à Sufes (*Sbiba*) dans la Byzacène, les chrétiens firent disparaître une statue d'Hercule, conformément aux lois d'Honorius et d'autres empereurs catholiques qui prohibaient le culte païen ; mais ce qui restait d'adorateurs des faux dieux accourut

---

[1] *De Mortibus persecutorum*, XVI : « Verum quid opus est illa narrare, praecipue tibi, Donate carissime, qui praeter caeteros tempestatem turbidae persecutionis expertus es? Nam quum incidisses in Flaccinum praefectum non pusillum homicidam, deinde in Hieroclem ex vicario praesidem, qui auctor et consiliarius ad faciendam persecutionem fuit; postremo in Priscillianum successorem ejus, documentum omnibus invictae fortitudinis fuisti. Novies enim tormentis cruciatibusque variis subjectus, novies adversarium gloriosa confessione vicisti ; nonem praeliis zabulum cum satellitibus suis debellasti, novem victoriis saeculum cum suis terroribus triumphasti. »

L'altération qui, du mot *diabolus* fait ici *zabulus*, n'est pas précisément propre à l'Afrique dans le latin de la décadence ; mais elle paraît y avoir été fréquente ; par exemple, *Zaritus* et *Hipponezareston* ou *Ipponizaritum* (pour *Hippo Diarrhytus*), *Quiza* (pour *Quidia*, ou réciproquement), etc. Commodien transforme *diacones* en *zacones*. A partir du quatrième siècle ces transformations se rencontrent même dans les monuments épigraphiques, avec des analogues qui ne surprennent qu'à la première rencontre : comme *Zeta* (Dieta), *Zulia* (Julia), *Zob* (Job), *Zemarchus* (Demarchus).

en armes et promena le meurtre par la ville. Soixante chrétiens perdirent la vie dans cette rixe; et saint Augustin en écrivit de sévères reproches aux anciens de cette colonie[1]. Mais ce fut une heureuse mort que celle de ces chrétiens tués par les ennemis de la vraie religion. Tout en accomplissant les lois impériales, ils montraient par leurs œuvres la foi qu'ils avaient dans l'âme; aussi sont-ils tenus pour martyrs par l'Église romaine, qui honore leur mémoire le 30 du mois d'août.

Ne perdons pas de vue que, malgré le triomphe du christianisme dans les lois, l'idolâtrie conservait par tout l'empire un grand nombre d'adeptes. Si la législation gênait l'exercice de leurs rites, elle ne faisait sans doute qu'exalter leur dépit qui rompait ses digues de temps à autre, quand une occasion s'offrait pour vider les vieilles rancunes. Ce n'étaient pas seulement les barbares proprement dits, dont on recevait encore les serments sous la forme païenne dans les transactions habituelles, du temps de saint Augustin[2]; des villes, qui pouvaient passer pour romaines, comptaient alors quantité d'habitants idolâtres qui rongeaient leur frein avec bonne volonté de revanche.

En 408, les païens de Calame célébraient encore leur fête sacrilége, malgré les lois récentes[3]. Dans cette solennité traditionnelle, une foule tumultueuse d'entre eux passait en dansant devant les portes de la basilique chrétienne; et, comme les clercs s'efforçaient de les éloigner, ils lancèrent une grêle de pierres

---

[1] Augustin. *Epist.* L : « Immanitatis vestræ famosissimum scelus et inopinata crudelitas terram concutit, et percutit cœlum, ut plateis ac delubris vestris eluceat sanguis et resonet homicidium. Apud vos romanæ sepultæ sunt leges, judiciorum rectorum calcatus est terror, imperatorum certe nulla veneratio nec timor. Apud vos sexaginta numero fratrum innocens effusus est sanguis ; et si quis plures occidit, functus est laudibus, et in vestram curiam tenuit principatum. »

[2] Augustin. *Epist.* XLVII : « ...Quod si noluerimus, ubi vivamus in terris nescio utrum invenire possimus. Neque enim tantummodo Limiti, sed universis provinciis pax conciliatur juratione barbarica. »

[3] Les inscriptions païennes trouvées à Ghelma (l'ancienne *Calama*) montrent assez bien que le culte idolâtre s'y conserva longtemps. En cela, comme en bien d'autres choses, les monuments que l'on rencontre chaque jour ne font que confirmer les récits de l'histoire ecclésiastique.

contre l'église. Huit jours après, ils attaquaient encore la basilique de la même façon par deux fois, et s'efforçaient même d'y mettre le feu. Un serviteur de Dieu, qui rencontra ces forcenés, y laissa la vie; et d'autres n'échappèrent à leur fureur qu'en prenant la fuite, ou se cachant avec soin. L'évêque, particulièrement, du lieu où il s'était réfugié, entendait les cris de ceux qui cherchant à le tuer, se désolaient de ce que, celui-là échappé, il n'y avait rien de fait[1].

Vers ce même temps, et sans doute l'usage en remontait plus haut, l'Afrique, mais spécialement Carthage, fut fréquemment visitée par un grand concours de pèlerins qui venaient honorer la mémoire des martyrs et rappeler sans cesse leurs glorieuses actions. En 399, Posthumianus, qui avait quitté Narbonne afin de visiter Jérusalem et les autres saints lieux de la Palestine, aborda en Afrique. Sa dévotion le conduisit à Carthage pour vénérer les restes des saints, mais surtout le tombeau du martyr Cyprien. C'est Sulpice Sévère qui le raconte[2]. Dès que la paix avait été donnée à l'Église, les pèlerinages pour la Terre sainte firent quitter à bien des chrétiens leur patrie. Une fois sur la route de ces voyages édifiants et curieux, il est tout simple qu'on ait cherché à les compléter, dans l'aller ou le retour, par des excursions sur les plages recommandées au souvenir des fidèles par les annales ecclésiastiques. La France, qui devait donner son nom aux croisades, entendit de bonne heure cet appel du tombeau de Jésus-Christ : puisque c'est d'Aquitaine que part le plus vieux journal de route des pèlerins au saint Sépulcre (*Itinerarium hierosolymitanum*), où la géographie de l'empire romain peut trouver encore des matériaux utiles. Le voyage de Posthumianus n'était donc pas une singularité parmi ses compatriotes.

---

[1] Cf. Augustin. *Epist.* xci, 8.
[2] Sulp. Sev. *Dialog.* i.

ARTICLE II·

Seconde période : Martyrs et confesseurs d'Afrique sous la persécution des donatistes.

La vertu et la vérité ne doivent guère compter sur de longues trêves de la part du vice et de l'erreur. L'Église l'éprouva bien en Afrique, lorsqu'aux persécutions païennes succédèrent les fureurs donatistes : qui, durant le quatrième siècle et le cinquième, furent souvent funestes à une quantité de catholiques (Cf. *supra*, p. 115, sv.). La science et la sainteté des ecclésiastiques excitaient tout particulièrement la haine de ces sectaires, et saint Augustin lui-même y courut grand risque de la vie. Mais la Providence divine le déroba aux mains de ces furieux, afin de conserver un tel défenseur à son Église. Il était du nombre des évêques délégués par le concile de Carthage pour convier les donatistes à rentrer dans l'unité ; or c'était précisément à ces délégués du concile, que les chefs des circoncellions avaient voué une haine spéciale. C'est pourquoi des embûches les attendaient le long des routes qu'ils devaient suivre. On savait que déjà plusieurs évêques avaient été maltraités ou mis à mort, et saint Augustin s'était toujours dérobé à leurs piéges ; bien que, dans l'accomplissement de cette commission, il eût traversé plusieurs villes. Aussi les circoncellions se firent informer de l'endroit où il devait passer prochainement, et lui dressèrent une embuscade le long du chemin. Le saint lui-même raconte qu'il n'évita un mauvais parti que pour s'être trompé de route [1].

N'ayant pu se débarrasser de l'évêque d'Hippone, ils tournèrent leur fureur contre d'autres et s'en prirent à un de ses

---

[1] Augustin. *Enchirid.* XVII : « Nobis ipsis accidit ut in quodam bivio falleremur; et non iremus per eum locum ubi, opperiens transitum nostrum, donatistarum manus armata subsiderat. Atque ita factum est ut eo quo tendebamus per devium circuitum veniremus; cognitisque insidiis illorum, nos ratularemur errasse, atque inde gratias ageremus Deo. »

prêtres nommé Restitutus, chargé du soin des âmes dans la *villa Victorianensis*. Il semble qu'après avoir appartenu au parti des donatistes il s'était attiré l'animadversion des sectaires en se rangeant spontanément à l'unité catholique, comme le raconte le clergé d'Hippone[1]. Pour l'en faire repentir, ils le battirent violemment et le livrèrent aux risées de la populace durant plusieurs jours. Ils traitèrent avec la même cruauté un prêtre nommé Marc, qui avait abandonné leur secte; un grand concours de catholiques ne le retira de leurs mains qu'à demi mort. Pour la même raison, ils s'attaquèrent à Marcianus, évêque d'Urugi (ou Urgi, en Numidie); et comme il avait réussi à s'échapper, on se jeta sur son sous-diacre qui n'en fut pas quitte pour une rude bastonnade, car il demeura écrasé sous une grêle de pierres[2].

Le saint évêque de Calame, Possidius, eut aussi beaucoup à faire pour éviter les piéges de son adversaire Crispinus évêque donatiste de la même ville. Possidius l'avait invité inutilement à une conférence, et se rendait dans une campagne de son diocèse : il ne voulait pas seulement y visiter les catholiques, mais réconcilier à l'Église quelques donatistes convertis. S'apercevant que Crispinus lui avait dressé des embûches, il prit un autre but à son voyage pour les éviter. Piqués de ce désappointement, les donatistes assiégèrent en armes la maison où Possidius s'était renfermé avec les siens; ils mirent le feu alentour et, enfonçant les portes à coups de pierres, vinrent à bout d'y pénétrer. Les bêtes de somme qui étaient au rez-de-chaussée

---

[1] Ap. Augustin. *Epist.* LXXXVIII, 6. «... De domo sua raptum et pro arbitrio immaniter cæsum, in gurgite etiam cœnoso volutatum, *buda* vestitum; quum quibusdam dolendum, quibusdam ridendum, in pompa sui facinoris ostentassent; abductum inde quo voluerunt, vix post dies duodecim dimiserunt.»
On pourrait être porté à conjecturer, d'après le mot *buda*, que, après avoir été plongé dans la fange, le saint prêtre avait été couvert de fiente de vache; dans le Modénais, les paysans emploient encore *biuta* dans ce sens, comme on dit en France *bouse*. Mais le mot *vestitus* semble indiquer qu'il s'agit de nattes grossières. Cf. Du Cange, *h. v.*

[2] Cf. Augustin. *Epist.* CXV, 3.

furent d'abord tuées par ces bandits, puis le saint évêque fut maltraité de paroles et de coups.

A Tubursicubure (*Tubersoke? Toubersok, Tebersec*), dans la Proconsulaire, l'évêque catholique nommé Servus-Dei, accompagné d'un procureur que lui avait donné le proconsul, voulait se faire rendre une terre usurpée par les donatistes. Une bande de circoncellions se précipita si brusquement sur lui, qu'il put à peine s'esquiver la vie sauve; mais son père, prêtre d'un âge avancé, bousculé et rudement malmené, en mourut à quelques jours de là.

A Bagaï (*Bedja*) en Numidie, l'évêque catholique Maximien qui s'était fait rendre une basilique par sentence du juge, et la retenait après en avoir chassé les donatistes, fut assailli par eux à main armée. Il voulut se réfugier dans la basilique et se cacher sous l'autel, mais il y fut frappé; blessé même à tel point que l'autel, renversé d'ailleurs, demeura teint de son sang. Ces furibonds le tirèrent de là presque nu; le traînant dans la poussière, qui du moins servit à cicatriser ses blessures en adhérant à ses plaies. Laissé pour mort et recueilli par les catholiques, il retomba aux mains de ses ennemis, irrités d'apprendre qu'il vécût encore; et, cette fois l'entraînant avec eux, ils le maltraitèrent plus que jamais. Enfin ils le précipitèrent du haut d'une tour; c'était pendant la nuit, ce qui les empêcha peut-être de prendre mieux leurs mesures. Car l'évêque vint à tomber sur un amas de fumier et de cendres, où il demeura sans connaissance, mais au moins avec la vie sauve. Revenu ensuite à lui et transporté chez un pauvre paysan, il recouvra la santé contre tout espoir : ses cruels ennemis l'ayant si rudement traité, que l'on pouvait compter sur son corps plus de blessures qu'il n'avait de membres [1].

Bien d'autres personnes du clergé catholique éprouvèrent de pareilles cruautés, ou peu s'en fallait; et l'on n'en finirait point si l'on voulait détailler les mauvais traitements employés contre

---

[1] Cf. Augustin: *Contra Crescon.*, III, 43

les catholiques par l'ardente colère des donatistes. Saint Augustin parle d'hommes aveuglés et mutilés, de maisons ou même d'églises saccagées ou tout à fait réduites en cendres avec les exemplaires des livres saints[1]. Le clergé d'Hippone se vit forcé d'écrire à Januarianus, primat donatiste de la Numidie, pour le prier de mettre un frein à la fureur de ses circoncellions qui les menaçaient du fer, du feu et d'armes nouvelles inventées par une rage féroce[2]. Mais ces abominables vexations ne furent point inutiles à l'Église : rendue glorieuse par les beaux exemples de nouveaux martyrs, elle étendait son pouvoir sur ses adversaires en gagnant sur eux du terrain par des conversions nombreuses. Saint Augustin, qui le voyait, en bénissait Dieu parmi tant de maux[3].

La triste mort de Stilicon, tué à Ravenne en 408, occasionna dans l'Afrique de nouveaux tumultes. C'était à lui que les païens et les donatistes attribuaient les lois qui les tenaient en respect; et, débarrassés de cette crainte, ils osèrent promulguer un soi-disant édit d'Honorius qui abrogeait les décrets antérieurs. Belle occasion pour donner carrière à leur rage dans beaucoup de villes, pour vexer les catholiques et menacer les évêques de massacres. Dans le fait, la vie de ces derniers ne fut pas en sûreté longtemps : Sévère et Macaire furent assassinés,

---

[1] « Quæ commemorare longum est : quando quorumdam et oculi exstincti sunt, et cujusdam episcopi manus et lingua præcisa est, nonnulli etiam trucidati sunt. Taceo crudelissimas cædes, et domorum deprædationes per nocturnas agressiones; et incendia non solum privatorum habitaculorum, verum etiam ecclesiarum; in quas flammas, non defuerunt qui et codices dominicos mitterent. »

[2] Non tantum nos fustibus quassant ferroque concidunt; verum etiam in oculos exstinguendos calcem mixto aceto, incredibili excogitatione sceleris, mittunt. Domus insuper nostras compilantes, arma sibi ingentia et terribilia fabricarunt; quibus armati per diversa discurrunt, comminantes atque anhelantes cædes, rapinas, incendia, cæcitates.

[3] Nos hujusmodi afflictos malis, consequens consolatus est fructus : nam ubicumque a perditis ista commissa sunt, ibi ferventius atque perfectius unitas christiana profecit; et uberius laudatur Dominus qui donare dignatus est ut servi ejus passionibus suis lucrarentur fratres suos, et oves ejus mortifero errore dispersas in pacem salutis æternæ suo sanguine congregarent.

Evodius, Theasius et Victor furent battus cruellement. Mais la fureur des donatistes trouva encore à s'accroître quand leurs évêques revinrent honteux et confus de la conférence tenue à Carthage (Cf. *supra*, p. 137-144). Une loi d'Honorius, rendue en 412, fait voir que les évêques catholiques furent traînés par les sectaires hors de leurs maisons, arrachés même à l'asile des églises et soumis à divers tourments. Cette même année, saint Augustin, dans une lettre à des amis étrangers, nous montre ces enragés courant çà et là comme des bêtes fauves qui cherchent à assouvir leur faim [1]. Écrivant au tribun Marcellin qu'il conjure de ne pas déployer toute la sévérité des lois contre ces malheureux, il se garde bien d'atténuer leurs torts [2]; mais il croyait qu'on devait laisser à l'action de l'Église une grande part dans la conversion de ses persécuteurs.

Ne pouvant plus mettre en œuvre la violence contre les catholiques, les donatistes recoururent à la fraude et aux trahisons. Dans les enquêtes qui se firent en 413 pour découvrir les partisans d'Héraclianus [3], une foule de catholiques innocents furent impliqués dans les procès par leurs adversaires et réduits à quitter leur patrie s'ils ne voulaient y laisser leurs têtes. Ce que réussirent à faire en cette occasion les ruses perfides du parti donatiste, on peut le voir par l'exécution criante du pieux tribun Marcellin et de son frère le proconsul Apringius (Cf. *supra*, p. 45 sv.). Saint Jérôme ne permet pas de douter que les sectaires fussent auteurs de la mort du pre-

---

[1] « Augustin. *Serm.* CCCLIX, 8 : « Insani atque furiosi, armati vagantur hac atque illac quærentes quos occidant, quos excæcent; nova enim nobis nunciata sunt, cuidam presbytero nostro linguam exsecuerunt. » Cf. *Epist.* CXI, 1; etc.
[2] Circumcelliones illos et clericos partis Donati quos de Hipponensi ad judicium, pro factis eorum, publicæ disciplinæ cura deduxerat, a tua nobilitate comperi auditos; et plurimos eorum de homicidio quod in Restitutum catholicum presbyterum commiserunt et de cæde Innocentii alterius catholici presbyteri, atque de oculo ejus effosso, et de digito præciso fuisse confessos.
[3] Fl. Heraclianus, comte d'Afrique, avait si bien avancé les affaires de l'empire contre une révolte, qu'Honorius l'avait nommé consul. Ce fut le moment que cet homme choisit pour aller débarquer en Italie avec une armée (Cf. *supra*, p. 44, sv.).

mier[1], et l'on soupçonnait avec quelque fondement qu'ils avaient gagné le juge à force d'or[2]. Quand on apprit que Marcellin et Apringius avaient été jetés en prison, il n'y eut pas un seul des Pères du concile, alors réunis à Carthage, qui ne pleurât le sort de tels personnages. Après qu'ils avaient si bien mérité de l'Église, on les voyait destinés au supplice, au lieu des insignes récompenses que leur conduite aurait méritées. Les évêques, parmi lesquels se trouvait saint Augustin, ami de Marcellin, députèrent sur-le-champ à l'empereur l'un d'eux avec un diacre, pour arracher à la mort ces illustres innocents; et ils avaient obtenu du comte Marin la promesse expresse de différer le jugement, lorsqu'on apprit le lendemain que Marcellin et Apringius avaient été conduits au juge. Les Pères ne doutèrent point d'abord que le comte Marin n'eût fait choix de ce jour pour augmenter la joie de l'Église à la fête de saint Cyprien, en donnant la vie aux deux accusés. Espoir qui bientôt fut cruellement déçu, comme saint Augustin le raconte[3], quand on apprit leur supplice plutôt que leur jugement.

Ainsi périrent ces deux hommes distingués, qui n'avaient pas seulement donné tous leurs soins à l'extinction du schisme en Afrique, mais qui étaient connus de tous pour leur amour de la justice et la pureté de leurs mœurs. Marcellin surtout avait toujours vécu si religieusement, qu'on le tenait pour un rare modèle de sainteté : réputation que son séjour en Afrique avait, je ne dirai pas maintenue, mais accrue de beaucoup. Saint Augustin, qui le connaissait à fond et l'avait eu pour ami, en fait un éloge qui, sur les lèvres d'un tel juge, est

---

[1] Hieronym. *Contra Pelag.* III, 19 : « Sub invidia tyrannidis Heracliani, ab hæreticis innocens cæsus est. »

[2] Oros. *Hist.* VII, 42.

[3] ... Quum ecce nobis nuntius irruit quo prius percussos esse noscemus quam quomodo audirentur quærere valeremus. Provisus enim erat et proximus locus, non suppliciis hominum deputatus, sed ornamento potius civitatis; ubi merito creditur propterea quosdam ante aliquot dies jussisse mactari, ne in istis invidiosa novitas esset : quos consilium fuit sic posse subripi Ecclesiæ, si non solum subito feriri juberentur, verum etiam in loco proximo ferirentur.

assurément d'un grand poids [1]. Il voulut en quelque façon lui rendre les honneurs funèbres et comme écrire son épitaphe, pour que la mémoire d'un si grand homme fût appréciée à sa juste valeur par la postérité. Mais le souvenir de Marcellin se conserve plus glorieusement encore dans les fastes de l'Église, qui le compte au nombre des martyrs et rappelle son nom aux fidèles chaque année le 6 d'avril.

ARTICLE III

Période vandale : Principaux martyrs et confesseurs de l'Église d'Afrique sous les conquérants ariens.

Si l'on veut se faire une idée des ravages et de la désolation qui frappèrent l'Église d'Afrique dès le commencement de l'invasion vandale, on peut en juger par les paroles de saint Possidius, évêque de Calame. A l'approche des envahisseurs barbares, il s'était réfugié avec d'autres évêques du voisinage, dans la ville d'Hippone; où saint Augustin, près de finir ses jours, n'avait plus d'autre consolation que des prières et des larmes continuelles. « Il voyait, cet homme de Dieu, dit Possidius, les villes renversées, les peuples des campagnes mis à mort ou dispersés par la fuite; les églises privées de prêtres, les vierges consacrées à Dieu désormais errantes sans asile ou livrées à toutes les horreurs d'une dure servitude, les sacre-

---

[1] Quæ illi probitas in moribus, in amicitia fides, in doctrina studium, in religione sinceritas, in conjugio pudicitia, in judicio continentia, erga inimicos patientia, erga amicos affabilitas, erga sanctos humilitas, erga omnes caritas; in beneficiis præstandis facilitas, in petendis pudor, in recte factis amor, in peccatis dolor! Quantum decus honestatis, qui splendor gratiæ, quæ cura pietatis! Quæ in subveniendo misericordia, in ignoscendo benevolentia, in orando fiducia! Quod salubriter sciebat, qua modestia loquebatur; quod inutiliter nesciebat, qua diligentia scrutabatur! Quantus in eo contemptus rerum præsentium, quanta spes et desiderium bonorum æternorum!

Ceux qui se mettent à la recherche des origines de la rime (Cf. *supra*, p. 203 sv.), pourront s'apercevoir ici de ce que les écrivains ecclésiastiques leur offriraient à glaner sans sortir de la civilisation latine.

ments abandonnés ou demandés en vain; les fugitifs mêmes poursuivis par le glaive dans leurs retraites, ou succombant aux privations; ceux qui avaient dirigé des Églises, tendant la main sans trouver de secours[1]. »

Aux indications générales données précédemment sur l'horrible persécution qui suivit cette conquête, il faut joindre maintenant l'exposition de quelques faits particuliers, ne choisissant que les plus dignes de mémoire. En 437, Genséric, avide de répandre l'hérésie arienne, fit revenir les exilés pour tenter leur constance par d'horribles supplices, et un grand nombre périt par divers genres de morts. Un enfant, nommé Paulin, mérite un rang à part dans les fastes de l'Église par sa constance à supporter les tourments et un abject esclavage. Son esprit et sa beauté avaient frappé le roi, qui sembla tourner en haine toute l'affection que lui avait inspirée ce glorieux enfant, lorsqu'il vit que rien ne pouvait lui arracher l'amour de la foi catholique[2].

Entre bien des catholiques réduits à une misérable servitude dans l'Afrique ou transportés ailleurs, il convient de citer sainte

---

[1] Possid. *Vit. Augustin.*, 28 : « Videbat ille homo Dei civitates excidio perditas, pariterque cum ædificiis villarum habitatores, alios hostili nece exstinctos, alios effugatos atque dispersos; ecclesias sacerdotibus ac ministris destitutas, virginesque sacras et quosque continentes ubique dissipatos; et in his alios tormentis defecisse, alios gladio interemptos esse; alios in captivitate, perdita animi et corporis integritate ac fidei, malo more ac duro hostibus deservire; hymnos Dei et laudes de ecclesiis deperiisse; ædificia ecclesiarum quam plurimis locis ignibus concremata; solemnia, quæ Deo debentur, de propriis locis desisse sacrificia; sacramenta divina vel non quæri, vel quærenti qui tradat non facile reperiri. In ipsas montium silvas et cavernas petrarum et speluncas confugientes, vel ad quasque munitiones, alios fuisse expugnatos et interfectos; alios ita necessariis sustentaculis evolutos atque privatos, ut fame contabescerent; ipsosque ecclesiarum præpositos et clericos, qui forte Dei beneficio vel eos non incurrerant, vel incurrentes evaserant, rebus omnibus exspoliatos atque nudatos, egentissimos mendicare; nec eis omnibus ad omnia, quibus fulciendi essent, subveniri posse. »

[2] Prosp. *Chronic.*: « Puer autem, Paullinus nomine, frater Eutychiani et Paschasii, pro elegantia formæ atque ingenii admodum regi acceptus, quum a professione atque amore catholicæ fidei nullis minis deturbari posset, fustibus diu cæsus, et ad infimam servitutem damnatus est; ideo, ut apparet, non interfectus, ne de superata sævitia impii regis etiam ætas illa gloriaretur. »

Julie, martyre; dont le saint corps est honoré à Brescia, où Didier, roi des Lombards, la fit transporter de Corse vers 766. Vendue comme esclave, à la prise de Carthage, elle tomba entre les mains d'un marchand païen de Palestine, nommé Eusèbe, qui lui permit de conserver sans tache la chasteté virginale et la piété chrétienne; tant était belle aux yeux même d'un gentil la vertu de cette femme, qui plus tard mérita la palme du martyre ! En 445, Eusèbe, faisant voile pour les Gaules, aborda en Corse au lieu que l'on appelait *caput Corsicæ*[1]; tandis que les habitants, encore idolâtres, célébraient un sacrifice solennel. Il y assista, laissant sur le vaisseau Julie occupée à ses pratiques chrétiennes; mais les insulaires, soupçonnant que Julie professait la religion de Jésus-Christ, demandèrent à Eusèbe de leur céder cette esclave, lui promettant en échange quatre servantes. Sur le refus du marchand, ils enlevèrent de force la chrétienne, l'entraînèrent à l'autel des dieux et voulurent qu'elle prît part à leur sacrifice; mais la sainte, déclarant sa foi, exprima hautement son mépris pour leurs impiétés et se laissa généreusement souffleter, fouetter, soumettre à divers autres tourments. Enfin elle mourut en croix, couronnant ainsi par le martyre une vie consacrée tout entière à la confession de l'Évangile.

En 460, Genséric, renouvelant toutes les horreurs de la persécution de Dioclétien, forçait les prêtres et les ministres du Seigneur à livrer aux hérétiques les saints livres et les ornements sacrés. Valérianus évêque d'Abbenza (dans la Zeugitane), et Archininus[2], né à Mascula en Numidie, signalèrent leur constance entre tous les autres. Le premier, qui refusa invinciblement de livrer les choses saintes, fut chassé de la

---

[1] Dans les actes de la sainte, il semblerait que ce nom désignât une ville, et non pas précisément le *cap Corse*. Quoi qu'il en soit, on sait que l'idolâtrie se maintint dans l'île de Corse jusqu'au temps de saint Grégoire le Grand.

[2] Morcelli écrit *Archininus*; mais ce nom représenterait une origine sémi-grecque et sémi-insignifiante. D'ailleurs Ninus étant un nom qui se représente souvent dans les monuments d'Afrique, il semble qu'on puisse lire comme à coup sûr *Archininus*.

ville par ordre du roi, sans que personne pût le laisser entrer dans une maison ou même lui permettre de rester sur ses terres. Ainsi, ce vieillard plus qu'octogénaire se trouvait réduit, dans un dénûment complet, à n'avoir pour lit que la voie publique; et le fait nous est attesté par Victor de Vite, qui avait été le saluer dans ce misérable exil d'une espèce nouvelle. Le second, sollicité d'abord par les belles paroles et les promesses du roi, tint ferme à confesser la vérité catholique. En le condamnant à mort, on ordonna secrètement à l'exécuteur de ne le frapper que s'il le voyait trembler au moment de recevoir le coup mortel, mais il fut convenu qu'on le laisserait en vie s'il demeurait calme sous la menace du glaive. Conduit par le bourreau, il ne fit nulle résistance, et s'agenouillant il présenta sa tête sans broncher plus qu'une colonne. Sa fermeté donc lui sauva la vie sans lui ôter le mérite [1].

L'année suivante, Armogaste, qui appartenait à la cour de Théodoric second fils de Genséric, avait résisté aux offres et aux menaces des perfides ariens; lorsqu'il vit venir les bourreaux qui lui serrèrent violemment les jambes avec des cordelettes, et les tempes avec des nerfs de bœuf. Le saint homme, au milieu de cette angoisse, élevait les yeux au ciel en invoquant le Seigneur Jésus-Christ; cependant les liens se brisèrent à plusieurs reprises, au grand étonnement des ariens, qui firent doubler les cordes et répéter la torture. Mais leur surprise fut bien plus grande quand ils virent sur son front, non pas des marques profondes ni la peau entamée, mais de simples rides. On le suspendit par un pied, la tête en bas; mais sans réussir ni à l'ébranler, ni, ce semble, à le faire souffrir : car, soutenu par l'aide de Dieu, il paraissait dormir tranquillement comme s'il eût été sur un lit moelleux. A cette nouvelle, Théodoric ordonna qu'on lui tranchât la tête; mais Jocundus, prêtre arien, fit observer au prince qu'en ôtant la vie à cet homme il

[1] Vict. Vit., I : « Etsi martyrem invidus hostis noluit facere, confessorem tamen nostrum non potuit violare. »

allait donner lieu aux Romains (c'est-à-dire aux catholiques) de l'honorer comme martyr. En conséquence, changeant d'avis, il fit reléguer Armogaste dans la Byzacène, le condamnant à des travaux de terrassement. Plus tard le saint confesseur fut ramené dans la campagne de Carthage et, pour l'exposer au mépris de tous, réduit à être bouvier. Il supporta cette ignominie avec la même constance qu'il avait montrée dans ses premières épreuves; puis, sachant que le jour de sa mort approchait, il fit venir Félix, catholique sincère quoique intendant de la maison de Théodoric, et lui montra l'endroit où il désirait que son corps fût inhumé sous un arbre. Son ami répugnait à lui en faire la promesse, disant qu'il prétendait bien l'ensevelir dans une des basiliques de la ville; mais le saint homme insista si fort qu'il obtint la parole de Félix. A quelque temps de là, Armogaste fut délivré par la mort; et Félix, fidèle à son engagement, se mettait en devoir de faire creuser la terre dans le lieu marqué pour lui rendre les derniers offices, lorsqu'il trouva dans l'excavation commencée à ce dessein un sarcophage de marbre comme on en aurait à peine fait un pour un roi. Joyeux de cette découverte, il déposa dans ce merveilleux sépulcre le corps du courageux athlète de la foi. Quant à Théodoric et à son ami Jocundus, leur zèle arien leur fut compté pour peu de chose sous le règne suivant. (Cf. *supra*, p. 174, 182.)

En 462, le catholique Sature était procurateur de la maison d'Hunéric, fils aîné du roi. Ce prince, qui surpassa plus tard la cruauté de son père Genséric, eut occasion dès lors d'apprécier la constance des orthodoxes dans celle de son serviteur. La liberté avec laquelle Sature s'exprimait sur l'arianisme, lui avait valu depuis longtemps la haine des hérétiques, mais spécialement du diacre Marivade favori d'Hunéric. Pour couvrir leur haine, les ariens lui firent mille avances, lui garantissant des richesses et des honneurs s'il embrassait la croyance du prince. On ne lui laissait pas ignorer que, dans le cas de refus, il s'exposait à d'affreux supplices, à se voir dépouiller de tout et chasser de sa maison; que ses esclaves, ses enfants même seraient vendus, et que sa femme serait livrée à un chamelier. Mais, sans se laisser ébranler par cette cruelle perspective, il excitait lui-même les ariens à exécuter ces projets. Ceux-ci auraient voulu surtout ébranler sa fermeté; ils lui envoyèrent donc sa femme pour faire brèche à la résolution de ce grand cœur, par les larmes d'une personne si chère et la commisération pour sa famille. Elle le trouva occupé à prier Dieu lorsqu'elle lui amenait ses enfants, et portait entre ses bras une petite fille encore à la mamelle. Tous ensemble, se précipitant à ses pieds, lui demandèrent de quel cœur il pourrait voir vendus et traînés en esclavage ces innocents qui lui devaient le jour; comment il pourrait envisager sans pitié le sort de sa femme destinée, lui vivant, à une abjecte et honteuse union. Elle lui représentait que, distingués tous deux par leur naissance, ils n'étaient point gens dont la famille dût être réduite en servitude; que Dieu, après tout, saurait bien qu'on l'avait forcé, et qu'il aurait accompli uniquement pour l'amour des siens, ce que d'autres avaient fait sans balancer. Sature répondit comme le saint homme Job : « Tu parles comme une des femmes folles. Je pourrais craindre s'il n'y avait autre chose au monde que les douceurs de cette triste vie; mais toi qui recours à des artifices diaboliques, si tu aimais ton mari, tu ne le pousserais pas à la seconde mort[1]. Que l'on vende mes enfants, que l'on me sépare de ma femme, qu'on me dépouille de mes biens; sûr des promesses, je garderai la parole du Seigneur : *On ne peut être mon disciple, si l'on ne laisse sa femme, ses enfants, ses champs, sa maison.* » Après cette victoire sur sa femme et ses enfants, Sature, sans peine, foula aux pieds le reste; rien ne put l'empêcher de mettre avant tout les intérêts de Dieu[2].

---

[1] On reconnaît dans ce langage une allusion aux paroles de l'Apocalypse (xx, 6) : « Beatus et sanctus qui habet partem in resurrectione prima, in his *secunda mors* non habet potestatem. »

[2] Vict. Vit. I. « Discedente muliere cum filiis refutata, confortatur Saturus

Hunéric, la septième année de son règne (en 483), démasqua toute sa haine contre l'Église; une troupe de fidèles, au nombre d'environ quatre mille neuf cent soixante-seize, furent mis entre les mains des Maures, pour être transportés dans les déserts. Deux villes de la Proconsulaire, savoir Laribus (*El Arbous*) et Sicca Veneria (*Kef*, dans l'État de Tunis), étaient marquées comme points de réunion pour ces exilés avant le départ; et c'est là que les Maures vinrent les prendre tous ensemble. Victor de Vite, qui avait vu cette glorieuse légion de confesseurs, nous apprend qu'un bon nombre était cassé de vieillesse, aveugle, estropié ou dans l'impossibilité de supporter la marche. Parmi eux se trouvait Félix, évêque d'Abbir-la-Grande (dans la province proconsulaire): il n'était pas seulement avancé en âge, comptant déjà la quarante-quatrième année de son épiscopat, mais tellement affaibli qu'il était presque privé de sentiment et de l'usage de la parole. Ses compagnons, prenant en pitié ses infirmités, obtinrent des Vandales qu'on demandât au roi pour Félix la grâce d'être laissé à Carthage, où l'on n'avait pas à craindre qu'il vécût longtemps. Toute la réponse du tyran fut celle-ci : « S'il ne peut se tenir sur une bête de somme, qu'on assemble sous le joug des bœufs indomptés, qui le traîneront avec des cordes à l'endroit que j'ai marqué. » Pour empêcher que cet ordre cruel ne fût mis à exécution, les charitables confesseurs se chargèrent de soutenir tour à tour le pauvre vieillard placé en travers sur une bête de charge, où il était retenu par des cordes.

Quand tous les exilés se trouvèrent rassemblés dans les deux villes indiquées par le roi, et qui étaient voisines l'une de l'autre, des envoyés d'Hunéric arrivèrent pour essayer de recruter parmi eux quelque déserteur qui voulût bien grossir la secte arienne. Ils parcouraient donc cette noble troupe, donnant à cha-

ad coronam, discutitur, exspoliatur; pœnis conteritur, mendicus dimittitur, interdicitur ei prodeundi accessus; totum ei tulerunt, stolam tamen baptismatis auferre ei non potuerunt. »

cun de bonnes paroles, et promettant toute espèce d'avantages de la part du prince à ceux qui écouteraient ses conseils. Tout fut inutile sur ces grandes âmes : ni le regret de ce qu'ils avaient perdu, ni la crainte de ce qui les menaçait ne put ébranler leur résolution. Tous renouvelèrent à haute voix la profession de la foi catholique, s'écriant : « Nous sommes chrétiens, nous sommes catholiques, nous reconnaissons inébranlablement la Trinité en un seul Dieu. » On les fit emprisonner: non pas si rigoureusement toutefois, que les évêques ne pussent les visiter et célébrer avec eux les saints mystères. Les mères obtinrent de venir voir leurs enfants, et plusieurs d'entre elles se réjouissaient d'avoir enfanté des martyrs. Mais il y en eut qui, cédant aux sentiments de la nature, osèrent même engager leurs fils à trahir la foi en se souillant du baptême arien. Or, parmi quantité de jeunes gens, il ne s'en trouva pas un seul dont le cœur ou les lèvres hésitassent le moins du monde sur l'acceptation d'un devoir si rigoureux.

Tandis que les confesseurs attendaient avec joie le jour de leur déportation, le roi ne trouva pas que ce fût assez de les envoyer au loin, privés de tout, s'il ne leur avait d'abord fait endurer la faim et toutes les horreurs de la misère. Il voulut donc que cette multitude fût entassée dans des réduits où nul autre que les prisonniers ne pût avoir accès, et les gardiens devaient encourir des peines sévères s'ils manquaient à ces ordres[1]. Enfermés et pressés de la sorte, ils ne pouvaient ni respirer librement, ni jouir de la lumière; et chacun d'eux voulant alléger autant que possible la peine de son voisin, la nature toutefois ne leur permettait point de ne pas être à charge les uns aux autres.

---

[1] Vict. Vit., II : « Jactantur confessores Christi super invicem, angustia coarctante, unus super alium, ut agmina locustarum; et ut proprie dicatur, ut grana pretiosissima frumentorum. »

Tout en indiquant ainsi la presse où l'on réduisait les confesseurs, l'historien voulait sans doute rappeler ce mot de Notre-Seigneur Jésus-Christ, précisément au sujet de la persécution (Joann. XII, 24) : « Nisi *granum frumenti* cadens in terram mortuum fuerit, ipsum solum manet; etc. »

Tous se trouvant forcés de demeurer immobiles à la même place, l'air appauvri déjà par la respiration de cette foule était encore empesté par une horrible puanteur qui surpassait tout supplice. Les catholiques demeurés libres, qui accouraient de toute part, n'obtenaient qu'à prix d'or de pénétrer dans ces hideux cachots : lorsque les Maures, moins esclaves de la consigne, remplaçaient les Vandales endormis; et à peine entrés, ils enfonçaient dans les immondices jusqu'aux genoux[1].

Enfin arriva le jour (et ce fut un dimanche) où les Maures devaient les emmener au désert. Dans quel état sortaient ces confesseurs, c'est ce dont la pensée toute seule a quelque chose de repoussant; mais pour eux, leur regard, leur physionomie et leur démarche annonçaient tant de joie, que la foule des spectateurs ne pouvait assez l'admirer; aussi les larmes étouffaient la parole. Au nombre de ceux qui assistaient à cette scène attendrissante était Cyprien, évêque d'Unuzibira (ou Ulizibirra, dans la Byzacène), prodiguant à tous les consolations d'une charité apostolique. Il encourageait chacun des exilés avec un cœur de père : répandant des torrents de larmes, prêt à donner sa vie pour ses frères et à partager leurs souffrances. Pour subvenir à cet excès d'infortune, il se dépouilla de tout ce qu'il possédait; aussi, après bien des marques de courage et avoir supporté les misères de la prison, il mérita d'être déporté lui-même.

Les Maures entouraient les confesseurs dans leur marche; mais, partout où ils passaient, la foule des catholiques se précipitait sur leurs pas : plusieurs portaient des cierges allumés, d'autres déposaient à terre leurs enfants, et s'écriaient : « Et

---

[1] Vict. Vit., l. cit.: « In qua constipatione... locum stercoris et urinæ, urgente necessitate, ibidem faciebant; ut ille tunc fœtor et horror universa pœnarum genera superaret... Introeuntes, veluti in gurgite luti usque ad genua cœpimus mergi.

« Exeuntes itaque die dominica, linita habentes stercoribus vestimenta, facies simul et capita, a Mauris tamen crudeliter minabantur; hymnum cum exultatione Domino decantantes : *Hæc est gloria omnibus sanctis ejus* (Ps. CXLIX, 9). »

nous, qu'allons-nous devenir pendant que vous allez à la couronne? Qui plongera ces petits malheureux dans les sources de l'eau éternelle? Qui nous dictera les devoirs de la pénitence, et nous déliera de nos péchés par l'indulgence de la réconciliation? Car c'est à vous qu'il a été dit : *Tout ce que vous délierez sur la terre sera délié dans le ciel.* Qui ensevelira nos morts avec les prières solennelles? et qui accomplira le rit sacré du divin sacrifice? » Parlant ainsi, plusieurs s'offraient à les suivre; mais, repoussés par les Maures, ils étaient écartés de la route et forcés de se retirer. Cependant on pressait la marche des confesseurs pour les faire arriver à temps au lieu de leur destination; et, levant les yeux au ciel, ils chantaient des paroles du psalmiste, comme si on les eût conduits à la patrie céleste. Mais les forces du corps ne répondaient pas chez tous à celles de l'âme, les vieillards et ceux d'une complexion délicate tombaient parfois d'épuisement sur les chemins. Les barbares alors, avec la pointe de la lance ou à coups de pierres, les pressaient de courir pour regagner le temps perdu; et peu s'en fallut qu'il n'en expirât ainsi un bon nombre le long de ce cruel trajet.

Du reste, bien des catholiques, rudoyés par les Maures, ne laissaient pas de suivre cette troupe bienheureuse; et parmi eux se trouvait Victor de Vite qui devint l'historien de ces martyrs. Il vit une pauvre vieille qui marchait à leur suite, chargée d'une besace et d'un paquet de hardes; elle tenait par la main un petit enfant, et on l'entendait l'encourager par ces mots : « Cours, mon maître, tu vois tous ces saints comme ils cheminent et se hâtent joyeusement vers la couronne[1]. » Réprimandée par Victor

---

[1] Vict. Vit., II : « Curre, domine meus, vides universos sanctos quomodo pergunt et festinant hilares ad coronam. »

J'ai écrit *mon maître* pour rendre les mots latins correspondants qui furent employés fréquemment dans le latin de l'empire comme expression de caresse, surtout avec les enfants. Les actes de sainte Perpétue lui font adresser le même langage par son vieux père et par son frère. On en trouve aussi plus d'un exemple dans les inscriptions chrétiennes, soit en latin, soit en grec: pour une femme, un père, un fils en bas âge. Cf. Arringhi, *Roma subterr.*, t. II, p. 175. — Lupi, *Epitaph. Sever.*, p. 66. — Fabretti, *Inscript.*, p. 582. — *Annali dell'*

et d'autres qui trouvaient inconvenant qu'une femme se joignît à cette foule toute composée d'hommes, elle leur répondit : «..... Priez pour moi [1] et pour cet enfant qui est mon petit fils; toute pécheresse que je suis, voyez-vous, je suis la fille de l'ancien évêque de Zura (*Ben Adid?*) [2] » Victor et ses compagnons lui demandant pourquoi elle s'en allait dans un état si misérable et avait entrepris un si long voyage : « Je m'en vais, reprit-elle, en exil, avec votre petit serviteur que voilà, pour que l'ennemi ne le trouve point seul et ne l'entraîne pas à la mort en le détournant du sentier de la vérité. » Ce langage, dit Victor, nous arracha des larmes à tous, et nous n'imaginâmes pas de meilleure réponse que de l'engager à faire la volonté de Dieu.

Quant à la longueur de ce voyage, nul ancien monument ne la précise. On sait seulement qu'il fut assez dur pour que plusieurs tombassent d'abattement durant la marche, et ils retombaient encore après s'être relevés. Des ordres impitoyables furent donnés aux Maures pour que ceux qui ne réussiraient pas à suivre fussent liés par les pieds et traînés sur le dos comme des cadavres, sans tenir compte des routes les plus raboteuses. En conséquence, après que les vêtements de ces confesseurs avaient été déchirés par les pierres et les broussailles, leurs chairs écorchées et les têtes brisées marquaient de sang la voie qu'ils avaient parcourue ; et les cadavres même y demeuraient en grand nombre. Les catholiques, suivant ces traces douloureuses, recueillaient les morts avec un respect affectueux ; et rendant à leurs restes les derniers offices de la piété chrétienne, ils les enterraient le long de la route, où des tertres nombreux rappe-

---

Istit. arch., t. III, p. 593. — Schleusner, *Lexic. N. T.*, v° Κύριος, n° 6. — Fr. de Champagny, *les Césars* (1859), t. II, p. 593.

[1] « Benedicite, benedicite et orate pro me et pro isto parvulo nepote meo; quia, etsi peccatrix, filia sum quondam Zuritanæ civitatis episcopi. »

[2] J'ai déjà fait observer (p. 519) que durant les premiers siècles, l'Eglise n'ayant pas encore sous la main une société formée de longue main par ses enseignements, choisissait volontiers ses ministres parmi ceux qu'un mariage sans tache avait formés aux épreuves de la vie et conduits à un âge où l'on pouvait compter sur eux de tout point.

laient la mémoire des martyrs. Le nombre en fut si grand, comme le dit Victor, qu'il ne lui fut pas possible de les compter. Lorsque ceux qui demeurèrent en vie atteignirent la solitude où on les confinait, ils ne recevaient d'autre nourriture qu'un peu d'orge, comme on aurait fait pour des animaux [1]. En outre le pays était infesté d'animaux venimeux et surtout de scorpions [2]; mais Dieu, qui avait fait passer ces fidèles serviteurs par tant de peines, veilla sur eux dans cette extrémité, ne permettant pas qu'aucun d'eux fût atteint par la piqûre ou la dent des animaux du désert. Et lorsque dans la suite on leur retrancha même ce peu d'orge qu'ils avaient reçue d'abord, il les pourvut merveilleusement de nourriture [3].

En 484, Hunéric, avant même d'avoir chassé les évêques catholiques rassemblés à Carthage par ses ordres (Cf. *supra*, p. 178-186), expédia dans toutes les provinces des bourreaux qui ensanglantèrent les campagnes et les maisons même, sans épargner ni sexe ni âge. Bientôt quantité de fidèles, tués à coups de bâton, pendus ou livrés aux flammes, consommèrent leur martyre. Les dames les plus nobles étaient traînées sur la place, dépouillées et soumises aux tortures. Victor vante parmi ces dernières sa compatriote Dionysia qui, fouettée jusqu'au sang, reprochait courageusement à ses bourreaux leur impiété; exhortait ses concitoyens et encourageait son fils Majoric, qui perdit la vie sous les coups pour la foi. La généreuse mère le félicitait au milieu des tourments, et cette femme forte voulut ensevelir de sa main son fils martyr. Dativa sœur de Dionysia, Léontia,

---

[1] On sait que dans l'Afrique, comme en Orient, l'orge est quasi réservée aux chevaux, qui n'y mangent pas d'avoine.

[2] L'Afrique avait chez les Romains la réputation de terre féconde en bêtes malfaisantes, et l'on peut même aujourd'hui juger qu'elle n'avait pas été trop calomniée en cela. Les côtes entre la Cyrénaïque et les Syrtes sont encore infestées d'animaux pour le moins fort incommodes. Le Zâb a des scorpions et des tarentules, certains lieux du Zahara nourrissent un grand nombre de cérastes (vipères bicornes), les vipères foisonnent dans la province de Sous et dans les environs de Mogador; etc.; etc.

[3] Victor ne s'explique pas sur cette particularité, mais il en parle comme si tous ses contemporains avaient connu la merveille à laquelle il fait allusion.

Æmilius médecin, et Tertius éprouvèrent les mêmes traitements dans la Byzacène. Victor en cite bien d'autres dans toutes les provinces : à Sicilibba (*Haouch-Alouina?*) dans la Proconsulaire, c'est l'évêque Boniface auquel on déchira cruellement les entrailles. A la grande Tuburbe, c'est un personnage distingué nommé Servus qui, après une rude bastonade, fut enlevé avec des poulies par le moyen desquelles on le précipitait ensuite brusquement sur le sol couvert de cailloux et de débris. A Culusis, dans la même province, parmi d'innombrables martyrs et confesseurs, l'historien mentionne surtout Victoire, dame d'un haut rang, qui eut à vaincre non-seulement la férocité des bourreaux, mais les pleurs et les prières de son mari et de ses petits enfants. Il raconte aussi la belle mort de Victorien, citoyen d'Adrumète, qui avait à Carthage une charge importante. Par le mépris des honneurs et des richesses, il avait préludé au courage qu'il sut montrer dans les supplices.

Dans la Byzacène encore, Victor nous a conservé le souvenir des *martyrs de Tambaia* et de deux frères d'*Aquæ regiæ* (*Haouch Chirechira?*), dont la constance fatigua les bourreaux. A Tipasa (*Tifech*), dans la Mauritanie césarienne, tous les habitants signalèrent leur zèle pour la foi. Apprenant qu'on leur donnait pour évêque un *notaire* (secrétaire) de l'évêque arien Cyrila, ils rassemblèrent tout ce qu'ils purent trouver de navires, et passèrent en Espagne afin d'échapper dans un exil volontaire au danger de la perversion. Mais les vaisseaux n'ayant pas suffi pour transporter tout le monde, il arriva que l'évêque arien qui avait hâté sa marche, trouva encore quelques fidèles qui n'avaient pu partir. Il tenta premièrement sur eux l'effet des paroles insinuantes; et voyant qu'il n'avançait à rien par cette voie, il les menaça des plus affreuses tortures de la part du roi. Ils se rirent de toute cette fureur, et n'en continuèrent pas moins à se rassembler dans une maison où, comme auparavant, ils célébraient les saints mystères. L'évêque hérétique, ne sachant quel parti prendre, envoya sous main annoncer au roi ce qui se passait, et prendre ses ordres. Grande colère de la part d'Hunéric, qui expédia un de ses comtes avec un gros de soldats. L'envoyé du roi était chargé de convoquer les habitants de la province à Tipasa, et d'y faire amener sur la place les catholiques de la ville pour avoir la main droite coupée et la langue arrachée. Le commandement fut exécuté sans que l'on trouvât un seul des habitants de la ville qui ne préférât ces barbares mutilations à la perte de la foi. On eut alors le spectacle d'un miracle qui est attesté par plusieurs écrivains : c'est que tous ces hommes auxquels on avait arraché la langue parlaient aussi bien que jamais, sans nul effort[1]. Il y a mieux : c'est que l'un d'eux qui était muet de naissance, parla depuis lors après avoir subi cet indigne traitement[2]. Marcellin, qui le raconte, atteste avoir vu de ses propres yeux à Constantinople plusieurs de ces confesseurs : ils y menaient une vie édifiante, subsistant des secours que leur procurait la piété des fidèles; et le diacre Réparatus, accueilli avec honneur par l'impératrice Ariane, y vivait encore quatre ans après l'événement. Mais par une sorte de contre-épreuve du prodige, deux de ces hommes, oubliant la merveille dont ils avaient été l'objet et la vertu de leurs compagnons, se laissèrent aller à la luxure; dès lors ils perdirent ce don miraculeux de la parole, et devinrent muets sur-le-champ.

---

[1] Vict. Vit., V : « Quod quum factum fuisset, Spiritu sancto præstante, ita locuti sunt et loquuntur quomodo antea loquebantur, etc. » — Cf. Procop. B. Vand., I, 8. — Marcellin. Chronic. A. 484. — Justinian. Cod. I, tit. 27. Ce sont là des témoins oculaires, et non pas seulement des contemporains parlant sur ouï-dire.

Voyez le livre intitulé (en italien) : « La religion chrétienne prouvée par un seul fait; dissertation où l'on démontre que les catholiques auxquels Hunéric, roi des Vandales, fit arracher la langue, parlèrent miraculeusement tout le reste de leur vie...; avec des réponses aux principales objections, etc. » Montefiascone, 1786, in-8°.

[2] C'est le comte Marcellin qui l'atteste entre autres. « ... Quod sine humano auditu Christo credens fide didicerat, mox præcisa sibi lingua locutus est; gloriamque Deo, in primo vocis suæ exordio, dedit. »

Une grande partie de l'année 484 s'était déjà passée en massacres de catholiques, et le glaive n'avait point épargné les Vandales qui s'étaient donnés à l'Église. Hunéric n'en avait pas encore assez; si bien que, dit Victor, à Carthage même, on voyait des hommes privés de mains, d'autres sans yeux, d'autres sans pieds, d'autres sans nez ou sans oreilles; d'autres dont les bras avaient été disloqués par une traction violente: en sorte que leurs têtes, au lieu de dominer les épaules, y semblaient ensevelies. A cette époque arriva Uranius, envoyé par l'empereur Zénon pour obtenir quelque adoucissement aux douleurs de l'Église d'Afrique. Le roi, pour le recevoir, fit ranger ses plus barbares exécuteurs le long de la route que devait suivre l'ambassadeur impérial; et leur donna des catholiques à torturer pour qu'Uranius pût juger par ses yeux comme on se souciait de son ambassade, et du poids que Zénon pouvait mettre dans la balance. (Cf. *supra*, p. 179, sv.) Vers le même temps Dagila, femme du procurateur royal, dame noble et délicate, fut frappée de verges et de bâtons, puis envoyée en exil dans un pays où elle ne pouvait trouver ni aliments ni habitation; et cette sainte femme fut assez généreuse pour ne pas même se réjouir de l'offre qu'on lui fit d'un exil moins rigoureux.

Le tyran s'en prit ensuite au clergé demeuré à Carthage; et non content de chasser tous les ministres des autels avec les lecteurs de l'âge le plus tendre [1], il voulut que chacun d'eux, avant son départ, subît la torture et la flagellation. Le surintendant de cette exécution était un apostat nommé Elpidéphore. Le diacre Muritta, qui avait été le parrain de ce misé-

---

[1] Les *lecteurs*, dont l'ordre n'est plus guère aujourd'hui représenté dans l'Église d'une manière isolée, étaient souvent alors de très-jeunes clercs qui se préparaient dès l'enfance aux divers degrés du saint ministère; et qui faisaient à peu près les fonctions des enfants de chœur dans nos cathédrales (Cf. *supra*, p. 281, note 2). On en trouve maint exemple dans l'histoire de cette époque. C'est ainsi que l'Église préludait à l'institution des séminaires, dont on a placé, je ne sais pourquoi, l'institution (et comme l'invention) dans des temps beaucoup trop rapprochés de nous.

rable, fut conduit à son tour au supplice; et vit d'abord frapper devant lui, comme des esclaves, les prêtres et l'archidiacre Salutaris. Comme il se dépouillait pour subir le même traitement, il tira de son sein le *sabanum* ou le chrémeau [1] avec lequel il avait essuyé le corps d'Elpidéphore après le baptême; et montrant au parjure, ce souvenir de ses premiers encouragements, il l'apostropha en ces termes : « Voici, ô Elpidéphore, ministre de l'erreur, ce qui portera témoignage contre toi quand tu paraîtras devant le redoutable tribunal de Jésus-Christ. Je garderai fidèlement cette pièce de conviction pour ta perte et ta condamnation au feu éternel où tu cours. Voici, malheureux ! le linge qui t'entoura lorsque tu sortais sans tache des fonts baptismaux; et ce sera, misérable ! ce qui te poursuivra jusqu'au fond de l'enfer. »

Après avoir supporté courageusement les barbaries ordonnées par le persécuteur, le clergé de Carthage partait radieux, réuni en un seul groupe, sans emporter autre chose que quelques offrandes des fidèles qui devaient leur procurer de la nourriture pendant la route. La dureté des évêques ariens leur envia ce peu de secours : ils apostèrent des bandits qui allèrent les détrousser, et les confesseurs ne s'en crurent que plus heureux dans ce dépouillement. Ils s'en allaient suivis de deux Vandales qui, dès le règne de Genséric, s'étaient illustrés en confessant Jésus-Christ à plusieurs reprises; et la mère de ces deux confesseurs avait voulu les accompagner. Leur joie, qui

---

[1] Vict. Vit., *Pers. Vand.*, V, 9. S'agissait-il proprement du chrémeau ou de la robe blanche (sabanum ou sabana) dont les nouveaux baptisés étaient revêtus ? Le fait est que l'histoire ecclésiastique et la liturgie jusqu'à nos jours attestent l'ancien usage de donner des vêtements blancs aux néophytes. Cela faisait jadis partie des cérémonies du baptême, et le prêtre disait : « Accipe vestem candidam quam immaculatam perferas ante tribunal Domini Nostri Jesu Christi. » Paroles qui semblent commentées par le langage du diacre africain Muritta. Saint Augustin explique, comme nous le faisons encore aujourd'hui, le nom liturgique du dimanche de *Quasimodo* (Dominica in albis *deponendis*) qui clôt les fêtes de Pâques: « Paschalis solemnitas hodierna festivitate concluditur, et ideo hodie neophytorum habitus commutatur : ita tamen ut candor qui de habitu deponitur, semper in corde teneatur (Serm. CLVII *de Temp.*). »

n'avait point été troublée par les tourments et la spoliation, éprouva bientôt une rude atteinte : un autre apostat, nommé Theucarius, détacha de leur compagnie douze lecteurs encore enfants, dont la belle voix avait attiré l'attention des ariens. On les fit retourner à Carthage malgré leurs larmes et la douleur qu'ils témoignaient de ne point suivre les autres dans l'exil. Mais pour les avoir privés de leurs guides, on ne put en séparer leur cœur et triompher de leurs saints désirs. Inébranlables aux caresses, aux menaces, aux fouets même, ils résistèrent invinciblement à l'impiété arienne; et longtemps ces petits confesseurs demeurèrent au milieu de Carthage comme un monument de ce que peut la grâce divine. Ils attiraient la vénération de tous, menaient une vie commune, chantant les psaumes ensemble; et uniquement consacrés à Dieu et à l'Église catholique, comme ils l'avaient été dès leur tendre enfance.

Ces courtes notices montrent bien quelle fut la gloire de l'ancienne Église d'Afrique, pour la constance et l'admirable nombre des confesseurs et des martyrs qu'y suscita la foi de Jésus-Christ. Mais que ne pourrait-on pas dire encore, surtout si l'histoire de ces provinces n'eût pas été mutilée à plusieurs reprises par les invasions barbares[1] ! Ainsi, la persécution musulmane nous est à peine connue par quelques traits; et avant même cette funeste époque, l'Église africaine comptait dans ses fastes des jours marqués par plusieurs milliers de martyrs. Il y en avait toutefois encore beaucoup que Dieu seul connaissait, parce qu'ils trouvèrent la mort dans les déserts où ils étaient traqués par la persécution; ce qui n'empêche pas qu'ils ne

---

[1] Jean Léon, surnommé l'Africain, n'est venu que plusieurs siècles après l'établissement du mahométisme dans son pays; mais instruit et connaissant les mœurs des siens, il ne doit pas être tout à fait écarté comme un témoin sans valeur. Or, il dit que les Arabes firent jeter au feu tous les livres qu'ils purent trouver en Afrique; pensant que toute connaissance puisée par des hommes si indociles, à des sources qui ne fussent pas musulmanes, les rendrait de plus en plus intraitables.

fussent vraiment martyrs et confesseurs, comme l'enseigne le grand saint Augustin dans sa lettre de consolation aux fidèles persécutés [1].

---

[1] Augustin. *Epist.* LVI : « ... Et si fugientem in solitudine ac montibus latro oppresserit, fera invaserit, fames aut sitis aut frigus afflixerit; vel per maria, præcipiti navigatione properantem, tempestas ac procella submerserit; spectat militem suum Christus ubicumque pugnantem, et persecutionis caussa pro nominis sui honore morienti præmium reddit quod daturum se in resurrectione promisit. Nec minor est martyrii gloria non publice et inter multos periisse, quum pereundi causa sit propter Christum perire. Sufficit ad testimonium martyrii sui testis ille qui probat martyres et coronat. »

CHAPITRE IV

COMPLÉMENT SUR DES ÉCRIVAINS ECCLÉSIASTIQUES AFRICAINS LONGTEMPS PERDUS DE VUE ET SUR LES RITES DE L'ÉGLISE D'AFRIQUE

On pourrait s'être attendu à nous voir parler un peu longuement des saints Pères et des docteurs dont la science ou les vertus illustrèrent constamment l'Église d'Afrique. Mais un travail à part sur ce sujet conduirait inévitablement à beaucoup de détails théologiques que nous n'avons pas eu en vue dans un opuscule comme celui-ci, et n'entrait pas davantage dans le plan de l'auteur que nous avions pris pour guide. D'ailleurs, sans se limiter aux siècles et aux pays qui nous occupent, divers savants ont cependant pris cette tâche; et faire mine de les remplacer par quelques pages ce serait rabaisser une matière si grave, sans pouvoir rien promettre qui pût satisfaire des hommes sérieux. Il semble donc plus convenable de ne pas dissimuler aux lecteurs sensés, que leur désir de s'éclairer sur ce point doit les conduire aux ouvrages qui ont traité ces matières tout spécialement. L'on a déjà pu ici faire quelque peu connaissance avec les plus grands personnages mêlés aux souvenirs de l'ancienne Église africaine, et les témoignages de plusieurs reparaîtront maintes fois encore pour attester l'état des esprits et des cœurs dans la population qu'ils ont formée. Il ne s'agit plus que de signaler à ceux qui ne suivent pas de très-près les travaux de l'érudition théologique, quelques-uns des auteurs que l'on s'était longtemps accoutumé à considérer comme ne devant plus jamais reparaître. Puis, l'ensemble de la littérature ecclésiastique africaine nous servira du moins à constater des pensers et des faits dont le témoignage y apparaît çà et là.

ARTICLE PREMIER

Quelques auteurs chrétiens d'Afrique récemment retrouvés.

Nous ne croyons pas devoir omettre plusieurs livres dus à l'Église africaine et qui, durant des siècles, n'ont plus été connus que de nom ou même totalement perdus de vue. Mais enfin, et comme pour encourager davantage les recherches à venir, ils ont été sauvés d'un long oubli, tout dernièrement, par de laborieux chercheurs qui seront sans doute imités encore. L'infatigable cardinal Maï nous a rendu divers discours et traités de saint Augustin négligés par les bénédictins de Saint-Maur dans leur édition trop hâtée[1]. Il n'est pas absolument interdit de conserver quelques doutes après le jugement d'un érudit si sagace, qui, lui-même ne dissimule pas un peu d'hésitation; j'avoue donc que je ne garantirais pas l'authenticité absolue de tout ce qu'il croit pouvoir attribuer au grand évêque d'Hippone. Mais aussi une prétendue sévérité qui écarte le témoignage des manuscrits pour mettre certaines pièces au rebut, comme de haute lutte et en vertu d'un pouvoir discrétionnaire, m'en impose beaucoup moins encore.

Nous devons aussi à ce véritable *bibliothécaire de l'Église*

---

[1] Nova PP. bibliotheca, t. I. — Scriptt. vatic. III, p. 249-251. — Spicil. roman. VIII, 715-725; etc.

deux ouvrages de Victorinus, rhéteur africain du quatrième siècle, mentionné avec éloge par saint Augustin et saint Jérôme[1]. On n'avait de cet ancien auteur que très-peu de chose jusqu'à nos jours; et, quoiqu'il eût enseigné l'éloquence en Italie avant saint Augustin, obtenu même une statue à Rome (c'était une *décoration* très-prisée en ce temps-là), la réputation faite à son style détournait peut-être les chercheurs qui l'auront rencontré. Il n'a pas démenti sa renommée quand on l'a mieux connu; mais si l'on veut y voir, à défaut d'un modèle de rhétorique ou de grammaire, ou même de théologie très-rigoureuse, un témoin suffisamment grave de la tradition ecclésiastique; on trouvera de quoi s'informer dans ses *Commentaires sur les Épîtres de saint Paul aux Galates, aux Philippiens et aux Éphésiens*, aussi bien que dans son *Traité de la religion chrétienne contre les philosophes naturalistes*.

La même collection[2] renferme une brève *réfutation des ariens*, œuvre de Ferrand diacre de Carthage, écrite quelques mois après la mort de saint Fulgence (c'est-à-dire en 533). Si courte qu'elle soit, elle offre trois passages qui méritent d'être remarqués. L'un montre bien que l'Église catholique exprimait dès lors très-nettement que le Saint-Esprit procède du Père et du Fils[3]. Un autre constate, avec l'usage quotidien de la messe, la tradition divine d'y prier pour les morts et d'y honorer les saints[4]. Ailleurs il donne à entendre le cas que l'on faisait de la transmission des enseignements apostoliques dans l'Église, en dehors de l'Écriture, quand il dit : « Je suis prêt à toujours suivre et croire ce qu'ont enseigné mes pères. »

---

[1] Scriptt. vatic., III, P. II ; p. 1-162. Cf. *Ibid.* Præfat., p. x, seqq.
Victorinus fut un des professeurs chrétiens que les édits de Julien l'apostat obligèrent à quitter l'enseignement.

[2] Ibid., *l. c.*, p. 169-184.

[3] *Ibid.*, p. 171 : « Catholici... de Patre Filium natum, de Patre et Filio Spiritum sanctum procedere sentiunt. » Cf. not. in h. l.

[4] *Ibid.*, p. 183 : « Christus... Ecclesiam suam docuit in quotidianis sacrificiis hanc custodire regulam ut pro peccatoribus, sive adhuc in terra laborantibus, sive jam de sæculo recedentibus, orationem faciat; pro martyribus vero gratiarum deferat actionem. »

Les commentaires de Victorinus témoignent bien aussi de l'autorité du siége apostolique, lorsqu'il écrit : « Le fondement de l'Église est Pierre, comme le dit l'Évangile; Paul, avec toute sa science reçue d'en haut, comprit qu'il lui fallait faire hommage à celui qui avait reçu de Jésus-Christ une autorité si haute[1]. »

D'autres monuments de l'ancienne Église africaine ont été ramenés au jour plus récemment encore. Le zèle et l'activité de Dom Pitra nous a rendu, par exemple, plusieurs échantillons longtemps perdus de cette singulière versification *dactylique* où Commodien montre l'hexamètre latin revêtant une forme quasi méconnaissable[2]. Nous lui devons aussi des écrits de Vérécundus[3], et un certain nombre d'inscriptions chrétiennes de Carthage auxquelles le docte Romain J. B. de Rossi a joint quelques-unes de ces notes qui résument des années d'études profondes[4].

Le savant cardinal Wiseman[5] avait voulu ajouter à la gloire de l'Afrique chrétienne en revendiquant pour elle l'ancienne version latine de l'Écriture sainte qui eut cours avant la *Vulgate*, et que l'on appelle communément l'italique. Mais il est permis de ne pas trouver entièrement convaincantes les raisons qu'il proposait pour faire adopter cette origine. Ce qu'il trouve de ressemblance entre la latinité de ce texte vénérable et les formes de style familières aux écrivains que l'Afrique a produits, pourrait bien ne pas caractériser si fort cette seule contrée que ce ne fût aussi une forme générale du latin vulgaire (surtout dans l'Église) à la même époque. Rappelons-nous que la première voix qui proclama le christianisme devant la société

---

[1] *Ibid.*, p. 9 : « Deinde subjungit causam, *videre Petrum*. Et enim si in Petro fundamentum Ecclesiæ positum est, ut in Evangelio dictum; cui revelata erant omnia Paulus scivit videre se debere Petrum, quasi eum cui tanta auctoritas a Christo data esset, non ut ab eo aliquid disceret. »

[2] Spicil. Solesm., t. I et IV.

[3] *Ibid.*, IV, p. 1, sqq. Cf. *supra*, 256, sv.

[4] *Ibid.*, IV, p. 497, sqq.

[5] Cf. Annali di scienze religiose, *serie* I, vol. II et III.

latine était celle de Tertullien; et que saint Cyprien, qui le suivit de près, faisait comme profession d'être son disciple. Puis étaient venus Minutius Félix, Arnobe et Lactance : la littérature des fidèles d'Occident n'avait d'abord, après les livres inspirés, que des livres africains. D'autres compatriotes de ceux-ci, comme Victorinus, saint Augustin, Pomérius, enseignèrent plus tard dans les chaires publiques de l'Italie et des Gaules. Le langage latin particulier à l'Afrique et la tournure caractéristique de cette espèce d'école ne manqua sûrement pas de laisser sa trace dans l'expression des vérités chrétiennes, que l'idiome romain avait subies pour la première fois sous l'étreinte de ces grands maîtres. Ils avaient pétri à l'usage de l'Église, les mots et les phrases primitivement venus d'outre-mer; et le latin ecclésiastique ne put éviter une tournure africaine, même en Italie, où la langue actuelle en conserve plus d'un vestige.

Quoi qu'il en soit, la version *italique* fût-elle l'ouvrage d'un Africain ou de plusieurs, il serait difficile de faire admettre qu'elle eût été rédigée hors de Rome[1]; et en tout cas, une rédaction si importante n'aurait pris pied sur le sol italien qu'en passant par l'approbation du siége apostolique, envers lequel l'Église africaine professa toujours respect et dévouement.

ARTICLE II

Aperçu des coutumes chrétiennes que constate l'histoire d'Afrique.

On a su fort bon gré (peut-être même trop bon gré) au savant abbé Fleury d'avoir, dans ses *Mœurs des chrétiens*, résumé en un petit livre bien simple quantité de faits épars que l'histoire ne met pas toujours assez en lumière et que l'on ne

---

[1] Cf. Brunati, *Dissert. bibl.*, p. 54. — Arringhi, *Roma subterr.*, t. I, p. 520. On a trouvé à Rome diverses inscriptions chrétiennes placées sur des tombes de chrétiens africains, et nous avons fait observer que l'Afrique avait donné plus d'un pape à l'Église.

recueille point sans une grande lecture. Essayons quelque chose de semblable, à l'aide des matériaux groupés par le P. Morcelli sur les cinq siècles de vie publique qu'eut l'Église dans l'Afrique romaine. Ce sera, comme l'énonce notre titre, un simple aperçu sans plus de prétentions que le reste ; et ce qui n'y sera pas étrange, ne montrera que mieux le vrai christianisme singulièrement semblable à lui-même durant ses divers âges.

A la manière dont nous annonçons ce sujet d'un simple article, on doit deviner que nous éviterons le faste des citations accumulées. Le livre du P. Morcelli les rendrait à la fois trop faciles et superflues pour un opuscule qui ne veut être qu'un abrégé du sien; mais on peut compter que rien ne sera dit qui ne repose sur des faits constants, bien qu'il nous arrive çà et là de ne pas être d'accord avec le célèbre Frédéric Münter, dont la réputation a été quelque peu surfaite. Cet écrivain ne pouvait d'ailleurs s'appuyer sur d'autres données que nous; mais il les interprétait et même les adoptait ou les rejetait de façon à ne pas trop contredire les institutions luthériennes de son pays. Patriotisme, je le veux bien; mais est-ce là de l'histoire? Par bonheur pour lui, le luthéranisme scandinave étant moins *réformé* que celui de l'Allemagne, l'auteur danois n'a pas eu à se mettre en peine de nier ou de dissimuler mainte pratique ancienne qu'un protestant plus avancé n'aurait pas aimé à faire ressortir.

I. — Mœurs et usages des fidèles dans la vie de famille.

Quelque fâcheuse qu'eût été longtemps la réputation des Africains en fait de qualités morales et d'entraînement pour le vice, Tertullien osait bien dire au proconsul Scapula qu'il ne trouverait rien à reprocher aux chrétiens, sinon la singularité de leur vie sans tache. Lui, censeur si rigide de crimes parfois imaginaires, il ne craint pas d'annoncer qu'à tous ces maudits pour qui les bûchers se préparent on ne pourra imputer que la droiture, la justice, la chasteté irréprochable. Leur foi sera leur seul crime. D'autres, dit-il ailleurs, parlent des vices auxquels s'abandonnaient quelques-uns de nous avant d'embrasser le christianisme; mais qu'une femme chaste, qu'un fils obéissant, qu'un serviteur fidèle soient chrétiens, ce nom odieux fait oublier toute affection et toute équité.

Au milieu de cette partialité haineuse qui les poursuivait, ceux-ci savaient qu'il est un juge souverain dont le regard nous accompagne partout; et qui interdit, avec les mauvaises actions, la pensée même du mal[1]. Cela ne signifie assurément pas que la nature africaine ou la nature humaine eût été comme supprimée par la prédication de l'Évangile, et que tout désordre fût inouï dans l'Église; cela signifie seulement que le bien l'emportait de beaucoup sur le mal : grande affaire dans une société, dans un individu même, l'homme étant ce que nous savons.

D'ailleurs, au sujet des premiers temps surtout, il est bon d'observer que la profession d'appartenir à Jésus-Christ entraînait trop de luttes, même extérieures, pour convenir aux cœurs chancelants. On n'arrivait pas alors jusqu'au baptême sans avoir compris qu'il y avait à se roidir doucement, mais généreusement et sans fin, contre tout le milieu où l'on était né. Aussi le recrutement ne devait-il se faire dans ces conditions que parmi les âmes d'élite. Plus tard, lorsqu'on naquit chrétien, l'illusion fut possible sur le caractère d'engagements où l'habitude amenait la routine; il n'en était pas ainsi dans l'origine, où, triés pour ainsi dire un à un, les néophytes avaient été comme pesés et mesurés à loisir; avaient débattu avec leur conscience et leur expérience passée, les promesses d'une vie nouvelle. De là vient qu'il y a quelque fausseté de jugement à vanter sans certaines restrictions les bénédictions répandues sur la primitive Église, et à vouloir y prendre une mesure absolue pour juger les âges postérieurs. Le règne de Dieu ayant gagné du terrain, les faibles ont été évangélisés;

[1] Minut. Félix, *Octav.* — Tertull. *Apolog.*, 45.

n'est-ce rien que cette porte du ciel plus grande ouverte? et faut-il s'abandonner à des doléances chagrines parce que le Conquérant du Calvaire ne commande plus un camp, mais une cité : où les guerriers ont l'air de disparaître parmi les enfants, les femmes et les citoyens d'une allure un peu effacée? Le cénacle de Jérusalem a englobé le monde; or, vouloir tout un monde de héros, c'est faire le rêve d'une imagination honnête, mais d'un esprit étroit. On approcherait davantage d'une appréciation raisonnable, en considérant les fidèles primitifs comme une sorte de religieux : ils auraient eu pour tâche complète d'arborer une plénitude de vertu que la Providence destinait plutôt à servir de fanal en signe de ralliement, qu'à être précisément transmise sans nul déchet à chacun de leurs héritiers. Nulle armée ne prétend exclure tout ce qui n'est pas vétéran; bien plus, tout officier même n'est pas tenu d'être un foudre de guerre. Voilà ce que le premier venu entendra pour les affaires politiques ou civiles, et ce que plusieurs méconnaissent quand la religion est en cause. Il est beau d'être chevaleresque, surtout pour soi-même, et trop facile de l'être au compte des autres; mais affligeant d'être chimérique, et tout simplement maussade d'être grondeur (pourquoi ne pas dire le vrai mot? *grognon*). Saint Cyprien pouvait sûrement alléguer des motifs pour se plaindre de ses ouailles, s'il eût voulu imiter Tertullien dans son amertume comme il l'étudiait dans son éloquence. Et cependant la lettre de ce grand cœur à ceux qui souffraient persécution pour Jésus-Christ, pourrait passer pour le tableau d'un peuple auquel il ne manquait que la gloire du martyre[1].

---

[1] Ce témoignage de douce mansuétude dans un évêque qui n'en était pas moins ferme pour être équitable, ni moins bon pour être traversé, demande à être cité parce qu'il est devenu l'une des sources où a puisé la liturgie (Cyprian. *ad Martyres*, 6) : « O beatam Ecclesiam nostram quam sic honor divinæ dignationis illuminat, quam temporibus nostris gloriosus martyrum sanguis illustrat! Erat ante in operibus fratrum candida, nunc facta est in martyrum cruore purpurea; floribus ejus nec lilia, nec rosæ desunt. Certent nunc singuli ad utriusque honoris amplissimam dignitatem; accipiant coronas vel de opere candidas, vel de passione purpureas, » etc.

L'auteur de l'*Apologétique*, lui-même, avant les sévérités malheureuses dont il couvrit plus tard son orgueil débridé, ne croit pas mettre en relief une exception en donnant les festins même des fidèles comme une école de pudeur et d'affection franche d'où l'on sortait mieux disposé à la prière. Les païens ne pouvaient disconvenir que d'anciens désordres faisaient place après le baptême à des mœurs non pas seulement réglées sur la loi de Dieu, mais sanctifiées par la pratique des conseils évangéliques. Les magistrats idolâtres le savaient si bien, qu'ils croyaient plus faire pour ébranler les chrétiennes en menaçant leur chasteté, qu'en leur montrant les bêtes fauves ou la hache du bourreau[1]. La simplicité modeste, que le chrétien puisait dans l'heureuse habitude d'empire sur ses sens, était devenue comme une marque distinctive à laquelle on ne se méprenait pas si l'on prétendait le reconnaître tout d'abord.

C'est que son cœur se retrempait fréquemment dans le recours au Ciel, et dans le pieux souvenir de Celui qui nous a rachetés si chèrement. De là, ce signe de la croix tant répété, qu'il semble avoir marqué chaque pas[2]; car l'homme se fait aisément illusion sur les sentiments de l'âme que les démonstrations extérieures ne réveillent ou ne témoignent point.

Quelle ne devait pas être l'affection des époux et des familles parmi des gens qui donnaient le nom de frère au moindre d'entre eux, qui visitaient les réduits des pauvres et les cachots des confesseurs pour y porter la consolation avec l'aumône ! Le mariage, élevé par l'Évangile à la dignité de sacrement, était une nouveauté douce et sainte que le monde n'avait pas vue encore :

---

[1] Tertullian., *Apologet.* 50. « Probatio est innocentiæ nostræ iniquitas vestra ideo nos hæc pati Deus patitur. Nam et proxime ad lenonem damnando christianam, potius quam ad leonem, confessi estis labem pudicitiæ apud nos atrociorem omni pœna et omni morte reputari. » Tertullien ne cite qu'un exemple alors récent, les actes des martyrs en indiquent bien d'autres.

[2] Tertullian., *de Corona*, 3 : « Ad omnem progressum atque promotum, ad omnem aditum et exitum, ad calciatum, ad lavacra, ad mensas, ad lumina, ad cubilia, ad sedilia, quacumque nos conversatio exercet, frontem crucis signaculo terimus. »

une consécration de cette union naturelle qui a besoin souvent d'être relevée ou vivifiée par une charité céleste [1], un lien que la mort seule peut briser et qu'il faut savoir adoucir par de mutuels sacrifices.

Les chrétiens passaient d'abord pour un ramas de pauvres, soit parce qu'ils évitaient le luxe fastueux des riches idolâtres, soit à raison des difficultés qu'ils éprouvaient à vivre dans les fonctions publiques, où des cérémonies païennes leur eussent été imposées en cent occasions; sans doute aussi, parce que les malheureux et les affligés avaient moins à perdre et plus à gagner en acceptant la *bonne nouvelle*. Néanmoins il se rencontre çà et là des noms qui ne sont pas d'une condition vulgaire, ou qui figurent auprès de celui des princes. Il y a aussi dans l'histoire ecclésiastique des traces de fortunes considérables : pas toujours bien employées, mais fréquemment répandues en bonnes œuvres. Du reste, l'Église ne repoussait aucune profession, si elle n'était évidemment incompatible avec la loi de Dieu; on voit même la condescendance en ce genre poussée jusqu'à provoquer le blâme [2]. Cependant, lorsque le morose Tertullien s'indigne de voir dans l'Église des peintres ou des sculpteurs qui avaient représenté les divinités païennes, et qui ne brisaient pas pour cela le pinceau ou l'ébauchoir; ce sombre génie tenait-il bien compte du secours que la foi chrétienne demandait peut-être aux ressources de l'art, quoiqu'on l'eût appris à fâcheuse école?

De bonne heure, et longtemps à diverses reprises, nous trouvons des laïques distingués, des fonctionnaires de l'État qui tiennent à ne pas ignorer ce qu'il y a de plus ardu dans la doctrine catholique. Ce n'est pas seulement la controverse presque élémentaire de Minutius Félix et d'Arnobe qui les attire. Saint Cyprien n'était guère qu'un néophyte quand il fut promu au sacerdoce, et bientôt après à l'épiscopat; et l'on sait si ces fonctions le prirent au dépourvu. Le vieux Victorinus, devenu chré-

---

[1] Tertullian., *ad Uxor.*, II, 4, 8.
[2] Cyprian., *Epist.* II. — Tertullian., *de Idolol.*, 7.

tien dans un âge avancé (Cf. *supra*, p. 555, sv.), voulut se mettre en état d'interpréter les Écritures et de réfuter les hérétiques. Plus tard, la correspondance de saint Augustin fait voir que des hommes du plus haut rang le consultaient sur les questions épineuses du dogme et de la morale. Il se pourrait que cela eût fini par être du bon ton, puisque le roi Trasamond se piquait assez de théologie pour vouloir discuter avec les plus habiles évêques. En quoi il est probable qu'il voulait *romaniser*. (Cf. *supra*, p. 202, sv.)

II. — Culte public et enseignements de la foi.

Quand il s'agissait de désigner le lieu saint, *temple* était un mot que le christianisme repoussait comme entaché de superstition, parce qu'il était profané par l'emploi qu'en faisaient les idolâtres; peut-être aussi pour ne pas se confondre avec les juifs. On disait *maison de Dieu, église, basilique; autel* même, par figure de langage. Toutefois il n'est pas aisé de déterminer ce qu'étaient ces églises au temps de saint Cyprien. On se donnait rendez-vous, peut-être, en divers lieux successivement, pour égarer l'attention du pouvoir; et néanmoins les chrétiens étaient dès lors en possession de cimetières nommés aires (*areæ*) par le peuple. Car les fidèles ne voulaient pas que leurs restes fussent mêlés à ceux des mécréants. A la faveur de cette concession et sous prétexte de rites funéraires, il devenait possible de s'assembler en quelque édifice voisin ou même dans quelque réduit caché à la manière des catacombes de Rome, peut-être; bien que j'ignore si rien de pareil a jamais été signalé à Carthage. Mais on cite dans la province de Constantine des cavernes qui paraissent avoir eu cette destination.

En quelque façon que ces réunions fussent ménagées, nous savons que, dès l'âge des persécutions, il y est question, comme pour d'autres contrées, de l'estrade où s'annonçait la parole de

Dieu; de flambeaux en plein jour, d'offices célébrés dès l'aurore ou pendant les heures de la nuit; de prières publiques prolongées, parfois avec le jeûne, jusqu'au milieu de la journée, puis closes par la réception du corps de Jésus-Christ. Le chant des psaumes et des hymnes, partagé entre le clergé et le peuple, y apparaît au plus tard dans le quatrième siècle; sans que l'on puisse dire si c'était une nouveauté.

Que la prédication s'y fît en langue punique dans les campagnes, et en latin dans les villes, on le voit par les écrivains ecclésiastiques; mais le bon sens suffirait à le faire deviner sans témoignages écrits. On n'établirait pas si aisément que l'idiome chananéen eût été employé pour la célébration des saints mystères, même chez les peuplades les plus primitives. Nous savons, et c'est affaire de simple catéchisme, que les populations puniques appelaient le baptême *salut*, et l'eucharistie *vie*; témoignage de leur foi, plutôt que monument de la liturgie employée dans leurs bourgades. Sinon, autant vaudrait affirmer que les missionnaires saxons de l'Allemagne lui avaient porté une liturgie tudesque, parce que leurs néophytes donnèrent au baptême le nom de *bain* (Taufe), traduisant d'emblée pour un peuple neuf l'expression grecque communément adoptée par les anciens catholiques.

Le baptême, quoi qu'il en soit, se conférait en Afrique, ou par aspersion et affusion de l'eau en certains cas, ou par immersion quand il était administré solennellement; et alors, usage presque universel, la confirmation et l'eucharistie le suivaient séance tenante[1]. L'Église d'Orient maintient encore cette coutume, respectable par son antiquité; mais modifiée parmi nous, avec les circonstances, depuis que le baptême des adultes est devenu l'exception. Car Rome n'a pas confondu la continuité

---

[1] Tertull., *de Resurr. carn.*, 8 : « Caro abluitur ut anima emaculetur, caro ungitur ut anima consecretur, caro signatur ut et anima muniatur ; caro manus impositione adumbratur ut et anima Spiritu illuminetur, caro corpore et sanguine Christi vescitur ut et anima de Deo saginetur. »

avec l'immobilité ; assez sûre de sa mission pour savoir que le progrès lui est loisible en tout ce qui n'est pas fixé par Dieu même, elle n'impose pas néanmoins ses règles de discipline variable aux grandes sociétés qui maintiennent peut-être outre mesure l'ancienneté des formes lorsque le monde a changé.

La messe, comme nous disons aujourd'hui, s'appelait d'abord la *grande action* (agenda), le *festin de Dieu*, le *mystère du pain et du calice* ou *du sacrifice de Notre-Seigneur*[1]. Saint Cyprien y regarde déjà comme d'institution primitive le mélange de l'eau avec le vin pour la consécration, et ne semble pas supposer qu'on puisse y employer d'autre pain que celui où l'eau et la farine sont les seuls ingrédients. Les fidèles savaient bien que ce pain, une fois consacré, devenait chose singulièrement sainte : puisque Tertullien ne veut pas qu'on en laisse tomber la moindre parcelle. L'Église d'Afrique exigeait même de tout communiant la profession formelle de la présence de Jésus-Christ dans l'eucharistie, en faisant répondre *amen* par les fidèles quand le prêtre, tenant l'hostie, disait : « Voici le corps de Notre-Seigneur[2]. »

Puisque l'occasion s'est offerte de signaler un rite qui semble avoir été particulier aux Africains, disons qu'ils en avaient d'autres encore : par exemple, notre pain bénit[3] ; et que saint Augustin ne voit pas pourquoi l'on se scandaliserait de ces diversités entre les Églises, quand elles sont rares et remontent à une origine respectable. C'était indiquer en même temps combien l'uniformité entière est désirable, et comme quoi il ne faut pas cependant la vouloir outrée.

On reconnaîtra sans peine la confession dans plusieurs ex-

[1] Cyprian., *Epist.* LXIII : « Passio est Domini sacrificium quod offerimus. » Dans la suite, le mot *missa* s'emploie comme aujourd'hui.
[2] Saint Augustin le répète à diverses reprises, et l'on reconnaît aisément la trace ancienne de cet usage dans la vision de sainte Perpétue où nous avons fait remarquer une allusion à l'Eucharistie : « ... Clamavit me, et de caseo quod mulgebat dedit mihi buccellam ; et ego accepi junctis manibus et manducavi, et universi circumstantes dixerunt *Amen.* »
Augustin., *Retract.*, II ; *Confession.*, VI, 2.

pressions des écrivains d'Afrique, à moins que l'on ait pris son parti de ne la trouver nulle part. Si ce n'était cela, que voudrait dire Tertullien[1], lorsqu'il donne comme remède au péché de se prosterner devant les prêtres, de prévenir le courroux de Dieu en *prononçant* à sa place; de ne pas imiter ceux qui préfèrent sauver leur honte plutôt que leur âme, à la manière du malade prenant moins souci de sa guérison que du soin de déguiser une infirmité dont l'aveu le fera rougir? Qu'est-ce encore que cette déclaration (*exhomologesis*), exigée par saint Cyprien pour recouvrer par l'imposition des mains le droit de recevoir l'eucharistie? Saint Augustin[2] ne dit-il pas « que les péchés doivent être découverts par le pécheur, s'il veut que l'autorité de l'Église les voile aux regards de Dieu; que le cœur chargé du trop plein de l'iniquité, doit le vomir par la confession; que le silence nous fera condamner, au lieu que parler nous eût fait absoudre; » etc. ?

A une époque où le peu de communication des Églises entre elles pourrait absolument expliquer certaines singularités, même en des points de doctrine importants, il est remarquable que rien ne témoigne en Afrique aucune hésitation sur la totalité des livres qui devaient entrer dans la sainte Écriture. A peine quelqu'un d'eux manque-t-il dans les citations que fait le premier âge de cette Église; et là déjà paraissent comme écrits inspirés, plusieurs de ceux que les réformateurs du seizième siècle repoussèrent. Mais lorsqu'en 397, au concile de Carthage, les évêques ont à se prononcer en commun sur cette question, ils parlent comme le concile de Trente. Dès l'origine aussi, les chrétiens y professent que l'Écriture sainte n'est pas l'unique source de ce que nous devons croire et faire; que l'enseignement des apôtres transmis jusqu'à nous, et l'autorité toujours présente de l'Église, sont un guide pour résoudre bien

---

[1] Tertull., *de Pœnit.*, 8, 10. Le mot *exhomologèse* indique assez clairement un aveu.
[2] *In Exod.*, II, 118; Serm. IX, 12; *de Vera... Pœnit.*, 10. Etc.

des doutes et garantir maintes institutions dont ne parlaient ni l'Ancien Testament ni le Nouveau[1]. Saint Augustin ne soupçonne pas qu'on puisse le taxer d'exagération nouvelle quand il proteste que sa grande raison d'accepter l'Évangile, c'est l'Église qui le présente.

Cette allégation de l'enseignement non écrit nous est faite spécialement à l'occasion de la prière pour les morts : que l'on voit mêlée au saint sacrifice, et que sainte Monique mourante demandait à son fils comme unique désir qui la tînt inquiète au dernier jour. Quant à ceux qui avaient eu le bonheur de mourir pour la foi, leur souvenir était en vénération ; leurs dépouilles étaient disputées, au point que Théodose défend de convertir les reliques en matière à spéculation. Sitôt que la liberté est donnée à l'Évangile, des églises s'élèvent sur la tombe des martyrs ; et les fidèles n'avaient pas attendu les temps de paix pour visiter religieusement ces vénérables sépulcres comme des lieux saints où le secours de Dieu était presque assuré. (Cf. *supra*, p. 509, 528.) On venait, comme au moyen âge, demander aux martyrs des miracles ; comme au moyen âge aussi, on en obtenait pour des intérêts qui n'étaient pas de premier ordre. Témoin ce naïf récit de saint Augustin[2], qui pourrait sembler extrait de la *Légende dorée* ou du *Bonhomme Grégoire de Tours* (comme on dit, à peu près, avec des airs de protection indulgente). Un vieux tailleur d'Hippone avait perdu son manteau (ou *surtout* quelconque), et ne possédait pas de quoi le remplacer. Il se rend au tombeau des *vingt martyrs*, leur demandant tout haut les cinquante pièces de monnaie qu'il lui fallait pour se procurer un vêtement. Dès ce temps-là il y avait sur ce genre d'espoir, des plaisants

---

[1] Tertullian., *de Corona*, 3 : « Harum et aliarum disciplinarum si legem expostules Scripturarum, nullam invenies. Traditio tibi prætenditur auctrix, consuetudo confirmatrix, et fides observatrix. » — Cf. Augustin., *de Baptism.*, VI, 25 ; etc.

[2] *De Civit. Dei*, XXII 8.

qui trouvèrent dans la confiance du vieillard matière à rire, sans que l'idée leur vînt seulement de lui alléger sa peine. Le fait est que celui-ci, en présence des rieurs, rencontra bientôt un beau poisson qu'il vendit pour six fois la somme qui lui manquait. Ce n'est pas tout : l'acheteur trouva dans le ventre de l'animal un anneau d'or qu'il n'eut pas le cœur de tenir pour sien, et qui revint donc en sus au pauvre vieux pèlerin des *vingt martyrs*. Cela mérite d'être lu dans l'original. Au même endroit, saint Augustin parle des nombreux prodiges opérés sous ses yeux par les reliques de saint Étienne.

Dès lors, comme on l'a fait aussi dans la suite, c'était à qui obtiendrait pour ses restes mortels la faveur de reposer près de ces ossements bénis par la mort reçue pour Dieu. On y cherchait une garantie à l'espoir d'être plus entouré de prières, d'avoir son souvenir uni au mérite des nombreuses offrandes; afin de se donner ainsi comme un gage d'heureuse résurrection.

III. — Organisation de l'Église.

L'Église, dit Tertullien, nous conduit aux apôtres, les apôtres à Jésus-Christ, Jésus-Christ à son Père; et l'Église n'est pas moins apostolique aujourd'hui qu'aux jours de son établissement. Saint Cyprien, plus sûr parce qu'il fut plus constant avec lui-même, précise davantage le moyen de reconnaître l'Église : en disant qu'elle est dans l'épiscopat, et que là se trouve la succession des apôtres. Prétendait-il qu'un évêque fût infaillible? Assurément non; l'Afrique en donna plusieurs fois la preuve, et lui-même parle d'évêques déposés. Il savait d'ailleurs que : penser comme l'évêque de Rome, c'était penser comme l'Église catholique; qu'à Rome est la racine et le chef-lieu des fidèles[1]; que là se rattache l'unité du sacerdoce, et

---

[1] Cyprian., *Epist.* LII : « ... Ut jam sciret (*Cornelius*) te secum, hoc est cum catholica Ecclesia, communicare. » — *Epist.* XLV : « ... Ut Ecclesiæ catholicæ radicem et matricem agnoscerent ac tenerent. » Etc.

que l'infidélité (ou la croyance erronée) n'y peut trouver accès. Mais l'évêque, dans ces temps reculés, était la ressource quotidienne des chrétiens; le ministre ordinaire de presque tous les sacrements, et le dispensateur habituel (j'allais dire à peu près unique) de l'enseignement religieux. Ainsi s'explique le grand nombre de siéges épiscopaux que présente en Afrique l'histoire de l'Église, et qu'il ne faut pas toujours décomposer en chrétientés presque innombrables.

Certains respects ont l'air d'exalter la dignité de l'évêque en la reléguant dans des hauteurs où elle se perd quasi de vue à force de lointain. Pas plus que la bonne théologie actuelle, les anciennes coutumes ne connaissent cette grandeur vague et vaporeuse si mutilée par les soins exclusifs de ce qu'on appelle l'administration. Le simple prêtre n'est en réalité qu'un délégué de la charge pastorale dans quelques-unes de ses attributions inférieures; mais le *pasteur* est vraiment l'évêque. Aussi le partage de l'Église en *magistrature* (ou *sénat*) et *peuple*, comme parle Tertullien [1], se subdivise encore pour le premier rang, en honneur et autorité. L'honneur est pour les associés à l'autorité, qui réside dans les évêques; et l'autorité, même en se déléguant, ne subsiste entière qu'à sa source. Or l'autorité doit habituellement être tenue pour bien dire, jusqu'à désaveu du pouvoir suprême. De là vient que saint Cyprien ne s'avise pas que l'on ait à discuter son assertion quand il prononce ces paroles absolues : « L'Église est dans l'évêque; c'est lui qui commande, juge et gouverne [2]. » En quoi il ne s'exprime que comme saint Ignace d'Antioche, à l'autre bout de la Méditerranée.

Il n'en disait même pas assez pour nos esprits accoutumés à n'apercevoir plus le *pasteur* que de loin en loin, dans bien des diocèses actuels trop étendus. C'était l'évêque qui frappait tous

---

[1] Tertull., *de Exhortat. castitat.*, 7: « Differentiam inter Ordinem et plebem constituit Ecclesiæ auctoritas et honor per Ordinis consessum sanctificatus. »

[2] Cyprian., *Epist.* LXIX : « Scire debes episcopum in Ecclesia esse, et Ecclesiam in episcopo; et si quis cum episcopo non sit, in Ecclesia non esse. » Etc.

les regards par son siége le plus apparent au milieu des réunions liturgiques; lui qui célébrait solennellement le saint sacrifice, entouré de tous les prêtres; lui qui absolvait les pécheurs repentants, lui qui mettait fin à la pénitence publique des scandales, lui qui prêchait, lui qui conférait le baptême hors les cas urgents.

Ce fut une nouveauté lorsqu'en 394 l'évêque d'Hippone, Grec et âgé, se fit remplacer pour la prédication par saint Augustin qui n'était que prêtre [1]. Quant au baptême que j'ai compté entre les fonctions ordinaires de l'épiscopat, il n'y a pas là de quoi surprendre ceux qui savent que jadis (comme encore aujourd'hui dans l'Église d'Orient) la confirmation suivait immédiatement l'admission des néophytes à la participation des sacrements. Les papes ne faisaient pas autrement à Rome, diocèse dont la population — sans parler de la sollicitude universelle du souverain pontife — pouvait assurément les autoriser à déléguer ce ministère. Mais c'était la mission des apôtres [2]; et les successeurs de saint Pierre ne s'en déchargèrent que très-tard, comme à la dernière extrémité.

Le simple prêtre, quand il s'en trouvait, — car il se peut que certains diocèses n'en aient pas toujours eu, — catéchisait, portait le secours des sacrements aux malades qui ne pouvaient attendre, aux captifs, aux familles écartées dans les hameaux. Le tout sur une commission particulière ou générale, expresse ou présumée, momentanée ou durable; mais toujours comme coopérateur de l'évêque. Cela se prouverait abondamment, surtout pour l'Afrique, mais n'est vraiment sujet à aucun doute et fait mieux comprendre pourquoi, dans le bon langage ecclésiastique, *sacerdoce* veut dire épiscopat.

Il ne faudrait point se hâter de juger exorbitante l'idée avancée tout à l'heure d'un évêque presque sans clergé. Dans

---

[1] Cf. Augustin., *Homil.*, xxvi.
[2] Matth. xxviii, 19.

un concile des temps où la foi n'était pas réduite à se cacher, en 397, Posthumianus évêque de Numidie, présente comme tout à fait admissible la supposition d'un diocèse qui, n'ayant qu'un prêtre, se trouverait fort réduit au cas où une autre Église userait du droit de le choisir pour la dignité épiscopale. Ceux qui lui répondent ne contestent pas la possibilité du fait; ils disent simplement qu'en pareil cas il se rencontrera bien quelque évêque qui consente à céder un de ses clercs au prélat si dépourvu, afin de remplacer l'élu, en recevant l'ordination.

Pour être élevé à l'épiscopat il fallait le choix du peuple avec celui du clergé, occasion de plus d'une brigue; et la réunion d'au moins trois évêques consécrateurs. Pratique de l'âge apostolique, qui donnait en outre une garantie à l'élection : par cela même que trois évêques s'accordaient à l'accepter pour se donner un collègue. D'ailleurs le primat de la province ecclésiastique devait aussi être consulté [1].

Sous la main de l'évêque, et le plus souvent autour de lui, des prêtres remplissaient les ministères dont il ne pouvait s'acquitter; des diacres avaient surtout le soin des aumônes, outre la part secondaire qu'ils prenaient à l'offrande du saint sacrifice, et dans Carthage divers quartiers de la ville furent partagés entre eux afin de faciliter leur charitable office. A cette occasion, disons que dès le temps de saint Cyprien l'on voyait des troncs dans les églises pour recueillir les offrandes spontanées en argent. Il est plusieurs fois question de sous-diacres; et c'est parfois comme d'envoyés épiscopaux, chargés de correspondances confidentielles. Nous avons eu à mentionner les *lecteurs* parmi les degrés inférieurs du clergé (Cf. *supra*, p. 281, note 2); ceux-là seuls pouvaient contracter mariage, mais en renonçant à s'élever plus haut dans l'ordre ecclésiastique, car l'Église d'Afrique n'admit jamais que les ministres de l'autel pussent se soustraire à la pro-

---

[1] Morcelli, *Afr. christ.*, A, 390, 6; 397, 10; etc.

fession d'une entière chasteté [1]. Le pape saint Sirice, dans le décret où il répète cette règle en laissant soupçonner des infractions regrettables, prévient dès lors l'étrange objection qu'on est tout ébahi de rencontrer aujourd'hui sur les lèvres des anglicans, par exemple, au sujet des évêques : comme si saint Paul [2] n'eût pas vu grand inconvénient à ce qu'un chrétien laïque eût deux femmes à la fois, ce qui serait parfaitement absurde; ou comme si l'apôtre eût été moins exigeant pour l'élévation à la dignité épiscopale, que dans l'admission d'une veuve attachée par l'Église à des emplois de simple confiance [3] !

L'assujettissement quotidien du clergé à l'évêque dans l'état de choses que nous avons exposé, n'est pas une forme si exclusivement primitive qu'on ne la retrouve après les premiers siècles du christianisme. Au reste elle explique bien le rang privilégié que prennent de bonne heure les chanoines comme clergé groupé autour de la chaire épiscopale et formant son conseil en même temps que le rayonnement de son autorité. Mais il n'est pas surprenant non plus que le cinquième siècle et le huitième aient cru reprendre la véritable vie canoniale en établissant les communautés de *chanoines réguliers* sous ce nom où le sens surabonde dans une appellation empruntée aux deux langues grecque et latine. L'évêque, en effet (ne parlons que des évêques d'Afrique), apparaît comme ayant en quelque sorte dans sa main tous les membres de l'ordre ecclésiastique inférieur. Sans lettres de lui, nul d'entre eux ne doit être accueilli; nul pontife ne peut s'attacher ni avancer dans son diocèse le clerc d'un autre, si le pasteur propre n'y donne son assentiment, etc. Par une sorte de compensation, leur honneur était fort protégé en cas de plaintes contre eux qui n'eussent pas reposé sur des preuves bien établies. Les évêques voisins

---

[1] Morcelli. A. 387, 2; 390, 3; 401, 4.
[2] I Tim., III, 2 : « Unius uxoris virum. »
[3] *Ibid.*, V, 9. Cf. Augustin., *de Bono Conjug.*, 18. — Cod. canon. Afric., 25. — Hieronym., *Epist. ad Ageruch.* Etc. It., *supra*, p. 319, note 1; 343, note 2; 151, sv.

intervenaient dans la connaissance de la cause; et, selon le degré que l'accusé occupait dans les ordres, plus ou moins de prélats devaient assister au procès.

Nous avons vu que le rang d'archevêque ou de métropolitain, selon le langage auquel nous sommes maintenant accoutumés dans l'Église latine, se désignait en Afrique par le mot *primat*, qui n'était pas un titre attaché au siége. (Cf. *supra*, p. 73, sv.) Seul, l'évêque de Carthage, mais sans être distingué par aucune désignation de supériorité exceptionnelle, exerçait une espèce de primauté sur toutes les provinces ecclésiastiques africaines. L'isolement du pays et le génie indépendant qui s'y manifeste sans cesse pouvait rendre les évêques peu accommodants entre eux, aussi bien que difficiles pour l'autorité placée hors de chez eux. La primauté d'ailleurs, sauf pour Carthage, étant dévolue à l'ancienneté personnelle au lieu de reposer une fois pour toutes sur la chaire d'un lieu important; une prépondérance marquée devait échoir çà et là à tel personnage qui n'y avait de vrai titre qu'une tête chenue : garantie, si l'on veut, mais chanceuse. Saint Grégoire-le-Grand aurait désiré faire interrompre ce mode de promotion; mais c'était une coutume, et sa tentative eut lieu à propos des Numides (en 591), qui n'entendirent pas se désister. Il arriva en conséquence, après comme avant, que des contestations entre évêques devinrent malaisées à vider. Les conciles montrent parfois le caractère remuant de quelques-uns, tenace de quelques autres; on s'y met volontiers en garde contre l'ingérance d'autrui; et ce peut être, par moments, autant esprit défiant et contentieux que juste sentiment du droit.

Il en paraît quelque chose dans l'animosité avec laquelle fut poussée cette controverse sur la prétendue nécessité de compter pour rien le baptême donné par les hérétiques. Cette fois-là cependant les évêques de Numidie avaient raison contre saint Cyprien : qui le prenait un peu haut, par trop de respect pour son propre siége.

Quoi qu'il en soit de la conduite tenue par le grand évêque de Carthage en une si grave question, où saint Augustin fait bon marché de cet autre Père de l'Église en disant que le martyre a couvert ses torts; l'Afrique put alors sentir qu'elle ne se suffisait point à elle-même, malgré son nombreux épiscopat et les lumières ou la sainteté de ses chefs. Mais les gens à chicanes ont excité autour de cette affaire plus de bruit qu'elle n'en comportait; puisque non-seulement le parti soutenu par saint Cyprien fut enfin rejeté par tous les catholiques, mais dès le premier instant Rome avait été consultée par ceux qui ne croyaient pas devoir se ranger à la solution venue de Carthage.

Pour moi, préalablement à tout débat particulier sur les cas d'appel qui ont remué la bile ou dépensé l'encre des anciens et des modernes, je soupçonnerais assez que, dans l'Afrique comme ailleurs, l'intervention du centre romain aura été encore plus invoquée et promue par les résistances locales contre des prépotences voisines qu'imposée ou développée par les prétentions centrales elles-mêmes. Ce sera, je le veux bien, l'histoire du *cheval s'étant voulu venger du cerf,* mais ils n'avaient l'un et l'autre qu'à ne pas se brouiller ou à se réconcilier amiablement. Lorsque, par exemple, des conciles africains laissent passer, vers 397, qu'un évêque ne pourra se rendre à Rome sans consulter le primat de sa province, comment ne pas voir dans cette mesure le germe d'un absolutisme subalterne où tout recours aurait été étouffé après le premier degré de juridiction? Nous le savons d'avance, le juge inférieur estimera communément fort bien fait que sa sentence soit irréformable; mais sera-ce aussi l'avis du plaideur débouté sans réclamation admissible, et sans pouvoir transporter sa cause en un lieu où les conflits personnels lui semblent avoir moins d'accès? Celui qui en doutera fera preuve d'une belle abnégation et d'un touchant amour des procédures les plus brèves. Encore reste-t-il à compter avec les volontés moins charmées par la simplicité des formes et qui ne cèdent qu'à bon escient. Le monde étant pourvu d'hommes ainsi faits, il faut pourtant des institutions qui s'accommodent à la nature de cette minorité obstinée dont il y a toujours un peu dans notre espèce (le regrettera qui voudra); et c'est ce qui produit les appels, pourvois en cassation, etc. : avec plus ou moins d'instances, selon le plus ou moins de trempe (roideur, si l'on veut) dans les âmes, ou de suspicion imputable aux arrêts.

Jetons, en passant, la semence d'une observation propre à porter son fruit chez les gens de loisir : qui est que le pays (la France) où les jurisconsultes ont le plus poussé à la centralisation politique, s'est trouvé à la fois celui où ils ont le plus crié contre l'abus ou les dangers d'une centralisation religieuse. Qu'est-ce à dire? et pourquoi introduire dans ces déclamations le mot de pouvoir étranger? Si le provincial n'a pas droit d'employer ce terme quand ses affaires sont transférées à une capitale éloignée de lui, serait-ce parce qu'il n'est pas admis à se plaindre pour son bonheur d'être compris dans une société qui embrasse un vaste territoire? Alors il ne faut pas vouloir protéger plus qu'ils ne le demandent, ceux qui font partie d'une société fondée pour tout l'univers par le Roi des rois, et antérieure à tous les contrats sociaux actuellement allégables. Avouons que dans ces mémoires de légistes il s'agissait d'une centralisation hors de la compétence parlementaire, et qui, par conséquent, n'aurait pas été dans leurs mains. Le vrai nœud de la question serait-il là? On aimerait à croire que non, et je ne demande pas mieux que d'en voir les preuves. Ou bien faudrait-il chercher à expliquer cette inconséquence par une étroitesse, soit d'esprit, soit de cœur, qui n'aurait pu comprendre qu'on réussît à être citoyen si l'on était quelque autre chose encore? Alors, soyons brutalement Spartiates, avec aussi peu de liens de famille même qu'il sera possible; et pour être bien conséquents, murons-nous dans un canton qui sera terre sacrée exclusivement à toute autre. Hors de là, il n'y aura décidément que des ennemis, si ce n'est des barbares.

Nous ne nous sommes pas si fort éloigné de notre sujet, que pourrait le croire quelque ennemi austère des digressions ; puisque Quesnel et les siens cherchaient des armes en Afrique pour leur guerre de droit canon et de théologie, tout en déclarant que c'était une Église trop maniable à l'influence romaine. Aussi bien, la primauté principale des papes se reconnaît sans peine dans la vie de saint Cyprien et dans ses écrits. On la voit au soin que lui et ses collègues mettent à éclaircir la compétition de Novatien et de saint Corneille pour la chaire de saint Pierre ; dans la précaution qu'il prend d'envoyer au souverain pontife la liste de tous les évêques africains, afin d'interdire aux faux pasteurs l'accès de l'Église mère ; enfin dans les expressions que nous avons citées de lui en divers endroits. Du reste, Rome est si bien un centre et un point d'appui tutélaire pour les évêques d'Afrique, qu'ils la chargent de soucis dont elle pourrait assurément se passer : comme quand ils excommunient celui qui se rendrait à la cour impériale sans en avoir exposé les motifs au pape et reçu sa permission. Saint Innocent Ier venait de témoigner le désir que les évêques n'allassent pas auprès du prince sans graves raisons, mais rien n'annonce qu'il demandât tant de zèle[1]. Lorsque, après et avant cela, ils se montrent piqués de ce que Rome revient sur leurs jugements, ils pouvaient avoir raison en plusieurs cas ; sans que des mécontentements partiels détruisent les témoignages de leur soumission habituelle, et l'effet des paroles où tant de souverains pontifes leur disent que l'autorité du saint-siége est décisive. Au fond, l'exercice de cette suprématie pouvait blesser, mais en contester le droit ne se présentait pas à la pensée des plus aigris.

[1] A vrai dire, le concile de Sardique avait déjà stigmatisé ce triste entraînement qui poussait bien des évêques grecs à fréquenter le palais impérial, et c'était un évêque africain qui avait proposé cette censure générale. Mais pour l'Afrique surtout, on n'aperçoit guère que des moyens extrêmes fussent d'urgence. Peut-être y tenait-on à conserver les bons résultats de l'isolement où la mer les établissait, et qui d'ailleurs entraînait une absence d'autant plus longue en cas de voyage à Constantinople.

IV. — Discipline.

Sous le nom de *discipline*, nous entendons indiquer diverses règles communes de conduite ou institutions chrétiennes qui ne trouvaient pas leur place sous les titres précédents ; mais qui contribuaient, et, par conséquent, importaient beaucoup au maintien de la foi, des mœurs, et de tout ce qui entretient les fidèles en un corps où tout se tient à l'aide de la pratique extérieure[1]. Or comme ce mot donne principalement à entendre une certaine rigueur répressive de correction, il est bon d'y rattacher d'abord la pénitence publique imposée pour des fautes notoires, et que plusieurs confondent mal à propos avec le sacrement de la réconciliation.

L'on pouvait avoir reçu l'absolution secrète du péché, sans être quitte de la réparation ostensible déterminée en raison du scandale selon les règlements de chaque Église. C'est pour cela que nous voyons des diacres absoudre (de la peine canonique) au nom de l'évêque, et nul n'a jamais enseigné que le diaconat conférât aucun pouvoir d'absoudre les péchés. L'humiliation publique des scandaleux dans l'accomplissement de leur expiation, se trouve appelée parfois *exhomologèse*, parce qu'elle impliquait un aveu de la faute correspondant à la peine ; ou parce que la déclaration du délit distinguait entre les pénitents convaincus et ceux qui prenaient place volontairement dans cet état de dégradation. Nouveau piége pour des esprits superficiels ou

---

[1] C'est bien comme cela que l'entend saint Cyprien, quand il dit (*de Habitu virginum*) : « Disciplina custos spei, retinaculum fidei, dux itineris salutaris, fomes ac nutrimentum bonæ indolis, magistra virtutis, facit in Christo manere semper ac jugiter Deo vivere, et ad promissa cælestia et ad divina præmia pervenire. Hanc et sectari salubre est, et aversari ac negligere lethale. Etc... Dat (*Dominus*) vivendi tenorem, dat innocentiæ legem postquam contulit sanitatem ; nec habenis liberis et solutis vagari postmodum patitur, sed ipsis potius quibus sanatus fuerat mancipato gravius comminatur ; quod sit scilicet minor culpa deliquisse ante, quùm necdum nosses disciplinam Dei, nulla sit venia delinquere postquam Deum nosse cœpisti. »

trop hâtés, qui ont cru y voir la forme accoutumée du sacrement de pénitence chez les premiers chrétiens.

Mais (spécialement en Afrique), pour ne pas atténuer le premier effet d'une confusion salutaire dans cette profession de repentir, la pénitence publique n'était pas prononcée une seconde fois sur celui qui l'avait déjà subie. On se trouverait donc conduit, avec les montanistes et les novatiens, à ne pas reconnaître dans l'Église le droit d'accorder deux fois l'absolution au même homme; et l'on sait si l'Église d'Afrique fit cause commune avec ces rigoristes sectaires. D'ailleurs nous apprenons de Tertullien que les crimes frappés par cette relégation étaient les attentats contre l'honneur dû à Dieu (idolâtrie, blasphème), contre la pudeur ou contre la vie du prochain; et personne n'imaginera que la puissance des clefs donnée à saint Pierre n'ait pas d'autre objet, ou que ce fussent les seuls péchés graves admis dans la théologie primitive. Saint Paul en disait beaucoup plus long sur l'examen de conscience.

L'intercession des martyrs et des confesseurs, dont prétendaient faire un si grand usage auprès de saint Cyprien ceux qui étaient *tombés* dans la persécution, réclame sa place ici[1]. Ces démêlés ont leur côté instructif qu'il ne faut point perdre de vue. L'âpreté avec laquelle les coupables poursuivent l'effet d'une entremise étrangère, et les paroles du grand évêque, qui refuse l'application sans repousser le principe, font bien voir que tout le monde admettait, sous le bon vouloir des pasteurs, une réversibilité de mérites qui pouvait combler en quelque façon le vide de l'un par le trop plein de l'autre. C'est la base de la doctrine catholique des indulgences, sauf que l'Église y voit une

---

[1] Cf. *supra*, p. 281, etc. Saint Cyprien n'en repoussait que la forme impérieuse et arbitraire; voulant même bien l'attribuer à ce que les prêtres et les diacres visiteurs des prisons, n'avaient pas indiqué aux intercesseurs une formule convenable. Pour lui (*espist*. x), désormais il en trace le modèle : « Ideo peto ut eos quos ipsi videtis, quos nostis, quorum pœnitentiam satisfactioni proximam conspicitis, designetis nominatim libello; et sic ad nos fidei ac disciplinæ congruentes litteras dirigatis. »

rémission de la peine temporelle due au péché, et non pas seulement de la peine canonique.

On a voulu, surtout depuis le seizième siècle, faire figurer dans le gouvernement de la primitive Église, des *anciens* qui auraient été laïques. Il n'est pas un des textes africains que l'on pourrait alléguer, qui ne s'entende beaucoup plus naturellement si l'on se résigne à convenir que les *seniores* de Tertullien sont les *presbyteri* du nouveau Testament et du langage ecclésiastique accoutumé. C'est-à-dire qu'il s'agit des prêtres qui, comme nous l'avons fait observer, étaient alors choisis parmi ceux que l'âge et l'exercice bien réussi (comme on parle actuellement) de l'autorité paternelle recommandaient au respect et à la confiance publique. (Cf. *supra*, p. 545, note 2; et p. 151, sv.) Les autres expressions, que l'on prétendrait rattacher à ce système des *anciens*, pèsent moins encore ; si ce n'est pour montrer, comme tout le monde le sait, que le pouvoir ecclésiastique a commencé à la manière des sociétés quelconques. Il adoptait volontiers d'abord une marche affectueuse et paternelle, dont l'usage s'est peu à peu restreint lorsque le peuple chrétien s'est trouvé moins choisi d'une part, et à la fois plus accoutumé à plier sous une autorité universellement reconnue.

Tertullien, dans un livre qui ne s'adressait pas aux seuls fidèles, admet comme fait patent que la pratique du jeûne était familière aux chrétiens; et que, au temps qui précède Pâques, tous s'y croyaient tenus. L'évêque en faisait aussi une loi momentanée dans des circonstances importantes dont il était juge; mais jamais le dimanche, ou durant le temps pascal. Jeûner la veille de Noël semble avoir été commun à toutes les Églises; tandis que d'autres jours, observés à Rome, ne passaient pas en Afrique pour obligatoires. Les montanistes étaient beaucoup plus exigeants que personne en ce genre, sans être meilleurs chrétiens au fond, s'imaginant suppléer à la foi par le rigorisme.

La profession monastique imposait bien d'autres privations, sans prétendre y astreindre ceux qui jugeaient à propos de ne point ajouter des engagements de surérogation aux lois communes. Cette forme de vie apparaît plus tard en Occident que dans l'Égypte ou la Syrie. Mais elle se montre tout d'abord avec un caractère moins exclusif et beaucoup plus tourné à la vie commune. En même temps, elle semble avoir plus souci du bien à produire au dehors. Quelques écrivains ne paraissent pas sentir cette nuance quand ils parlent du monachisme égyptien primitif comme d'un idéal absolu plus ou moins continué ailleurs. A ne parler que de l'Égypte, saint Pacôme, avec ses cénobites, a eu bien plus d'imitateurs que saint Antoine et les anachorètes ou ermites proprement dits. Vers la même époque où saint Augustin formait des monastères, un Grec asiatique venait d'établir la vie cénobitique sur un pied déjà bien plus rapproché de ce que pratiqua surtout l'Occident. Saint Basile le Grand avait essayé, dans les montagnes du Pont et en Cappadoce, l'alliance de l'étude avec la prière; et les privations modérées d'un régime qui n'est déjà plus l'austérité quasi farouche, ni l'isolement plus ou moins complet des premiers ermites. Ses communautés sont même moins sous le souffle du désert que celles des cénobites syro-égyptiens. La société gréco-latine réclamait une institution plus accessible à son esprit d'action; et l'on peut dire que Basile et Augustin furent les grands initiateurs de nos races japhétiques à cette forme définitive de l'ascétisme chrétien. Mais saint Augustin fait voir, dans les communautés monastiques d'Italie et d'Afrique, un lien sensible entre le clergé épiscopal et ces corporations de réguliers. On y donnait les ordres sacrés à plusieurs, et Hippone n'avait pas d'autres coopérateurs à la sollicitude pastorale[1]. Dans la suite on trouve que, sans être substitués au clergé séculier, cependant ils confessaient, baptisaient, prêchaient, bénissaient même les mariages. On sait que les monastères devinrent bientôt la pépinière de l'épiscopat et des

---

[1] Augustin., *Serm.* CCCLVI.

missions dans l'Église latine, sans que cela y fût une nécessité comme elle l'est pour l'Église grecque et les Églises orientales.

Ainsi les jansénistes, qui se donnaient si volontiers pour disciples de saint Augustin, n'ont pas plus été fidèles à leur prétendu maître sur ce point que sur bien d'autres. Le grand évêque d'Hippone ne se sera guère reconnu dans les réformes imaginées par le conciliabule de Pistoie : où l'on aurait voulu rendre la prêtrise exceptionnelle dans les maisons religieuses, et en bannir à peu près toute autre occupation que le travail des mains. Il s'agissait surtout de leur interdire l'administration des sacrements, et l'on n'en faisait pas mystère [1]. C'était, il est vrai, une sorte de transition à ce que le joséphisme, devenu épidémique, formula bientôt sans façon comme un axiome, sur les pas des princes lorrains : que le moins possible de religieux, était ce qu'il y avait de mieux; et que l'État en serait juge (autrement dit : héritier, à sa convenance).

La vie volontairement pauvre et pénitente des moines fut enviée par les femmes qui se réunirent aussi en Afrique dans des monastères, comme il s'en trouvait déjà en Italie; et saint Augustin traça pour elles des règles de conduite. Ce n'est pas que dans les familles il n'y eût aussi des vierges solennellement consacrées à Dieu. Un concile de l'an 397 veut que, si leurs parents viennent à mourir, l'évêque prenne soin d'aviser aux moyens de persévérance pour elles : en les confiant à des femmes capables de les maintenir, ou en les faisant entrer dans un monastère. Il semble qu'une sœur du rebelle Gildon (Cf. *supra*, p. 55, svv.) avait fait profession de virginité perpétuelle, et demeura pieusement dans cet état à Constantinople après la

---

[1] La bulle *Auctorem fidei* n'a garde de l'oublier dans la foule d'énormités doctrinales qui pouvait masquer cette assertion : « Regula (1ª *pro reformatione regularium*) quæ statuit... Statum regularem... componi non posse cum animarum cura, cumque vitæ pastoralis muneribus...; falsa, perniciosa, in sanctissimos Ecclesiæ Patres... injuriosa, » etc., etc.

ruine de ce misérable. Les plus hautes fortunes n'auraient donc pas été privées de modèles éclatants, même parmi les familles où le christianisme n'était pas adopté par tous les membres.

Ce n'est pas à dire, encore une fois, qu'il faille tout voir en beau dans cette Afrique des Cypriens, des Augustins et de tant de martyrs; pas plus qu'en aucun lieu où l'homme a jamais porté sa volonté faillible et l'entraînement de ses convoitises. Le P. Sév. Capsoni, de l'ordre des Frères Prêcheurs (et en Lombardie, sous Joseph II, qui plus est) a fort bien fait ressortir au siècle dernier l'insupportable verbiage des prétendus zélateurs qui voudraient nous conduire à regarder tout comme parfait dans l'Église durant les premiers âges du christianisme, probablement afin de n'y plus rien trouver qui soit tolérable dans ce que nous avons sous les yeux. Son témoignage doit être d'autant moins oublié, que plus d'un parmi ses contemporains et compatriotes, exaltait au contraire outre mesure les côtés lumineux de la primitive Église; de façon à laisser conclure que la vertu de l'Évangile s'était singulièrement amoindrie avec le temps. Plaintes touchantes, et qui ont beaucoup avancé les affaires de Dieu en ce monde, comme chacun sait! Mais pour la réalité des faits en eux-mêmes, que l'on veuille bien lire attentivement les saints Pères, saint Cyprien entre autres; on verra s'ils se figuraient ne compter que des saints parmi leurs ouailles. Saint Augustin ne s'y trompait pas davantage quand il disait, comme n'importe quel moissonneur sensé, que tout n'était pas bon grain dans la récolte[1].

---

[1] Augustin., *Epist.* LV, c. 19, n° 55 : « Ecclesia Dei, inter multam paleam multaque zizania constituta, multa tolerat; et tamen quæ sunt contra fidem et bonam vitam non approbat. »

Saint Cyprien (*de Habitu virginum*) s'adressant aux vierges consacrées à Dieu (sans quitter la famille) ne relève-t-il point chez plusieurs toutes les ressources de la coquetterie asiatique, maintenues au milieu de la civilisation romaine? Le kohol (antimoine) ou le henné pour les paupières, les bracelets (khalkhals) transportés aux pieds sans décharger les poignets et le bras, etc.: « Illi (*apostatx*

Nous en apercevons les indices dans ces repas affectueux (*Agapes*) que les fidèles prenaient parfois en commun pour entretenir une sainte amitié entre gens que les convenances sociales semblaient ne devoir jamais rapprocher, si la foi ne leur eût appris à se considérer comme frères. (Cf. *supra*, p. 271.) Ce fut d'abord comme un régal charitable servi aux chrétiens pauvres avec des mets offerts par les riches qui n'y épargnaient pas la dépense, à ce que fait entendre Tertullien[1]. De servir les pauvres à leur tenir compagnie, il n'y avait qu'un pas qui dut être bientôt franchi par une attention délicate des donateurs. Après quoi, ce sera devenu l'occasion d'une réjouissance commune où tous les rangs se confondaient avec simplicité. De bonne heure il dut s'y glisser quelque désordre, puisque le même Tertullien, devenu montaniste (et sans doute ouvrant alors de grands yeux avec une sévérité malveillante), en parle tout autrement que comme d'une édifiante assemblée. Sans se référer aveuglément aux dernières appréciations de cet écrivain morose, nous avons des renseignements antérieurs beaucoup plus graves et qui ne sont pas laudatifs; car il est tout à fait probable que des abus réels sur ce point remontent jusqu'à l'origine, si c'est ce que saint Paul avait en vue dans ses réprimandes aux Corinthiens, et saint Jude dans ses avis à tous les fidèles[2]. Or cela paraît à peine douteux et n'est que trop conforme à la nature humaine, pour s'être fait longtemps attendre. Ce qui, en sus des désordres, peut encore nous paraître énorme dans les faits articulés par saint Paul, devient plus intelligible si l'on considère que d'anciennes églises — et l'Afrique à coup

---

angeli) et oculos circumducto nigrore fucare, et genas mendacio ruboris inficere... docuerunt... Deum videre non poteris, quando oculi tui non sunt quos Deus fecit, sed quos diabolus infecit... Maneat in vobis facies incorrupta, cervix pura, forma sincera. Non inferantur auribus vulnera; nec brachia includat, aut colla, de armillis et monilibus catena pretiosa. Sint a compedibus aureis pedes liberi, » etc.

[1] *Apologet.* xxxix : « Quantiscumque sumptibus constat, lucrum est pietatis facere sumptum ; siquidem inopes quoque refrigerio isto uvamus. »

[2] 1 *Cor.*, xi, 20-25. — Jud. 12.

sûr — faisaient trêve à la loi générale du jeûne pour la communion du jeudi saint, qui avait lieu le soir en mémoire de la Cène[1]. Ainsi les agapes et l'Eucharistie ne doivent assurément pas être confondues ensemble; mais une fois l'an, pour l'anniversaire de l'institution du Saint-Sacrement, elles se touchaient de bien près dans la même assemblée.

De fait, ces festins de charité tenus dans le lieu même de la prière, sous les yeux de l'évêque, auront dégénéré assez rapidement en bombances fâcheuses qui furent, comme par un premier essai d'amendement, transportées hors du lieu saint. Malgré cela on les jugea trop libres encore pour être même encouragées ainsi; puis enfin on ne les toléra plus du tout, après en avoir longtemps gémi sans prononcer un arrêt définitif contre la vieille pratique chère au peuple. L'Italie avait précédé l'Afrique dans cette suppression, ou du moins dans le règlement d'autorité qui s'y opposait (ce n'est pas toujours la même chose); et saint Augustin poussait l'évêque de Carthage à en faire autant pour son Église, afin de faciliter l'adoption de la même mesure dans les provinces. Une ouverture se présentait à la conclusion dernière. Déjà précédemment, pour éviter la cohue, sans doute, en modifiant quelque peu l'usage, bon nombre apportaient à l'autel des comestibles en manière d'offrande. Ces aliments étaient ou remportés au logis pour y faire partie du repas de la famille, ou distribués à tous les assistants durant l'office, ou réservés pour les pauvres. Ce fut, à ce qu'il paraît, la transition. Toute autre oblation que de pain ou de vin fut interdite désormais; le reste s'acheva lentement sans qu'on puisse dire quand le but fut atteint, et s'il le fut même absolument partout.

Il est assez curieux que, malgré l'abolition des agapes ordonnée à Milan par saint Ambroise, dont saint Augustin poursuivait l'exemple, saint Charles Borromée ait eu encore à se

---

[1] Cf. Conc. Carthag. III, can. XXIX (A. 397).

prononcer contre les *fréries* qui se célébraient dans les églises à certains anniversaires, notamment le jeudi saint. Pourtant le concile de Bâle avait espéré en venir à bout, comme de bien d'autres réformes, un siècle avant saint Charles. Je me souviens d'avoir entendu applaudir, à une séance publique de l'Institut, certaine phrase d'un éloge de Gerson, *tenant à peu près ce langage* (à propos du concile de Pise, de Constance, etc.) : « Vous n'avez point voulu des réformes indiqués par les sages; par, etc., etc. Eh bien! il viendra prochainement une autre Réforme qui, » etc., etc. Pour l'éloquence, je n'ai rien à dire, d'autant que la pièce historique ou oratoire a été couronnée, si ma mémoire me sert bien; mais, logiquement et en pratique, cela signifierait-il aussi peut-être que dans l'Église d'Afrique les restes malencontreux des agapes, trop épargnés par les évêques, ont été retranchés enfin heureusement lorsque, comme parle M. R. Dozy, le calvinisme musulman eut trouvé son Écosse dans l'Atlas? Depuis combien de temps les bonnes gens ne disent-ils pas, avec fort peu de rhétorique, c'est vrai, mais avec suffisamment de philosophie et de cœur : « Mieux vaut laisser son enfant morveux que de lui arracher le nez! » En quoi je ne prétends pas que les réformes violentes soient exclusivement mauvaises; l'Espagnol, avec son bon sens un peu fataliste, trouve de l'utilité jusque dans l'incendie de sa maison[1].

Puisque nous parlions des agapes et de la charité pour les pauvres, ce peut être l'occasion de rappeler avec l'hospitalité, le soin des indigents et surtout des malades. Les exemples éclatants de ces vertus si chères au christianisme, se sont rencontrés plus d'une fois dans les faits que nous avons eu à retracer; mais peu de textes parlent d'hospices ou d'hôpitaux dans l'ancienne Église d'Afrique. Le savant italien que nous avons

---

[1] Prov. esp.

« No hace poco quien su casa quema :
Espanta los ratones, y calientase á la leña. »

suivi de près dans tout ce livre, nous aidera encore en ceci par une note qu'il a publiée sur une inscription africaine du quatrième ou cinquième siècle (à Ghelma). On y parle d'une construction, rétablie ou réparée, pour abriter (héberger, peut-être) les voyageurs (*ad peregrinorum hospitalitatem*), près d'un tombeau. Je ne voudrais point affirmer que ce ne fût pas, cette fois, une sorte de karavansérai à la manière orientale. Mais nous avons ailleurs des faits plus nettement tracés.

Saint Augustin ne nous apprendrait pas grand'chose quand il dit qu'un évêque ne pouvait, sans frustrer l'attente générale, se dérober au devoir de l'hospitalité quotidienne; saint Paul l'avait déclaré très-expressément [1]. Mais le docteur d'Hippone ajoute que l'opinion commune des chrétiens imposait une obligation semblable aux moines [2]. Cependant la charité, depuis que la paix et la liberté avaient été données à l'Église, réclamait des édifices particulièrement destinés à cet objet: et la

---

[1] Tit. 1, 8. — I Tim. III, 2.
[2] Augustin., *Serm.* CCLV, 2 : « Perveni ad episcopatum ; vidi necesse habere episcopum exhibere humanitatem assiduam quibusque venientibus, sive transeuntibus ; quod si non fecisset episcopus, inhumanus diceretur. Si autem ista consuetudo in monasterio missa esset, indecens esset ; et ideo volui habere, in ista domo episcopii monasterium clericorum. »

Vers la même époque, saint Basile le Grand (*Epist.* ad Heliam.) trouvait fort singulier qu'on s'étonnât de le voir se mettre en frais pour compléter sa résidence épiscopale par des logements pour les étrangers et les malades. Un évêché ne lui semblait pas achevé sans cela. On nous dit que ce furent des constructions presque énormes (une sorte de ville).

Le moyen âge n'entendait pas les choses autrement quand il voulait que la cathédrale et l'évêché se complétassent par un *Hôtel-Dieu* (épelez-moi donc ce mot comme on n'en fait plus). J'entends dire que nous allons changer cela à Paris; et que Notre-Dame sera débarrassée, non pas de l'administration des hôpitaux peut-être, mais des administrés. Si le mot *esthétique* signifie quelque chose, je réclame au nom de l'esthétique, et comme paroissien baptisé à Notre-Dame. Ceux qui parlent de philanthropie sans aller à la messe, ne se figurent pas ce que c'est que d'avoir vu de bonne heure tous les dimanches le nom des pauvres rayonnant immédiatement après celui de Dieu. Au cas où l'on voudrait bien me permettre de citer mon expérience, je déclare en bonne psychologie que l'écriteau de l'administration (quoique au fond du parvis) n'a jamais beaucoup fixé mon regard; *Hôtel-Dieu*, au contraire, me tirait l'œil (comme disent les ateliers). J'ai grand'peur que mon aveu ne nuise à ma thèse; mais je constate un fait, que nos neveux ne comprendront peut-être plus.

ville épiscopale de saint Augustin en eut au moins un, bâti de son vivant par les soins du prêtre Léporius qui avait dépensé tous ses grands biens en bonnes œuvres [1]. Si Calame et Hippone avaient ces établissements, des cités plus considérables n'en étaient sûrement pas dépourvues. Or saint Augustin nous avertit qu'antérieurement aux maisons qui annoncent l'exercice public et ouvert de professions toutes chrétiennes, l'esprit chrétien produisait déjà ce que des noms nouveaux désignèrent plus tard [2]. Tertullien le fait bien voir pour la question présente, quand il a l'air de supposer que chaque fidèle avait au moins une chambre toujours disponible pour les étrangers [3].

On doit bien s'apercevoir que nous ne tenons pas à multiplier les détails d'intérêt secondaire. Autrement nous pouvions faire remarquer que dès le temps de Tertullien le clergé revêtait la robe de lin pour les cérémonies ecclésiastiques [4]. On dirait même que saint Cyprien, le jour de son martyre, portait

---

[1] August., *Serm.* CCCLVI, 10. « Presbyterum Leporium, quamvis sæculi natalibus clarum et apud suos honestissimo loco natum, tamen... inopem suscepi : non quia nihil habuit, sed quia jam fecerat, quod lectio ista (Act. IV, 31, sqq.) persuadet... Pecuniam non habet quam suam dicere possit. Habebat xenodochium ædificandum quod modo videtis ædificatum ; ego illi injunxi, ego jussi. Obtemperavit mihi libentissime ; et, sicut videtis, operatus est. » Etc.
Ceux qui ont pu voir dans les restes de l'abbaye d'Ourscamps l'*hôtellerie* cistercienne, seul édifice bien conservé depuis l'origine, comprendront que le moyen âge avait heureusement gardé la vieille pensée chrétienne. Le propriétaire actuel, M. Peigné-Delacourt, a été merveilleusement inspiré quand, près d'un sanctuaire dévasté, il a transporté la demeure de Jésus-Christ dans l'ancien dortoir des pauvres : deux logis qui ne faisaient vraiment qu'un, jadis, quand la séve n'était pas interceptée entre le tronc et les rameaux. Les plus grands détracteurs des monastères n'ont pu nier que l'hospitalité, du moins, n'y subsistât jusqu'au bout; tant que les moines eurent les moyens de l'exercer. C'était une affaire d'honneur, et elle avait survécu à d'autres renversements qui précédèrent cette destruction violente.

[2] Id., *in Joann.*, XCVII, 4 : « Xenodochia et monasteria postea sunt appellata novis nominibus ; res tamen ipsæ ante nomina sua erant, et religionis veritate firmantur. »

[3] Tertullian., *ad Uxorem*, II, 4 : « Quis (*gentilis*) sinat conjugem suam visitandorum fratrum gratia, vicatim aliena, et quidem pauperiora tuguria circuire?... Si pereger frater adveniat, quod in aliena domo hospitium? Si cui largiendum erit, horreum, poma, præclusa sunt. »

[4] Id., *ibid.*, I, 7.

à la manière des évêques actuels, les divers insignes de tous les ordres inférieurs; et n'aurait gardé que l'*aube* pour recevoir le coup d'épée[1]. C'est, du reste, une interprétation que je ne prétends pas garantir comme irrécusable. J'aurais pu ajouter que la tonsure même, et probablement celle du clergé séculier d'aujourd'hui, était usitée à l'époque de saint Augustin[2]. Mais il ne s'agissait pas de compiler un recueil où les moindres particularités reçussent leur classement. Ce que nous avons signalé peut être utile, et nous n'avons pas eu la prétention de tout dire.

[1] Cf. Act. proconsul., 5.
[2] Cf. Morcelli, A. 633, n° 5; etc.

APPENDICE

SUR LA DÉFAITE DES VANDALES A DECIMUM

> « Fortuna quæ plurimum potest, quum reliquis in rebus, tum præcipue in bello, parvis momentis magnas rerum commutationes efficit; ut tum accidit. »
> J. Cæsar, *B. civil.* III, 68.

Au cas où des militaires se seraient laissé engager par le titre de cet ouvrage à en prendre lecture, et l'auraient poussée jusqu'ici, voici un sujet de quelque importance que je recommande à leur attention. Les études d'un officier feraient avancer cette question en la mûrissant, et en l'appliquant avec le savoir-faire dont je ne me pique pas. Mais dans l'état où je la laisserai à dessein pour ne point dépasser ma portée, il y a de quoi établir une première assise absolument suffisante à qui ne fait pas profession de connaissances spéciales. Nul homme ayant dépassé la saison des enfantillages ne doit ignorer que tout peuple qui n'est pas sur le point de perdre son nom, peut soutenir, même gagner une bataille; mais que les généraux n'y nuisent pas, et que l'ancienneté de service ne suffit pas pour faire un général en chef accompli. C'est le Ciel qui envoie les grands généraux, ou encore au général la pensée décisive. Quand la fortune, comme on dit (c'était le langage de Jules César), vient à tourner contre les grands capitaines, ce n'est pas ordinairement devant plus de génie qu'ils tombent ; souvent ils se brisent sur un obstacle qui semblait ne pas devoir entrer en compte, ou que tout le monde, excepté eux, prévoyait assez bien. Pour eux, dans le plus grand enivrement de leurs succès, ils doivent néanmoins s'apercevoir çà et là que ce qu'ils appellent leur *étoile* ne se compose pas toujours de leur supériorité, ni de la faiblesse ou de l'ineptie de leurs adversaires. Le prince Eugène, — ce *petit abbé* délicat, qui atteignit à peu près sa soixante-douzième année à travers bien des expéditions, mais dont Versailles n'avait pas voulu d'abord quand il demandait un régiment, — allant prendre le commandement des troupes autrichiennes en Italie, disait à l'empereur d'Allemagne : « Si le roi (Louis XIV) m'envoie Villeroi, je le battrai ; si c'est Vendôme, nous nous battrons ; si c'est Villars, il me battra. » Le choix du chef est en effet quelque chose, mais il n'est pas probable qu'Eugène eût refusé de se mesurer avec Villars. C'est que ce que l'on est convenu de nommer le sort, entre dans la guerre pour beaucoup ; et le sort, qu'est-ce vraiment, sinon Dieu se jouant des hommes dans les choses de ce monde ? Aussi le prince Eugène priait-il, et tâchait-il d'entendre la messe, avant une bataille.

Donc, ne mettons pas toujours les grands vainqueurs sur le pied d'hommes de génie ; mais surtout ne mettons pas le talent, ou même le génie, sur le pied d'infaillibilité. La Providence, qui donne l'habileté, ne s'engage pas à lui maintenir le succès. Instrument de Dieu, l'homme peut être brisé par son auteur, à l'instant où la réussite serait le plus nécessaire ; car il est tel revers qui fait payer chèrement vingt triomphes. Aussi était-ce chose fort sensée, comme fort courtoise, que le vieil usage de dédier après une campagne heureuse, des églises ou des *ex voto* qui proclamaient la reconnaissance du victorieux ; et non pas des arcs de triomphe ou des monuments insultants pour le vaincu : souvenirs où la morgue perce si bien, que qui les aime le plus chez soi s'en accommode le moins chez autrui. Les *Te Deum* ne sont qu'un reste de cette loyale coutume jadis presque universelle, et qui n'avait de quoi offenser personne. C'était, avec de la charité, de l'humilité ; c'est-à-dire chacun mis à sa vraie place.

Bélisaire, revenu d'Afrique, reçut dans Constantinople les honneurs d'un triomphe à la manière romaine, sauf que Justinien s'y donnait une large part ; toutefois rappelons-nous que les triomphes romains n'oubliaient pas *Dieu très-bon et très-grand*. Le général de Justinien pouvait d'autant moins l'oublier pour son compte, que lui-même avait dit à ses troupes avant le départ : « Des soldats expérimentés doivent savoir que si le nombre et la valeur sont quelque chose, il faut tout autrement compter sur Dieu qui a la fortune à ses ordres[1]. » Il eut de quoi s'en souvenir en plus d'une circonstance durant cette campagne où il n'avait pas même pour lui ce nombre qu'on fait tant sonner ; et Procope, qui était l'homme de confiance du général, ne déguise pas que l'intervention du Ciel peut seule expliquer les principaux succès de son héros[2]. Cependant il s'étendait, non sans exagération peut-être, sur la décadence des Vandales depuis Genséric[3].

L'imprudente précipitation d'Ammatas (frère du roi) qui pensa faire du zèle en attaquant l'avant-garde byzantine sans autre appui que quelques cavaliers, sa mort dans cette folle équipée et la frayeur qu'en éprouva le corps d'armée qui se groupait à l'aise derrière lui, l'incroyable panique qui vérifia si bien sur les troupes de Gibamond (neveu de Gélimer) la parole un peu fanfaronne d'un chef hun, ou massagète, aux siens : « Voilà

---

[1] Procop., *B. Vandal.*, I, 12.
[2] *Id., ibid.*, 18, 19.
[3] Cf. *supra*, p. 169-172. Malchus (*Excerpta...*; Bonn, 1829, p. 240) en dit autant, et je ne vois pas que cela prouve davantage. J'en ai donné les raisons d'après Salvien, Orose, Sidoine Apollinaire, etc. Car il ne s'agit pas d'inventer l'histoire mais seulement de la démêler ; ce qui, pour être moins brillant, ne laisse pas d'être plus honnête.

une viande qui ne demande qu'à être mangée; » tout cela simplifiait déjà beaucoup la lutte dont le défilé de Décimum aurait pu être le théâtre. Mais Procope convient que le roi vandale à son arrivée sur le champ de bataille tenait encore dans ses mains le sort de l'armée impériale [1], et que Dieu doit l'avoir aveuglé. Car Gélimer n'était rien moins qu'incapable : ses talents militaires et probablement une réputation d'énergie, avaient au contraire été le grand moyen de popularité dont il se fit un degré pour arriver au trône; et ce fut pour ne pas avoir de rival en ce genre parmi les partisans du prince déchu, qu'il fit d'abord aveugler Hoamer (le neveu d'Hildéric), regardé par les Vandales comme leur Achille.

Cependant, au lieu de charger les Romains, dont les premiers escadrons et les gardes même du général en chef, fuyaient à toute bride; au lieu de tourner vers Carthage où il eût taillé en pièces l'avant-garde de Bélisaire coupée de son armée, et mis la main sans peine sur la flotte dépourvue de soldats [2]; le roi ne descend que pas à pas dans la plaine, s'y arrête pour pleurer son frère et lui faire rendre les derniers devoirs. Durant ces lenteurs étonnantes chez un prince qui n'avait d'abord pas mal pris ses mesures [3], Bélisaire a le temps de reformer les fuyards, d'apprendre les premiers succès des siens, de connaître les lieux et l'état de l'ennemi : toutes choses où l'on ne voit pas qu'il eût été bien servi jusque-là. Enfin il attaque les Vandales qui semblaient l'avoir oublié complètement malgré le peu de distance des deux armées. Dans leur inexplicable surprise, ceux-ci se débandent au premier choc et sont taillés en pièces tant que dure le jour. Ceux qui s'échappent avec Gélimer ne songent ni à Carthage qui est à dix milles de là, et d'où était

---

[1] Procop., *B. Vandal.*, I, 19.

[2] Bélisaire, n'avait laissé sur chaque navire que cinq archers, afin de ne pas dégarnir l'armée de terre. En outre il était autorisé à ne pas faire grand fonds sur le commandant de la flotte.

[3] Procop., *ibid.*, 17, 18. Cf. *supra*, p. 62, sv.

parti Ammatas, ni à la Byzacène d'où ils venaient, mais gagnent la Numidie; d'où ils s'avancèrent ensuite à Tricamara, montrant un peu tard que les Vandales savaient très-bien soutenir l'attaque des troupes romaines.

Il ne faut pas dire que Carthage, dont les murs avaient été longtemps négligés, offrait au roi un assez mauvais abri. Bélisaire sut les réparer si rapidement et si bien que Gélimer, amené prisonnier dans son ancienne capitale, admirait ces remparts promptement mis en bon état, et avouait être lui-même la cause de son désastre. La ville, d'ailleurs, était si peu décidée pour les Grecs, que l'on y trouva un parti vandale tandis que les Byzantins l'occupaient en forces. Restait-il du moins à Gélimer le droit de se rejeter sur ce qu'il aurait été mal secondé? Ammatas et Gibamond n'avaient pas marchandé leur vie. Tzazon, autre frère du roi, n'était pas un capitaine à dédaigner, quoi que dise Procope sur l'amollissement des Vandales. Il avait conduit vigoureusement l'expédition de Sardaigne où Godas, partisan d'Hildéric, trouva la mort; et le mouvement d'insurrection fut comprimé dans toute l'île avant l'arrivée des secours envoyés par Constantinople. Il sut même comprendre assez bien la situation pour venir rejoindre à temps le roi son frère malgré les flottes romaines, et se fit tuer aux premiers chocs de la bataille de Tricamara, comme Ammatas au combat de Décimum.

Cependant Bélisaire faisait son entrée dans Carthage le jour même de la fête consacrée à saint Cyprien, et on lui servait dans le palais un repas préparé pour Gélimer. Le même jour, ou peu s'en faut, arrivaient à la capitale des dépêches de Sardaigne : annonçant que l'île, révoltée contre Gélimer (Cf. *supra*, p. 216, sv.), venait de rentrer dans le devoir; et les courriers furent bien surpris d'avoir à remettre leur message entre les mains d'un général de Justinien. Cette répression du soulèvement de Godas, où l'on prétendait servir Hildéric, et non pas l'empereur, avait enlevé à l'Afrique cinq mille Vandales d'élite et cent vingt bons vaisseaux commandés par un frère du roi : résultat le plus clair d'une expédition en apparence si bien couronnée par le succès. Ne dirait-on pas la prise d'Alger en 1830? où tandis que nos troupes prenaient pied au delà de la Méditerranée, la couronne se trouvait à découvert dans Paris.

Procope, qui devait savoir la pensée de Bélisaire, et connaissait bien l'état des choses, compte que les Romains engagés dans les diverses affaires de cette campagne, ne dépassaient point le nombre de cinq mille[1]. Aussi déclare-t-il que « les résultats de l'expédition sont merveilleux, soit qu'on les attribue à la *fortune,* soit qu'on y voie l'effet de la bravoure et de la discipline romaine. » Or, justement nous ne voyons pas que la bravoure et la discipline romaine aient été sans tache en toute occurrence pendant cette campagne. Reste donc la *fortune,* au moins pour une large portion. Procope convient encore qu'après la bataille de Tricamara, les Vandales avaient une belle occasion d'écraser l'armée de Bélisaire, emportée par l'enivrement du pillage malgré le dépit et l'inquiétude cruelle du général[2]. (Cf. *supra,* p. 64.) Mais nous ne voulons pas analyser toutes les scènes de cette guerre, si courte qu'elle ait été; la fin y répond au début.

Quant à l'effet de la diversion opérée par l'expédition des Vandales en Sardaigne, il suffit de dire que les troupes romaines avaient déclaré d'avance ne pouvoir tenir contre l'ennemi s'il les attaquait en mer ; et qu'il ne fallait absolument compter sur elle qu'en cas de débarquement, mais point du tout pour une bataille navale. Car si l'on veut que Gélimer ait été trahi, Bélisaire ne fut pas toujours bien appuyé; il s'en faut de beaucoup. Or pendant ce temps-là, tout s'était arrangé pour que le roi vandale ne sût rien du vrai péril, et que les Goths d'Espagne connussent l'entrée des impériaux à Carthage avant d'avoir

---

[1] Procop., *ibid.,* II, 7.
[2] *Ibid.,* II, 4.

reçu les envoyés de Gélimer qui venaient demander du secours à tout événement. Les ambassadeurs eux-mêmes ne croyaient pas que leur cour fût si menacée : ils avaient pris le chemin de terre jusqu'au détroit, et ne s'étaient point hâtés; calculant que Constantinople était bien autrement loin. On peut imaginer si les diplomates de Carthage, furent saisis d'une semblable nouvelle, apprise dans une cour étrangère ; et si les Visigoths éprouvèrent beaucoup d'empressement à épauler des alliés tellement compromis.

Ce n'était donc pas précisément *les gros bataillons* qui avaient manqué au dernier prince arien de l'Afrique, pas plus qu'ils ne manquèrent à d'autres trahis avant ou après lui par la fortune. Mais le jour était venu où les plus braves ne réussissent plus qu'à mourir, et où les habiles ne savent que s'enferrer. J'aurais aimé à faire voir par plusieurs exemples, que les journées où s'est décidé le sort des empires, n'ont pas habituellement répondu aux prévisions *à priori* toutes pures. Laissons les souvenirs trop voisins ; la passion y cherche facilement les causes de l'insuccès dans la faute des lieutenants. Je voudrais attirer l'attention des gens de guerre sur les ressorts qui se peuvent apercevoir dans l'issue des combats où de grandes destinées se fixent. Pour m'en tenir à des faits que ne puisse envenimer l'amertume, j'emprunte seulement deux exemples de plus à l'homme dont le nom domine toute l'histoire militaire ; et aux dernières heures de la république romaine. D'autres creuseront ailleurs, s'ils veulent m'en croire, et les résultats curieux ne sauraient tromper leurs recherches. Ils ajouteraient par là un chapitre aux grands ouvrages de stratégie, ou à la philosophie de l'art de la guerre.

Bornons-nous donc à la Macédoine et à l'Épire, quelques années avant la naissance de Jésus-Christ.

I

César dut-il à son talent tout seul, et non pas un peu à sa *fortune*, le transport de ses troupes en Macédoine d'abord, puis son triomphe dans sa grande lutte contre le sénat? Arrivé d'Italie en Épire avec vingt mille hommes seulement, il y attendait impatiemment le reste de ses troupes laissées à Brindes faute de vaisseaux pour le trajet. La flotte de Pompée était maîtresse de l'Adriatique : mais cette flotte perdit son chef (Bibulus), et là-dessus chaque officier dispose de son monde à sa fantaisie. L'un d'eux (Scribonius Libon) imaginant que quelques avantages remportés sur les côtes d'Italie sont une garantie de succès assuré, mande à Pompée que tous les autres peuvent se dispenser de tenir la mer : ils rentreront dans les ports, et à lui tout seul il se fait fort de fermer les communications. Obligé bientôt de s'éloigner afin de renouveler ses provisions, il laisse un instant le passage libre, offrant ainsi aux officiers de César une opportunité précieuse pour traverser le golfe [1].

Ce n'est pas tout : les légions embarquées sont poussées par le vent au delà du lieu où les attendait César; aperçues à Dyrrachium, qu'occupaient des postes de Pompée, elles sont poursuivies aussitôt: car on ne s'endormait pas dans le parti du sénat. Antoine, qui les commande, gouverne rapidement vers la côte au risque de se perdre dans une baie mal abritée; et comme il allait toucher terre, le vent change : lui facilitant la descente, et faisant échouer les galères ennemies [2].

Mais cela ne mettait pas hors d'affaire le grand capitaine déjà si favorisé. Après avoir vu percer ses lignes de Dyrra-

---

[1] Cæs., *B. civil.*, III. 5-18; 23, sq.
[2] *Id., ibid.*, 26, sq.

chium, César fut au moment d'avoir toutes ses troupes écrasées; si bien qu'abandonné par ses soldats dans les retranchements de Pompée, pressé d'ailleurs vivement par son rival, il fut réduit à évacuer toutes ses lignes qui lui avaient coûté tant de peine, et à réunir tous ses postes avancés pour tourner vers la Thessalie, car il lui fallait s'éloigner de la côte et tenir sous sa main toutes les parties éparses de son armée afin de faire tête au vainqueur [1]. Son salut, comme il l'avoue lui-même, il ne le dut alors qu'à la légèreté de caractère ou à l'excessive prudence de Pompée [2]: lequel se rendant mal compte d'une victoire si facile, prit peut-être la déroute de l'ennemi pour une feinte; et aura craint d'être attiré dans un piége, bien qu'on lui eût abandonné plus de trente étendards.

Suivi cependant par le vainqueur dans sa retraite de Macédoine, César n'avait pu, durant plusieurs jours amener Pompée à livrer bataille; et, prévoyant les conséquences d'une disette qui commençait à se faire sentir dans son camp, il s'était déterminé à chercher un lieu plus favorable pour la subsistance de ses troupes. Au jour marqué pour décamper, déjà les tentes étaient ployées, et l'avant-garde défilait derrière le camp; lorsque Pompée quitta le poste avantageux auquel César n'avait pu jusque-là, par toutes ses manœuvres, le faire renoncer, et s'avança en bataille bien au delà de ses retranchements. Il cédait peut-être à l'impatience de ses troupes, mais ne pouvait guère choisir un parti plus désiré par l'ennemi [3]. César fit donc faire halte à l'instant pour former ses lignes, et commença cette bataille de Pharsale où son génie lui suggéra de si heureuses dispositions, mais sur laquelle il n'aurait pu compter sans la *Fortune*.

---

[1] Cæs., *B. civil.*, III, 41-78.
[2] *Id. ibid.*, III, 71, sq.
[3] *Id., ibid.*, III, 84-87. — Cf. Lucan. *Pharsal.*, VII.

II

Les événements qui complétèrent le désastre de la république à la dernière bataille de Philippes (A. 42 avant l'ère chrétienne) ne furent accompagnés, il est vrai, d'aucun caractère de singularité : puisque, après une mêlée longtemps opiniâtre et soutenue de part et d'autre avec furie, l'armée de Brutus recula d'abord insensiblement, puis en désordre. Mais c'était sûrement un triste gage du sort réservé à ce parti, que la mort de Cassius qui l'avait précédé de plusieurs jours, privant l'armée républicaine de son plus habile officier.

Ce général, connu pour ses talents et pour sa fermeté à maintenir la discipline, semblait avoir tout ce qu'il eût fallu pour comprimer la puérile impatience des siens : qui, postés avantageusement, se laissèrent follement attirer au combat par Octave et Antoine déjà fort embarrassés dans leurs positions. Mais, comme à Pharsale, *Dis aliter visum*. Longtemps tout avait été favorable aux républicains : retranchés avec soin dans un lieu bien choisi, plus nombreux que les soldats d'Antoine et d'Octave, ils avaient en outre près d'eux une flotte nombreuse, maîtresse de la mer. L'ennemi, au contraire, occupait un terrain bas, où l'hiver qui s'approchait, le menaçait d'inondations désastreuses et d'une disette sans remède. Son entreprise pour couper à Brutus et Cassius toute communication avec les vaisseaux, d'abord habilement conduite, avait été traversée avec bonheur, lorsqu'une action générale fut amenée par ces efforts.

Tandis que Brutus, à la tête de l'aile gauche, culbutait les légions d'Octave et lui enlevait son dernier espoir de subsistance en pillant le camp, Antoine repoussait l'aile droite commandée par Cassius. Ignorant ce qui se passait de l'autre côté du champ de bataille, celui-ci détache vers Brutus un de ses officiers pour en avoir des nouvelles. Après quelques instants, il aperçoit un parti de cavalerie qui environne son envoyé. Il le croit entouré d'ennemis, et, jugeant tout perdu pour Brutus, il se fait percer par un esclave. Désespoir bien prématuré! car les cavaliers qu'il avait découverts étaient envoyés par Brutus lui-même, qui arriva bientôt après pour ne trouver plus que le cadavre de son ami.

Cette manie stoïque de suicide hâta singulièrement encore la conclusion de la lutte, lorsque dans la seconde bataille Brutus trouva tout simple, lui aussi, de brusquer inconsidérément sa mort en voyant plier les siens.

J'omets la bataille d'Actium, où Antoine se trouva n'avoir travaillé que pour Octave. Il ne fallait pas me donner trop l'air d'exhumer par fragments un vieux cours d'histoire romaine gardé impatiemment en portefeuille depuis l'époque où j'enseignais la grammaire dans mon jeune âge. Mais je voudrais faire comprendre au moins où peut mener ce genre d'observations, s'il agrée à des esprits capables d'en tirer quelque chose. On ne devrait point s'arrêter aux combats quelconques où les hommes ont eu la fantaisie de s'égorger plus ou moins en masse pour l'honneur de n'importe qui, la possession de n'importe quoi, ou le simple avantage de s'entretenir la main. L'on ferait bien de ne considérer que les journées où, comme dit Pierre Corneille :

« Un grand destin s'achève, un grand destin commence. »

Là, ce n'est pas faire trop d'honneur aux combattants que de croire à l'intervention reconnaissable

« *Di* quello imperator che lassù regna :
In tutte parti impera, e quivi regge. »

Si j'avais prétendu aborder l'histoire moderne, j'aurais pu choisir tout près de nous telle grande lutte où celui qui sortit vainqueur avait été, dit-on, menacé de la potence par les siens durant l'action. Mais je n'ai prétendu qu'indiquer une question où il serait bon d'apporter les connaissances de gens du métier. Avec l'autorité de la profession militaire et des matériaux bien appréciés, ils pourront mettre en lumière tout autrement que moi ce qu'il y a eu parfois d'aveuglement inexplicable, et d'opiniâtre fatalité (comme on dit) dans les causes de certains désastres où le succès n'a certainement pas été l'effet du nombre.

Si je me suis interdit l'analyse de la campagne où s'échoua en trois chocs la fortune (laissons le mot) du plus grand guerrier des temps modernes, ce n'est pas que cet examen n'entrât dans mon plan lorsque je préparais ce livre, il y a onze ou douze années. Mais une tâche si éloignée de mes études ordinaires a été entreprise depuis lors et le sera encore, sans doute, par des plumes très-peu suspectes de céder aux entraînements de la bigoterie. Il valait donc mieux céder la parole à des hommes que nul ne traitera de jésuites, pas plus apparemment que le poëte païen qui écrivait jadis (*Pharsal.*, VII, 45, sqq.), à propos de César et de ses succès [1] :

« . . . . . Mixto murmure turba
Castrorum fremuit, fatisque trahentibus orbem,

---

[1] A l'usage des lecteurs qui se passent volontiers du latin, je me permets de citer Brébeuf dont on a trop médit. Il paraphrase un peu, mais traduit pourtant, et je félicite les gens lettrés qui n'auront jamais rien lu de pis :

Ils pressent leur disgrâce, ils en hâtent les coups.
Des guerriers qui mourront avant que le jour meure,
Sont las d'en souhaiter et d'en attendre l'heure.
. . . .
Lassés de voir croupir leur zèle et leurs chaleurs,
Ils veulent d'un assaut la gloire ou les malheurs.
O Dieux ! suffit-il pas que le courroux des astres,
Que la rigueur du sort nous traine à nos désastres ;
Sans que, près des dangers, et qu'au point d'y périr,
Un instinct décevant nous force d'y courir !
. . . .
Le chef, sous ces transports d'une ardeur indiscrète,
Des destins conjurés voit la fraude secrète.
. . . .
« Fortune, je remets mon pouvoir en tes mains ;
J'ai soutenu la gloire et l'éclat des Romains,
Dans l'aveugle chaleur du meurtre et du carnage.
Achève, si tu peux, ou détruis mon ouvrage.
. . . .

Signa petit pugnæ. Miseri pars maxima vulgi
Non totum visura diem, tentoria circum
Ipsa ducis queritur; magnoque accensa tumultu,
Mortis vicinæ properantes admovet horas.
Dira subit rabies, sua quisque ac publica fata
Præcipitare cupit . . . .
. . . .
Hoc placet, o superi, quum vobis vertere cuncta
Propositum, ...
Cladibus irruimus, nocituraque poscimus arma!
. . . .
. . . Ingemuit rector, sensitque Deorum
Esse dolos, et fata suæ contraria menti.
. . . .
Res mihi romanas dederas, Fortuna, regendas;
Accipe majores, et cæco in marte tuere.
. . . .
Vincis apud superos votis me, Cæsar, iniquis;
Pugnatur! . . . .
. . . . Stetit ordine certo
Infelix acies. . . . .
. . . . Quæ vincere possent
Omnia contulimus : subiere pericula clari
Sponte viri, sacraque antiquus imagine miles.
. . . .
. . . . Semel ortus, in omnes
It timor; et fatis datus est pro Cæsare cursus. Etc »

    Souvent dans les desseins qu'on pourrait achever,
    On trouve le péril quand on croit l'y trouver;
    Mais en se le cachant on va mieux à la gloire,
    Et c'est avoir vaincu, d'espérer la victoire.
. . . .
    Ainsi, Pompée, ainsi, puisqu'il plait aux destins
    Que la terre obéisse au tyran des Latins,
    Livre les nations au sort qu'il leur apprête,
    Et que son bras vainqueur détruise sa conquête.
. . . .
    Toutefois, approchant de ce moment douteux
    Qui détruit son espoir ou qui remplit ses vœux,
    De ce moment fatal où les dieux des batailles
    Décident de sa gloire ou de ses funérailles,
    Malgré cette fierté qui le suit en tous lieux,
    Il sent l'émotion d'un doute impérieux.

Tout ceci n'ayant d'autre prétention que celle d'indiquer une route trop peu fréquentée, peut-être, on ne doit pas me demander d'être complet dans l'énumération des points de vue, ou minutieux à faire ressortir leurs détails. Bien libre à qui voudra, de développer ces aperçus où d'en aller puiser ailleurs : comme par exemple, dans le renversement de la Maison de Souabe à Naples (Manfred et Conradin, 1254-1268). Bornons-nous à citer, dans un siècle plus rapproché du nôtre, cette bataille d'Otumba où Fernand Cortès, chassé de Mexico, passa sur le ventre à plus de cent mille ennemis avec moins de cinq cents hommes. Il n'avait plus ni artillerie ni poudre, mais la mort du général des Mexicains fit écouler subitement cette mer d'assaillants qui devait engloutir le petit bataillon espagnol. Aussi, Cortès et ses compagnons déclarent-ils en braves gens, qu'ils s'étaient bien crus cette fois à leur dernier jour [1].

> . . . .
> Certes, quand nos neveux, quand les races futures,
> Voudront approfondir nos grandes aventures,
> . . . .
> Leur esprit agité sentira nos douleurs;
> A des maux si cuisants ils donneront des pleurs;
> Ils sauront admirer dans ces fameux désastres
> L'empressement des dieux et le travail des astres, etc.

[1] Cf. Bernal Diaz del Castillo, *Conquista de Nueva España*, cap. cxxviii. — Prescott, *History of the conquest of Mexico*, V, 4.

INDICATION CHRONOLOGIQUE
DES PRINCIPAUX FAITS

J'ai voulu, dans ce résumé par ordre de dates, donner au lecteur une sorte de répertoire qui suivît la marche des temps. Le plan de mon auteur italien groupait les faits d'une autre manière; et le genre des *Annales*, qu'a suivi le P. Morcelli, a cependant son avantage. Cette table réduite en gardera quelque chose. Elle ne s'étend pas à tout ce qui intéresse l'histoire de l'Afrique, et ne se borne pas non plus aux faits exposés dans les *Souvenirs*. Pour suivre une voie mitoyenne, j'ai laissé prendre place ici à des détails d'importance secondaire qu'on verra peut-être volontiers tirés de l'ombre; mais qui, dans le livre, auraient pu embarrasser la marche du récit. Quand les événements n'auront pas été signalés dans le cours de l'ouvrage, on s'en apercevra de suite au défaut de renvoi (chiffres de pagination).

Enfin pour ne pas restreindre cette table à la sécheresse d'un répertoire exclusivement chronologique, je ne m'y suis pas refusé, à l'occasion, des remarques qui venaient d'elles-mêmes sous ma plume. J'y ai surtout cédé vers la fin, parce que les derniers temps, trop pauvres en renseignements ecclésiastiques, demandaient en quelque sorte une compensation.

Avant Jésus-Christ.

Vers 1490. Selon Procope, qui connaissait assez bien l'Afrique septentrionale, la tradition (quelque monument même) conservait encore de son temps le souvenir d'une origine palestinienne à laquelle se rattachaient les populations numides et maures. Des peuplades presque entières fuyant la terre de Chanaan lorsque Josué y introduisit les Israélites, se seraient précipitées par delà l'Égypte sur le littoral africain pour échapper à l'extermination dont les Hébreux menaçaient le pays conquis. Ainsi Dieu procédait à des transplantations, là où des âmes charitables ont crié aux massacres . . . . p. 23

Quant aux origines persannes (*supra*, p. 23, note 1), elles semblent attestées par les symboles numismatiques de la Mauritanie.

1000-800. Colonies commerçantes de Phéniciens sur les côtes africaines de la Méditerranée, et comptoirs dans le voisinage des établissements : Utique, Auza, etc.; puis enfin Carthage, qui semble avoir voulu primer ses aînées. Était-ce l'affinité avec les habitants de l'intérieur, qui encourageait ces tentatives phéniciennes?   10, sv.

600-200. . Carthaginois en Sardaigne, en Corse et en Espagne.

Vers 500. Les Grecs en contact avec Carthage par le commerce; puis par les soldats mercenaires, et par la colonisation de la Cyrénaïque; sans parler de la Sicile.

264. . . Première guerre entre Carthage et Rome, à propos de la Sicile.

202. . . Bataille dite de Zama, qui met fin à la seconde guerre punique. Massinissa (Masinissa) est substitué à Syphax, roi des Numides, qui avait soutenu Carthage.   11, sv.

146. . . Destruction de Carthage par Scipion Émilien (*le second Africain*); Utique la remplace en partie, pour avoir favorisé Rome contre sa rivale. 12

La république romaine se borne, à peu près, à occuper les villes maritimes et les postes établis par les Carthaginois jusqu'au delà d'Oran. 12, 16

125. . . Caïus Gracchus conduit une colonie en Afrique, pour

braver le sénat et favoriser les plébéiens; mais il est peu appuyé. Aussi semble-t-il que ce premier établissement ait langui. . . . . p. 17

106. . . Jugurtha, usurpateur de la royauté en Numidie, et qui s'était agrandi contrairement au plan des Romains, est vaincu par Marius et conduit en Italie.
Quelques parties de ses États sont adjoints à la province romaine, le reste est divisé entre Hiempsal et Bocchus. 12

97. . . . Cyrène soumise aux Romains.

48-42. . . César, après la victoire de Pharsale, passe en Afrique. Il brise à Thapsus les restes du parti de Pompée, qu'appuyait Juba I, roi des Numides et la Numidie devient province romaine. 12
Carthage, repeuplée tout de bon et réparée par les Romains, devient métropole des possessions de Rome dans l'Afrique occidentale. 17

29. . . . La Mauritanie de Bogud (*Bocut*), ou Tingitane, est réunie momentanément à l'empire. 12

Depuis Jésus-Christ.

17-24. . . Un indigène, Tacfarinas, tient tête pendant plusieurs années aux gouverneurs romains; et il espéra sans doute un instant d'affranchir ses compatriotes. Le proconsul P. Dolabella en vient enfin à bout, et le met à mort. 76

43. . . . Les Mauritanies, déjà réunies un instant à l'empire par Auguste, mais bientôt après détachées pour former un apanage à Juba II, sont définitivement réduites en deux provinces romaines. 12
Cette organisation n'empêcha pas que les Romains eussent à comprimer bien des soulèvements. . . . 26, 76

Vers 160. Premières traces historiques du christianisme dans l'Afrique (occidentale). 78-84
Caractères particuliers du paganisme africain. . 77, sv.
Tertullien, mort vers 240. . . . . 78, sv.: 85; 94-99

Après Jésus-Christ.

198.	Persécution sous Septime Sévère. — Le proconsul M. Vigellius Saturninus. . . . . . p. 84, sv.; 264, 267
200?-258.	Saint Cyprien, décapité sous l'empereur Valérien. Sa vie montre la hiérarchie ecclésiastique bien constituée sur le sol africain. . . . . 85-93, 95, 99-102; 279, svv.; 285, svv.; 368, sv.; 376
	Martyrs scillitains (A. 200). 266
	Martyrs de Tuburbe (A. 202, 203) : sainte Perpétue, etc.. . . . . 267, svv.
	Persécution de Dèce (A. 250). 85, 279
251.	Schisme des Novatiens à Carthage : Félicissime et Novat.. . . . . 90-93, 285
252-253.	Charité de saint Cyprien et des chrétiens carthaginois. Peste et incursions des barbares. 100-102
257.	Persécution de Valérien. — Martyrs nommés la *masse blanche*.. . . . . 285; 291, sv.
273.	Persécution d'Aurélien, dont les effets ne se font guère sentir en Afrique. 307
284-304.	Dioclétien et Maximien-Hercule. Ce dernier a dans son lot l'Afrique avec l'Italie et l'Espagne, outre le haut domaine sur le reste de ce que l'on commençait à nommer l'Occident romain. L'Afrique l'occupe tout particulièrement.. . . . . 307, svv.; 312; 314, svv.
306.	La persécution reprend son activité sous Galère. . 102
307.	L'Afrique passe sous l'autorité de Maxence à la mort de Sévère (Alexandre s'y maintient indépendant durant trois années).. . . . . 26, sv.
311.	Saint Melchiade (Miltiade) second pape africain, son calme en face de Constantin. . . . . 103; 118, sv.; 121
308-311.	A la faveur des divisions entre les chefs de l'empire, Alexandre vicaire d'Afrique, prend la pourpre. Il est battu par le lieutenant de Maxence dès la première rencontre; mais les provinces payent cher l'affection qu'elles avaient témoignée au vaincu, ou leur désaffection pour le sang de Maximien Hercule. Nombreux pillages et incendies sous ce prétexte.. 26-28

312. . . . Constantin, vainqueur de Maxence sous les murs de Rome, donne la paix à l'Église; et s'efforce de remédier aux malheurs que l'Afrique venait d'éprouver sous son rival. Cirta reconstruite. . p. 28; 103, sv.; 117-124

Schisme des donatistes à propos de l'élection d'un évêque pour le siége de Carthage. Ces sectaires enveniment en Afrique toutes les occasions de discorde pendant plus de cent ans, et alarment encore l'Église à trois siècles de leur naissance. 103, 113-144

350-352. Magnence veut mettre à profit, pour régner sur l'Occident, la mésintelligence qui avait séparé les héritiers de Constantin. Il est renversé par l'empereur Constance. L'Afrique souffre peu de ces commotions lointaines. 28-30

Vers 357. Trois évêques africains dans la Provence (Digne et Embrun). 105, 107-109

361-362. Règne de Julien l'Apostat, l'Église d'Afrique s'en ressent. . . . . 131, sv.

Vers 369. Manichéens en Afrique. . . . . 112, sv.; 172

372-397. Firmus (*Thirmus*), chef des Maures, prend la pourpre. Expédition du comte Théodose envoyé contre lui par Valentinien I. — Gildon et Mascézel (*Mascezil, Maskelder*), frères de Firmus. 30-44

Les donatistes mettent à profit ces désordre (firmianistes et primianistes). . . . . 31, sv.; 37, 45; 133, sv.

Martyrs divers après la paix donnée à l'Église. 326, svv.

387. . . . Conversion de saint Augustin en Italie. L'année suivante il vient se renfermer à Thagaste dans une sorte de solitude. 147

Il est ordonné prêtre à Hippone (A. 391), et y établit un monastère comme il venait de le faire dans son lieu natal.

394. . . . Saint Alypius, ami de saint Augustin, devient évêque de Thagaste, ... 105, 148

395. . . . Saint Augustin est sacré coadjuteur de l'évêque Aurélius à Hippone. 370

398. . . La vie monastique se répand en Afrique. 145-149; 379, svv.
404-407. La secte donatiste commence à baisser beaucoup dans ces provinces. . . . . 133, svv.
411. . . Conférence à Carthage pour ramener les évêques donatistes. — Flavius Marcellin, commissaire impérial, y garantit l'ordre. . . . . 137, svv.
A cette époque, bien des peuplades africaines étaient encore idolâtres. . . . . 144, sv.
411-418. Le pélagianisme en Afrique, propagé surtout par Célestius. 110-112
413. . . Révolte de Flavius Héraclianus, réprimée durement. Mort funeste de Marcellin et de son frère, le proconsul Apringius, odieux aux sectaires. . . 44-46; 333, svv.
424, etc. Le comte Boniface en Afrique. — Sa disgrâce (A. 427); il appelle les Vandales (*Vandili, Vindili, Wandali*) pour partager avec eux le territoire soumis à son gouvernement. 46-52
Désordres chez un grand nombre de fidèles, vers ce temps. 150-152
429. . . Genséric (*Geiseric, Gizeric, Gizerich, Zinzirich*) franchit le détroit et s'établit en Mauritanie avec son clergé arien. Mœurs des Vandales et des vaincus. 47, svv.; 150, svv.
Rupture entre Boniface et Genséric, qui pénètre en Numidie. 52-55
430. . . Mort de saint Augustin pendant le siège d'Hippone, que défendait Boniface. . . . . 54; 153, sv.; 335, sv.
Son corps, plus tard, est transporté hors d'Afrique. 199
431. . . L'épiscopat d'Afrique n'est pas représenté au concile d'Éphèse. . . . . 153, sv.
432. . . L'armée romaine est complétement battue par les Vandales, qui deviennent les maîtres, sauf dans les villes fortes. — Sort du comte Boniface. . . . . 55, sv.
435. . . La cour de Ravenne cède à Genséric la plus grande partie des provinces africaines; convention bientôt outre-passée par les Vandales. — Prise de Carthage (A. 439) en dépit des traités. . . . . 56-58; 155, sv.

437-455. Les catholiques persécutés par le conquérant. — Ravages exercés par les Vandales dans les îles et sur les côtes de la Méditerranée. Exilés sans nombre. 58,152-161. Désordres qui semblaient appeler la colère céleste sur la chrétienté africaine. . . . . p. 150, svv.

455. . . Pillage de Rome par les Vandales durant quatorze jours. — La Campanie est saccagée à la même occasion. Charité de saint Paulin évêque de Nôle, et de l'évêque de Carthage. 161-163

460, etc. Principales victimes de la persécution arienne en Afrique. . . . . . 154, 158-161; 163, sv.; 336, svv.

468. . La flotte romaine brûlée devant Carthage, par la sottise ou la vénalité de Basilisque; si ce n'est par la connivence d'Aspar. (Cf., p. 54.)

476. . . L'empereur de Constantinople, Zénon, conclut un traité de paix avec Genséric. Caractère de l'ambassadeur byzantin et du roi Vandale.. . . . . . . 58, 165-172

477-484. Hunéric (*Ugnéric, Honoric, Honorich, Hunorich, Heinrich? Hugneric, Hunerix*). Débuts de son règne. — L'état des catholiques empire encore sous ce prince après quelques années de répit.. 169, 172-178; 341, svv. Saint Eugène, évêque de Carthage. 172, sv.; 191-198

483. . . Tous les évêques convoqués à Carthage sous prétexte de conférence. . . . . 178, svv. Issue de ce rassemblement. — Le patriarche arien Cyrila. 181-187, 195-197

484. . . Les martyrs de Tipasa parlent après avoir eu la langue arrachée . . . . 348 Exilés particulièrement célèbres entre ceux que chasse Hunéric.. . . . . 186; 189, sv.; 349, sv. Mort du tyran.. . . . . 187, sv.

484-496 . Gonthamond (*Gundamund, Gundabund, Guntabund, Gondamond*), dont le règne laisse un peu respirer les fidèles.— Tolérance plutôt que protection. 188, 191 Progrès bien marqués des Maures, qui resserrent constamment le royaume Vandale. . . . . . 192; 181, sv.

Vers 486. Saint Fulgence, dès sa jeunesse, embrasse la vie monastique. . . . . p. 192

492-496.. Saint Gélase, le troisième des papes nés en Afrique. 190
Services rendus par saint Eugène à tous les fidèles africains. . . . . 191-194, sv.

496-523. Trasamond (*Trasemund, Transimund, Trasamund, Thrasamund, Trasimund*) succède à Gonthamond son frère. Zèle du nouveau roi pour l'arianisme. Mais, en barbare un peu effacé par la civilisation, il recourt beaucoup plus à la ruse et aux moyens obliques qu'à la cruauté. Les évêques catholiques se déterminent à pourvoir, malgré le roi, les sièges vacants. 195-199.

505. . . Saint Eugène, évêque de Carthage, meurt en Languedoc. 196-198
Déportation de martyrs et d'évêques. 197, sv.; 349, sv.

508. . . Saint Fulgence évêque de Ruspe, y établit un monastère. Il est bientôt exilé en Sardaigne et fonde un monastère près de Cagliari. . . . . 200, svv.

512. . . Le nombre des exilés va croissant. . . . . . 199, sv.

514-517. Le roi fait revenir saint Fulgence pour discuter avec lui, puis le renvoie en Sardaigne. — Travaux du saint dans son exil. 201-206

521. . . Progrès des Maures du côté de la Tripolitaine, nouvelle occasion de souffrances pour les catholiques. 207, sv.

523-530. Hildéric (*Hilderix, Hildrix, Ilderic, Ilderich, Childeric*), fils d'Hunéric, rappelle les évêques bannis par son prédécesseur. L'Église recouvre la liberté.. 58, 209-212

530. . . Gélimer (*Geilimer, Geilamir, Gilimer, Gilimir, Gelæsimir*) supplante son cousin Hildéric et règne à sa place. Le roi détrôné est d'abord retenu captif avec ses enfants, et mis à mort quand les troupes grecques effectuent leur descente pour venger ce prince ami de Justinien. . . . . 58-60; 212, svv.

533. . . Mort de saint Fulgence, revenu dans son diocèse. Ravages des Maures sous les murs de Ruspe. . 210, svv.; 194
Soulèvement de la Tripolitaine contre les Vandales. Dé-

fection de la Sardaigne. — Débarquement de Bélisaire, et campagne qui se termine par la fuite du roi bloqué dans l'Édough. Gélimer se rend. Tout cela, affaire de trois mois ; autant de temps qu'il en avait fallu à la flotte pour la traversée entre Constantinople et Carthage. . . . . . p. 60, svv., 66, 213-217, 390-394

534. . . Bélisaire quitte le pays conquis, laissant à Salomon le commandement militaire. Nouvelle organisation administrative de l'Afrique.. 66-70

La Sardaigne et la Corse sont réunies à l'empire. Doit-on tenir comme conséquence de ces succès rapides, que sur le continent l'autorité des empereurs ait été acceptée fort au delà du littoral africain, à part des pays entièrement ouverts? On voit bien Salomon s'établir dans l'Aurès, et recouvrer (jusqu'à quel point?) la Mauritanie de Sétif; mais tous les successeurs de Bélisaire ne furent pas des Salomon, ou, comme Salomon lui-même, furent plus d'une fois trop heureux de gagner des batailles rangées qui les rendaient maîtres de la plaine. D'ailleurs on ne nous dit pas ce que duraient ces réussites, fort disputées le plus souvent. Les Maures (Berbères), agrandis progressivement durant la domination vandale (Cf. *supra*, p. 65, sv.; 181, sv.; 192; 207, sv.), paraissent s'être généralement maintenus (dans leurs moments les plus modestes) sur le pied d'alliés indépendants (et quels alliés!) ou de vassaux titulaires, quand les rapports demeuraient en bons termes. L'empire avait autre chose à faire que de se commettre sans nécessité avec des voisins si peu endurants, qui pour prendre les armes n'attendaient pas toujours qu'on leur en donnât un motif. En 543, ils se permettent d'attaquer Carthage ; et Salomon, ce grand vainqueur des Maures, est tué dans un combat contre eux. On voit fortifier les villes de l'est pour éviter leurs insultes ; et nous ne relevons pas maint autre fait, parce que l'histoire ecclésiastique ne nous en si-

	gnale point les conséquences, qui sont seules de notre ressort. . . . . p. 70; 224, svv.; 240, sv.
534-535.	L'exercice public de l'arianisme interdit en Afrique. Cette hérésie disparaît dans la chrétienté latine.. 219, sv.
544. . .	Controverses et schisme occasionné par l'affaire des *Trois chapitres*. Pédantisme théologique de Justinien dès que la jurisprudence et les guerres lui laissent du loisir. 229-239
535-550.	Luttes multipliées des Maures, des Romains victimes du fisc, des Vandales exaspérés, contre l'administration et les généraux de Justinien, après le départ de Bélisaire. . . . . 240, sv.
548. . .	Les troupes byzantines s'établissent sur la côte méridionale d'Espagne. 223
568, etc.	L'Évangile prêché à quelques peuplades maures voisines de la Tripolitaine. . . . . . . 225, sv.; 241, sv.
594, 596.	Traces de donatisme en Afrique, qui alarment saint Grégoire le Grand. . . . . 242, sv.
	Nombreux conflits des troupes grecques avec les Maures qui sentent la faiblesse croissante de l'empire. Plusieurs généraux byzantins y perdent la vie. . . . 240, sv.
	D'autre part les Visigoths d'Espagne, sous Svinthila, occupent les deux rives du détroit de Cadix, que les impériaux possédaient encore en 621. Déjà Theudis, le même qui n'avait pas pris grand souci de la chute des Vandales, s'était efforcé (en 543) d'emporter Septa; tentative avortée qui dénote néanmoins chez son peuple un parti pris. Les Visigoths pensaient-ils, par une ambition vulgaire, à s'agrandir au lieu de se fortifier; ou faisaient-ils tout simplement revivre les traditions de l'Espagne romaine, accoutumée à compter la Mauritanie dans son gouvernement? Peut-être voulaient-ils uniquement éloigner la possibilité d'un retour aggressif qui les privât de leurs frontières (Cf. *infra*, p. 417, note; *supra*, p. 46), peut-être cherchaient-ils en Afrique une alliance dont ils avaient laissé fuir l'occasion en abandonnant Gélimer à son malheureux sort. . . . 257

Il y eut en 574 un royaume maure décidément subsistant sous Gasmul, dont le chef-lieu ne nous a pas été indiqué par les chroniqueurs. C'était probablement quelque chose de plus que n'avait été l'empire de Bogud au temps de César. Mais on sait qu'après avoir causé de l'embarras aux lieutenants de Justin II, ce roi berbère tourna son activité infatigable contre les Francs. Voudrait-on dire qu'il eût pénétré jusque dans les Gaules? ou ne serait-ce pas, sans tant de fougue, qu'il aurait porté secours à Saragosse assiégée par l'armée de Childebert et de Clotaire, par exemple? 223, 241, 255

Au fond, les Visigoths, en se reliant à l'Afrique, et par alliance et par conquête, préparaient sans le savoir l'annexion de l'Espagne à l'empire maure. p. 228, 241, 258

609, etc. Le sénat de Constantinople invoque, contre la tyrannie de Phocas, le secours d'Héraclius exarque (préfet) d'Afrique. Celui-ci, nommé par Maurice, se prête volontiers à le venger; son fils (l'empereur Héraclius) va détrôner l'usurpateur. . . . . 245, sv.

611, etc. Le nouvel empereur, entre les attaques menaçantes de l'Orient et du Nord, songe quelque temps à se retirer dans le gouvernement de son père (A. 618). Que fût-il advenu de ce déplacement dans le centre de résistance? Beau thème pour ceux qui aiment à faire l'histoire des choses possibles non réalisées.

Toutefois Héraclius, dans un moment de belle énergie, et courant au plus pressé, se contente d'emprunter des forces à l'Afrique pour sa lutte avec les Perses (Chosroès, A. 621, 622). Il en tire bon parti d'abord, mais aussi cet amoindrissement des garnisons romaines encourage les Visigoths à s'étendre vers le sud. Gagnants et perdants forgent ainsi leurs fers pour une époque prochaine.

Vers 614. Le roi goth Sisebut franchit (dit-on) le détroit pour réprimer la piraterie de ses voisins du Sud, les Berbères, à peu près maîtres de la Mauritanie (le *Maghreb*) entre l'Océan et Cherchell. Il s'empare de Tanger, puis de Ceuta, et d'autres places où les Visigoths se maintinrent jusqu'au huitième siècle. On voit que les Maures (Moghrebins) étaient une vieille connaissance de l'Espagne, depuis le temps d'Hamilcar et d'Hasdrubal.

Cependant Mahomet et son parti grandit d'abord dans un coin oublié. Puis les hommes d'État byzantins se promettent peut-être de voir ces Bédouins fougueux créer des embarras à la cour sassanide, et occasionner par là une diversion utile dans les affaires d'Asie.

Quelques saints personnages de l'Afrique vers ce temps-là.. . . . . p. 251, svv.

615, 616. Les Perses de Chosroès, après avoir saccagé la Syrie, envahissent l'Égypte; et poussent, dit-on, jusques à Carthage, qu'ils assiégent. On prétend même qu'ils prirent cette ville. En tout cas, ils trouvèrent sans doute peu de résistance et purent enlever bien des captifs avec leur butin. On voit que les Perses, qui avaient appris de bonne heure le chemin de l'Égypte, pouvaient bien avoir laissé jadis quelques représentants de leur race dans l'Afrique occidentale. (Cf. *supra*, p. 23, note 1.) Mais désormais ce n'était pas d'eux que devait venir le péril d'invasion sérieuse. Leurs dissensions livrèrent l'Asie aux Arabes sans appauvrir beaucoup le sang sarrasin.

635. . . . La Syrie tombe aux mains d'Omar, tandis qu'Héraclius s'endort sur de beaux succès récents, ou ne sait plus à qui entendre : tiraillé qu'il est entre les périls politiques et l'ambition théologique que lui soufflent ses confidents monothélites. — L'armée d'Afrique reçoit ordre de couvrir l'Égypte (Cf. p. 250), que menace l'orage. 256

639. . . . L'hérésie du monothélitisme est mal accueillie en Afrique (saint Maxime de Constantinople). . . . . 245, svv.

639. . . . Conquête de l'Égypte par Amrou, qui fait régner tout simplement l'islamisme sur ces pays endoctrinés par des

ÈRE CHRÉTIENNE.

évêques et des empereurs rebelles à l'Église. — En même temps l'Évangile prend rapidement le dessus dans la Grande-Bretagne. . . . . p. 252

Scandales et démoralisation dans la population chrétienne. 250-252

Vers 646. Grégoire exarque (préfet) d'Afrique, coupé de l'empire par terre, y voit une belle occasion de se déclarer indépendant; excellente manière de ruiner à la fois l'empire qui avait emprunté à l'Afrique bien des ressources, et l'Afrique elle-même que la cour ne se soucierait plus de soutenir dans ses dangers imminents. Pendant ce temps-là les Sarrasins envahissent la Cyrénaïque. . . . . 71, sv.; 251, 256

647-666. Deux grandes expéditions musulmanes portent le ravage vers l'Afrique occidentale. La seconde, dans l'entraînement furieux des Arabes, ne semble avoir été retardée que par les troubles qui portèrent au califat la dynastie Ommiade. Mais, cette révolution accomplie, rien n'arrête plus le torrent. 251, 256

670-675. Okba commande une troisième expédition à l'ouest. La construction de Kaïrouân (dans la Tunisie actuelle) annonce déjà l'intention de ne plus revenir en arrière, et d'avoir une base pour des progrès ultérieurs. . . . . 71, sv.; 256, sv.

Dès la vingtième année de l'Hégire (640), Omar, le second calife, était maître d'Alexandrie. Bientôt les Sarrasins envahissaient la Cyrénaïque, puis la Tripolitaine (v. 643). A quelques années de là, toute la côte, depuis Tripoli jusqu'à l'Océan, avait été parcourue par les généraux d'Othman; on prétend même qu'il y eut un débarquement en Andalousie. Les dates ici ne sont point précises; mais l'émir Okba-Ben-Nafi éclaire cette époque d'une lueur sinistre, quoique indistincte. Rappelé en 671, mais remis plus tard (A. 680) à la tête des envahisseurs, il donne une formidable importance à Kaïrouân, devenue le point d'appui du mahométisme dans l'Afrique romaine. . . . . 256, sv.

682-684. Okba, quelque temps en disgrâce, reprend le commandement des troupes d'invasion. Il échoue dans ses tentatives sur Carthage et sur Tanger, mais pousse sa conquête jusqu'à l'océan Atlantique. — Il est tué à Tahouda (près de l'oasis qui porte encore son nom), dans un combat contre les Maures. Koséila, chef de ceux-ci, se fait livrer Kaïrouân. . . . . p. 257, 260

684-691. Les Maures (Berbères) restent maîtres de l'Afrique (occidentale), pendant qu'à l'est l'Égypte se soustrait au pouvoir des califes. . . . . 257, sv.

Les impériaux font une descente heureuse en Cyrénaïque, où ils taillent en pièces les troupes de Zohéir; mais se contentent d'emporter ses riches dépouilles. 258

696-698. Hacen-ben-Noman s'empare de Carthage, qu'une flotte byzantine (sous le patrice Jean, au nom de l'empereur Léonce), reprend pour la perdre après quelques mois; et l'Afrique est définitivement évacuée par les Grecs en 697. . . . . 72, 253, 259

Hacen, repoussé par les Maures que commandait une femme (Kahéna, reine de l'Aurès), se replie sur la Cyrénaïque, et l'Afrique demeure indépendante sous Kahéna durant cinq ans[1]. Cette princesse meurt les armes à la main dans un retour offensif d'Hacen, qui s'établit à Kaïrouân.. . . . . 259, sv.

705-709. Mousa (Mouça), envoyé par le calife avec des pouvoirs plus étendus que ses prédécesseurs (il n'était plus soumis aux gouverneurs ou émirs de l'Égypte), prend Tanger et assiége Ceuta, défendu par le comte Julien pour le roi d'Espagne (Vitiza). 260

Cependant l'anarchie ne laisse pas de miner la domination arabe, tant en Afrique que sur le sol d'Espagne (après la conquête). Les dissensions religieuses donnent la

---

[1] Il est curieux que vers le même temps les Arabes aient rencontré dans le Khoraçan une résistance presque aussi valeureuse de la part des Turcs commandés également par une femme (Khatoum, reine de Boukharie). Ce ne sont pas là de ces récits que propagent les vainqueurs pour se faire valoir.

main aux partis politiques (entre les serviteurs des Ommiades et ceux des Abbassides) pour attiser le foyer fondamental d'indépendance. L'élévation des Aghlabites (vers 800) met seule un peu d'ordre dans ce cahos.. . . . . p. 261

C'est à la faveur de ces rivalités turbulentes qu'Abdérame, échappé (en 749) au massacre des Ommiades, sous Merwan II, se retira dans l'Afrique occidentale. Cinq ans après il passait le détroit, et fonda pour l'Espagne un second califat Ommiade, qui dura près de trois siècles en dépit des Abbassides triomphants sur l'Euphrate.

712. . . . . L'islamisme, appuyé sur les Maures (mahométans et juifs), prend pied en Espagne pour des siècles[1]. — Bataille du Guadalète, qui repousse jusqu'au pied des Pyrénées les chrétiens indépendants . . . 260, svv.

En Afrique, on perd insensiblement la trace du christianisme chez les indigènes. . 72; 253, sv.; 261, sv.

Pour les détails de l'invasion musulmane et les faits postérieurs qui n'entraient pas dans notre cadre, on peut voir l'*Étude* de M. Henri Fournel *sur la conquête de l'Afrique par les Arabes;* ouvrage que nous avons mis à profit plus d'une fois.

---

[1] Ce n'était pas tout à fait une surprise, comme on a généralement assez l'air de le croire. Déjà, précédemment, il est question d'une tentative de débarquement en Espagne hasardée, par les Arabes (ou les Maures). Le roi goth Vamba passe pour avoir coulé à fond plus de deux cents barques chargées de Musulmans qui avaient compté prendre terre dans ses États. Était-ce une tentative du bouillant Okba, toujours en quête de proie nouvelle ?

En 710, Mousa fit effectuer une reconnaissance dans l'Andalousie par Tarif, à la tête de cinq cents hommes, avec la coopération assez évidente du comte Julien.

SOMMAIRE DES CHAPITRES
ou
TABLE ANALYTIQUE

CHAPITRE PREMIER

Notions préliminaires sur la géographie et l'histoire politique de l'Afrique romaine . . . . p. 9

Article Ier. Géographie.

Établissements phéniciens. — Populations primitives. — Conquêtes romaines, et délimitations remaniées plusieurs fois. — Noms (avec les équivalents modernes) de diverses localités. — Provinces civiles. — Relief et configuration générale du pays. — Races d'hommes qui s'y coudoient depuis longtemps, et qu'en reste-t-il ? — Circonscriptions établies sous Dioclétien. 10-26

Art. II. Traits dominants de l'histoire politique, à partir du quatrième siècle.

Essai d'indépendance soutenu par Alexandre en Afrique. Maxence l'emporte, et sa victoire coûte cher aux Africains. — L'Afrique, comme presque tout le reste de l'Occident, obéit quelque temps à Maxence. — Malversations du comte Romanus sous Valentinien Ier, et insurrection de Firmus. Elle est réprimée par le comte Théodose, qui n'en est pas moins décapité. — Conjectures sur les causes de son supplice. — Gildon, frère de Firmus, et gouverneur sous deux règnes, prend la pourpre. — Son frère Mascézel le réduit et périt misérablement. — Stilicon est-il l'auteur de cette mort ? — Un mot sur les généraux du Bas-

Empire noircis dans l'histoire. — Révolte de Flavius Héraclianus, bientôt réduite, mais suivie de poursuites cruelles. Marcellin et Apringius décapités. (Cf. p. 533, svv.). . . . . p. 26-46
Invasion vandale. Le comte Boniface appelle Genséric, et à quelle occasion? Stations antérieures des Vandales et situation particulière de leur roi. Conquête de l'Afrique par les nouveaux venus et leurs traités avec l'empire. — Usurpation du trône vandale par Gélimer, qui renverse Hildéric. 46-59
Justinien envoie une armée commandée par Bélisaire, et l'Afrique devient province byzantine. Gélimer transporté en Orient. — État des provinces africaines sous le régime byzantin. — Invasion musulmane qui étouffe à la longue le christianisme. 59-72
APPENDICE. — DIVISIONS ECCLÉSIASTIQUES DU TERRITOIRE. . . . . 73. sv.

CHAPITRE II

ORIGINE, ACCROISSEMENT ET VICISSITUDES DU CHRISTIANISME
DANS L'AFRIQUE LATINE : CINQ PÉRIODES SUCCESSIVES. 75

Art. Ier. Période de la propagation de l'Évangile (A. 34-198).

Populations diverses et leurs caractères. — Vestiges de l'idolâtrie phénicienne. — Multitude des chrétiens à la fin du deuxième siècle. — Point de départ des premières prédications chrétiennes en Afrique : à l'époque de Néron, ce semble. — Papes africains. 76-83

Art. II. Période des persécutions païennes (A. 198-312).

Extension rapide de la foi en Afrique. — Résultats de la persécution dans ce pays sous Septime Sévère : martyrs, *faillis* (déserteurs), *libellatici;* prétentions de plusieurs *confesseurs* pour faire amnistier les apostats; sollicitudes de saint Cyprien. — Opinion des *rebaptizants*, et controverses à ce sujet. — Schismes de Félicissime à Carthage et de Novatien à Rome. — Propagande hérétique : Gnosticisme, etc. 83-93
Tertullien apologiste, puis déserteur de la foi. Caractère de la littérature primitive du christianisme dans l'Église latine. Écarts de Tertullien. — Privat de Lambèse. — Conciles d'Afrique. — Saint Cyprien. (Cf., p. 85, svv.) — Charité fraternelle des chrétiens carthaginois : contagion, secours aux captifs. — Persécution de Dioclétien. . . . 93-103

Art. III. Période de la paix officielle entre l'Église et l'État (A. 312-428).

État de l'Église en Afrique à l'avènement de Constantin, et bon vouloir de l'empereur pour ses provinces. — L'épiscopat catholique africain au quatrième siècle : conciles, etc. — Funestes effets du gouvernement de Constance : l'Afrique se dérobe à cette influence malfaisante; conciles de Sirmium et de Rimini, zèle de saint Athanase pour ses voisins de l'Afrique latine. — Pélagianisme réprimé. — Manichéisme combattu par saint Augustin . . . . p. 103-113

Donatisme, son origine : schisme contre Mensurius et Cécilien de Carthage, part active qu'y prennent les Numides; opiniâtreté des dissidents, efforts infructueux (et maladroits) du grand Constantin pour pacifier l'Afrique; conciles inefficaces, malgré d'assez bonnes intentions du pouvoir. — Circoncellions et leurs fureurs ; efforts des donatistes pour s'appuyer, en apparence, sur Rome.—L'empereur Constant cherche à calmer les sectaires les plus envenimés; ses envoyés obtiennent de bons résultats. — Julien l'Apostat fait renaître les violences. — Valentinien Ier et Gratien y mettent ordre. — Les insurrections politiques aident le parti donatiste, qui commence à se diviser.— Le prosélytisme des schismatiques baisse sensiblement, et les retours à l'Église se multiplient. — Conférence de Carthage sous le règne d'Honorius : le comte Marcellin et ses dispositions pour opérer le rapprochement entre les deux partis; apaisement marqué des dissidences. 113-144

État des tribus indigènes au delà des frontières. — Vie monastique : les Africains allèrent d'abord la chercher hors de leur pays, elle s'y implanta ensuite sur la fin du quatrième siècle. — Hospices et hôpitaux. (Cf. p. 385, sv.). 144-150

Art. IV. Période vandale (A. 428-533).

Désordres qui semblaient appeler le châtiment, et quelques résultats avantageux de l'invasion. — Premières cruautés des conquérants, sous la seule impulsion de l'avarice et de la licence militaire. — Prosélytisme barbare des Vandales étendu au delà du continent africain. — Ravages et fureurs de Genséric. — État des évêques africains. — Exilés dont la mémoire s'est conservée dans l'Église en divers lieux. — Quodvultdeus et Deogratias, évêques de Carthage. — Saint Paulin, évêque de Nole.— Recrudescence de persécution en 457; Carthage sans évêque pendant plus de vingt années. — Prétextes impudents de Genséric pour justifier ses hostilités incessantes contre l'empire. — Ambassade envoyée par Zénon au roi vandale : Sévère, joué d'abord, obtient un peu de paix aux catholiques de Carthage. — Caractère de Genséric. 150-169

Ordre de transmission du sceptre (Cf. p, 52; 58, sv.) établi par Genséric pour sa dynastie. 174

Son fils Hunéric lui succède : nouveau jour sur la nation vandale lorsque le conquérant cesse de vivre, premières années d'Hunéric; Carthage obtient la permission d'élire un évêque. — Saint Eugène. — Le roi montre bientôt ses goûts de tyrannie : exactions et cruautés contre les Vandales même, entrée des églises interdite aux conquérants et à quiconque porterait des vêtements vandales. — Persécution ouverte contre la foi catholique : tortures multipliées, exils en masse. — Hunéric fait mine de projeter une conférence entre les évêques orthodoxes et les ariens : ni saint Eugène ni l'empereur n'obtiennent rien de lui, il se débarrasse de plusieurs prélats dont l'habileté lui portait ombrage. — Miracle opéré par saint Eugène. — Ressources tyranniques du roi vandale pour écarter divers évêques. — Cyrila, chef du clergé arien : ses antécédents, rang qu'il se donne dans la conférence. — Déclarations de l'épiscopat catholique. — Édit d'Hunéric contre les orthodoxes; fureur barbare de ce prince, et sa duplicité sans honte. — Exil ou esclavage des prélats fidèles. — Supplices multipliés. — Mort funeste du tyran. — Autres persécuteurs appelés au tribunal de Jésus-Christ la même année qu'Hunéric. . . . . p 169-188

Gonthamond, frère d'Hunéric, monte sur le trône, et laisse respirer l'Église. — Confesseurs africains répandus dans l'empire. — Saint Gélase, africain, pape. — Saint Eugène rentre à Carthage, avec quelque liberté d'agir. — État précaire des autres Églises : les biens n'étaient pas rendus, progrès croissants des Maures, situation des fidèles dans ce tiraillement. — Saint Eugène obtient la restitution des basiliques. — Sacre de nouveaux évêques. 188-195

Règne de Trasamond, qui revient sur les traces d'Hunéric, sauf la persécution sanglante habituelle. — Cyrila retrouve son influence et veut se défaire des évêques catholiques; il recherche le prestige des miracles et réussit mal. — Tortures, condamnation et déportation des prélats orthodoxes. — Défense de remplacer les évêques morts. — Exil et derniers moments de saint Eugène dans l'Albigeois. — Les fidèles se hâtent de pourvoir aux siéges vacants. — Déportations nouvelles, surtout en Sardaigne. — Saint Symmaque, pape, secourt les exilés. — Sacre de saint Fulgence (Cf. p. 192, sv.), et son monastère épiscopal; il est exilé. — Son influence au loin. — Le roi le rappelle pour discuter avec lui, puis le renvoie en Sardaigne. — Vie de saint Fulgence dans sa retraite près de Cagliari, et consultations qu'on lui adresse; moines scythes. — Nouveaux empiétements des Maures sur les anciennes terres de l'empire, souffrances du clergé dans la collision. — Trasamond, en mourant, s'efforce de transmettre à son successeur la haine de l'Église. 195-209

Hildéric n'hérite point des passions de son devancier : il protége les catholiques, mais rien ne prouve qu'il ne fût pas arien. — Rappel des exilés, accueil qui leur est fait à Carthage. — Consécration de nouveaux évêques, et conciles; éclat qui entoure saint Fulgence. — Usurpation de Gélimer, sans que l'état des catholiques empire. 209-213

Art. V. Période byzantine (A. 533-670).

Pressentiments et impatience des catholiques. — Causes qui précipitaient la ruine de l'établissement vandale. — Prédictions, et résolution de Justinien. — Gélimer pris au dépourvu; et Carthage occupée à l'improviste par Bélisaire, le jour de saint Cyprien . . . . . p. 213-217
Mort de saint Boniface évêque de Carthage, et conduite de son successeur Réparatus pour le bien de l'Église.—Dispositions prises par Justinien.— L'arianisme à peu près banni de l'empire.—Constructions que l'empereur fait exécuter.—Résistance des Maures et indocilité ou mésaventure de plusieurs gouverneurs byzantins. — Pointe des impériaux jusqu'en Espagne. —Quelques progrès de l'Évangile parmi les indigènes. — Séjour de la reine Ingunde, veuve de saint Herménégilde, en Afrique. . 217-229
Justinien se pique de théologie quand Tribonien lui manque : diverses influences dans le palais de Constantinople, affaire des *Trois chapitres*. Menées de Théodore de Cappadoce (de Césarée), entêtement aveugle de l'empereur; tergiversations du pape Vigile et animosité opiniâtre de plusieurs évêques africains. — D'autres ne se séparent point du pape, et l'union se rétablit peu à peu dans l'Église africaine . . . 229-239
Conversion de quelques peuplades maures. (Cf. p. 225, sv.) — Un empire berbère au sixième siècle. — Restes de donatisme en Afrique. — Monothélitisme protégé par Héraclius : l'*Ecthèse*. Saint Maxime de Constantinople vient en aide aux Africains. — Victor, dernier évêque de Carthage qui nous soit connu à cette époque. — Premières campagnes des mahométans en Afrique. — Plusieurs moines africains expatriés, dont le nom s'est conservé dans l'histoire. 249-253
Incursions des mahométans. Carthage prise par les Sarrasins. — Situation misérable et précaire de l'épiscopat en Afrique à partir de ce moment. — Triste état des mœurs dans l'Église africaine au moment de l'invasion. (Cf. p. 242, svv.). 253-255

Rectifications sur les succès des califes en Afrique (A. 643-800).

Causes de l'obscurité qui enveloppe l'histoire d'Afrique à cette époque. (Cf. p. 351, note.) — Les Arabes occupent l'Égypte et la Cyrénaïque, puis pénètrent dans l'Afrique latine. — Discordes en Asie, qui paralysent un instant l'impétuosité de la conquête. Okba pousse à l'ouest, et fonde Kaïrouân pour appuyer ses progrès; gêné un instant, il obtient le commandement en chef. — Résistances acharnées de la population indigène (Koséila). Okba y perd la vie.. 255-257
Kaïrouân évacué par Zohéir après la bataille de Tahouda. Que faisaient les Byzantins? — Les Goths d'Espagne avaient pris pied en Afrique (Cf. p. 412, 413, 222).—Zohéir reprend l'offensive; mais Koséila, tué, est

remplacé par une reine (juive) de l'Aurès. (Cf. p. 416.)— D'où venaient ces juifs? — L'empire n'intervient que sans suite, quoique avec des succès. — Hacen est refoulé par la Kahéna, mais se venge sept ans plus tard. — Mouça pousse jusqu'à Tanger. . . . . p. 257-260
Le mahométisme ne gagnait pas précisément tout le terrain dominé par le cimeterre arabe en Afrique; il y enrôlait plus de soldats que de *croyants*. — Ceux mêmes qui adoptèrent l'Alcoran, l'adoptèrent à leur façon et non pas à la façon des Arabes. — L'Espagne a bien compris qu'elle était envahie par les Maures et non pas réellement par les Asiatiques (Cf. p. 23, sv.; 417).— Si les Maures sous l'islamisme ne devinrent que des sectaires à peine plus dociles en religion qu'en politique, on peut croire qu'ils ne furent pas de longtemps extrêmement haineux contre les chrétiens. (Cf. p. 254.)— Mais la trace du christianisme se perd peu à peu dans l'histoire, fort confuse, des tribus africaines. . . 260-262

CHAPITRE III

PRINCIPAUX MARTYRS DE L'ANCIENNE ÉGLISE D'AFRIQUE. 263

Article Ier. Martyrs et confesseurs d'Afrique sous les persécutions païennes (A. 198-312).

Persécution de Septime Sévère. Marcus Vigellius Saturninus est le premier à frapper les chrétiens en Afrique.—L'*archimartyr* saint Namphamon; martyrs de Madaure et autres. — Martyrs scillitains. — Martyrs de Tuburbe (*Tuburbum majus?*), détails sur la prison et la mort de sainte Perpétue, sainte Félicité et saint Satur. 264-277
Martyrs exécutés sous le proconsul Rufin (A. 202). — Cruautés du proconsul Q. Flavius Scapula. — Plusieurs années de paix accordées aux fidèles après ces angoisses. 277-279
Persécution de Dèce (A. 250). Fureur de la populace idolâtre contre saint Cyprien, il quitte Carthage. — Soins du saint évêque pour que le peuple fidèle ne souffre pas de son absence. — Martyrs et confesseurs sous le proconsulat de Fortunatien : Aurèle, Bona, Mappalicus, Numidicus, Celerinus, etc. — Saint Cyprien en agrége trois à son clergé. 280-284
Saint Cyprien, dont la mort est demandée de nouveau par les païens, prend des mesures pour que la réconciliation ne manque pas aux apostats repentants. — Haine de Démétrianus contre l'Évangile. Persécution de Valérien. Cyprien, amené au proconsul, est exilé à Curubis; vision du saint. — Nombreux chrétiens condamnés aux mines. Lettre que Cyprien leur adresse. — Il est rappelé par le nouveau proconsul, Galère Maxime, et annonce à son peuple la recrudescence des persécu-

tions qui commençait dans Rome. (Édits de Valérien. A. 256). — Il se dérobe aux recherches du proconsul pour ne pas mourir ailleurs que dans sa ville de Carthage . . . . p. 284-291

Cruauté de Galère-Maxime : les trois cents martyrs d'Utique, nommés la *Masse blanche*. — Cyprien est mandé par le proconsul près de Carthage, son jugement et son supplice. — Honneurs rendus à ses restes (A. 258). 291-295

Nombreux martyrs du clergé de Carthage après saint Cyprien. — Supplice de Montanus et de Flavien. 296-298

Martyrs de Numidie (A. 259) : Marianus et ses compagnons, leurs actes et difficultés signalées récemment dans ce récit. — Inscription commémorative de Cirta et conséquences qu'on a voulu en tirer. — Prédiction de Marianus avant sa mort. 299-309

Après la captivité de Valérien, l'Afrique jouit de la paix durant un demi-siècle. — Quelques Africains martyrisés hors de leur patrie. — Persécution de Dioclétien (A. 292) : saint Patrice de Pétrusa, longtemps attribué à l'Asie. — Saint Maximilien de Théveste, exécuté pour s'être refusé au service militaire. 309-314

Maximien Hercule vient en Afrique (A. 297) : martyre du centurion Marcel en Mauritanie, etc. — Douze frères d'Adrumète transportés en Italie et martyrisés en divers lieux. 314-316

Galère persuade à Dioclétien qu'il faut écraser tout de bon le christianisme (A. 303) : édits publiés en Afrique pour faire détruire les livres des chrétiens; puis (A. 304) pour faire mourir tous les membres du clergé, bientôt même tous les simples fidèles. — Martyrs de la Proconsulaire, de la Mauritanie (en Afrique et en Italie) et de la Numidie. — Saint Nabor, saint Arcadius, sainte Crispine, sainte Marcienne, et autres. 317-326

Martyrs immolés par les idolâtres après la paix officielle entre l'Église et l'État (quatrième et cinquième siècle). . . . . 326, svv.

Pèlerinages entrepris par des étrangers pour vénérer les restes des martyrs en Afrique. 328

Art. II. Martyrs et confesseurs sous la persécution des Donatistes.

Embûches préparées contre le clergé catholique par ces furieux, saint Augustin n'y échappe que comme par hasard. — Saint Possidius n'en est pas quitte pour si peu, etc. — Maximien évêque de Bagaï, etc. — Nouvelles fureurs après l'assassinat de Stilicon, qui passait pour protecteur des catholiques. — Supplice criant de Marcellin et d'Apringius. Les donatistes profitent des poursuites ordonnées contre le parti d'Héraclianus (Cf. p. 44-46, 137-144), pour se venger de l'ancien commissaire impérial. 329-335

Art. III. Martyrs et confesseurs sous la persécution arienne des Vandales.

Souffrances d'une foule de fidèles dès l'invasion. — Diverses victimes particulièrement célèbres : sainte Julie, etc., saint Archininus, saint Armogaste, saint Sature. . . . . p 335-340
Règne d'Hunéric : près de cinq mille exilés livrés aux Maures, des bourreaux sont envoyés dans les provinces; martyrs de Tipasa, et miracle célèbre à cette occasion. — Barbaries multipliées contre les catholiques. — L'apostat Elpidéphore, ministre de la cruauté arienne. — Fidélité généreuse de plusieurs enfants, etc. 341-352

CHAPITRE IV

ÉCRIVAINS ECCLÉSIASTIQUES LONGTEMPS PERDUS DE VUE ET COUTUMES DE L'ÉGLISE D'AFRIQUE. 353

Article Ier. Auteurs chrétiens d'Afrique récemment retrouvés.

Il ne s'agit pas d'une histoire littéraire de l'Église d'Afrique. — Quelques écrits de saint Augustin, publiés par le cardinal Maï. — Victorinus, contemporain du docteur d'Hippone. — Ferrand, diacre de Carthage, contemporain de saint Fulgence. — Commodien. — Verecundus. — Inscriptions chrétiennes de Carthage. — Latinité africaine de l'ancienne Vulgate italique. 354-357

Art. II. Mœurs et usages des chrétiens d'Afrique.

I. *Vie de famille :* Pureté des premiers chrétiens, c'étaient des cœurs d'élite, et ainsi s'explique ce que l'on a pu mettre d'affectation à enfler leur panégyrique; cependant il est bon d'en rabattre. — Prière fréquente, usage multiplié du signe de la croix. — Affection mutuelle. — Conditions diverses où se recrutait le christianisme. — Études ecclésiastiques des laïques même. 357-363
II. *Culte public et enseignements de la foi :* Lieux de réunion, forme et objet des assemblées chrétiennes, langue usitée dans la liturgie. — Baptême, eucharistie, sacrement de la pénitence. — Livres canoniques de l'Écriture sainte. — Tradition. — Honneurs rendus aux reliques. 363-368
III. *Organisation de l'Église :* Épiscopat et ses attributions, prêtres et ministres inférieurs. — Continence imposée aux principaux membres du clergé, vie commune des coopérateurs de l'évêque. — Provinces ecclé-

siastiques. — Appels à Rome et suprématie bien marquée du Saint-Siége. . . . . p. 368-376

IV. *Discipline* : Pénitence publique, distincte du sacrement de la réconciliation ; indulgences. — Prétendu rang donné aux anciens. — Jeûnes. — Profession monastique : hommes et femmes ; vœux sans clôture. (Cf. p. 147-149.) — Il ne faut pas rêver que tout fût précisément parfait dans ce bon vieux temps. — Agapes : origine, décadence et ténacité de cette coutume primitive. — Hospices et hôpitaux. — Signes distinctifs du clergé. 377-388

APPENDICE

SUR LES SUCCÈS DE BÉLISAIRE EN AFRIQUE.

Le général byzantin ne dut pas sa victoire uniquement à son habileté ; la guerre a ses chances qu'un esprit supérieur peut mettre à profit, mais qui autorisent le mot *hasard des batailles, fortune des combats*. Or nous savons que hasard et fortune ne signifient rien, ou signifient Dieu qui déroute les calculs de l'homme. . . . . 389, svv.

Petit nombre des troupes byzantines. — Imprudente précipitation d'Ammatas à *Decimum*, panique des soldats de Gibamond ; lenteurs d'abord, puis retraite précipitée de Gélimer lui-même abandonnant sa capitale. — Carthage était absolument tenable. (Cf. p. 62, svv.) — Renfort amené par Tzazon, dont l'envoi en Sardaigne avait dégarni la côte et la plaine. — Absence incroyable de renseignements à la cour vandale jusque-là. — Rencontre (plutôt que bataille) de Tricamara, Tzazon tué ; fuite de Gélimer (Cf. p. 64) et débandade des troupes vandales, tandis que Bélisaire s'efforce en vain de conserver quelque ordre parmi les siens qui saccagent le camp. . . . . 391, svv.

Assimilation rapide à la campagne de Pharsale et à la bataille de Philippes, où Brutus se donne la mort après Cassius. . . . . 395, svv.

Allusion à quelques faits plus modernes. . . . . 399, svv.

INDICATION CHRONOLOGIQUE DES PRINCIPAUX FAITS. 403-417

FIN DE LA TABLE ANALYTIQUE.

PARIS. — IMP. SIMON RAÇON ET COMP., RUE D'ERFURTH, 1.

A LA MÊME LIBRAIRIE

OUVRAGES DU R. P. MARCEL BOUIX
DE LA COMPAGNIE DE JÉSUS

ŒUVRES DE SAINT PIERRE D'ALCANTARA. 1 beau vol. in-18. . . . . 6 fr.

ABRÉGÉ DES MÉDITATIONS DU R. P. DU PONT, par le R. P. d'Orléans, nouvelle édition revue par le P. Marcel Bouix. 2 beaux volumes in-12. . 5 fr.

ŒUVRES DU R. P. RAMIÈRE
DE LA COMPAGNIE DE JÉSUS

LES ESPÉRANCES DE L'ÉGLISE. 1 beau volume de près de 800 pages. . . 5 fr.

L'ÉGLISE ET LA CIVILISATION MODERNE. 1 vol. in-8. . . . . 4 fr.

L'APOSTOLAT DE LA PRIÈRE. 1 vol. in-12. . . . . 2 fr.

LE MÊME OUVRAGE. 1 vol. in-18. . . . . 1 fr. 50

OUVRAGES DU R. P. MARIN DE BOYLESVE
DE LA COMPAGNIE DE JÉSUS

L'ÉGLISE ET LE PAPE. 1 vol. in-12. . . . . 3 fr.

LES PROBLÈMES CONTEMPORAINS :

Premier Problème : **M. Saisset et le dogme fondamental du Christianisme.** 1 vol. in-18. . . . . 50 c.

Deuxième Problème : **M. Cousin et le dogme fondamental du Christianisme.** 1 vol. in-18. . . . . 50 c.

ŒUVRES DE Mgr DUPANLOUP

ŒUVRES CHOISIES. 4 vol. in-8. . . . . 30 fr.

DÉFENSE DE LA LIBERTÉ DE L'ÉGLISE. 2 vol. in-8. . . . . 15 fr.

LETTRE SUR L'ESCLAVAGE (*vient de paraître*). . . . . 50 c.

www.ingramcontent.com/pod-product-compliance
Lightning Source LLC
Chambersburg PA
CBHW071114230426
43666CB00009B/1958